SCHULDRECHT BT 4

Unerlaubte Handlungen und Allgemeines Schadensrecht

2019

Claudia Haack
Rechtsanwältin und Repetitorin

ALPMANN UND SCHMIDT Juristische Lehrgänge Verlagsges. mbH & Co. KG
48143 Münster, Alter Fischmarkt 8, 48001 Postfach 1169, Telefon (0251) 98109-0
AS-Online: www.alpmann-schmidt.de

Zitiervorschlag: Haack, Schuldrecht BT 4, Rn.

Haack, Claudia

Schuldrecht BT 4
Unerlaubte Handlungen und
Allgemeines Schadensrecht

21., überarbeitete Auflage 2019

ISBN: 978-3-86752-682-1

Verlag Alpmann und Schmidt Juristische Lehrgänge
Verlagsgesellschaft mbH & Co. KG, Münster

Die Vervielfältigung, insbesondere das Fotokopieren,
ist nicht gestattet (§§ 53, 54 UrhG) und strafbar (§ 106 UrhG).
Im Fall der Zuwiderhandlung wird Strafantrag gestellt.

Unterstützen Sie uns bei der Weiterentwicklung unserer Produkte.
Wir freuen uns über Anregungen, Wünsche, Lob oder Kritik an:
feedback@alpmann-schmidt.de.

INHALTSVERZEICHNIS

1. Teil: Unerlaubte Handlungen 1

1. Abschnitt: Der Grundtatbestand, § 823 Abs. 1 2

  A. Rechtsgut- oder Rechtsverletzung 3

    I.   Verletzung des Lebens 3

    II. Körper-, Gesundheitsverletzung 3

        1. Ärztlicher Heileingriff 3

        2. Vorgeburtliche Schäden 4

            Fall 1: Schädigung im Mutterleib 4

        3. Psychische Beeinträchtigung 6

    III. Verletzung der Freiheit 7

    IV. Verletzung des Eigentums 7

        1. Rechtliche Beeinträchtigung des Eigentumsrechts 7

        2. Sachentziehung 7

        3. Substanzverletzung 8

            Fall 2: Stromunterbrechung 8

        4. Gebrauchsbeeinträchtigung 11

        5. „Weiterfressender Mangel" 13

            Fall 3: Klemmender Gaszug 13

            Fall 4: Geplatzter Ferrari-Traum 17

        6. Verbindung/Verarbeitung von mangelfreien Sachen mit
           mangelhaften Teilen 20

            Fall 5: Mangelhafte Transistoren 21

            Fall 6: Bodenschlacke 23

        7. Immissionen 24

    V.   Verletzung eines „sonstigen Rechts" i.S.d. § 823 Abs. 1 24

        1. „Sonstige Rechte" i.S.d. § 823 Abs. 1 25

        2. Besitz als „sonstiges Recht" i.S.d. § 823 Abs. 1 27

           a) Reichweite des deliktischen Besitzschutzes 27

           b) Rechtsfolgen des deliktischen Besitzschutzes 29

              Fall 7: Stillgelegte Raststätte 29

        3. Vermögen, Forderungsrechte 32

        4. Das allgemeine Persönlichkeitsrecht als „sonstiges Recht" 33

           a) Herleitung 33

           b) Anspruchsvoraussetzungen 33

             aa) Anwendbarkeit des § 823 Abs. 1 34

             bb) Eingriff in den Schutzbereich 34

                (1) Natürliche Personen 34

                (2) Typische Fallgruppen 35

             cc) Rechtswidrigkeit 37

             dd) Verschulden 37

                Fall 8: Unerwünschter Bericht 38

           c) Rechtsfolgen 40

Inhalt

aa) Ersatz materieller Schäden gemäß §§ 249 ff.	40
bb) Widerruf von Äußerungen gemäß § 249 Abs. 1	41
cc) Ersatz immaterieller Schäden	41
Fall 9: Vererblichkeit des Geldentschädigungsanspruchs?	42
d) Quasinegatorischer Beseitigungs- und Unterlassungsanspruch analog § 1004 Abs. 1	44
Fall 10: „Unerwünschte Werbung"	45
e) Postmortaler Schutz	48
aa) Postmortaler Schutz ideeller Interessen	48
bb) Postmortaler Schutz der vermögenswerten Bestandteile des Persönlichkeitsrechts	49
f) Das Recht am eigenen Bild	49
5. Das Recht am eingerichteten und ausgeübten Gewerbebetrieb als „sonstiges Recht" i.S.d. § 823 Abs. 1	51
a) Herleitung	51
b) Anspruchsvoraussetzungen	52
aa) Anwendbarkeit des § 823 Abs. 1	52
bb) Eingriff in den Schutzbereich	53
(1) Schutzbereich des eingerichteten und ausgeübten Gewerbebetriebs	53
(2) Eingriff	53
(3) Die wichtigsten Fallgruppen	54
cc) Rechtswidrigkeit	55
Fall 11: „Schlechtes Testergebnis"	55
B. Durch ein Handeln, das dem Anspruchsgegner zuzurechnen ist	57
I. Handlung	57
1. Positives Tun	58
2. Unterlassen	58
a) Rechtspflicht zum Handeln	58
b) Bestehen der Rechtspflicht gegenüber dem Verletzen	59
c) Verletzung der Rechtspflicht zum Handeln	60
d) Fallgruppen von Verkehrssicherungspflichten	60
Fall 12: Stöckelschuhe versus Fußabtreter	62
II. Haftungsbegründende Kausalität	64
1. Kausalität i.S.d. Äquivalenztheorie	64
2. Begrenzung der Zurechnung durch die Adäquanztheorie	65
3. Schutzzweck der Norm	66
a) Mittelbar schädigende (fahrlässige) Handlungen	66
aa) Zurechnung wegen spezieller Verhaltenspflichten oder allgemeiner Verkehrssicherungspflichten	67
Fall 13: Sturz auf eisglatter Fahrbahn	67
bb) „Herausfordern"; „Verfolgerfälle"; „Nothilfefälle"	68
Fall 14: Der verfolgende Polizist	69
b) Psychische Beeinträchtigungen aufgrund eines Schockerlebnisses („Schockschäden")	72
Fall 15: Schockschaden (1)	72
Fall 16: Schockschaden (2)	74

C. Rechtswidrigkeit 76
    I.   Rechtswidrigkeit als Voraussetzung der Verschuldenshaftung 76
    II. Feststellung der Rechtswidrigkeit; Erfolgs- und Handlungsunrecht 76
    III. Anerkannte Rechtfertigungsgründe 79
    IV. Verkehrsrichtiges Verhalten 80
    V. Einwilligung bei ärztlichen Heileingriffen 81
    VI. Handeln auf eigene Gefahr 81
    VII. Sportverletzung 82
        Fall 17: Fehlende Sicherung 83
D. Verschulden, Billigkeitshaftung 85
    I.   Verschuldensfähigkeit (Deliktsfähigkeit), §§ 827, 828 86
        1. Verschuldensunfähige Personen 86
        2. Beschränkt verschuldensfähige Personen 86
            a) Beschränkte Verschuldensfähigkeit gemäß § 828 Abs. 3 86
            b) Deliktsfähigkeit für das Verkehrsgeschehen, § 828 Abs. 2 86
               Fall 18: Rasanter Radler 88
        3. Verschuldensfähige Personen 90
    II. Grad des Verschuldens 90
    III. Billigkeitshaftung, § 829 92
        1. Voraussetzungen 92
            a) Tatbestandsmäßige, rechtswidrige unerlaubte Handlung des
               Anspruchsgegners 92
            b) Ausschluss der Haftung wegen fehlender Deliktsfähigkeit des
               Schädigers 92
            c) Kein Ersatz von aufsichtspflichtigem Dritten 92
            d) Billigkeit erfordert einen Schadensausgleich 93
        2. Rechtsfolge 93

2. Abschnitt: Sonstige Anspruchsgrundlagen 93
A. § 823 Abs. 2 i.V.m. Schutzgesetz 93
    I.   Verletzung eines Schutzgesetzes i.S.v. § 823 Abs. 2 94
        1. Schutzgesetz i.S.d. § 823 Abs. 2 94
        2. Verletzung des Schutzgesetzes 95
    II. Rechtswidrigkeit 96
    III. Verschulden 96
        Fall 19: Fahrlässiger Falscheid 98
B. § 824 Kreditgefährdung 100
    I.   Normzweck 100
    II. Voraussetzungen 100
        1. Tatbestand 100
        2. Rechtswidrigkeit 101
        3. Verschulden 101
C. § 825 Bestimmung zu sexuellen Handlungen 101
D. § 826 Vorsätzliche sittenwidrige Schädigung 102
    I.   Voraussetzungen 102
    II. Fallgruppen 103

Inhalt

E. § 831 Haftung für den Verrichtungsgehilfen 105
   I. Voraussetzungen 105
      1. Geschäftsherr, Verrichtungsgehilfe 105
      2. Tatbestandsmäßige und rechtswidrige unerlaubte Handlung des
         Verrichtungsgehilfen 106
      3. In Ausübung der Verrichtung 107
      4. Verschulden 107
         Fall 20: Kinder auf der Baustelle 108
   II. Mehrere in Betracht kommende Geschäftsherrn 109
   III. Nichterweislichkeit verkehrsrichtigen Verhaltens des Gehilfen 110
   IV. Der Unterschied zwischen § 278 und § 831 110
   V. Organisationsverschulden; dezentralisierter Entlastungsbeweis 111
      1. Organisationsverschulden 111
      2. Dezentralisierter Entlastungsbeweis 111
         Fall 21: Aufsichts- und Organisationspflicht im Großbetrieb 112
   VI. § 31; Verhältnis zu § 831 115
         Fall 22: Repräsentanten- und Organisationshaftung 115

F. § 832 Haftung des Aufsichtspflichtigen 117
   I. Normzweck 117
   II. Voraussetzungen 117
      1. Aufsichtspflichtiger, -befohlener 117
      2. Tatbestandsmäßige und rechtswidrige unerlaubte Handlung des
         Aufsichtsbefohlenen 118
      3. Verschulden 118
         Fall 23: Geflutetes Badezimmer 118

G. § 833 Haftung des Tierhalters 120
   I. Gefährdungshaftung für Luxustiere 120
      1. Voraussetzungen 121
      2. Haftungsausschluss 122
         a) Vertraglicher Haftungsausschluss 122
         b) Haftungsausschluss gemäß § 242 122
            Fall 24: Das behandlungsunwillige Pferd 123
   II. Nutztiere; vermutete Verschuldenshaftung 124

H. § 834 Haftung des Tieraufsehers 125

I. §§ 836–838 Gebäudehaftung 126

J. § 839 a Haftung des gerichtlichen Sachverständigen 128
   I. Voraussetzungen des § 839 a Abs. 1 128
      1. Gerichtlicher Sachverständiger 128
      2. Unrichtigkeit des Gutachtens 128
      3. Vorsatz oder grobe Fahrlässigkeit des Sachverständigen 128
      4. Ergehen einer gerichtlichen Entscheidung, die auf dem unrichtigen
         Gutachten beruht 128
   II. Rechtsfolge 129

K. §§ 7, 18 StVG Haftung für Kfz-Unfall 129
   I. Voraussetzungen der Halterhaftung gemäß § 7 Abs. 1 StVG 130
      1. Rechts(gut)verletzung 130

	2. Bei dem Betrieb des Kfz oder Anhängers	130
	a) Kraftfahrzeug oder Anhänger	130
	b) „bei Betrieb"	131
	3. Anspruchsgegner = Halter	132
	4. Kein Ausschluss wegen höherer Gewalt	133
	5. Kein Ausschluss gemäß §§ 7 Abs. 3, 8, 8 a StVG	133
II.	Voraussetzungen der Fahrerhaftung gemäß § 18 Abs. 1 StVG	134
	Fall 25: Vereiste Kurve	135

3. Abschnitt: Haftung mehrerer Personen 138

A. § 830 Mittäter, Anstifter, Gehilfen, Beteiligte 138

    I.   Voraussetzungen der Haftung nach § 830 Abs. 1 S. 1, Abs. 2 139

        1. Mitwirkung an einer unerlaubter Handlung als Mittäter, Anstifter
            oder Gehilfe 139

        2. Rechtswidrigkeit 139

        3. Schuld 139

    II.   Voraussetzungen des § 830 Abs. 1 S. 2 139

        1. Kein Fall von § 830 Abs. 1 S. 1, Abs. 2 139

        2. Bei jedem Beteiligten ist anspruchsbegründendes Verhalten
            gegeben, wenn man vom Nachweis der Ursächlichkeit absieht 140

        3. Rechts(gut)verletzung durch einen der Beteiligten verursacht 141

        4. Verursacher nicht feststellbar 141

            Fall 26: Schlägerei 142

            Fall 27: Silvesterfeuerwerk 142

B. § 840 Gesamtschuldnerschaft 144

4. Abschnitt: Die Haftung für fehlerhafte Produkte 144

A. Die Produzentenhaftung nach § 823 Abs. 1 145

    I.   Personeller Anwendungsbereich 146

    II.   Herstellerspezifische Verkehrssicherungspflichten 148

        1. Konstruktionsfehler 148

        2. Fabrikationsfehler 148

        3. Instruktionsfehler 149

        4. Produktbeobachtungsfehler 151

    III. Verteilung der Beweislast bei Fabrikations- oder Konstruktionsfehlern 152

        Fall 28: Fehlerhafte Lacke 152

    IV. Befundsicherungspflicht 154

    V.   Selbstständigkeit der Ansprüche gegen mehrere Verantwortliche 155

B. Die Haftung nach dem Produkthaftungsgesetz 155

    I.   Entstehungsgeschichte 155

    II.   Anwendbarkeit in zeitlicher Hinsicht, § 16 i.V.m. § 19 ProdHaftG 156

    III. Die Voraussetzungen der Haftung nach § 1 ProdHaftG 156

        1. Die Rechts(gut)verletzung i.S.d. § 1 Abs. 1 ProdHaftG 156

        2. Produkt i.S.d. § 2 ProdHaftG 157

        3. Produktfehler i.S.d. § 3 ProdHaftG 157

	4. „Hersteller" i.S.d. § 4 ProdHaftG	158
	5. Kein Ausschluss gemäß § 1 Abs. 2, 3 ProdHaftG	159
IV.	Die Beweislastverteilung gemäß § 1 Abs. 4 ProdHaftG	160
V.	Die Rechtsfolgen der Haftung nach § 1 Abs. 1 ProdHaftG	160
	Fall 29: Überspannung	161
C.	Nebeneinander von Produkt- und Produzentenhaftung	163

2. Teil: Allgemeines Schadensrecht 164

1. Abschnitt: Schaden und Interesse; Umfang der Schadensersatzpflicht 164

A. Schadensbegriff 165

B. Schadensarten 165

    I.   Vermögens- und Nichtvermögensschäden 165

    II. Erfüllungs- und Vertrauensschaden (Positives und negatives Interesse) 166

        1. Erfüllungsschaden (Positives Interesse) 166

        2. Der Vertrauensschaden (Negatives Interesse) 167

C. Normativer Schaden und Vorteilsausgleichung 168

    I.   Normativer Schaden 168

    II. Vorteilsausgleichung 170

    III. Fehlgeschlagene Aufwendungen (Frustrationsschaden) 172

2. Abschnitt: Verursachung und Zurechnung des Schadens (haftungsausfüllende Kausalität) 173

A. Prüfung der haftungsausfüllenden Kausalität 173

    Fall 30: Rückstufungsschaden 174

B. Einzelprobleme der Schadenszurechnung 176

    I.   Zurechnung psychischer Folgeschäden 176

        1. Begriff 176

        2. Besonderheiten 176

          a) Kausalität der Verletzungshandlung für psychische Folgeschäden 176

          b) Zurechenbarkeit trotz Anlageschaden 177

    II. Hypothetische oder überholende Kausalität 178

    III. Rechtmäßiges Alternativverhalten 179

3. Abschnitt: Schadensausgleich nach §§ 249–253 180

A. Grundsätze des Schadensersatzrechts 180

    I.   Grundsatz der Totalreparation 180

    II. Grundsatz der Wirtschaftlichkeit 181

    III. Bereicherungsverbot 181

B. Arten des Schadensausgleichs 181

    I.   Naturalrestitution, §§ 249, 250 182

        1. Herstellung des früheren Zustands, § 249 Abs. 1 182

        2. Geld für Herstellung, § 249 Abs. 2 183

          a) § 249 Abs. 2 bei Sachbeschädigung 183

            aa) Reparaturaufwand oder Wiederbeschaffungsaufwand? Wirtschaftlichkeitspostulat 183

(1)	Schadensregulierung auf Neuwertbasis	184
(2)	Grenze für die Abrechnung auf Reparaturkostenbasis	185
(a)	Reparaturaufwand zwischen Wiederbeschaffungswert und 130%	187
	Fall 31: Reparatur oder Ersatzbeschaffung? Wirtschaftlichkeitspostulat	187
(b)	Reparaturaufwand über 130% des Wiederbeschaffungswerts, sogenannter wirtschaftlicher Totalschaden	188
	Fall 32: Zu hohe Reparaturkosten	188
(c)	Reparaturaufwand zwischen Wiederbeschaffungsaufwand und Wiederbeschaffungswert	190
	Fall 33: Teure Reparatur	190
(d)	Zusammenfassung der Ersatzfähigkeit des Reparaturaufwands	191

bb) Dispositionsfreiheit des Geschädigten – fiktive Reparaturkosten ... 192
    (1) Grundsatz ... 192
        Fall 34: Kombinierte Schadensabrechnung ... 192
    (2) Ausnahmen ... 194
cc) Voraussetzung des § 249 Abs. 2: Möglichkeit der Herstellung ... 196
    Fall 35: Fiktive Reparaturkosten bei Inzahlunggabe ... 196
dd) Ersatzfähigkeit von Sachverständigenkosten ... 198
  b) § 249 Abs. 2 bei Personenschäden ... 198
  3. Geld für Herstellung nach Fristsetzung, § 250 ... 199

II. Die Abgrenzung der Naturalrestitution von der Schadenskompensation ... 199
  1. Unmöglichkeit der Herstellung, § 251 Abs. 1 Alt. 1 ... 199
  2. Herstellung zur Entschädigung nicht genügend, § 251 Abs. 1 Alt. 2 ... 201
  3. Unverhältnismäßige Aufwendungen, § 251 Abs. 2 ... 201
    Fall 36: Ersatztaxi ... 202
    Fall 37: Tierisch teure Behandlung ... 204

III. Schadenskompensation, § 251 ... 207
  1. Entgangene Nutzungen einer Sache ... 208
    a) Nutzungsausfall als ersatzfähiger Vermögensschaden ... 208
      aa) Die Rspr. bejaht einen ersatzfähigen Vermögensschaden bei ... 208
      bb) Nach der Rspr. kein Schadensersatz wegen Nutzungsausfalls bei ... 210
    b) Einschränkung der Ersatzfähigkeit des Nutzungsausfalls ... 210
  2. Verlust der Arbeitskraft ... 210
    Fall 38: Schriftsteller im Krankenhaus ... 210
  3. Vertaner Urlaub ... 211
  4. Unterhaltsaufwand für ein Kind ... 212
    Fall 39: Fehlerhafte Sterilisation ... 212
    Fall 40: Unterbliebener Schwangerschaftsabbruch ... 215
  5. Pflegeleistungen von Eltern ... 216
  6. Warenhausdiebstahl ... 217
    Fall 41: Vorbeugekosten; allgemeine Verwaltungskosten; Fangprämie ... 217

Inhalt

IV. Ersatz immaterieller Schäden 219
    1. Grundsatz des § 253 Abs. 1 219
    2. Schmerzensgeld 219
        a) Voraussetzungen (nach § 253 Abs. 2) 219
        b) Die Bemessungsfaktoren 219
        c) Schmerzensgeld bei Schwerstschädigungen 221
        d) Schmerzensgeldanspruch nach dem Tod des Verletzten ... 222
        e) Prozessuale Fragen 222

**4. Abschnitt: Sondervorschriften für den deliktischen
Ersatzanspruch** 223
A. § 842 Umfang der Ersatzpflicht bei Verletzung einer Person 223
B. § 843 Geldrente oder Kapitalabfindung 223
C. § 844 Ersatzansprüche Dritter bei Tötung 224
D. § 845 Ersatzansprüche wegen entgangener Dienste 225
E. § 848 Zufallshaftung des Deliktsschuldners 226
F. § 851 Schadensersatzleistung an den Sachbesitzer 226
G. Verjährung deliktischer Ansprüche 226
H. § 852 Deliktischer Bereicherungsanspruch 227

**5. Abschnitt: Haftungsbeschränkungen; Mitverursachung und
Mitverschulden** 228
A. Gesetzliche Haftungsbeschränkungen 228
    I.   Modifizierung des Verschuldensmaßstabs 228
    II. Höchstsummen 228
B. Rechtsgeschäftliche Haftungsbeschränkungen 229
C. Mitwirkendes Verschulden gemäß § 254 230
    I.   Voraussetzungen und Rechtsfolgen des § 254 Abs. 1 230
        Fall 42: Helmpflicht? 231
    II. § 254 Abs. 2 S. 1 233
    III. Bedeutung des § 254 Abs. 2 S. 2 mit seiner Verweisung auf § 278 ... 234
        Fall 43: Mitverschulden des Angestellten 234
        Fall 44: Mitverschulden der Eltern 237
D. Besondere Vorschriften des StVG, §§ 9, 17 StVG 239
    I.   Sonderregel des § 9 StVG 239
    II. § 17 StVG regelt die Ausgleichspflicht mehrerer Haftpflichtiger ... 240

Stichwortverzeichnis 243

LITERATURVERZEICHNIS

Verweise in den Fußnoten auf „RÜ" und „RÜ2" beziehen sich auf die Ausbildungszeitschriften von Alpmann Schmidt. Dort werden Urteile so dargestellt, wie sie in den Examensklausuren geprüft werden: in der RechtsprechungsÜbersicht als Gutachten und in der Rechtsprechungs-Übersicht 2 als Urteil/Behördenbescheid/Anwaltsschriftsatz etc.

RÜ-Leser wussten mehr: Immer wieder orientieren sich Examensklausuren an Gerichtsentscheidungen, die zuvor in der RÜ klausurmäßig aufbereitet wurden. Die aktuellsten RÜ-Treffer aus ganz Deutschland finden Sie auf unserer Homepage.

Abonnenten haben Zugriff auf unser digitales RÜ-Archiv.

Bamberger/Roth	Beck'scher Online Kommentar 49. Edition; Stand 01.02.2019 (zitiert: BeckOK/Bearbeiter)
Bauer/Göpfert/Krieger	Allgemeines Gleichbehandlungsgesetz 5. Aufl., München 2018
Baumbach/Hopt	Handelsgesezubuch 38. Aufl., München 2018 (zitiert: Baumbach/Hopt/Bearbeiter)
BGB-RGRK	Das Bürgerliche Gesetzbuch, Kommentar, herausgegeben von Mitgliedern des Bundesgerichtshofs Band II 1 (§§ 241–413) 12. Aufl., Berlin-New York 1976 Band II 5 (§§ 812–831) 12. Aufl., Berlin-New York 1989 Band II 6 (§§ 832–853) 12. Aufl., Berlin-New York 1989 (zit.: RGRK/Bearbeiter)
Brand	Schadensersatzrecht 2. Aufl. München 2015
Brox/Walker	Allgemeiner Teil des Bürgerlichen Gesetzbuchs 42. Aufl., München 2018 (zit.: Brox/Walker AT)
Brox/Walker	Allgemeines Schuldrecht 43. Aufl., München 2019 (zit.: Brox/Walker SchuldR AT)

XI

Literatur

Brox/Walker	Besonderes Schuldrecht 43. Aufl., München 2019 (zit.: Brox/Walker SchuldR BT)
Burmann/Heß/Hühner-mann/Jahnke/Janker	Straßenverkehrsrecht 25. Aufl. 2018 (zit.: Burmann/Bearbeiter)
Deutsch/Ahrens	Deliktsrecht 6. Aufl., Köln 2014
Emmerich	BGB Schuldrecht, Besonderer Teil 15. Aufl., Heidelberg 2018
Erman	Handkommentar zum Bürgerlichen Gesetzbuch 15. Aufl., Münster-Köln 2017 (zit.: Erman/Bearbeiter)
Esser/Schmidt/Weyers	Schuldrecht Band I, Allgemeiner Teil, Teilband 2 8. Aufl., Heidelberg 2000 (zit.: Esser/Schmidt/Weyers I/2)
Esser/Dörner	Schuldrecht Band II, Besonderer Teil, Teilband 2 5. Aufl., Heidelberg 2002 (zit.: Esser/Dörner II/2)
Fikentscher/Heinemann	Schuldrecht 11. Aufl., Berlin-New York 2017
Fuchs/Pauker/ Baumgärtner	Delikts- und Schadensersatzrecht 9. Aufl., Berlin-Heidelberg-New York 2017
Geigel	Der Haftpflichtprozess 27. Aufl., München 2015 (zit.: Bearbeiter in Geigel)
Greger/Zwickel	Haftungsrecht des Straßenverkehrs 5. Aufl., Berlin-New York 2014
Hentschel/König/Dauer	Kommentar zum Straßenverkehrsrecht 45. Aufl., München 2019 (zit.: Hentschel/Beabeiter)
Hk-BGB	BGB Handkommentar 10. Aufl., Baden-Baden 2019 (zit.: Hk-BGB/Bearbeiter)
Jauernig	Bürgerliches Gesetzbuch 17. Aufl., München 2018 (zit.: Jauernig/Bearbeiter)

Literatur

Klement	Schuldrecht, Allgemeiner Teil III, Schadensrecht München 1996
Kötz/Wagner	Deliktsrecht 13. Aufl., Neuwied-Kriftel-Berlin 2016
Kullmann	Produkthaftungsgesetz 6. Aufl., Berlin 2010
Larenz	Lehrbuch des Schuldrechts, Erster Band, Allgemeiner Teil 14. Aufl., München 1987 (zit.: Larenz I)
Larenz/Canaris	Lehrbuch des Schuldrechts Zweiter Band, Besonderer Teil, 2. Halbband 13. Aufl., München 1994
Looschelders	Schuldrecht, Besonderer Teil 14. Aufl., Köln-Berlin-München 2019
Medicus/Petersen	Bürgerliches Recht 26. Aufl., Köln-Berlin-Bonn-München 2017 (zit.: Medicus/Petersen BR)
Medicus/Lorenz	Schuldrecht II, Besonderer Teil 18. Aufl., München 2018 (zit.: Medicus/Lorenz SchuldR II)
Münchener Kommentar	zum Bürgerlichen Gesetzbuch Band 1: Allgemeiner Teil (§§ 1–240; Allgemeines Gleichbehandlungsgesetz) 8. Aufl., München 2018 Band 2: Schuldrecht Allgemeiner Teil (§§ 241–432) 8. Aufl., München 2019 Band 5: Schuldrecht Besonderer Teil III (§§ 705–853) 7. Aufl., München 2017 (zit.: MünchKomm/Bearbeiter)
Palandt	Bürgerliches Gesetzbuch 78. Aufl., München 2019 (zit.: Palandt/Bearbeiter)
Peifer	Schuldrecht, Gesetzliche Schuldverhältnisse 5. Aufl., Baden-Baden 2016

Literatur

Schmidt	Handelsrecht Unternehmensrecht 1 6. Aufl., Köln 2014
Soergel	Bürgerliches Gesetzbuch
	Band 3/2: Schuldrecht I/2 §§ 243–304 13. Aufl., Stuttgart-Berlin-Köln-Mainz 2014
	Band 12: Schuldrecht 10 §§ 823–853; ProdHG; UmweltHG 13. Aufl., Stuttgart-Berlin-Köln 2005 (zit.: Soergel/Bearbeiter)
Staudinger	J. v. Staudingers Kommentar zum Bürgerlichen Gesetzbuch
	Zweites Buch Recht der Schuldverhältnisse
	§§ 249–254 13. Bearb., Berlin 1998 – Neubearbeitung 2017
	§§ 823 E-I, 824, 825 (Unerlaubte Handlungen 1 – Teilband 2) 13. Bearb., Berlin, 1999 – Neubearbeitung 2009
	§§ 826–829 (Unerlaubte Handlungen 2) Produkthaftungsgesetz 13. Bearb., Berlin 1998 – Neubearbeitung 2018
	§§ 830–838 (Unerlaubte Handlungen 3) 13. Bearb., Berlin 1997 – Neubearbeitung 2017
	§§ 839, 839 a (Unerlaubte Handlungen 4) 13. Bearb., Berlin 2002 – Neubearbeitung 2012
	Drittes Buch Sachenrecht §§ 903–924 13. Bearb., Berlin 1996 – Neubearbeitung 2016 (zit.: Staudinger/Bearbeiter)
Wandt	Gesetzliche Schuldverhältnisse 9. Aufl., München 2019
Wussow	Unfallhaftpflichtrecht 16. Aufl., Köln-Berlin-Bonn-München 2014

1. Teil: Unerlaubte Handlungen

Im Deliktsrecht geht es um die Frage, ob jemand für einen **Schaden**, den ein anderer erleidet, unabhängig vom Bestehen einer vertraglichen Beziehung **ersatzpflichtig** gemacht werden kann. Die Voraussetzungen der Haftung wegen unerlaubter Handlung sind in den §§ 823 ff.[1] geregelt.

Anmerkung: *Vom lateinischen „delictum" (= das Vergehen, die Übertretung) abgeleitet, spricht man auch von „Delikt" oder „deliktischen Ansprüchen".*[2]

Das Gesetz geht vom **Verschuldensprinzip** aus: Die Verantwortlichkeit trifft grundsätzlich denjenigen, der den Schaden rechtswidrig und schuldhaft verursacht hat. Dieses Verschulden muss dem Schädiger grundsätzlich **nachgewiesen** werden. In bestimmten Fällen wird jedoch das Verschulden widerlegbar **vermutet,** sodass der Schädiger haftet, wenn er sich nicht exkulpiert.

In anderen Bereichen ist eine **Gefährdungshaftung** normiert: Die Haftung hängt in diesen Fällen ausschließlich davon ab, ob sich im konkreten Schadensereignis **eine bestimmte, vom Verantwortlichen beherrschte Gefahr realisiert hat**. Solche Gefährdungshaftungstatbestände sind im Gesetz immer dann angeordnet, wenn dem Einzelnen ein Verhalten erlaubt wird, das eine potentielle, typische Gefährdung für andere in sich trägt (z.B. das Betreiben einer Anlage). Verwirklicht sich diese Gefahr, so muss der Verantwortliche den daraus entstandenen Schaden ersetzen, und zwar unabhängig davon, ob ihn bzgl. des konkreten Schadensereignisses ein Verschulden trifft oder nicht.

Daraus ergibt sich im Deliktsrecht folgende **Einteilung der Haftungsgründe:**

Haftungsgründe			
Verschulden		**Gefährdung**	
nachgewiesen	**vermutet, Exkulpation**		

Verschulden – nachgewiesen:

§ 823 I	benannte Rechtsgüter und Rechte, sonstige Rechte
§ 823 II	i.V.m. Schutzgesetz
§ 824	Kreditgefährdung
§ 825	Bestimmung zu sexuellen Handlungen
§ 830 I 1	Mittäter
§ 830 II	Anstifter, Gehilfe
§ 826	vors. sittenwidrige Schädigung
§ 839	Amtspflichtverletzung
§ 839 a	Haftung des gerichtlichen Sachverständigen

Verschulden – vermutet, Exkulpation:

§ 831	Verrichtungsgehilfe
§ 832	Aufsichtspflicht
§ 833 S. 2	Haustier
§ 834	Tieraufseher
§§ 836–838	Gebäudeeinsturz
§ 18 StVG	Fahrzeugführer

Gefährdung:

§ 833 S. 1	Luxustier
§ 7 StVG	Kfz-Halter
§ 1 HaftpflG	Bahn, Energieanlagen
§§ 33 ff. LuftVG	Luftfahrzeuge
§§ 25 ff. AtomG	Kernanlagen
§ 22 WasserHG	Gewässer
§§ 1 ff. ProdHaftG	Produkthaftung
§ 84 AMG	Arzneimittel
§§ 32 ff. GenTG	gentechnische Anlagen etc.
§§ 1 ff. UmweltHG	Umwelteinwirkungen

§ 830 I 2	Beteiligung an einem Tatbestand der Haftung für nachgewiesenes Verschulden, für vermutetes Verschulden und der Gefährdungshaftung ohne feststellbare Kausalität

---

1 §§ ohne Gesetzesangabe sind solche des BGB.

2 Wandt § 14 Rn. 1.

| 1. Teil | Unerlaubte Handlungen |

1. Abschnitt: Der Grundtatbestand, § 823 Abs. 1[3]

Aufbauschema für § 823 Abs. 1

I. Voraussetzungen („haftungsbegründender Tatbestand")

1. Tatbestand

   a) Rechtsgut- oder Rechtsverletzung

      aa) benannte Rechtsgüter und Rechte

- Leben ⎫
- Körper/Gesundheit ⎬ Rechtsgüter
- Freiheit ⎭
- Eigentum ⟶ Recht

          nicht bloß Vermögen, anders u.a. bei § 826

      bb) Sonstige Rechte (= absolute Rechte, gegen jedermann gerichtet)

- Besitz (nicht uneingeschränkt)
- beschränkt dingliche Rechte
- dingliche Anwartschaftsrechte
- absolute Immaterialgüterrechte
- Mitgliedschaftsrechte (an GmbH, AG)
- Familienrechte, soweit als „Herrschaftsrecht" ausgestaltet
- Recht am Arbeitsplatz (str.)
- Allgemeines Persönlichkeitsrecht
- eingerichteter und ausgeübter Gewerbebetrieb

          nicht Forderungsrecht, da nur relatives Recht (h.M.)

   b) durch ein Handeln, das dem Anspruchsgegner zuzurechnen ist

- Äquivalenz
- Adäquanz
- Schutzzweck der Norm

2. Rechtswidrigkeit

3. Verschulden

   a) Verschuldensfähigkeit, §§ 827, 828

   b) Grad des Verschuldens

- Vorsatz
- Fahrlässigkeit

II. Rechtsfolgen („haftungsausfüllender Tatbestand")

Ersatz des durch die Rechtsgut- bzw. Rechtsverletzung verursachten Schadens gemäß §§ 249 ff.

---

3 Röthel Jura 2013, 95 ff.

A. Rechtsgut- oder Rechtsverletzung[4]

I. Verletzung des Lebens

Eine Verletzung des Lebens liegt vor, wenn der Tod eines Menschen eingetreten ist. Maßgeblich ist dafür nach h.M. der Hirntod.[5] Ersatzberechtigt sind in diesen Fällen nur bestimmte mittelbar Geschädigte, vgl. §§ 844, 845.

3

II. Körper-, Gesundheitsverletzung

Körperverletzung bedeutet einen äußeren Eingriff in die körperliche Unversehrtheit. **Gesundheitsverletzung** ist die medizinisch erhebliche – also aus ärztlicher Sicht behandlungsbedürftige – Störung der körperlichen, geistigen oder seelischen Lebensvorgänge. Unerheblich ist, ob Schmerzzustände auftreten oder bereits eine tiefgreifende Veränderung der Befindlichkeit eingetreten ist. So stellt z.B. die Übertragung des Human-Immundefiziens-Virus (HIV) bereits dann eine Gesundheitsverletzung dar, wenn es noch nicht zum Ausbruch der Immunschwächekrankheit AIDS gekommen ist.[6]

4

Anmerkung: Eine genaue Abgrenzung zwischen Körper- und Gesundheitsverletzung erübrigt sich, da keine unterschiedlichen Rechtsfolgen daraus hergeleitet werden.[7]

Bei **dauerhafter Abtrennung von Körperteilen**, z.B. bei einer Organspende, verwandelt sich das Recht des Betroffenen an seinem Körper in Sacheigentum am abgetrennten Körperteil. Werden dem Körper jedoch Bestandteile entnommen, um mit ihm nach dem Willen des Rechtsträgers später wieder vereinigt zu werden – erfolgt die **Trennung also nur vorübergehend** –, so bilden die Bestandteile auch während ihrer Trennung vom Körper mit diesem weiterhin eine **funktionelle Einheit**.[8]

5

Dies wird z.B. bedeutsam für zu Eigentransplantationen bestimmte Haut- oder Knochenbestandteile, für die Eigenblutspende, für die zur Befruchtung entnommene Eizelle und auch für Sperma, das der Spender hat einfrieren lassen, um sich für eine vorhersehbare Unfruchtbarkeit die Möglichkeit zu erhalten, eigene Nachkommen zu haben.[9] Werden diese Bestandteile nach ihrer Trennung vom Körper vernichtet, so liegt darin eine Körperverletzung i.S.v. § 823 Abs. 1.

1. Ärztlicher Heileingriff

Eine tatbestandsmäßige Körperverletzung ist auch der **ärztliche Eingriff**, selbst wenn er zu Heilzwecken, lege artis und mit Erfolg durchgeführt wird. Lediglich die Rechtswidrigkeit entfällt, wenn der Eingriff von einer wirksamen Einwilligung gedeckt ist (zur Einwilligung später bei den Rechtfertigungsgründen, Rn. 212).[10]

6

Eine Körperverletzung kann auch durch **pflichtwidriges Unterlassen** (z.B. einer ordnungsgemäßen Untersuchung oder Beratung) begangen werden.

7

---

4 Croon-Gestefeld Jura 2016, 1007 ff. sowie Jura 2016, 1374 ff.

5 Hk-BGB/Staudinger § 823 Rn. 4.

6 BGHZ 114, 284.

7 Brox/Walker SchuldR BT § 45 Rn. 3; Jauernig/Teichmann § 823 Rn. 3.

8 Fuchs/Pauker/Baumgärtner Kap. 2 A II. 1. 1.1.; Palandt/Sprau § 823 Rn. 5; a.A.: Körperbestandteile werden mit der Trennung vom Körper immer zur Sache, vgl. MünchKomm/Stresemann § 90 Rn. 27.

9 Sperma-Entscheidung BGHZ 124, 52.

10 BGHZ 106, 391, 394.

| | **1. Teil** | Unerlaubte Handlungen |

8 Besonderheiten gelten für die **Beweislast und Beweisführung im Arzthaftungsprozess:** Im Regelfall muss der Patient den Behandlungsfehler, dessen Ursächlichkeit für den geltend gemachten Gesundheitsschaden und das Verschulden des Arztes darlegen und beweisen. Um den Beweisschwierigkeiten des Patienten Rechnung zu tragen, hat sich jedoch in der Rspr. für den Arzthaftungsprozess ein differenziertes System von Beweislastverteilung und Beweiserleichterung herausgebildet.[11]

Beweiserleichterungen – bis zur Umkehr der Beweislast – sind insbesondere geboten:

- bei einer Lücke in der ärztlichen Dokumentation für die Frage, ob ein Behandlungsfehler vorliegt,[12] und

- bei Vorliegen eines groben ärztlichen Behandlungsfehlers[13] sowie bei einem Verstoß gegen die ärztliche Befunderhebungs- und Befundsicherungspflicht[14] für den Ursachenzusammenhang zwischen Fehler und Primärschaden, wenn dem Patienten nach tatrichterlichem Ermessen im Einzelfall die Beweislast für einen Arztfehler billigerweise nicht zugemutet werden kann.

Anmerkung: Durch das Patientenrechtegesetz (BGBl. I, S. 277), das seit 26.02.2013 in Kraft ist, wurden die §§ 630a–630h in das BGB eingefügt, die den bis dahin nicht ausdrücklich normierten medizinischen Behandlungsvertrag als besondere Form des Dienstvertrages regeln. Die Regelungen sollen für mehr Rechtssicherheit und Transparenz sorgen.[15] Das Deliktsrecht bleibt daneben weiterhin anwendbar.[16]

2. Vorgeburtliche Schäden

9 Eine Körperverletzung kann gegeben sein, wenn ein Kind **krank geboren** wird.

Fall 1: Schädigung im Mutterleib

Frau F, die im sechsten Monat schwanger ist, wird von A fahrlässig mit dem Fahrrad angefahren. F erleidet keine Verletzungen. Als sie drei Monate später ihr Kind zur Welt bringt, leidet dieses an spastischen Lähmungen, weil es mit einem Hirnschaden geboren ist. Der Hirnschaden ist auf den Unfall zurückzuführen. Hat das Kind K einen Schadensersatzanspruch aus § 823 Abs. 1 gegen A?

K könnte gegen A ein **Schadensersatzanspruch gemäß § 823 Abs. 1** zustehen.

I. Dazu müssen die **Voraussetzungen** des haftungsbegründenden Tatbestands gegeben sein.

  1. Erforderlich ist zunächst eine **Rechts(gut)verletzung** aufseiten des K.

10   a) Eine **Körper- und Gesundheitsverletzung** könnte bereits in der **Schädigung der Leibesfrucht** zu sehen sein.

      K hat infolge des Unfalls einen Hirnschaden erlitten, der sowohl eine Beeinträchtigung der körperlichen Unversehrtheit als auch eine Abweichung von dem normalen körperlichen Zustand darstellt, sodass insofern eine Körper- und Gesundheitsverletzung gegeben sein könnte.

      Problematisch ist, dass K die Hirnverletzung zugefügt worden ist, als er noch nicht geboren war. § 823 Abs. 1 verlangt jedoch die Verletzung „eines ande-

---

11 Vgl. zu aktuellen Entwicklungen im Arzthaftungsrecht Spickhoff NJW 2018, 1725.

12 BGHZ 72, 132, 139; 129, 6, 10.

13 BGHZ 85, 212, 215 ff.; BGH NJW 2018, 3382.

14 BGHZ 99, 391, 396; 132, 47; 138, 1; vgl. BGH NJW 2016, 2502 zur Beweislastumkehr bei einem groben Behandlungsfehler eines Tierarztes.

15 Palandt/Weidenkaff Vorb v § 630a Rn. 1.

16 Hart MedR 2013, 159, 160.

ren", und das kann nur ein rechtsfähiger Mensch i.S.d. § 1 sein.[17] **Gemäß § 1 beginnt die Rechtsfähigkeit mit der Vollendung der Geburt.** Infolgedessen stellt die Schädigung der Leibesfrucht keine tatbestandliche Körper- und Gesundheitsverletzung dar.

b) Eine **Körper- und Gesundheitsverletzung** könnte jedoch **mit der Vollendung der Geburt des K** gegeben sein.

11

Die Leibesfrucht ist dazu bestimmt, als Mensch ins Leben zu treten; sie und das später geborene Kind sind identische Wesen.[18] Verletzungen der Leibesfrucht werden daher **mit Vollendung der Geburt** zu einer tatbestandlichen Körper- und Gesundheitsverletzung.

Die Schädigung der Leibesfrucht hat zu einem Hirnschaden des geborenen Kindes K geführt, sodass eine Körper- und Gesundheitsverletzung aufseiten des K gegeben ist.

2. Die Körper- und Gesundheitsverletzung des K muss **durch ein Verhalten des A** verursacht worden sein.

a) A hat die schwangere F mit dem Fahrrad angefahren.

b) Ohne das Anfahren wäre es nicht zu einer Schädigung der Leibesfrucht und somit auch nicht zur Hirnschädigung des K gekommen. Demnach ist das Verhalten des A **äquivalent kausal** für die Körper- und Gesundheitsverletzung des K.

c) Das Anfahren war aus Sicht eines optimalen Beobachters auch generell geeignet, die Verletzung des K herbeizuführen, sodass das Verhalten des A auch **adäquat kausal** für die Körper- und Gesundheitsverletzung des K war.

3. Die Tatbestandsmäßigkeit indiziert nach h.M. die **Rechtswidrigkeit**.[19] Ein Rechtfertigungsgrund – etwa der des verkehrsrichtigen Verhaltens – greift nicht ein.

4. A hat fahrlässig und damit **schuldhaft** gehandelt.

II. Als **Rechtsfolge** muss A dem K den durch die Rechtsgutverletzung entstandenen Schaden gemäß §§ 249 ff. ersetzen (haftungsausfüllender Tatbestand). D.h., er muss K sämtliche Schadenspositionen, die sich aus der Körper- und Gesundheitsverletzung ergeben (z.B. Heilbehandlungskosten, Mehraufwendungen zum Ausgleich der Körperbehinderung), ersetzen, § 249 Abs. 2 S. 1.

Folglich kann ein Kind, wenn es lebend geboren ist, Schadensersatz wegen eines solchen Gesundheitsschadens verlangen, der entweder auf eine gegen seine Mutter begangene Verletzungshandlung oder auf eine Verletzung der Leibesfrucht zurückzuführen ist.[20] Die Verletzung der Leibesfrucht kann auch durch einen Angriff auf die Psyche der Schwangeren vermittelt worden sein.[21]

---

17 BGHZ 58, 48, 50.

18 BGHZ, 58, 48, 51.

19 Einzelheiten zu diesem Meinungsstreit werden im Abschnitt über die Rechtswidrigkeit dargestellt; vgl. 1. Abschnitt, Rn. 194 ff.

20 BGHZ 8, 243; 58, 48.

21 BGHZ 93, 351.

| 1. Teil | Unerlaubte Handlungen |

12   **Beispiel:**[22] Frauenarzt F erkennt bei der schwangeren S fahrlässig eine Rötelnerkrankung nicht. Infolgedessen kommt Kind K mit schwersten Behinderungen zur Welt. Hätte F bei seiner Untersuchung die richtige Diagnose gestellt, wäre zu diesem Zeitpunkt noch ein Schwangerschaftsabbruch möglich gewesen. Hat das Kind K einen Schadensersatzanspruch aus § 823 Abs. 1 gegen Frauenarzt F?

Diese Fälle, in denen die Mutter aufgrund einer falschen ärztlichen Diagnose daran gehindert wird, die Geburt eines kranken Kindes durch einen Schwangerschaftsabbruch zu vermeiden, werden unter der Fallgruppe „krankes Leben" („wrongful life") erfasst.

Das Besondere an dieser Fallkonstellation ist, dass das Kind auch bei richtiger Diagnose des Arztes nicht gesund zur Welt gekommen wäre, sondern sich nur die Alternative eines Schwangerschaftsabbruchs gestellt hätte. Für K besteht daher nur die Alternative zwischen einem Leben mit der Behinderung im Fall der Geburt oder gar nicht geboren zu werden im Fall des Schwangerschaftsabbruchs. Angesichts des absolut schutzwürdigen und höchstrangigen Rechtsgutes Leben existiert natürlich keine deliktische Pflicht, die Geburt eines Kindes wegen einer zu erwartenden Behinderung zu verhindern, sodass ein Anspruch des K aus § 823 Abs. 1 bereits mangels Rechtsgutverletzung ausscheidet.[23]

Beispiel: Der 1929 geborene Vater V des K litt an fortgeschrittener Demenz. Er war bewegungs- und kommunikationsunfähig. In den letzten beiden Jahren seines Lebens kamen Lungenentzündungen und eine Gallenblasenentzündung hinzu. Im Oktober 2011 verstarb er. V, der von B hausärztlich betreut wurde, hatte weder eine Patientenverfügung errichtet noch ließ sich sein Wille hinsichtlich des Einsatzes lebenserhaltender Maßnahmen anderweitig feststellen. K behauptet, die künstliche Ernährung habe spätestens seit Anfang 2010 nur noch zu einer sinnlosen Verlängerung des krankheitsbedingten Leidens des V geführt. B sei deshalb verpflichtet gewesen, das Therapieziel dahingehend zu ändern, dass das Sterben des V durch Beendigung der lebensverlängernden Maßnahmen zugelassen werde. Er verlangt aus ererbtem Recht seines Vaters ein angemessenes Schmerzensgeld von B.

Nach Ansicht des BGH fehlt es an einem immateriellen Schaden. Für die Bestimmung eines Schadens bedürfe es eines Vergleichs der bestehenden Gesamtlage mit der Lage, die ohne das schädigende Ereignis bestanden hätte. Ein etwaiger Nachteil, der sich bei diesem Vergleich ergebe, sei nur dann ein Schaden, wenn die Rechtsordnung ihn als solchen anerkenne. Hier stehe der durch die künstliche Ernährung ermöglichte Zustand des Weiterlebens mit krankheitsbedingten Leiden dem Zustand gegenüber, wie er bei Abbruch der künstlichen Ernährung eingetreten wäre, also dem Tod. Die Option eines Weiterlebens ohne oder mit weniger Leiden habe es nicht gegeben. Das menschliche Leben sei ein höchstrangiges Rechtsgut und absolut erhaltungswürdig. Das Urteil über seinen Wert stehe keinem Dritten zu. Deshalb verbiete es sich, das Leben – auch ein leidensbehaftetes Weiterleben – als Schaden anzusehen (Art. 1 Abs. 1, Art. 2 Abs. 2 S. 1 GG).

3. Psychische Beeinträchtigung

13   Auch der Eintritt psychischer Schäden kann zu einem Anspruch auf Schadensersatz gemäß § 823 Abs. 1 und/oder Schmerzensgeld gemäß § 823 Abs. 1 i.V.m. § 253 Abs. 2 führen.

Dazu muss die psychische Beeinträchtigung allerdings als **Gesundheitsverletzung** zu bewerten sein. Das ist der Fall, wenn es zu **medizinisch konstatierbaren Folgewirkungen** kommt, die das Maß an Erregung, Bestürzung und Betroffenheit überschreiten, mit dem normalerweise gerechnet werden muss. Die Beeinträchtigung muss einen „echten Krankheitswert" haben.[24] Dafür ausreichend sind z.B. Schlafstörungen, Schwindel, zeitweilige Kopfschmerzen oder Antriebslosigkeit mit Rückzugstendenzen.[25]

---

22 Nach BGHZ 86, 240.

23 BGHZ 86, 240, 251, 252.

24 BGHZ 56, 163, 165; 132, 341, 344; BGH RÜ 2007, 291; MünchKomm/Oetker § 249 Rn. 150; Kötz/Wagner Rn. 138; Emmerich § 21 Rn. 2a.

25 Heß/Burmann NJW-Spezial 2004, 15.

III. Verletzung der Freiheit

Der Begriff der **Freiheit** in § 823 Abs. 1 beschränkt sich auf die **körperliche Bewegungsfreiheit.**

Beispiele für Freiheitsverletzungen: Einschließen einer Person, Wegnahme der Kleider eines Badenden, fahrlässiges Bewirken der Verhaftung einer Person.[26]

IV. Verletzung des Eigentums

Eigentum ist das umfassende Herrschaftsrecht über eine Sache. Es gibt nach § 903 S. 1 das Recht, mit der Sache nach Belieben zu verfahren (Nutzungsrecht) und andere von jeder Einwirkung auszuschließen (Abwehrrecht). Entsprechend der Weite des Eigentumsbegriffs ist die in § 823 Abs. 1 sanktionierte Verletzung des Eigentums auf unterschiedliche Weise möglich:

1. Rechtliche Beeinträchtigung des Eigentumsrechts

Die **Veränderung der rechtlichen Zuordnung** ist eine Eigentumsverletzung.

Zum Beispiel begeht eine rechtswidrige Eigentumsverletzung,

- wer **als Nichtberechtigter eine Sache veräußert** und dadurch dem gutgläubigen Dritten nach §§ 932 ff. Eigentum verschafft,

- wer **an einer Eigentumsentziehung mitwirkt**, z.B. indem er unberechtigterweise den in seinem Besitz befindlichen Kraftfahrzeugbrief einem Dritten aushändigt und dadurch den gutgläubigen Erwerb des Kraftfahrzeugs von einem (anderen) Nichtberechtigten ermöglicht,

- wer eine **schuldnerfremde Sache pfänden und versteigern** lässt; trotz Wirksamkeit der Vollstreckungsmaßnahme haftet er bei Verschulden nach § 823 Abs. 1.[27]

Dagegen **haftet nicht** aus unerlaubter Handlung,

- wer **fahrlässig** einen **falschen Rechtsstandpunkt** einnimmt (z.B. Behauptung des Miteigentums an einer an der Grundstücksgrenze errichteten Mauer) und dadurch den (Allein-) Eigentümer veranlasst, seine Disposition (z.B. Abriss der Mauer) bis zu einer gerichtlichen Klärung der Streitfrage zurückzustellen;[28] das bloße Bestreiten des Eigentums eines Dritten und die damit verbundene Inanspruchnahme eines eigenen Rechts stellt schon **keine Eigentumsverletzung** dar, weil der Eigentümer nicht gehindert ist, trotz der Einwendungen des Widersprechenden mit seinem Eigentum nach Belieben zu verfahren,

- wer **gutgläubig** das Eigentum nach §§ 929, 932 ff. **vom Nichtberechtigten erwirbt**[29] und wer **in der Zwangsversteigerung eine schuldnerfremde Sache ersteht** (Eigentumserwerb kraft Hoheitsaktes, unabhängig von Gut- oder Bösgläubigkeit);[30] der redliche Erwerber und der Ersteigerer begehen zwar eine Eigentumsverletzung, diese wird jedoch von der Rechtsordnung gebilligt, sodass es an der **Rechtswidrigkeit fehlt**.

2. Sachentziehung

Der **dauernde oder** auch nur **vorübergehende Entzug der Sachherrschaft** ist eine Eigentumsverletzung.

---

26 BGH NJW 1964, 650.
27 BGHZ 55, 20, 26; 48, 207.
28 OLG Köln NJW 1996, 1290.
29 Palandt/Sprau § 823 Rn. 8.
30 RGZ 156, 395, 397; BGHZ 55, 20, 25.

| 1. Teil | Unerlaubte Handlungen |

Beispiele:

Dem Eigentümer wird die Sache durch Diebstahl, Unterschlagung oder eine andere rechtswidrige Wegnahme entzogen;[31] der Eigentümer wird durch Täuschung veranlasst, die Sache wegzugeben, z.B. aufgrund eines Betruges.[32]

Beachte: Die Anwendbarkeit der §§ 823 ff. ist eingeschränkt gegenüber dem unrechtmäßigen Besitzer durch die Vorschriften des Eigentümer-Besitzer-Verhältnisses. Die §§ 987 ff. schließen grundsätzlich die Anwendbarkeit der §§ 823 ff. im Rahmen eines E-B-V aus. Eine Ausnahme macht § 992 für den Fall, dass sich der Besitzer den Besitz durch verbotene Eigenmacht oder Straftat verschafft hat. Vgl. dazu im Einzelnen die Ausführungen zum E-B-V im Skript Sachenrecht 1.

3. Substanzverletzung

19 Das Eigentum wird verletzt, wenn eine zunächst intakte **Sache körperlich zerstört oder beschädigt** wird.

20 Eine Eigentumsverletzung in Form der Substanzverletzung liegt auch bei den sogenannten **„Verderbsschäden"** vor – z.B. wenn eine Stromunterbrechung zur Beschädigung oder Zerstörung von Sachen führt, die auf dauernde Stromzufuhr angewiesen sind; eine Eigentumsverletzung ist jedoch **nicht** gegeben bei den sogenannten **„Gebrauchsausfallschäden"** – z.B. wenn während eines Stromausfalls die Produktionsmaschinen nicht benutzt werden können:

Fall 2: Stromunterbrechung

B war mit der Verbreiterung einer Straße beauftragt. Zu diesem Zweck musste er Straßenbäume fällen. Infolge Unachtsamkeit des B stürzte ein Baum auf eine elektrische Freileitung unmittelbar am Grundstück des K, auf dem dieser eine Geflügelzucht betreibt. Es kam zu einer Stromunterbrechung von sechs Stunden.

1. Durch den Stromausfall fiel u.a. der Strom für den Betrieb des mit Eiern beschickten Brutapparates aus. Hierdurch sind aus 3.600 Eiern statt der zu erwartenden 3.000 Küken nur einige verkrüppelte, unverkäufliche Tiere geschlüpft. K verlangt von B Schadensersatz.

2. Während des Stromausfalls konnte K nicht – wie vorgesehen – andere Brutapparate beschicken. Durch die vorübergehende Unterbrechung der Produktion ist dem K ein weiterer Schaden (geringere Produktionserträge) entstanden. Auch diesen Schaden verlangt K von B ersetzt.

---

21 A. K könnte gegen B ein Schadensersatzanspruch wegen der nicht wie erwartet **geschlüpften 3.000 Küken aus § 823 Abs. 1** zustehen.

    I. Dazu müssen die **Voraussetzungen** des haftungsbegründenden Tatbestands vorliegen.

        1. Die Bruteier waren für ihre weitere Entwicklung auf eine dauernde Stromzufuhr angewiesen und sind infolge des Stromausfalls zerstört bzw. beschädigt worden, sodass diesbzgl. eine **Eigentumsverletzung** vorliegt.[33]

---

31 RGRK/Steffen § 823 Rn. 23 m.w.N.
32 Brox JZ 1965, 516, 518.
33 BGHZ 41, 123, 126.

Der Grundtatbestand, § 823 Abs. 1   **1. Abschnitt**

2. Diese Rechtsverletzung muss **durch ein Handeln, das dem B zuzurechnen ist**, verursacht worden sein.

   a) B hat im Zuge der von ihm durchgeführten Straßenbauarbeiten einen Baum gefällt, der auf die elektrische Freileitung stürzte und die Stromzufuhr unterbrochen hat.

   b) Hätte B den Baum nicht gefällt, wäre die Stromzufuhr nicht unterbrochen worden und die Bruteier wären nicht beschädigt oder zerstört worden. Folglich war das Verhalten des B **äquivalent kausal** für die Eigentumsverletzung bzgl. der Bruteier.

     Dass die Bruteier nicht unmittelbar durch ein Verhalten des B zerstört worden sind, spielt dabei keine Rolle. Für die Kausalität i.S.d. Äquivalenztheorie ist ausreichend, dass eine Ursachenkette in Gang gesetzt wird, die zur Eigentumsverletzung führt. Die Haftung tritt unabhängig davon ein, ob die gesetzte Ursache den Schaden unmittelbar oder erst nach ihrer Fortsetzung durch eine Ursachenkette hervorruft. Dies gilt auch, wenn es nur an einer besonderen Beschaffenheit der zunächst betroffenen Sache liegt, dass weitere Gegenstände in Mitleidenschaft gezogen werden. Bedarf eine Sache zur Erhaltung ihrer Substanz der ständigen Zufuhr von Wasser, Strom etc., so bewirkt auch derjenige ihre Zerstörung, der sie durch Abschneiden dieser Zufuhr vernichtet.[34]

22

   c) Es liegt nicht außerhalb aller Wahrscheinlichkeit, dass bei Unterbrechung der Stromzufuhr Erzeugnisse, die einer elektrisch konstant gehaltenen Temperatur (z.B. Wärme) bedürfen, um nicht zu verderben, in ihrer Substanz beschädigt oder vernichtet werden. Infolgedessen war das Verhalten des B auch **adäquat kausal** für die Eigentumsverletzung bzgl. der Bruteier.

   d) Das sich aus § 823 Abs. 1 ergebende Verbot der Beschädigung von Stromleitungen hat nicht nur den Zweck, deren Eigentümern den Aufwand der Wiederherstellung zu ersparen, sondern es will auch Schutz vor den typischen Folgen bieten. Somit liegt die Zerstörung der Bruteier als Folge der Beschädigung der Stromleitung nicht außerhalb des **Schutzzwecks der Norm**.[35] Die in der Vernichtung der angebrüteten Eier liegende Eigentumsverletzung ist daher dem B zuzurechnen, sodass der Tatbestand des § 823 Abs. 1 erfüllt ist.

3. Die Tatbestandsmäßigkeit indiziert nach h.M. die **Rechtswidrigkeit** und ein Rechtfertigungsgrund liegt zugunsten des B nicht vor.

4. Der gefällte Baum ist aufgrund der Unachtsamkeit des B auf die elektrische Freileitung gestürzt. Die dadurch eingetretene Eigentumsverletzung war für B voraussehbar. Wer eine elektrische Freileitung durchtrennt, weiß auch, dass an das unterbrochene Netz wahrscheinlich zahlreiche Anlagen zur Konservierung von Sachen angeschlossen sind, die bei längerem Stromausfall verderben

---

34 BGHZ 41, 123, 124 f.
35 BGHZ 41, 123, 127 f.

9

1. Teil Unerlaubte Handlungen

könnten. Dass sich B gerade die Schädigung keimender Küken in einem Brutapparat hätte vorstellen können, d.h., dass er auch den speziellen Schadensverlauf vorherzusehen vermochte, ist nicht erforderlich.[36] Daher handelte B fahrlässig i.S.v. § 276 Abs. 2 und somit **schuldhaft**.

II. Als **Rechtsfolge** (haftungsausfüllender Tatbestand) muss B dem K den durch die Eigentumsverletzung entstandenen Schaden gemäß §§ 249 ff. ersetzen.

1. Also muss B dem K gemäß § 251 Abs. 1 den Verkehrswert der zerstörten Bruteier ersetzen.

2. K hat jedoch kein Notstromaggregat bereitgehalten, welches bei Stromausfall die Versorgung der Bruteier gewährleistet. Infolgedessen könnte der Anspruch wegen Mitverschuldens des K gemäß § 254 Abs. 1 zu kürzen sein.

Den Geschädigten trifft ein Mitverschulden, wenn er diejenige Sorgfalt außer Acht lässt, die jedem ordentlichen und verständigen Menschen obliegt, um sich vor Schaden zu bewahren.[37] Auch ein verständiger Mensch ist nicht gehalten, ein Notstromaggregat anzuschaffen, um Dritte zu entlasten, die möglicherweise störend in die Stromversorgung eingreifen könnten,[38] sodass eine Kürzung des Anspruchs wegen Mitverschuldens ausscheidet.

23 B. **Schadensersatzansprüche des K wegen des Produktionsausfalls**

I. In Betracht kommt ein Schadensersatzanspruch des K gegen B aus **§ 280 Abs. 1 aus einem Vertrag mit Schutzwirkung zugunsten Dritter**. Dazu muss der Werkvertrag zwischen dem Auftraggeber des B und dem B ein Vertrag mit Schutzwirkung zugunsten Dritter sein.

24 Ein Werkvertrag zwischen Auftraggeber und Bauunternehmer begründet jedoch keine Schutzpflichten zugunsten Dritter, die von einem durch den Bauunternehmer verursachten Stromausfall betroffen werden können. Entweder fehlt bereits die „Leistungsnähe" des geschädigten Dritten[39] oder der Kreis der potentiellen Geschädigten ist für den Bauunternehmer nicht überschaubar, weshalb es an der notwendigen „Erkennbarkeit" für den Schuldner mangelt.[40]

Folglich kann K seine Gebrauchsausfallschäden nicht wegen der Verletzung eines Vertrags mit Schutzwirkung zugunsten Dritter von B ersetzt verlangen.

II. K könnte gegen B ein Schadensersatzanspruch wegen des Produktionsausfalls gemäß **§ 823 Abs. 1** zustehen.

Dazu muss infolge des Produktionsausfalls aufseiten des K eine **Rechts(gut)verletzung** gegeben sein.

1. Die Nichtbenutzbarkeit der Produktionsmaschinen während des Stromausfalls (sogenannter **„Gebrauchsausfallschaden"**) ist eine bloß vorübergehen-

---

36 BGHZ 41, 123, 128.
37 Palandt/Grüneberg § 254 Rn. 8.
38 BGHZ 41, 123, 128.
39 Vgl. OLG Köln VersR 1984, 304 f.
40 Vgl. BGH NJW 1977, 2208.

Der Grundtatbestand, § 823 Abs. 1 | **1. Abschnitt**

de Einschränkung der wirtschaftlichen Nutzungsmöglichkeit, die **keine Eigentumsverletzung** nach § 823 Abs. 1 darstellt.

2. Es könnte ein **Eingriff in den eingerichteten und ausgeübten Gewerbebetrieb** gegeben sein.

Dazu ist jedoch ein betriebsbezogener Eingriff in das Recht am eingerichteten und ausgeübten Gewerbebetrieb erforderlich (i.E. später unter Rn. 131 ff.). **25**

Betriebsbezogen sind Eingriffe jedoch nur, wenn sie sich gegen den Betrieb als solchen richten und nicht vom Betrieb ohne Weiteres ablösbare Rechte oder Rechtsgüter betreffen.

Die beschädigte Stromleitung führte nur zufällig zum Betrieb des K, sodass es sich nicht um einen betriebsbezogenen Eingriff handelt.[41]

Infolgedessen steht K mangels einer Rechts(gut)verletzung kein Anspruch gegen B wegen des Produktionsausfalls gemäß § 823 Abs. 1 zu.

---

4. Gebrauchsbeeinträchtigung

Auch die bloße Behinderung des Eigentümers in dem bestimmungsgemäßen Gebrauch der Sache kann eine Eigentumsverletzung sein. Allerdings muss sich **26**

- die Verletzungshandlung objektiv auf die Benutzbarkeit der Sache und nicht nur auf die Dispositionsmöglichkeit des Eigentümers auswirken

- und es muss der bestimmungsgemäße Gebrauch der Sache nicht unerheblich beeinträchtigt sein. Allein die vorübergehende Einengung der wirtschaftlichen Nutzungsmöglichkeit reicht nicht aus.

Ob durch die Gebrauchsbeeinträchtigung eine Eigentumsverletzung oder eine ersatzlos hinzunehmende Nutzungsbeeinträchtigung vorliegt, muss durch eine Interessenabwägung im Einzelfall ermittelt werden. Maßgebliche Kriterien für diese Abwägung sind u.a. die **Dauer** der Beeinträchtigung und die **Auswirkungen** der Beeinträchtigung auf die Funktionsfähigkeit der Sache.[42] Ferner spielt der **Anlass** der Nutzungsbeeinträchtigung eine wesentliche Rolle.[43]

Beachte: In der Sache geht es um die Abgrenzung zwischen einer von § 823 Abs. 1 erfassten Eigentumsverletzung und einer reinen Vermögensbeeinträchtigung, die nicht über § 823 Abs. 1 ersetzt wird.

Wird allerdings dem Eigentümer der **Gebrauch der Sache durch unmittelbare Einwirkung auf die Sache vollständig unmöglich gemacht**, steht dies einer Sachentziehung gleich, sodass i.d.R. eine Eigentumsverletzung vorliegt, ohne dass es zusätzlich auf ein zeitliches Moment ankommt.[44]

---

41 BGHZ 29, 65, 74.
42 Wandt § 16 Rn. 33.
43 MünchKomm/Oetker § 823 Rn. 243.
44 BGH RÜ 2016, 623, 624; Wandt § 16 Rn. 33.

11

1. Teil Unerlaubte Handlungen

27 Zum Beispiel hat die Rspr. nach diesen Abgrenzungskriterien eine Eigentumsverletzung

bejaht	verneint
■ hinsichtlich eines Kfz bei einer amtspflichtwidrigen **Vorenthaltung der Kfz-Papiere**, da diese die Nichtbenutzbarkeit des Kfz selbst bewirkt oder wenn die Benutzbarkeit eines in der Garage abgestellten Kfz etwa durch widerrechtlich ausgeführte **Bauarbeiten vor der Garagenausfahrt** für eine gewisse Zeit objektiv unmöglich gemacht wird (BGHZ 63, 203, 206).	■ wenn die Nichtbenutzbarkeit des Kfz lediglich in persönlichen Gründen liegt, so z.B., wenn der Kfz-Halter seinen Kraftwagen nur deshalb nicht selbst führen darf, weil ihm der **Führerschein** zeitweilig entzogen oder dieser vorübergehend sichergestellt ist (BGHZ 63, 203, 207).
■ Im **Fleet-Fall** hat der BGH eine Eigentumsverletzung an einem Schiff darin gesehen, dass es infolge der Sperrung eines Fleets für etwa acht Monate seine Bewegungsmöglichkeit über seinen Liegeplatz zwischen dem Endteil des Fleets und der Sperre hinaus verlor, und damit als Transportmittel praktisch ausgeschaltet war (BGHZ 55, 153, 159; bestätigt durch BGH RÜ 2016, 623)	■ Dagegen hat der BGH ebenfalls im **Fleet-Fall** eine Eigentumsverletzung hinsichtlich eines außerhalb der Sperre liegenden Schiffs verneint, das wegen der Sperre nicht zu einer hinter der Sperre liegenden und dadurch vom Wasser her nicht mehr zugänglichen Verladestelle gelangen konnte. Dieses Schiff wurde durch die Sperrung des Fleets nicht in seiner Eigenschaft als Transportmittel betroffen; es lag nur eine Einengung der wirtschaftlichen Nutzungsmöglichkeit vor (BGHZ 55, 153, 159).
■ Die zweitägige **Blockade von Baumaschinen** durch Demonstranten stellt eine Eigentums- (und Besitz-)verletzung dar, weil dadurch der Eigentümer (ebenso wie der rechtmäßige Besitzer) längerfristig am bestimmungsgemäßen Einsatz der Maschinen gehindert wird (BGH NJW 1998, 377, 380).	■ Im **Kanallagerhaus-Fall** konnte das Lagerhaus infolge der Sperrung des Elbe-Seitenkanals von Schiffen nicht mehr angefahren werden, es war aber über Land (Straße, Gleisanschluss) erreichbar. Hier liegt nur die vorübergehende Einengung der wirtschaftlichen Nutzung vor. Die Anlage selbst ist benutzbar geblieben, daher keine Eigentumsverletzung (BGHZ 86, 152).
■ Das unerlaubte **Betreten eines Grundstücks,** um dieses o. ein dort stehendes Gebäude zu **fotografieren**, stellt eine Eigentumsverletzung in Form einer Nutzungsbeeinträchtigung wegen Beeinträchtigung der zustehenden Fruchtziehung der Sache dar (BGH RÜ 2011, 217).	■ Demgegenüber ist nach BGH keine Eigentumsverletzung gegeben, wenn das Grundstück oder Gebäude fotografiert wird, ohne dass das Grundstück dazu betreten werden muss (BGH RÜ 2013, 425, 426).

12

Der Grundtatbestand, § 823 Abs. 1   **1. Abschnitt**

5. „Weiterfressender Mangel"

Der Vertragspartner haftet bei Lieferung einer mangelhaften Kaufsache oder eines mangelhaften Werks nach den Gewährleistungsregeln (§§ 434 ff., 634 ff.). Durch diese vertraglichen Ansprüche werden nach der Rspr. deliktische Ansprüche aus §§ 823 ff. nicht berührt. Es besteht eine **echte Anspruchskonkurrenz** mit der Folge, dass **Ansprüche aus Vertragsrecht und Deliktsrecht nebeneinander** geltend gemacht werden können und dass jeder Anspruch nach seinen Voraussetzungen, seinem Inhalt und seiner Durchsetzung selbstständig zu beurteilen ist.[45] Dies ist für den Betroffenen insbesondere wegen der unterschiedlichen Verjährungsfristen vertraglicher und deliktischer Ansprüche bedeutsam.

28

Die Anspruchskonkurrenz hat auch zur Folge, dass die Verletzung der Rügeobliegenheit nach § 377 Abs. 1 HGB nicht den Verlust deliktischer Ansprüche wegen der durch die Schlechtlieferung verursachten Verletzung eines der in § 823 Abs. 1 genannten Rechtsgüter des Käufers zur Folge hat.[46]

Fraglich ist jedoch, unter welchen Voraussetzungen überhaupt eine Eigentumsverletzung angenommen werden kann, wenn der eingetretene Schaden auf einem von Anfang an vorhandenen Mangel beruht.

Fall 3: Klemmender Gaszug

K erwarb im Autohaus V einen von der Automobilfirma P hergestellten Pkw. Infolge einer fehlerhaften Konstruktion funktionierte der Gaszug nicht einwandfrei: Nach Betätigung des Gashebels bewegte sich dieser nicht immer in die Ausgangsstellung zurück. Es kam zu einem Unfall. Dieser Unfall ist darauf zurückzuführen, dass der Wagen infolge der defekten Gaszuganlage weiter beschleunigte, obwohl der Fuß vom Gaspedal genommen wurde. Nunmehr verlangt K von P Ersatz der Reparaturkosten seines Pkw. (Fall nach BGHZ 86, 256)

A. Ein **vertraglicher Schadensersatzanspruch** des K gegen P scheidet mangels vertraglicher Beziehung zwischen K und P aus.

B. K könnte gegen P ein Schadensersatzanspruch bzgl. der Reparaturkosten aus **§ 823 Abs. 1** zustehen.

    I. Dazu müssen die **Voraussetzungen** des haftungsbegründenden Tatbestands vorliegen.

        1. Die durch den Unfall bewirkte Beschädigung des Autos könnte eine **Eigentumsverletzung** durch P darstellen, weil P das Auto mit dem defekten Gaszug hergestellt hat und es deswegen zu dem Unfall kam, durch den das Auto beschädigt wurde.

            Andererseits ist das Auto von K als einheitliche Sache gekauft worden und war von vornherein wegen des nicht funktionierenden Gaszugs mangelhaft, so-

29

---

45 BGHZ 67, 359, 362 f.; 86, 256, 260; 101, 337, 344; 138, 230; 146, 144, 147.

46 BGHZ 101, 337, 343; vgl. ferner Baumbach/Hopt, HGB, § 377 Rn. 50; a.A. K. Schmidt, Handelsrecht, § 29 III Rn. 117: Verletzung der Rügeobliegenheit erfasst sowohl vertragliche als auch deliktische Ansprüche.

13

dass K niemals Eigentümer eines einwandfreien Fahrzeugs war. Ob ein sogenannter **„weiterfressender Mangel"** zu einer **Eigentumsverletzung i.S.d. § 823 Abs. 1** führen kann, **ist streitig:**

30

a) **Rechtsprechung**

Allein in der Lieferung einer mangelhaften Sache oder der Erstellung eines fehlerhaften Werks liegt keine Eigentumsverletzung; denn der Käufer oder Werkbesteller erwirbt von vornherein nur Eigentum an einer mangelhaften Sache.

Anders ist es, wenn sich die Mangelhaftigkeit der gekauften Sache oder des hergestellten Werks zunächst nur auf einen Teilbereich beschränkt, dann aber nach dem Erwerb der Sache der Mangel sich auf weitere Teile oder auf die Gesamtsache ausdehnt, wenn also ein **„weiterfressender Mangel"** vorliegt. Hier kommt es nach heutiger Rspr. darauf an,

- ob sich der Schaden mit dem Unwert deckt, welchen die Sache wegen ihrer Mangelhaftigkeit von Anfang an hatte. In diesem Fall besteht sogenannte **Stoffgleichheit** des Schadens mit dem der Sache von Anfang an anhaftenden Mangelunwert. Dieser Schaden wird ausschließlich nach Vertragsrecht abgewickelt, denn es ist allein Aufgabe des Vertragsrechts, das sogenannte **Nutzungs- und Äquivalenzinteresse** zu schützen.

- Anders ist es, wenn es sich um einen weitergreifenden Mangel handelt, der an der Sache einen Schaden verursacht, welcher mit dem wegen des Mangels schon ursprünglich vorhandenen Unwert **nicht stoffgleich** ist. Denn es ist Aufgabe des Deliktsrechts, den Eigentümer davor zu schützen, dass seine Sache beschädigt oder zerstört wird. Dieses **Integritätsinteresse** muss der Verkäufer oder Hersteller einer Sache nicht nur bzgl. der durch die Mangelhaftigkeit gefährdeten anderen Sachen des Erwerbers beachten, sondern auch zum Schutz der hergestellten mangelhaften Sache selbst.

Die Abgrenzung zwischen Nutzungs- und Äquivalenzinteresse einerseits (auszugleichen durch das Vertragsrecht) und Integritätsinteresse andererseits (auszugleichen – auch – durch § 823 Abs. 1) erfolgt somit durch das Merkmal der **Stoffgleichheit**.

Stoffgleichheit ist anzunehmen, wenn die Sache wegen des Mangels von vornherein völlig wertlos ist oder wenn das mit dem Fehler behaftete Einzelteil mit der Gesamtsache eine nur schwer trennbare Einheit bildet oder wenn der Mangel nicht in wirtschaftlich vertretbarer Weise behoben werden kann.[47]

---

47 Palandt/Sprau § 823 Rn. 178 m.w.N.

Der Grundtatbestand, § 823 Abs. 1 **1. Abschnitt**

Die Mängel des Gaszugs machten das Fahrzeug, das betriebsfähig blieb, nicht von Anfang an wertlos. Ferner hätten die vom Gaszug ausgehenden Unfallgefahren vermieden werden können, wenn der Defekt rechtzeitig erkannt und behoben worden wäre, und dies wäre auch ohne besonderen wirtschaftlichen Aufwand und ohne Beschädigung anderer Teile des Fahrzeugs möglich gewesen. Folglich liegt keine Stoffgleichheit zwischen dem geltend gemachten Schaden und dem ursprünglichen Mangel vor, sodass eine Eigentumsverletzung gegeben ist.

b) **Literatur**

Die Literatur ist uneinheitlich. Zum Teil wird die Differenzierung der Rspr. nach dem Kriterium der Stoffgleichheit befürwortet.[48] Ein großer Teil des Schrifttums lehnt die Möglichkeit eines Anspruchs aus § 823 Abs. 1 wegen eines „weiterfressenden Mangels" jedoch ab. **31**

■ Dabei wird teils bereits die Anwendbarkeit des Deliktsrechts für unzulässig gehalten: Die Regeln der Sachmängelgewährleistung seien ausreichend; eine Anerkennung der Anspruchskonkurrenz verschiebe die gesetzlich gezogenen Grenzen zwischen Leistungs- und Schädigungsrisiko, zudem würden die Verjährungsfristen der Mängelansprüche unterlaufen; nach der gesetzlichen Wertung falle die Gebrauchstauglichkeit allein in die Sachmängelgewährleistung.[49] **32**

■ Zum Teil werden die Abgrenzungskriterien der Rspr. als unbrauchbar und zu unsicher angegriffen.[50] **33**

■ Da die Verjährung der Gewährleistungsrechte in § 438 zugunsten des Käufers verlängert wurde, halten einige Autoren den Schutz des Käufers über das Deliktsrecht bei weiterfressenden Mängeln für überflüssig. Zudem kollidiere ein solcher Anspruch auf Schadensersatz mit dem – vorrangigen – Nacherfüllungsanspruch aus § 439.[51] **34**

c) **Stellungnahme**

Die Auffassung der Rspr. ermöglicht – im Gegensatz zu der pauschalen Lösung der Literaturansichten – eine auf den jeweiligen Einzelfall bezogene Abgrenzung zwischen Äquivalenz- und Integritätsinteresse und gewährt dem Käufer nur dann deliktische Ansprüche, wenn auch der Schutzbereich des Deliktsrechts berührt ist. Die Verlängerung der Verjährungsfrist für Gewährleistungsansprüche ändert an der Abgrenzungsproblematik als solcher nichts, sondern führt lediglich dazu, dass es in der Praxis weniger Fälle geben wird, in denen das Problem relevant wird. Da die Verjährungsfristen

---

48 Kullmann BB 1985, 409, 413; Steffen VersR 1988, 977; RGRK/Steffen Vor § 823 Rn. 39; Staudinger/Hager § 823 Rn. B 115 ff.; Rauscher JuS 1987, 14, 16.

49 BeckOK/Förster § 823 Rn. 140; Erman/Wilhelmi § 823 Rn. 124; MünchKomm/Wagner § 823 Rn. 253.

50 Z.B. Diederichsen VersR 1984, 797, 798: „Zauberformel", „schlechter Trick"; Harrer Jura 1984, 80 ff.; Stoll JZ 1983, 501; Nickel VersR 1984, 318; zweifelnd auch Medicus/Petersen BR Rn. 650 b a.E.

51 Jauernig/Berger § 437 Rn. 36; Brüggemeier WM 2002, 1384 ff.; Klose MDR 2003, 1215, 1218; Tettinger JZ 2006, 641.

15

für deliktische Ansprüche und für vertragliche Gewährleistungsansprüche nach wie vor nicht identisch sind, ist der deliktische Schutz des Käufers bei weiterfressenden Mängeln nicht überflüssig geworden, sondern weiterhin geboten.[52] Soweit dadurch nicht im Einzelfall das Nacherfüllungsrecht des Verkäufers umgangen wird, ist daher bei einem weiterfressenden Mangel eine Eigentumsverletzung gegeben.[53]

Somit liegt eine Verletzung des Eigentums aufseiten des K vor.

2. Das von P hergestellte Auto wies einen Konstruktionsfehler auf und dieser Fehler ist für die Eigentumsverletzung **äquivalent und adäquat kausal** geworden. Daher hat P das Eigentum des K verletzt, sodass der Tatbestand des § 823 Abs. 1 verwirklicht ist.

3. Die **Rechtswidrigkeit** ist nach h.M. durch die Verwirklichung des Tatbestands indiziert und Rechtfertigungsgründe sind nicht ersichtlich.

4. Ist nachgewiesen, dass das Produkt im Zeitpunkt der Eigentumsverletzung mangelhaft war und die Rechtsverletzung durch das Produkt bei dessen bestimmungsgemäßer Verwendung verursacht wurde, wird das **Verschulden** des Produzenten vermutet (dazu i.E. bei der Produzentenhaftung, Rn. 393 ff.).

Folglich liegen die Voraussetzungen des § 823 Abs. 1 vor.

II. Als **Rechtsfolge** („haftungsausfüllender Tatbestand") muss P dem K den durch die Eigentumsverletzung entstandenen Schaden – die Reparaturkosten – ersetzen, § 249 Abs. 2 S. 1.

C. Eine Haftung nach **§ 1 Abs. 1 S. 1 ProdHaftG** scheidet aus, da gemäß § 1 Abs. 1 S. 2 ProdHaftG nur Sachschäden erfasst werden, die infolge der Beschädigung oder Zerstörung einer „anderen Sache" erwachsen.

Die Grundsätze des sogenannten „weiterfressenden Mangels" sind nach h.M. im Rahmen des ProdHaftG nicht anwendbar (vgl. dazu i.E. bei der Produkthaftung, Rn. 393 ff.).

---

35 Wenn neben dem deliktischen Anspruch noch weitere, insbesondere vertragliche Gewährleistungsansprüche gegen den Schädiger bestehen, so stellt sich die Frage, ob es bei dem Grundsatz bleibt, dass jeder Anspruch seinen eigenen (Verjährungs-)Regeln folgt, oder ob im Hinblick auf die kürzeren Verjährungsregeln des Gewährleistungsrechts eine Ausnahme gemacht werden muss.

---

52 Hk-BGB/Staudinger Vor §§ 823–853 Rn. 13; MünchKomm/Ernst § 280 Rn. 82; Reischl JuS 2003, 1076, 1082 Schulze/Ebers JuS 2004, 462, 465.
53 Hk-BGB/Staudinger Vor §§ 823–853 Rn. 13; Schulze/Ebers JuS 2004, 462, 465.

Der Grundtatbestand, § 823 Abs. 1 | **1. Abschnitt**

Fall 4: Geplatzter Ferrari-Traum

Ferrarihändler F verkaufte im Juni 2016 einen gebrauchten Ferrari (Höchstgeschwindigkeit 295 km/h) an einen Kunden. An dem Pkw hatte er zuvor auf Wunsch des Kunden vier neue Reifen montiert, die er von einer Reifenhandelsfirma bezogen hatte. Dabei übersah F, dass diese Reifen ein Profil aufwiesen, das seit über zwei Jahren nicht mehr hergestellt wurde. Einige Zeit später kaufte F den Wagen, der zwischenzeitlich 2.000 km gefahren worden war, zurück und veräußerte ihn am 08.01.2017 für 100.000 € an K.

Am 05.02.2019 platzte bei einer Fahrt auf der Autobahn der linke Hinterreifen und es kam zu einem Unfall, bei dem der Ferrari einen Totalschaden erlitt. Bei dem von K eingeholten Sachverständigengutachten stellte sich anhand der DOT-Nr., aus welcher das Herstellungsjahr und die Herstellungswoche eines Reifens ersichtlich sind, heraus, dass der Reifen bereits 5 1/2 Jahre alt und für den normalen Betrieb des Ferraris aufgrund seines Alters nicht mehr geeignet war.

K verlangt von F Schadensersatz für den zerstörten Ferrari. F beruft sich demgegenüber auf die Einrede der Verjährung. (Fall nach BGH RÜ 2004, 169 – Sachverhalt vereinfacht)

A. Ein Schadensersatzanspruch des K gegen F könnte sich aus **§ 437 Nr. 3 i.V.m. §§ 280 Abs. 1, 3, 283** ergeben.

    36

  I. Zwischen F und K ist ein **wirksamer Kaufvertrag** über einen gebrauchten Ferrari zustande gekommen.

  II. Der Pkw entsprach zum Zeitpunkt der Übergabe aufgrund der nicht ordnungsgemäßen Bereifung nicht der normalen Beschaffenheit und wies damit einen **Sachmangel i.S.v. § 434 Abs. 1 S. 2 Nr. 2** auf.

  III. Gemäß **§ 280 Abs. 1 S. 2** wird **vermutet**, dass F diese Pflichtverletzung **zu vertreten** hat, es sei denn, er kann die Verschuldensvermutung widerlegen, indem er sich exkulpiert.

    F hätte jedoch vor der Weiterveräußerung des Pkw an K eine routinemäßige Sichtkontrolle des Wagens inklusive der Bereifung vornehmen müssen. Dabei hätte ihm als Ferrarihändler auffallen müssen, dass das Profil der Reifen zu einem Reifentyp gehört, der seit längerer Zeit nicht mehr hergestellt wird. Dies hätte er zum Anlass nehmen müssen, das konkrete Alter der Reifen anhand der DOT-Nr. zu ermitteln. Es scheidet somit eine Exkulpation seitens F aus und er hat die Pflichtverletzung zu vertreten.

  IV. Als **Rechtsfolge** kann K von F **Schadensersatz statt der Leistung**, also Ersatz seines Erfüllungsinteresses, verlangen.

    Der Schadensersatzanspruch aus § 437 Nr. 3 i.V.m. §§ 280 Abs. 1, 3, 283 ist somit entstanden.

  V. Der Anspruch ist jedoch nicht durchsetzbar, wenn F sich wirksam auf die **Einrede der Verjährung gemäß § 214** berufen hat.

17

1. Teil Unerlaubte Handlungen

Die Verjährungsfrist beträgt gemäß § 438 Abs. 1 Nr. 3 zwei Jahre und beginnt gemäß § 438 Abs. 2 mit der Ablieferung der Sache. Der Ferrari wurde K am 08.01.2017 übergeben und der Unfall geschah am 05.02.2019, also nach Ablauf der Verjährungsfrist. Somit hat sich F wirksam auf die Verjährungseinrede berufen.

Der vertragliche Schadensersatzanspruch des K gegen den F aus § 437 Nr. 3 i.V.m. §§ 280 Abs. 1, 3, 283 ist demnach zwar entstanden, aber nicht durchsetzbar.

37 B. K könnte ein Schadensersatzanspruch gemäß **§ 823 Abs. 1** zustehen.

I. Dazu müssen die **Voraussetzungen** des haftungsbegründenden Tatbestands gegeben sein.

1. Die durch den Unfall verursachte Zerstörung des Ferrari könnte eine **Eigentumsverletzung** aufseiten des K darstellen. Dies ist jedoch insofern zweifelhaft, als K den Pkw in bereits mangelhaftem Zustand erworben hat, also niemals Eigentümer eines mangelfreien Kfz war. Nach st. Rspr. des BGH ist in einer solchen Fallkonstellation eine Eigentumsverletzung gegeben, wenn der ursprüngliche Mangel und der später eingetretene Schaden nicht stoffgleich sind (vgl. oben Fall 3, Rn. 30).

   Der Hinterreifen wäre ohne große finanzielle oder technische Schwierigkeiten auszutauschen gewesen und der Ferrari war durch die falsche Bereifung auch nicht von Anfang an wirtschaftlich wertlos. Folglich ist keine Stoffgleichheit gegeben, sodass eine Eigentumsverletzung bzgl. des Pkw vorliegt.

2. Hätte F die Reifen untersucht, so wäre ihm der Fehler aufgefallen und er hätte die Reifen ausgetauscht und es wäre nicht zu dem Unfall und der Eigentumsverletzung gekommen. Folglich ist diese Eigentumsverletzung **durch ein Verhalten des F** verursacht worden.

Damit ist der Tatbestand des § 823 Abs. 1 verwirklicht.

3. Die **Rechtswidrigkeit** wird nach h.M. durch die Tatbestandsverwirklichung indiziert und Rechtfertigungsgründe greifen nicht ein.

4. F hat durch die unterlassene Untersuchung des Pkw die im Verkehr erforderliche Sorgfalt nicht beachtet und daher fahrlässig i.S.v. § 276 Abs. 2 und somit **schuldhaft** gehandelt.

II. Als **Rechtsfolge** („haftungsausfüllender Tatbestand") kann K von F den durch die Zerstörung des Pkw entstandenen Schaden, also den Wiederbeschaffungswert abzüglich des Wertes der von vornherein mangelhaften Reifen, ersetzt verlangen.

III. Der Anspruch ist jedoch nicht durchsetzbar, wenn sich F wirksam auf die **Einrede der Verjährung gemäß § 214** berufen hat.

1. Die Verjährung deliktischer Ansprüche richtet sich grundsätzlich nach §§ 195, 199. Danach beträgt die Verjährungsfrist gemäß § 195 drei Jahre und sie beginnt gemäß § 199 Abs. 1 mit dem Schluss des Jahres, in dem der Anspruch entstanden ist und der Gläubiger von den den Anspruch begründenden Um-

Der Grundtatbestand, § 823 Abs. 1 — **1. Abschnitt**

ständen und der Person des Schuldners Kenntnis erlangt hat oder ohne grobe Fahrlässigkeit hätte erlangen müssen.

Der Anspruch aus § 823 Abs. 1 ist vorliegend erst am 05.02.2019 im Unfallzeitpunkt entstanden, also demnach gemäß §§ 195, 199 nicht verjährt.

2. Ob die allgemeine Verjährungsregelung gemäß §§ 195, 199 auch bei den „Weiterfresserschäden" gilt oder ob in diesen Fallkonstellationen die kürzere Verjährungsfrist des § 438 Abs. 1 anzuwenden ist, wird nicht einheitlich beurteilt.

a) **Nach überwiegender Ansicht** unterliegen die Deliktsansprüche nicht der abgekürzten kaufrechtlichen, sondern der allgemeinen Verjährung nach den §§ 195, 199.[54] Zur Begründung wird der Wortlaut des § 438 Abs. 1 angeführt, der die deliktischen Ansprüche nicht nennt; zudem würde der besondere Schutz, den der Käufer in den Fällen des weiterfressenden Mangels über das Deliktsrecht erhält, zunichte gemacht, wenn die kürzere kaufrechtliche Verjährung Anwendung finden würde. **38**

b) **Nach a.A.** ist auf den deliktischen Anspruch bei den „Weiterfresserschäden" die kürzere Verjährungsfrist des § 438 Abs. 1 anzuwenden. Im Unterschied zum früheren Recht, bei dem die kurze Verjährungsfrist des § 477 a.F. nur für die verschuldensunabhängigen Rechtsbehelfe der Wandlung, Minderung und Nachlieferung galt, erfasse die Neuregelung in § 438 Abs. 1 sowohl verschuldensunabhängige als auch verschuldensabhängige Gewährleistungsrechte des Käufers.[55] **39**

c) **Stellungnahme:** Da zwischen deliktischen und vertraglichen Ansprüchen eine echte Anspruchskonkurrenz besteht, folgt jeder Anspruch grundsätzlich der ihm eigenen gesetzlichen Regelung. Dies muss auch in den Fällen des weiterfressenden Mangels für die Verjährungsregelungen gelten, um dem Käufer nicht den besonderen Schutz des Deliktsrechts zu entziehen.

Demnach steht K gegen F ein durchsetzbarer Schadensersatzanspruch aus § 823 Abs. 1 zu.

---

54 Hk-BGB/Saenger § 437 Rn. 29; Looschelders SchuldR BT Rn. 185; MünchKomm/Westermann § 438 Rn. 5; Palandt/Weidenkaff § 437 Rn. 56, § 438 Rn. 3; Masch/Herwig ZGS 2005, 24; Medicus/Petersen BR Rn. 640; Wandt § 16 Rn. 20.

55 Jauernig/Berger § 437 Rn. 36; Mansel NJW 2002, 89, 95.

§ 823 Abs. 1 (−)	§ 823 Abs. 1 (+)
Stoffgleichheit	**keine Stoffgleichheit**
zwischen Produktfehler und Endschaden, wenn sich der ursprüngliche Mangelunwert mit dem eingetretenen Schaden deckt	zwischen Produktfehler und Endschaden, wenn sich der ursprüngliche Mangelunwert nicht mit dem eingetretenen Schaden deckt
Äquivalenzinteresse verletzt	**Integritätsinteresse** verletzt
■ Sache im Ganzen von vornherein nicht oder nur sehr eingeschränkt verwendbar	■ Mangel zunächst nur auf Teil des Produkts beschränkt
■ oder Mangel nicht behebbar	■ und Mangel behebbar
▪ technisch nicht behebbar	▪ technisch behebbar
▪ oder wirtschaftlich nicht vertretbar	▪ und wirtschaftlich vertretbar
Ortbeton BGHZ 39, 366 Hebebühne BGH BB 1983, 464 Bodenschlacke BGH 146, 144	Kompressor BGH NJW 1985, 2420 Gaszug BGHZ 86, 256 Nockenwelle BGH NJW 1992, 1678 Ferrari BGH NJW 2004, 1032

6. Verbindung/Verarbeitung von mangelfreien Sachen mit mangelhaften Teilen

40 Eine Eigentumsverletzung ist schließlich auch dann schwierig zu beurteilen, wenn der Eigentümer mangelfreier Sachen von einem anderen mangelhafte Gegenstände erwirbt und sodann die mangelfreien Sachen mit den mangelhaften Teilen verbindet oder verarbeitet, sodass auch die ursprünglich unversehrten Gegenstände bzw. die hergestellte Gesamtsache beeinträchtigt sind.

Diese Fallkonstellationen weisen eine gewisse Ähnlichkeit zu den Fällen des weiterfressenden Mangels auf, sind aber durch einen **deutlichen Unterschied** gekennzeichnet: Bei diesen Fällen greift der Mangel der zugelieferten Sachen auf andere Gegenstände über, die der Eigentümer bislang unversehrt in seinem Vermögen hatte, während sich die Beeinträchtigung beim weiterfressenden Mangel auf die Sache beschränkt, die von Anfang an mit dem Mangel behaftet war.[56]

---

56 Fuchs/Pauker/Baumgärtner Kap. 2 A II. 1.3.2.

Fall 5: Mangelhafte Transistoren

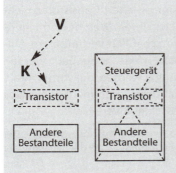

K, ein Autozulieferbetrieb, fertigt für die B-AG Zentralverriegelungen für Personenkraftwagen. In die Steuergeräte dieser Verriegelungen baute K von V hergestellte und bezogene Transistoren ein, nachdem sie diese mit anderen Bestandteilen auf Leiterplatinen aufgelötet und die Platinen sodann mit einem Schutzlack überzogen hatte. Die von V gelieferten Transistoren waren fehlerhaft. Deshalb waren die von K hergestellten Steuergeräte unbrauchbar. Ein Austausch der fehlerhaften Transistoren war mit wirtschaftlich vertretbarem Aufwand nicht durchführbar.

K macht gegen V einen deliktischen Schadensersatzanspruch geltend und verlangt u.a. Ersatz in Höhe der Materialkosten der zunächst fehlerfreien und dann durch den Zusammenbau mit den Transistoren funktionsuntüchtig gewordenen anderen Bestandteile der Steuergeräte. (Fall nach BGH NJW 1998, 1942 = RÜ 1998, 277)

K könnte gegen V ein Schadensersatzanspruch aus **§ 823 Abs. 1** zustehen.

Dazu muss aufseiten des K zunächst eine **Rechts(gut)verletzung** gegeben sein. In Betracht kommt eine **Eigentumsverletzung**.

I. Es könnte eine **Eigentumsverletzung bzgl. der von K hergestellten Steuergeräte** (Gesamtsache) vorliegen. 41

K hat durch die Verwendung der schadhaften Transistoren unbrauchbare Steuergeräte hergestellt. Der durch den Einbau der mangelhaften Transistoren eingetretene Unwert der Steuergeräte haftete diesen jedoch bereits seit ihrer Herstellung an. Bzgl. der Steuergeräte ist daher der eingetretene Schaden mit der im Mangel verkörperten Entwertung dieser Geräte „stoffgleich".[57] Folglich hat sich der Produktfehler bzgl. der Transistoren lediglich auf das **Äquivalenzinteresse** des K an gebrauchstauglichen Steuergeräten ausgewirkt, er hat aber nicht das Integritätsinteresse des K am Bestand unbeschädigten Eigentums beeinträchtigt. Somit ist keine Eigentumsverletzung bzgl. der von K hergestellten Steuergeräte gegeben.

II. Es könnte eine Eigentumsverletzung bzgl. der zusammen mit den Transistoren in die Steuergeräte **eingebauten weiteren Bestandteile** (Zutaten) vorliegen. 42

1. **Nach Auffassung des BGH** liegt eine Eigentumsverletzung des K an den zusammen mit den Transistoren in die Steuergeräte eingebauten **weiteren Bestandteilen** vor, obwohl diese Zutaten nicht in ihrer Sachsubstanz verletzt worden sind. 43

Eine Eigentumsverletzung setzt nach st.Rspr. des BGH nicht zwingend den Eingriff in die Sachsubstanz voraus, sondern sie kann auch durch eine nicht unerhebliche Beeinträchtigung der bestimmungsgemäßen Verwendung der Sache erfolgen. Die Eigentumsverletzung ist im vorliegenden Fall nach Ansicht des BGH bereits

---

[57] **"Transistor"**-Entscheidung des BGH, BGHZ 138, 230, 234.

durch die Verbindung der fehlerfreien mit den fehlerhaften Bestandteilen
entstanden, da die zuvor unversehrt im Eigentum des K stehenden Einzelteile
durch das unauflösliche Zusammenfügen mit den fehlerhaften Transistoren nicht
nur in ihrer Verwendbarkeit, sondern auch erheblich in ihrem Wert beeinträchtigt
worden sind: Die Einzelteile können nicht mit wirtschaftlich vertretbarem Aufwand aus den funktionsuntüchtigen Steuergeräten wieder ausgebaut werden
und folglich von K nicht mehr in anderer Weise genutzt werden; die vorher intak-
ten, in die Steuergeräte eingebauten Teile sind mit dem Zusammenbau wertlos
geworden. Daher ist insoweit das Integritätsinteresse des K verletzt.[58]

Im **„Kondensator"**-Fall des BGH[59] wurden die fehlerhaften Teile beim Ausbau beschädigt. Der
BGH hat dort die Eigentumsverletzung an die Substanzbeeinträchtigung bei der Reparatur der
Regler angeknüpft.[60]

44 2. Im **Schrifttum** werden die Entscheidungen des BGH zum Teil abgelehnt.[61]

a) Nach einer Ansicht[62] liegt im „Transistor"-Fall ein Fehlschluss des BGH darin,
die wirtschaftliche Entwertung der Bestandteile mit einer tatbestandlichen
Gebrauchsbeeinträchtigung gleichzusetzen. Dass das Produkt Steuergerät
(und seine sonstigen Bestandteile) wegen der fehlerhaften Transistoren funktionsunfähig und damit wertlos werden könne, sei das typische Unternehmer-
risiko, gegen das sich der Unternehmer evtl. vertraglich absichern kann. Es liege lediglich eine Vermögensbeeinträchtigung vor, die nicht von § 823 Abs. 1
erfasst werde.

b) Nach a.A. ist im „Transistor"-Fall zwar das Integritätsinteresse des Käufers an
den von ihm im Produktionsprozess verbrauchten „guten" Zutaten verletzt. Es
sei aber fraglich, ob diese Verletzung dem Hersteller des defekten Vorproduk-
tes zugerechnet werden könne. Dies sei – wie im „Transistor"-Fall – dann zu
verneinen, „wenn diese Vorprodukte nur funktionsunfähig sind und auch
nicht bestimmungsgemäß zur Abwehr von Gefahren für die betroffenen
Rechtsgüter dienen."[63]

3. Nimmt man mit der Rspr. bzgl. der bei dem Zusammenbau der Steuergeräte verwendeten „guten" Zutaten eine Eigentumsverletzung durch V an, so ist diese
auch rechtswidrig.

Das Verschulden des V wird im Rahmen der Produzentenhaftung vermutet. V ist
somit nach § 249 Abs. 2 S. 1 verpflichtet, K die Materialkosten der zunächst einwandfreien Teile zu ersetzen.

---

58 **„Transistor"**-Entscheidung des BGH, BGHZ 138, 230, 234 ff.
59 BGHZ 117, 183.
60 BGHZ 117, 183, 189.
61 Vgl. zum **„Kondensator"**-Fall Brüggemeier/Herbst JZ 1992, 801, 803; krit. auch Hinsch VersR 1992, 1053, 1056 ff.; Franzen JZ 1999, 702 ff.; Schneider ZGS 2008, 177, 179.
62 Brüggemeier JZ 1999, 99, 100.
63 Franzen JZ 1999, 702, 710 f.; Erwiderung Foerste JZ 1999, 1046; Schlusswort Franzen JZ 1999, 1047.

Der Grundtatbestand, § 823 Abs. 1 **1. Abschnitt**

Fall 6: Bodenschlacke

B betreibt ein Stahlwerk. Die bei ihr als Abfallprodukt anfallende Elektroofenschlacke füllte sie gemäß einer Vereinbarung mit der Stadt S auf ein der S gehörendes Grundstück in einer Höhe von 1,3 m auf und planierte die Fläche. Später veräußerte S einen Teil des Geländes an K, die das erworbene Grundstück bebaute. In dem fertiggestellten Gebäude zeigten sich später Risse im Mauerwerk. Dies beruhte darauf, dass die Schlacke nicht „raumbeständig" war, sondern sich durch Hydration ausgedehnt hatte. K verlangt von B Schadensersatz. (Fall nach BGHZ 146, 144 = RÜ 2001, 203)

K könnte gegen B ein Anspruch auf Schadensersatz aus **§ 823 Abs. 1 wegen Eigentumsverletzung** zustehen.

I. Es könnte durch die Auffüllung des Bodens mit Elektroofenschlacke eine **Eigentumsverletzung bzgl. des Grundstücks** gegeben sein.

    45

Das Grundstück war jedoch im Zeitpunkt des Eigentumserwerbs durch K bereits mit der schadensträchtigen Schlacke aufgefüllt und daher für eine Bebauung ungeeignet, sodass K **niemals Eigentümer des Grundstücks in mangelfreiem Zustand** war. Folglich fehlt die für eine Eigentumsbeeinträchtigung erforderliche Verletzung des Integritätsinteresses,[64] sodass keine Eigentumsverletzung bzgl. des Grundstücks vorliegt.

II. Es könnte eine **Eigentumsverletzung bzgl. des errichteten Gebäudes** vorliegen.

    46

Dazu ist erforderlich, dass keine Stoffgleichheit zwischen den Gebäudeschäden und den bereits von vornherein vorhandenen Grundstücksschäden gegeben ist. Dies setzt bei einem Zusammentreffen von fehlerfreien und fehlerhaften Sachen voraus, dass vor dem Schadenseintritt jedenfalls ein Teil der Gesamtsache unversehrt im Eigentum des Geschädigten gestanden hat.

Das Gebäude hat aber niemals unversehrt im Eigentum des K gestanden, sondern es ist durch die Bebauung eine Sachgesamtheit geschaffen worden, die von Anfang an mit dem später zutage getretenen Mangel behaftet war.[65] Das Gebäude ist erst durch den sukzessiven Einbau der Baumaterialien entstanden und bereits durch deren Verbindung mit dem Grundstück von dessen Mangel erfasst worden.[66] Daher ist auch eine Eigentumsverletzung bzgl. des Gebäudes abzulehnen.

Beachte: Eine Eigentumsverletzung des K bzgl. der Baustoffe hat der BGH im Originalfall nicht abschließend erörtert, da zum einen zweifelhaft war, ob K oder der Bauunternehmer Eigentümer der Baumaterialien war, und zum anderen das Klagebegehren des K nicht auf Schadensersatz wegen der Baumaterialien gerichtet war. Falls K der Eigentümer der Baustoffe gewesen wäre, müsste man diesbzgl. entsprechend der Transistorentscheidung des BGH eine Eigentumsverletzung annehmen.[67]

---

64 BGHZ 146, 144, 148.
65 BGHZ 146, 144, 150.
66 BGHZ 146, 144, 152 ; dazu Emmerich in JuS 2001, 710; Schaub VersR 2001, 940; Lorenz JZ 2001, 878.
67 Looschelders, Schuldrecht BT, Rn. 1214; MünchKomm/Wagner § 823 Rn. 204.

7. Immissionen

47 Eine Eigentumsverletzung liegt unstreitig vor bei einer Immission i.S.d. § 906, d.h. bei einer unwägbaren Einwirkung, die sich entweder auf das Grundstück oder die dort befindlichen Sachen schädigend auswirkt oder sich auf dem Grundstück aufhaltende Personen derart belästigt, dass ihr gesundheitliches Wohlbefinden gestört wird, und die der Eigentümer nicht gemäß § 906 dulden muss.[68]

Nach Auffassung des BGH gehören Geräuscheinwirkungen durch häusliches Musizieren einschließlich des dazugehörigen Übens zu den sozialadäquaten und üblichen Formen der Freizeitbeschäftigung und sind daher jedenfalls in gewissen Grenzen zumutbar und in diesem Rahmen als unwesentliche Beeinträchtigung des benachbarten Grundstücks i.S.v. § 906 Abs. 1 anzusehen; insoweit habe ein Berufsmusiker, der sein Instrument (hier: Trompete) im häuslichen Bereich spiele, nicht mehr, aber auch nicht weniger Rechte als ein Hobbymusiker und umgekehrt. Beim häuslichen Musizieren seien die üblichen Ruhestunden in der Mittags- und Nachtzeit einzuhalten. Wann und wie lange musiziert werden dürfe, lasse sich nicht allgemein beantworten, sondern richte sich nach den Umständen des Einzelfalls, insbesondere dem Ausmaß der Geräuscheinwirkung, der Art des Musizierens und den örtlichen Gegebenheiten; eine Beschränkung auf zwei bis drei Stunden an Werktagen und ein bis zwei Stunden an Sonn- und Feiertagen, jeweils unter Einhaltung üblicher Ruhezeiten, könne als grober Richtwert dienen.[69]

48 Streitig ist, ob auch eine **ideelle Immission**, wie z.B. der hässliche Anblick eines Nachbargrundstücks, eine Eigentumsverletzung darstellt.

■ Die Rspr. und ein Teil des Schrifttums lehnen eine Eigentumsverletzung ab, da nicht auf das Nachbargrundstück selbst eingewirkt werde.[70]

> Die Ablehnung einer Eigentumsverletzung bei nur ideellen Immissionen wird damit begründet, dass § 906 positiv regele, inwieweit der Grundstückseigentümer die Zuführung „unwägbarer Stoffe" oder „ähnliche von einem anderen Grundstück ausgehende" Einwirkungen abwehren könne oder nicht. Eine Ausdehnung dieser Begriffe auf lediglich ideelle Immissionen würde zu einer uferlosen und damit unvertretbaren Ausweitung führen.

■ Dagegen wird von einem Teil der Lit. bei schwerwiegenden ideellen Immissionen eine Eigentumsverletzung bejaht, da auch dadurch in die Gebrauchsfähigkeit der Sache eingegriffen werde.[71]

V. Verletzung eines „sonstigen Rechts" i.S.d. § 823 Abs. 1

49 Wie der Begriff „sonstiges Recht" i.S.d. § 823 Abs. 1 zu verstehen ist, ergibt sich aus der Aufzählung der in § 823 Abs. 1 benannten Rechtspositionen: Dort ist nur ein Recht genannt – das Eigentum –; bei Leben, Körper, Gesundheit und Freiheit handelt es sich nicht um erwerbbare Rechte, sondern um Rechtsgüter. Das „sonstige Recht" muss daher mit dem einzigen genannten Recht vergleichbar, also **eigentumsähnlich** sein.[72]

Der Eigentümer kann gemäß § 903 S. 1 mit seiner Sache nach Belieben verfahren und andere von jeder Einwirkung ausschließen. Das Eigentum ist also gekennzeichnet durch

---

68 BGHZ 51, 396; vgl. BGH RÜ 2015, 502 zum Rauchen eines Mieters auf dem Balkon.

69 BGH RÜ 2019, 92, 94, 95.

70 BGHZ 95, 307: Bordell in Nachbarschaft; BGHZ 51, 396: Lagerplatz für Baumaterialien in Wohngegend; BGHZ 54, 56: Abstellen von Schrottwagen gegenüber Hotelgrundstück; BGH NJW 1975, 170: Grenzwand aus Blechen im reinen Wohngebiet; BGH RÜ 2003, 439: Wintergarten an Burganlage.

71 Grunsky JZ 1970, 785 m. Anm. zu BGHZ 54, 56; Erman/Ebbing § 1004 Rn. 22; Erman/Wilhelmi § 823 Rn. 33; Jauernig/Teichmann § 823 Rn. 9.

72 Medicus/Petersen BR Rn. 607; Palandt/Sprau § 823 Rn. 11.

eine (positive) *Nutzungsfunktion* und eine (negative) *Abwehrfunktion*. Als sonstige Rechte kommen daher nur solche Rechtspositionen in Betracht, die ebenfalls in gewissem Umfang Nutzungs- und Abwehrrechte aufweisen. Charakteristisch für die „sonstigen Rechte" ist demnach, dass sie sich – wie das Eigentum – gegen jedermann richten und von jedermann verletzt werden können (= „absolute" Rechte im Gegensatz zu den „relativen" Rechten, die sich nur gegen bestimmte Personen richten).

1. „Sonstige Rechte" i.S.d. § 823 Abs. 1

- **Beschränkt dingliche Rechte**, z.B. Pfandrecht, Grundpfandrechte, Erbbaurecht, Dienstbarkeiten.[73] Nach st. Rspr. des BGH setzt ein Schadensersatzanspruch wegen Verletzung beschränkt dinglicher Rechte einen „grundstücksbezogenen" Eingriff voraus, der sich dahin auswirkt, dass die Verwirklichung des jeweiligen Rechts am Grundstück als solches durch rechtliche oder tatsächliche Maßnahmen beeinträchtigt wird.[74]

    50

    Beispiel: H ist Hypothekengläubiger am Hausgrundstück des E. A verursacht fahrlässig einen Brand, wodurch das nicht versicherte Gebäude abbrennt. Das Grundstück wird zwangsversteigert und erbringt einen derart geringen Erlös, dass H mit seiner Hypothek ausfällt.

    Das Hypothekenrecht des H ist als dingliches Recht ein absolutes Recht und damit ein „sonstiges Recht" i.S.d. § 823 Abs. 1. A hat dieses Recht verletzt; denn da das Hypothekenrecht ein Recht auf Befriedigung aus dem Grundstück ist, hängt seine Durchsetzbarkeit vom Wert des Grundstücks ab. A handelte rechtswidrig und schuldhaft. Er muss nach § 823 Abs. 1 dem H den durch den Ausfall der Hypothek entstandenen Schaden ersetzen.

    Weitere Anspruchsgrundlage ist § 823 Abs. 2 i.V.m. §§ 1134, 1135, da die §§ 1134, 1135 Schutzgesetze zugunsten des Hypothekengläubigers sind und A diese Schutzgesetze schuldhaft verletzt hat.

- **Dingliche Anwartschaftsrechte**

    51

    Das durch Vorbehaltseigentum begründete Anwartschaftsrecht des Vobehaltskäufers ist als sonstiges Recht i.S.v. § 823 Abs. 1 anerkannt.[75] Dies ist die deliktsrechtliche Konsequenz daraus, dass das Anwartschaftsrecht ein dem Eigentum „wesensgleiches Minus" ist, das selbstständig übertragen, verpfändet und gepfändet werden kann.[76]

    Streit besteht nur darüber, ob der Anwartschaftsberechtigte vor Beendigung der Schwebezeit den Schadensersatz allein geltend machen kann[77] oder – so die überwiegende Ansicht, um das Sicherungsinteresse des Vorbehaltsverkäufers ausreichend zu berücksichtigen – nur zusammen mit dem Vorbehaltsverkäufer als gemeinschaftliche Gläubiger gemäß §§ 1281, 432 analog,[78] und wie sich dieser Anspruch berechnet.[79]

- **Absolute Immaterialgüterrechte**, z.B. Rechte aus Patent, Urheberrecht (= Eigentum i.S.d. Art. 14 GG[80]), sowie **gewerbliche Schutzrechte**, wie Markenrechte

    52

---

73 Vgl. BGH NJW 1991, 695, 696.

74 BGH RÜ 2012, 285, 286.

75 BGHZ 55, 20, 25 f.

76 MünchKomm/Wagner § 823 Rn. 276

77 Müller/Laube JuS 1993, 529, 534 ff.

78 Jauernig/Teichmann § 823 Rn. 17; Medicus/Petersen BR Rn. 609; MünchKomm/Wagner § 823 Rn. 277; Wandt § 16 Rn. 39; eine ausführliche Darstellung des Meinungsstreits findet sich im Übungsfall von Eleftheriadou JuS 2009, 434 ff.

79 Vgl. dazu BGHZ 114, 161, 165 m.w.N.; ferner Müller/Laube JuS 1993, 529 ff.

80 Vgl. BVerfG JZ 1971, 773; BGHZ 82, 13, 16.

1. Teil   Unerlaubte Handlungen

Diese Rechte sind in erster Linie durch Spezialvorschriften geregelt (vgl. z.B. § 97 UrhG). Ergänzend können die §§ 823 Abs. 1 („sonstiges Recht") und 826 eingreifen; sie dürfen aber nicht dazu angewendet werden, einen nach den einschlägigen Sondervorschriften bewusst ausgeschlossenen Schutz zu begründen.[81] So sind z.B. für die Frage, ob und inwieweit andere eine schöpferische Leistung nutzen dürfen, allein die Sondervorschriften des Urheberrechts maßgebend.[82]

Durch die Registrierung eines Domainnamens erwirbt der Inhaber kein absolutes Recht an dem Domainnamen und damit kein sonstiges Recht i.S.v. § 823 Abs. 1.[83]

53 ■ **Mitgliedschaftsrechte**, wie Geschäftsanteile an einer GmbH oder Aktien, Mitgliedschaftsrechte an einem eingetragenen Verein[84]

Der deliktische Schutz der Mitgliedschaft greift auch im Verhältnis der Gesellschafter untereinander und zu Organen der Gesellschaft ein. Es muss aber der Zuweisungsgehalt des Mitgliedschaftsrechts als solcher betroffen sein, z.B. durch Schmälerung der aus der Mitgliedschaft folgenden Entscheidungsbefugnisse. Allein der Umstand, dass der Wert der Gesellschaft selbst sinkt, reicht nicht.

54 ■ das **Totenfürsorgerecht**

Die Verletzung des Totenfürsorgerechts kann Ansprüche auf Schadensersatz sowie auf Beseitigung und Unterlassung von Beeinträchtigungen analog § 1004 begründen.[85]

55 ■ **Familienrechte**, soweit sie als „**Herrschaftsrechte**" ausgeprägt sind, wie z.B. das Recht der elterlichen Sorge

Beispiel:[86] Die Eheleute M und F leben getrennt. Das Sorgerecht für das gemeinsame Kind K steht kraft gerichtlicher Entscheidung der F zu. M verweigert die Herausgabe des K und verschweigt dessen Aufenthaltsort. F schaltet daraufhin ein Detektivbüro ein, um den Aufenthaltsort des K zu ermitteln. Später verlangt F von M Ersatz der Detektivkosten.

Der BGH hat der F einen Anspruch aus § 823 Abs. 1 zuerkannt. Der M habe durch sein Verhalten ein sonstiges Recht – das Sorgerecht der F – rechtswidrig und schuldhaft verletzt. Dass es sich bei dem Sorgerecht um ein absolutes Recht handele, komme im Gesetz selbst darin zum Ausdruck, dass gemäß § 1632 die Personensorge das Recht umfasse, die Herausgabe des Kindes *von jedem* zu verlangen, der es den Eltern oder einem Elternteil widerrechtlich vorenthalte (Abs. 1), und den Umgang des Kindes auch mit Wirkung *für und gegen Dritte* zu bestimmen (Abs. 2).

56 Geschützt ist auch der „**räumlich gegenständliche Bereich**" der Ehe, insbesondere die Ehe- und Familienwohnung.

Gegen das Eindringen eines „Ehestörers" in den räumlich gegenständlichen Bereich der Ehe gewährt die ganz h.M. einen Unterlassungs- und Beseitigungsanspruch.[87]

Dagegen hat der BGH Schadensersatzansprüche aus Eheverletzungen gegen den untreuen Ehepartner oder gegen den in die Ehe eindringenden Dritten abgelehnt.

So hat der BGH wiederholt entschieden, dass ein Ehemann von seiner (geschiedenen) Ehefrau nicht aufgrund eines von dieser begangenen Ehebruchs, aus dem ein Kind hervorgegangen ist, aus § 823 Abs. 1 Ersatz des Vermögensschadens verlangen kann, der ihm durch Unterhaltszahlungen an das scheineheliche Kind entstanden ist.[88] Dem Scheinvater kann nur unter den sehr engen Voraussetzungen des § 826 ein Schadensersatzanspruch zustehen.[89]

---

81 Staudinger/Hager § 823 Rn. B 137.
82 BGHZ 26, 52, 59.
83 BGH NJW 2012, 2034, 2036.
84 RGZ 100, 274, 278; 158, 248, 255; MünchKomm/Wagner § 823 Rn. 171 ff.
85 BGH NZFam 2019, 464.
86 BGH NJW 1990, 2060.
87 Vgl. BGHZ 6, 360; im Einzelnen dazu AS-Skript Familienrecht (2019), Rn. 13 ff.
88 BGHZ 23, 215; 26, 217; 57, 229.
89 BGH NJW 1990, 706.

Der Grundtatbestand, § 823 Abs. 1 **1. Abschnitt**

■ Ob das **„Recht am Arbeitsplatz"** ein sonstiges Recht i.S.d. § 823 Abs. 1 darstellt, ist umstritten.[90] Die Befürworter stützen sich dabei u.a. auf die Regelung des § 613a, der beim Betriebsübergang den neuen Inhaber in alle Rechte und Pflichten aus den bestehenden Arbeitsverhältnissen eintreten lässt[91] Die überwiegende Ansicht lehnt es jedoch ab, das Recht am Arbeitsplatz als sonstiges Recht einzuordnen, da die Rechte des Arbeitnehmers nicht absolut gegenüber Dritten wirken, sondern es sich lediglich um verschiedene schuldrechtliche Beziehungen zum Arbeitgeber handelt (tarifvertragliche, vertragliche und gesetzliche Rechte auf Beschäftigung, Gehalt, Kündigungsschutz, etc.).[92]

57

Das BAG[93] hat dies bislang offen gelassen, aber ausdrücklich festgestellt, dass im Falle einer Anerkennung als sonstiges Recht die Rechtswidrigkeit nicht durch die tatbestandsmäßige Verletzung indiziert sei, sondern wie beim allgemeinen Persönlichkeitsrecht und dem Recht am eingerichteten und ausgeübten Gewerbebetrieb durch eine umfassende Interessenabwägung im Einzelfall positiv festgestellt werden müsse.

■ Ebenfalls bislang ungeklärt und umstritten ist, ob das **„Recht am eigenen Datenbestand"** als sonstiges Recht anerkannt werden soll.

Die Befürworter stellen darauf ab, dass die beiden Voraussetzungen für die Anerkennung als sonstiges Recht, die Zuordnungs- und die Ausschlussfunktion, erfüllt sind, da der Einzelne ein Recht daran, habe die eigenen Daten zu nutzen und er Dritte von der unbefugten Nutzung oder Beeinträchtigung seiner Daten ausschließen könne.[94] Gegen die Anerkennung eines Rechts an den eigenen Daten wird geltend gemacht, die Zuordnung einzelner Daten zu einem bestimmten Rechtssubjekt werfe erhebliche Probleme auf.[95] Diesem Einwand könnte man jedoch dadurch Rechnung tragen, dass auch der Schutzumfang des Rechts am eigenen Datenbestand als Rahmenrecht ausgestaltet wird, also die Rechtswidrigkeit durch eine umfassende Interessenabwägung positiv festgestellt werden muss.[96]

2. Besitz als „sonstiges Recht" i.S.d. § 823 Abs. 1

a) Reichweite des deliktischen Besitzschutzes

■ Der **Besitz** bezeichnet allein die tatsächliche Sacherrschaft, vgl. § 854 Abs. 1, und ist daher an sich kein Recht. Jedoch genießt der Besitz nach h.M. als **„sonstiges Recht"** i.S.d. § 823 Abs. 1 jedenfalls insoweit Deliktsschutz, als er gleich einem ausschließlichen Recht gegenüber jedermann geschützt ist und dem Besitzer eine „eigentumsähnliche" Stellung gibt.

58

■ Der **unmittelbare berechtigte Besitz** ist als geschütztes Recht anerkannt, da er mit Nutzungs- und Abwehrrechten (vgl. §§ 859 ff.) verbunden ist und daher dem rechtmäßigen Besitzer eine eigentumsähnliche Rechtsposition verschafft. Soll der berechtigte Besitz gerade dazu dienen, eine bestimmte Nutzung der Sache zu ermöglichen,

59

---

90 Vgl. dazu BeckOK/Förster § 823 Rn. 173 m.w.N.
91 Schleusener NZA 1999, 1078, 1091.
92 BeckOK/Förster § 823 Rn. 173; Erman/Wilhelmi § 823 Rn. 60; Palandt/Sprau § 823 Rn. 20.
93 BAG NJW 1999, 164.
94 MünchKomm/Wagner § 823 Rn. 295.
95 OLG Naumburg VersR 2015, 1525.
96 MünchKomm/Wagner § 823 Rn. 297.

so stellt es eine Rechtsverletzung i.S.d. § 823 Abs. 1 dar, wenn der Besitzer an eben dieser Nutzung durch einen Eingriff gehindert wird.[97]

Nach einem Teil des Schrifttums ist der Besitz als solcher zwar kein „sonstiges Recht" i.S.v. § 823 Abs. 1. Der berechtigte Besitz sei aber einem sonstigen Recht gleichzustellen.[98]

60 ■ Umstritten ist, ob der **rechtswidrige Besitz** ein sonstiges Recht i.S.v. § 823 Abs. 1 ist:

■ Nach h.M. ist der rechtswidrige Besitz kein sonstiges Recht i.S.d. § 823 Abs. 1, da er dem Besitzer keine eigentumsähnliche Stellung verschafft: Der rechtswidrige Besitzer hat nur Abwehrrechte gemäß §§ 859 ff., aber kein Nutzungsrecht.[99]

■ Ein Teil des Schrifttums dehnt den deliktsrechtlichen Schutz des Besitzes auf den unrechtmäßigen entgeltlichen redlichen Besitzer vor Rechtshängigkeit aus, da dieser Besitzer sogar im Verhältnis zum Eigentümer die gezogenen Nutzungen gemäß §§ 987, 988, 990, 993 Abs. 1 behalten dürfe.[100]

■ Dem kann man entgegenhalten, dass sich auch aus den §§ 987 ff. kein Nutzungsrecht für den unrechtmäßigen Besitzer ableiten lässt. Die E-B-V-Regeln gewähren dem unrechtmäßigen entgeltlichen, redlichen, unverklagten Besitzer lediglich das Recht, die gezogenen Nutzungen zu behalten. D.h., der Gesetzgeber hält im Nachhinein betrachtet diesen unrechtmäßigen Besitzer im Hinblick auf das Behaltendürfen der gezogenen Nutzungen für schutzwürdig. Die §§ 987 ff. treffen aber keine Aussage darüber, ob er die Nutzungen überhaupt hätte ziehen dürfen.

■ Der BGH brauchte zu der Frage, ob auch der unberechtigte Besitzer durch § 823 Abs. 1 geschützt ist, noch nicht Stellung zu nehmen und hat diese Frage ausdrücklich offen gelassen.[101]

61 ■ Der **mittelbare Besitzer** hat den Schutz nach § 823 Abs. 1 nicht gegenüber dem unmittelbaren Besitzer, denn diesem gegenüber ist er nicht nach §§ 861 ff. geschützt.[102]

Beispiel: Bauunternehmer B hatte von X einen Turmdrehkran gemietet, den er aufgrund eines Vertrags von T zur Baustelle bringen ließ. Wegen unvorsichtigen Fahrens des T stürzte der Kran um und wurde beschädigt. Infolgedessen verzögerte sich der Beginn der Bauarbeiten, wodurch dem B ein Schaden entstanden ist. Hat B gegen T einen Anspruch auf Ersatz dieses Schadens, wenn vertragliche Ansprüche durch Geschäftsbedingungen wirksam ausgeschlossen sind?

I. § 823 Abs. 1? B war mittelbarer, T unmittelbarer Besitzer des Krans. Der Besitz ist nur insoweit ein sonstiges Recht i.S.d. § 823 Abs. 1, als er nach besitzrechtlichen Vorschriften geschützt ist. Für das Verhältnis des mittelbaren zum unmittelbaren Besitzer bestimmt § 869, dass ein Besitzschutz nur stattfindet, wenn gegen den unmittelbaren Besitzer durch einen Dritten verbotene Eigenmacht geübt wird. Dagegen wird dem mittelbaren Besitzer kein Besitzschutz gegenüber Handlungen des unmittelbaren Besitzers gewährt. Es ist somit § 869 zu entnehmen, dass ein Anspruch des mittelbaren Besitzers gemäß § 823 Abs. 1 nicht gegeben ist.[103]

---

97 BGHZ 137, 89, 98 = NJW 1998, 377, 380; dazu Emmerich JuS 1998, 459 u. Medicus EWiR 1998, 595: Blockade von Baumaschinen.

98 So Medicus AcP 165, 115, 136 ff. u. 148; MünchKomm/Wagner § 823 Rn. 220; Fikentscher Rn. 1568; a.A. Larenz/Canaris § 76 II 4 f.

99 Brox/Walker SchuldR BT § 45 Rn. 13; Hk-BGB/Staudinger § 823 Rn. 35 m.w.N.

100 Looschelders Rn. 1217; Medicus/Petersen BR Rn. 607; Röthel/Sparmann Jura 2005, 456, 461.

101 Vgl. BGHZ 79, 232, 236 m.w.N.

102 BGHZ 32, 194, 205.

103 BGHZ 32, 194, 204; Medicus AcP 165, 115 ff., 148.

II. § 823 Abs. 2 i.V.m. § 858? § 858 ist nach h.M. Schutzgesetz i.S.d. § 823 Abs. 2.[104] Dies gilt aber nur im Verhältnis zu Drittstörern. Dagegen hat der mittelbare gegen den unmittelbaren Besitzer keinen Besitzschutz.[105]

■ Der (berechtigte) **Mitbesitz** ist als „sonstiges Recht" i.S.v. § 823 Abs. 1 geschützt, und zwar nicht nur im Verhältnis des Mitbesitzers gegenüber Dritten, sondern auch im Verhältnis von Mitbesitzern untereinander.[106]

62

b) Rechtsfolgen des deliktischen Besitzschutzes

Im Hinblick auf den durch Besitzverletzung entstandenen Schaden muss differenziert werden:[107]

■ **Grundsätzlich** ist der Schädiger bei einer Besitzverletzung dem Besitzer gegenüber nur zum Ersatz der entgangenen Nutzungen verpflichtet, sogenannter **Nutzungsschaden** (= Einbuße, die in der Beeinträchtigung der Möglichkeit liegt, die Sache zu gebrauchen, so z.B. bei der Aussperrung eines Mieters aus den Mieträumen).[108] Ersatz für die Beschädigung an der Sachsubstanz, sogenannter Substanzschaden, kann i.d.R. nicht der Besitzer, sondern nur der Eigentümer verlangen, da der Besitzer für eine ihm nicht zurechenbare Beschädigung der Sache im Verhältnis zum Eigentümer nicht verantwortlich ist.

63

■ Wenn der Besitzer im Verhältnis zum Eigentümer für eine ihm nicht zurechenbare Beschädigung der Sache durch einen Dritten verantwortlich ist, kann der Besitzer vom Schädiger **ausnahmsweise Ersatz des Substanzschadens** verlangen:

Haftungsschaden, der sich daraus ergibt, dass der Besitzer selbst infolge einer Besitzverletzung, die ein Dritter begangen hat, gegenüber dem Eigentümer aufgrund vertraglicher Abrede schadensersatzpflichtig wird, so z.B., wenn ein Mieter oder Leasingnehmer für die Beschädigung oder Zerstörung der Sache dem Vermieter oder dem Leasinggeber nach vertraglicher Vereinbarung ersatzpflichtig wird.[109]

Erfüllungsschaden, so z.B. der Schaden eines Werkunternehmers, wenn das noch in seinem Besitz in Arbeit befindliche Werk durch einen Dritten beschädigt wird und er wegen der Gefahrtragungsregeln verpflichtet ist, das Werk erneut zu erstellen, um seine Vertragspflicht zu erfüllen.[110]

Fall 7: Stillgelegte Raststätte

K ist Betreiberin einer Autobahnrastanlage an der Bundesautobahn (BAB) 5. F ist der Fahrer eines Sattelzuges, der auf der BAB 5 mit dem nicht vollständig abgesenkten und infolgedessen bis in eine Höhe von 4,83 m ragenden Auslegearm eines von ihm transportierten Baggers gegen eine über die Autobahn führende Brücke stieß. Durch die Kollision wurde die Brücke so stark beschädigt, dass Einsturzgefahr bestand. Das

---

104 BGHZ 20, 169, 171; BGH RÜ 2009, 490; zweifelnd Medicus/Petersen BR Rn. 621: § 858 diene in erster Linie der Wahrung des Rechtsfriedens.
105 Erman/Lorenz § 869 Rn. 5 m.w.N.
106 BGHZ 62, 243, 248; Medicus/Petersen BR Rn. 608.
107 BeckOK/Förster § 823 Rn. 158.
108 BGHZ 79, 232 ff.
109 BGH NJW 1984, 2569; vgl. zum Haftungsschaden KG NJW-RR 2007, 239 = RÜ 2007, 191.
110 BGH NJW 1984, 2569: Beschädigung einer im Bau befindlichen Uferwand; OLG Frankfurt NJW-RR 1994, 23: Beschädigung einer Brückenwaage.

1. Teil   Unerlaubte Handlungen

> betroffene Teilstück der BAB 5 wurde deshalb für mehrere Tage gesperrt. Im Rundfunk wurde empfohlen, den gesperrten Bereich großräumig zu umfahren.
>
> Wenige Kilometer vom gesperrten Bereich entfernt, aber außerhalb des gesperrten Bereichs selbst, befindet sich die von der K an der BAB 5 betriebene Autobahnrastanlage. Sie wurde von der K für die Dauer der Autobahnsperrung geschlossen.
>
> K hat vorgetragen, infolge der Unerreichbarkeit der Anlage für den Durchgangsverkehr während der Sperrung erhebliche Einnahmeausfälle erlitten zu haben. Steht K gegen F ein Anspruch aus § 823 Abs. 1 auf Ersatz entgangenen Gewinns i.H.v. 37.985 € zu? (nach BGH NJW 2015, 1174 = RÜ 2015, 149)

K könnte gegen F ein Anspruch auf Ersatz des entgangenen Gewinns i.H.v. 37.985 € aus § 823 Abs. 1 zustehen.

Dafür ist zunächst eine **Rechts(gut)verletzung** erforderlich.

I. Es könnte der **Besitz** der K an der Rastanlage als sonstiges Recht verletzt sein.

    1. K ist als Pächterin der Rastanlage **unmittelbare berechtigte Besitzerin**, sodass ihr sowohl Nutzungs- als auch Abwehrrechte zustehen und ihr Besitz daher aufgrund der Vergleichbarkeit mit dem Eigentum (vgl. § 903 S. 1) nach allgemeiner Ansicht deliktsrechtlich geschützt ist.

    2. Der Besitz der K muss auch **verletzt** sein.

64   Durch die unfallbedingte Sperrung der Autobahn könnte die Nutzungsmöglichkeit der Raststätte erheblich beeinträchtigt worden sein. Die Abgrenzung, ob eine erhebliche Beeinträchtigung der Gebrauchsmöglichkeit oder eine entschädigungslos hinzunehmende Nutzungsbeeinträchtigung vorliegt, ist parallel zu den Grundsätzen für die Eigentumsverletzung zu beurteilen.[111]

         Die wenige Kilometer entfernte Sperrung der Autobahn blockierte die unmittelbare Zufahrt zur Rastanlage nicht, sodass die Anlage auch in diesem Zeitraum angefahren werden konnte. Folglich war der **bestimmungsgemäße Gebrauch der Anlage durch die die Autobahnsperrung nicht unmittelbar beeinträchtigt**. Die Auswirkungen der Sperrung auf die Rastanlage beschränkten sich auf den Wegfall des Durchgangsverkehrs für die Zeit der Sperrung, das deshalb zu erwartende Ausbleiben von Kunden und die sich daraus ergebende vorübergehende Einengung der wirtschaftlichen Nutzung der Anlage. Dies berührt jedoch allein das Vermögen der K, nicht aber ihre Rechtsposition als berechtigte Besitzerin der Rastanlage.

         Demnach ist K durch die unfallbedingte Sperrung der BAB 5 nicht in ihrem berechtigten Besitz an der Rastanlage verletzt worden.

II. Es könnte jedoch das **Recht der K am eingerichteten und ausgeübten Gewerbebetrieb** verletzt sein.

---

111   BGH NJW 2015, 1174, 1175; Wandt § 16 Rn. 41.

Der Grundtatbestand, § 823 Abs. 1 **1. Abschnitt**

Dazu ist ein betriebsbezogener Eingriff in das Recht am eingerichteten und ausgeübten Gewerbebetrieb erforderlich (i.E. später unter Rn. 131 ff.).

Betriebsbezogen sind nur solche Eingriffe, die sich gegen den Betrieb als solchen richten. Störungen des Betriebsablaufs aufgrund eines Ereignisses, das in keiner Beziehung zum Betrieb steht, sind keine betriebsbezogenen Eingriffe, selbst wenn dadurch eine für das Funktionieren des Betriebs maßgebliche Person oder Sache betroffen ist.[112]

Die mehrtägige Sperrung der BAB 5 und die Empfehlung, den gesperrten Bereich großräumig zu umfahren, waren **allgemeine Folgen des durch den Sattelzug verursachten Unfalls und haben K rein zufällig betroffen**. Der Unfall hat in keiner unmittelbaren Beziehung zum Betrieb der K gestanden, sodass es sich nicht um einen betriebsbezogenen Eingriff handelt und K daher auch nicht in ihrem Recht am eingerichteten und ausgeübten Gewerbebetrieb verletzt ist.

Folglich steht K kein Anspruch gegen F auf Ersatz des entgangenen Gewinns i.H.v. 37.985 € aus § 823 Abs. 1 zu.[113]

Exkurs: Deliktsrechtliche Ansprüche gegen Falschparker[114]

Angesichts der Parkraumknappheit in vielen Innenstädten sehen sich die Betreiber von Verbrauchermärkten verstärkt der unberechtigten Nutzung ihrer Kundenparkplätze ausgesetzt. Um sich dagegen zu wehren, weisen die Betreiber der Verbrauchermärkte (Grundstücksbesitzer) auf deutlich sichtbaren Schildern darauf hin, dass das Parken ausschließlich für ihre Kunden sowie nur für die Dauer des Einkaufs in einer bestimmten Maximalzeit – i.d.R. ein oder zwei Stunden – gestattet ist. Ferner drohen sie das Abschleppen unberechtigt abgestellter Fahrzeuge an.

Wird ein Falschparker auf Veranlassung des Grundstücksbesitzers von einem Abschleppunternehmer entfernt, stellt sich die Frage, ob der Grundstücksbesitzer gegen den Falschparker deliktsrechtliche Ansprüche auf Ersatz der ihm entstandenen Abschleppkosten hat.

- Ein Schadenseratzanspruch ergibt sich dem Grunde nach zum einen **aus § 823 Abs. 1**, da der Falschparker durch sein Verhalten das Eigentum bzw. den berechtigten Besitz des Grundstücksbesitzers rechtswidrig und schuldhaft beeinträchtigt, zum anderen **aus § 823 Abs. 2 i.V.m. § 858**.[115]

- Als **Rechtsfolge** muss der Falschparker dem Grundstücksbesitzer gemäß §§ 249 ff. den aus der Rechtsverletzung resultierenden Schaden ersetzen. Dieser Schaden be-

---

112 Palandt/Sprau § 823 Rn. 135.

113 Anspruch aus § 18 Abs. 1 StVG scheidet ebenfalls aus, da keine Sachbeschädigung gegeben ist; Ansprüche aus § 823 Abs. 2 i.V.m. § 29 Abs. 3 S. 1, § 22 Abs. 2 S. 1, § 18 Abs. 1 S. 2 StVO scheitern daran, dass diese Regelungen den Straßenverkehr vor Störungen schützen wollen, aber nicht den Vermögensinteressen der K dienen, vgl. BGH NJW 2015, 1174, 1175.

114 Vgl. dazu Lorenz NJW 2009, 1025 sowie Paal/Guggenberger NJW 2011, 1036 zum Einsatz von Parkkrallen.

115 Vgl. zu den Ansprüchen gegen den Kfz-Halter, der den Wagen nicht selber falsch geparkt hat BGH RÜ 2016, 218 ff. sowie BGH RÜ 2016, 486 ff.

1. Teil Unerlaubte Handlungen

steht in den vom Grundstücksbesitzer aufgrund seiner vertraglichen Vereinbarung mit dem Abschleppunternehmer zu tragenden Abschleppkosten.

Dabei bemisst sich die Höhe der erstattungsfähigen Kosten nach den ortsüblichen Kosten für das Abschleppen und für die unmittelbar mit der Vorbereitung des Abschleppvorgangs verbundenen Dienstleistungen.[116] Demgegenüber gehören Kosten, die nicht der Beseitigung der Besitzstörung dienen, sondern nur in Zusammenhang mit deren Feststellung anfallen, wie z.B. Kosten einer Parkraumüberwachung durch regelmäßige Kontrollgänge, nicht zum adäquat verursachten Schaden und sind daher nicht erstattungsfähig.[117]

Dieser Schadensersatzanspruch ist auch nicht wegen Mitverschuldens zu kürzen: Da dem Grundstücksbesitzer gemäß § 859 Abs. 3 das Recht zu sofortiger Selbsthilfe zusteht, verstößt es nicht gegen die Schadensminderungspflicht des § 254 Abs. 2 S. 1, dass er sofort einen Abschleppunternehmer beauftragt hat (Ausnahme: Aufenthaltsort des Falschparkers ist bekannt).[118] Das Selbsthilferecht des Grundstücksbesitzers ist auch nicht davon abhängig, ob anderweitig noch ausreichend Kundenparkplätze zur Verfügung stehen.[119]

66 In diesem Zusammenhang hat sich ein neues Geschäftsmodell von kombinierten Abschlepp- und Inkassounternehmen entwickelt: Die Betreiber der Verbrauchermärkte beauftragen mit der Feststellung von Falschparkern und deren Entfernung spezielle Dienstleistungsunternehmen, die nach der vertraglichen Vereinbarung gegen den Auftraggeber einen Entgeltanspruch haben, der nach Kfz-Art, Versetzungsgebühr, Grundgebühr etc. gestaffelt ist. Zudem wird vertraglich die Abtretung der Ansprüche des Grundstücksbesitzers gegen die Falschparker an Erfüllungs statt an das Dienstleistungsunternehmen vereinbart.

Aus dieser Konstellation ergeben sich eine Reihe zivilrechtlicher Probleme, die neben dem Deliktsrecht das Sachenrecht, das Bereicherungsrecht sowie den Bereich der GoA berühren, und die daher sehr gut als Examensgegenstand geeignet ist.[120]

3. Vermögen, Forderungsrechte

67 **a)** Das **Vermögen** als solches ist kein sonstiges Recht i.S.d. § 823 Abs. 1.

Das Vermögen ist deliktisch in § 826 und im Übrigen über §§ 823 Abs. 2, 824, 839, 839a geschützt.

68 **b)** Auch **Forderungsrechte** sind keine sonstigen Rechte.

Beispiel: K hat bei dem Antiquitätenhändler V ein wertvolles Bild gekauft. Noch bevor V dem K das Bild übereignet, wird es von S bei einem Einbruch zerstört.

Der Anspruch des K auf Übergabe und Übereignung des Bildes gegen V ist wegen Unmöglichkeit erloschen, § 275 Abs. 1. Daraus erwächst dem K aber kein Anspruch gegen S aus § 823 Abs. 1.[121]

69 Umstritten ist, ob ein **Eingriff in die Forderungszuständigkeit** einen Anspruch aus § 823 Abs. 1 auslösen kann. Die h.M. verneint auch dies.

---

116 BGH NJW 2014, 3727; vgl. dazu auch Koch NJW 2014, 3696.

117 BGH RÜ 2012, 147, 150.

118 OLG Karlsruhe OLGZ 1978, 206; Lorenz NJW 2009, 1025.

119 BGH RÜ 2009, 490, 492.

120 Vgl. dazu BGH RÜ 2009, 490, 492; Lorenz NJW 2009, 1025 ff. sowie Schmidt JuS 2009, 762; Übungsfälle in JuS 2009, 711; Jura 2010, 852 sowie in Jura 2014, 1275.

121 BGHZ 12, 317; BGH NJW 1970, 137.

Beispiel: G hat seine Forderung gegen S an Z abgetreten, ohne dies dem S anzuzeigen. S leistet an G. Dieser nimmt den geschuldeten Betrag entgegen, ohne auf die inzwischen erfolgte Abtretung hinzuweisen.

Z war mit der Abtretung Forderungsinhaber geworden (§ 398 S. 2). Es ist jedoch der S durch die Zahlung an den bisherigen Gläubiger G nach § 407 dem Z gegenüber frei geworden.

- Ein Teil des Schrifttums gibt hier dem Z einen Anspruch aus § 823 Abs. 1 gegen G, da dieser durch unberechtigte Inempfangnahme der Leistung in die Rechtszuständigkeit des Gläubigers eingegriffen habe.[122]

- Die h.M. hält diese Ausdehnung für unrichtig. Der Forderungsinhaber sei i.d.R. anderweitig ausreichend geschützt, z.B. durch § 816 Abs. 2.[123]

4. Das allgemeine Persönlichkeitsrecht als „sonstiges Recht"[124]

a) Herleitung

Das Persönlichkeitsrecht des Einzelnen ist im BGB nicht ausdrücklich als Schutzgut erwähnt. Lediglich bestimmte Beeinträchtigungen der Persönlichkeit werden durch Sondernormen erfasst, z.B. das Namensrecht, § 12,[125] und das Recht am eigenen Bild, §§ 22 ff. KunstUrhG (besondere Persönlichkeitsrechte). Das Grundgesetz erklärt jedoch in Art. 1 GG die Würde des Menschen für unantastbar und es garantiert in Art. 2 GG jedem das Recht auf freie Entfaltung seiner Persönlichkeit. Der BGH hat die Lückenhaftigkeit des zivilrechtlichen Rechtsschutzes erkannt und aus Art. 2 Abs. 1 i.V.m. Art. 1 Abs. 1 GG ein allgemeines Persönlichkeitsrecht abgeleitet und dieses als ein „sonstiges Recht" i.S.v. § 823 Abs. 1 qualifiziert.

70

Das allgemeine Persönlichkeitsrecht ist das Recht des Einzelnen auf Achtung seiner Menschenwürde und auf Entfaltung seiner individuellen Persönlichkeit.[126]

In der Lit. wird teilweise die dogmatische Einordnung des allgemeinen Persönlichkeitsrechts als „sonstiges Recht" kritisiert. Da es um den Schutz der Person selbst gehe, stehe das Persönlichkeitsrecht auf einer Stufe mit Leben, Körper, Gesundheit und Freiheit, aber nicht mit dem Sacheigentum. Der Schutz des Persönlichkeitsrechts sollte daher mit einer Analogie zu den vier genannten Rechtsgütern begründet werden.[127]

b) Anspruchsvoraussetzungen

Die Prüfung eines Anspruchs aus § 823 Abs. 1 wegen Verletzung des allgemeinen Persönlichkeitsrechts weist einige Besonderheiten auf: Zum einen kann der **Schutzbereich** nicht durch eine einzige allgemeingültige Definition festgelegt werden, sondern er wird durch typische **Fallgruppen** konkretisiert (dazu unter Rn. 74 ff.). Zum anderen handelt es sich bei dem allgemeinen Persönlichkeitsrecht um ein sogenanntes **Rahmenrecht**, d.h. um einen **offenen Tatbestand**, bei dem es keinen fest umrissenen „Unrechtstatbestand" gibt, dessen Verwirklichung die Rechtswidrigkeit indiziert; die Rechtswidrigkeit

71

---

122 So Larenz/Canaris § 76 II 4 g; vgl. hierzu auch Becker AcP 196, 439, 488.
123 So z.B. Otte JZ 1969, 253 ff.; Medicus/Petersen BR Rn. 610; eingehend dazu Hammen AcP 199, 591 ff.
124 Ehmann Jura 2011, 437; Staake/von Bressendorf JuS 2015, 683 ff., 777 ff. sowie Neuner JuS 2015, 961 ff.
125 Vgl. dazu BGH, Urt. v. 10.04.2008 – I ZR 227/05, NJW 2008, 3714 = RÜ 2008, 681: Namensklau im Internet.
126 BVerfGE 101, 361; BGHZ 13, 334, 338; 131, 332: Caroline I; 132, 13, 18 ff.; 139, 95; Kläver JR 2006, 229.
127 Brox/Walker SchuldR BT § 45 Rn. 22; Medicus/Petersen BR Rn. 615; Jauernig/Teichmann § 823 Rn. 66.

| 1. Teil | Unerlaubte Handlungen |

ist vielmehr anhand des zu beurteilenden **Einzelfalls** aufgrund einer **umfassenden Güter- und Interessenabwägung** positiv festzustellen (dazu unter Rn. 84 f.).

72 Im Einzelnen müssen für einen Anspruch auf Schadensersatz aus § 823 Abs. 1 wegen Verletzung des allgemeinen Persönlichkeitsrechts folgende Voraussetzungen erfüllt sein:

- Anwendbarkeit

- Eingriff in den Schutzbereich

- Rechtswidrigkeit

- Verschulden

aa) Anwendbarkeit des § 823 Abs. 1

73 Das in Art. 2 Abs. 1 i.V.m. Art. 1 Abs. 1 GG gewährleistete allgemeine Persönlichkeitsrecht steht zwar als „sonstiges Recht" grundsätzlich unter dem Schutz des § 823 Abs. 1. Es handelt sich jedoch nur um einen sogenannten **Auffangtatbestand:** Soweit ein spezielles Gesetz die Rechte wegen der Verletzung des allgemeinen Persönlichkeitsrechts abschließend regelt, scheidet § 823 Abs. 1 als weitere Anspruchsgrundlage aus, und es kann allenfalls ein Anspruch auf Ersatz des Vermögensschadens nach § 823 Abs. 2 wegen Verletzung eines Schutzgesetzes in Betracht kommen.[128]

bb) Eingriff in den Schutzbereich

74 Da das allgemeine Persönlichkeitsrecht einen möglichst weitgehenden Rechtsschutz gewährleisten soll, kann man seinen Schutzbereich nicht durch eine einzige Definition festlegen, unter die in jedem Einzelfall subsumiert werden kann. Rspr. und Lit. konkretisieren den generalklauselartigen Tatbestand vielmehr anhand von bestimmten **Fallgruppen.**

(1) Natürliche Personen

75 **Bei natürlichen Personen** wird zunächst begrifflich zwischen der **Intim-, Privat- und Individualsphäre** differenziert, wobei die Schutzbedürftigkeit von Sphäre zu Sphäre geringer wird:

76
- Die **Intimsphäre** umfasst die innere Gefühls- und Gedankenwelt mit ihren äußeren Erscheinungsformen, wie z.B. vertrauliche Briefe oder Tagebuchaufzeichnungen. Zudem werden sonstige Angelegenheiten erfasst, bei denen ihrer Natur nach ein Anspruch auf Geheimhaltung besteht, wie z.B. der Gesundheitszustand oder Einzelheiten über das Sexualleben.[129]

  Sexualstraftaten gehören jedoch nicht der absolut geschützten Intimsphäre des Tatverdächtigen an, da sie einen gewalttätigen Übergriff in das Recht auf sexuelle Selbstbestimmung und zumeist auch in das Recht auf körperliche Unversehrtheit des Opfers beinhalten.[130]

---

128 BGHZ 80, 311, 319; 91, 233, 237, 238; Wandt § 16 Rn. 50 ff.
129 Palandt/Sprau § 823 Rn. 87 m.w.N.
130 BGH NJW 2013, 1681, 1682 = RÜ 2013, 365, 366.

Der Grundtatbestand, § 823 Abs. 1 **1. Abschnitt**

■ Die **Privatsphäre** betrifft vornehmlich den familiären und häuslichen Bereich, ist hie- **77**
rauf aber nicht beschränkt.[131] Die freie Entfaltung der Persönlichkeit wäre erheblich
behindert, wenn der Einzelne nur im eigenen Haus der öffentlichen Neugier entgehen könnte. Ob ein Ort außerhalb des eigenen Hauses der Privatsphäre zuzurechnen
ist, hängt maßgeblich davon ab, ob der Einzelne eine ortsgebundene Situation vor-
findet oder selber schafft, in der er begründetermaßen und daher auch für Dritte erkennbar davon ausgehen darf, der Öffentlichkeit nicht ausgesetzt zu sein.[132]

Ein von einer natürlichen Person unterhaltenes elektronisches Postfach ist Teil der Privatsphäre.[133]

■ Die **Individualsphäre** (auch **Sozialsphäre** genannt) erfasst das Selbstbestimmungs- **78**
recht und die Ausstrahlungen der Persönlichkeit des Einzelnen in seinem öffentlichen, wirtschaftlichen und beruflichen Wirken.[134]

(2) Typische Fallgruppen

■ **Ehrenschutz** **79**

Das Ansehen einer Person muss vor herabwürdigenden und verfälschenden Darstel-
lungen in der Öffentlichkeit geschützt werden. Bei Eingriffen in den durch Art. 1
Abs. 1 GG geschützten Kern menschlicher Ehre liegt immer eine schwerwiegende
Beeinträchtigung des Persönlichkeitsrechts vor, die auch z.B. durch die Freiheit
künstlerischer Betätigung i.S.d. Art. 5 Abs. 3 S. 1 GG nicht mehr gedeckt ist.[135]

■ **Schutz des eigenen Namens oder Firmenzeichens** **80**

Z.B. vor unbefugter Ausnutzung durch andere zu Werbezwecken, selbst wenn damit
eine Minderung des Rufs und Ansehens des Berechtigten nicht verbunden ist.[136]

■ **Schutz der informationellen Selbstbestimmung** **81**

Informationen – z.B. persönliche Daten – über eine Person dürfen nicht unerlaubt be-
schafft oder verbreitet werden.

Nach BGH sind jedoch die Erhebung, Speicherung und Übermittlung personenbezogener Daten im
Rahmen einer Lehrerbewertung im Internetforum eines Schülerportals zulässig. Zwar sei durch die
Bewertungen der Lehrer ein Eingriff in deren Individualsphäre gegeben, dieser sei jedoch ange-
sichts der gemäß Art. 5 Abs. 1 GG verfassungsrechtlich gewährleisteten Kommunikationsfreiheit
hinzunehmen, da der Forumbetreiber durch die Datenerhebung und -speicherung den Meinungs-
austausch anrege und das Informationsinteresse von Eltern, Schülern und Lehrern befriedige.[137]
Ferner hat der BGH die Erhebung, Speicherung und Übermittlung personenbezogener Daten im
Rahmen eines Arztsuche- und Arztbewertungsportals im Internet als zulässig erachtet.[138]

Schriftliche Äußerungen dürfen nur mit Zustimmung des Verfassers und nur in der
von ihm gebilligten Weise veröffentlicht werden.[139] Ferner kann jeder Mensch selbst

---

131 Hk-BGB/Staudinger § 823 Rn. 99.
132 BVerfG NJW 2000, 1021, 1022 = RÜ 2000, 251.
133 BGH NJW 2016, 870 = RÜ 2016, 283.
134 Hk-BGB/Staudinger § 823 Rn. 99; Palandt/Sprau § 823 Rn. 87.
135 BVerfG NJW 1987, 2661: Karikatur des Bayerischen Ministerpräsidenten in der Zeitschrift „konkret".
136 BGHZ 30, 7, 12: Catarina Valente; BGH RÜ 2010, 358: Boris Becker und FAZ; BGH NJW 2013, 793: Gunter Sachs und Bild
   am Sonntag.
137 BGH NJW 2009, 2888 = RÜ 2009, 566: spickmich.de.
138 BGH RÜ 2014, 755; vgl. dazu auch BGH NJW 2016, 2106 ff. sowie BGH NJW 2018, 1884 ff.
139 BGHZ 13, 338, 339: Leserbrief; 15, 249, 257: Cosima Wagner; 24, 73: ärztl. Benachrichtigung über Gesundheitszustand.

35

1. Teil Unerlaubte Handlungen

darüber bestimmen, ob seine Worte einzig seinem Gesprächspartner, einem bestimmten Kreis oder der Öffentlichkeit zugänglich sein sollen und erst recht, ob seine Stimme mittels eines Tonträgers festgehalten werden darf.[140]

Auch eine Videoüberwachung greift nach Ansicht des BGH in das allgemeine Persönlichkeitsrecht des Betroffenen in seiner Ausprägung als Recht der informationellen Selbstbestimmung ein. Daher muss bei der Installation von Anlagen der Videoüberwachung auf einem Privatgrundstück grundsätzlich sichergestellt sein, dass weder der angrenzende öffentliche Bereich noch benachbarte Privatgrundstücke von den Kameras erfasst werden (Ausnahme: ein das Persönlichkeitsrecht des Betroffenen überwiegendes Interesse des Anlagenbetreibers).[141]

Kontrovers diskutiert wird zur Zeit insbesondere die Verwendung sogenannter Dashcams (= Minikameras auf dem Armaturenbrett) im Straßenverkehr. Ob und unter welchen Voraussetzungen Aufnahmen einer solchen Dashcam zu einem Verkehrsunfall in einem Zivilprozess verwertet werden können, ist bislang noch nicht abschließend geklärt.[142] Es mehren sich jedoch die Urteile, die solche Video-Aufnahmen als Entscheidungsgrundlage heranziehen.[143] Nach einer Entscheidung des BGH[144] ist die permanente und anlasslose Aufzeichnung des Verkehrsgeschehens mit den datenschutzrechtlichen Bestimmungen des BDSG in der bis zum 24.05.2018 geltenden Fassung nicht vereinbar; die Verwertung dieser Aufzeichnungen als Beweismittel im Unfallhaftpflichtprozess ist jedoch nach Ansicht des BGH dennoch zulässig: Zwar werde der Eingriff in das allgemeine Persönlichkeitsrecht durch die Nutzung dieser Aufzeichnungen als Beweismittel fortgesetzt, dieser sei aber wegen überwiegender schutzwürdiger Belange des Aufzeichnenden nicht rechtswidrig. Der Betroffene sei lediglich in seiner Sozialsphäre tangiert und er habe sich freiwillig in den öffentlichen Straßenraum begeben, in dem die Vorgänge sowieso für jedermann wahrnehmbar seien. Dem stehe nicht nur das Beweisinteresse des Aufzeichnenden gegenüber, sondern auch die Gewährleistung einer funktionierenden Zivilrechtspflege und das Recht auf Durchsetzung eigener Ansprüche.[145]

82 ■ **Gewährleistung der Vertraulichkeit und Integrität informationstechnischer Systeme**

Das BVerfG hat das „Grundrecht auf Gewährleistung der Vertraulichkeit und Integrität informationstechnischer Systeme" als Ausprägung des allgemeinen Persönlichkeitsrechts anerkannt.[146] Geschützt ist zum einen das Interesse des Nutzers, dass die von einem vom Schutzbereich erfassten IT-System erzeugten, verarbeiteten und gespeicherten Daten vertraulich bleiben, und zum anderen soll verhindert werden, dass auf das System so zugegriffen wird, dass dessen Leistungen, Funktionen und Speicherinhalte durch Dritte genutzt werden können; denn dann sei die entscheidende technische Hürde für eine Ausspähung, Überwachung oder Manipulation des Systems genommen.[147]

Der Schutz der Vertraulichkeit beinhaltet auch das Interesse des Kommunikationsteilnehmers daran, dass der Inhalt seiner privaten E-Mails nicht an die Öffentlichkeit gelangt.[148]

---

140 BGHZ 27, 284: heimliche Tonbandaufnahme; 73, 120: Abhöraffäre.
141 BGH NJW 2010, 1533; vgl. dazu Stöber NJW 2015, 3681 ff. sowie Uschkereit/Zdanowiecki NJW 2016, 444 ff. zum Rechtsrahmen für den Betrieb von Drohnen.
142 Vgl. dazu Balzer/Nugel NJW 2014, 1622 sowie Saenger/Möller JA 2015, 12 (Übungsfall).
143 AG München, Urt. v. 30.11.2015 – 335 C 13895/15; AG Nürnberg, Urt. v. 08.05.2015 – 18 C 8938/14; LG Landshut, Beschl. v. 01.12.2015 – 12 S 2603/15; OLG Stuttgart, Beschl. v. 04.05.2016 – 4 Ss 543/15; OLG Nürnberg NJW 2017, 3597 ff.
144 BGH RÜ2 2018, 223 ff. = JA 2018, 869 ff.
145 BGH RÜ2 2018, 223, 225, 226, 227.
146 BVerfG NJW 2008, 822; vgl. zum Einfluss des neuen Grundrechts auf das Privatrecht Roßnagel/Schnabel NJW 2008, 3534.
147 BVerfG NJW 2008, 822, 827.
148 BGH NJW 2015, 782.

Der Grundtatbestand, § 823 Abs. 1 **1. Abschnitt**

Diese Fallgruppen erfassen nicht alle denkbaren Konstellationen, da der Schutz des Persönlichkeitsrechts den gesamten Daseinsbereich umfasst, z.B. verletzt das Verschweigen des Vaters durch die Mutter eines nichtehelichen Kindes das allgemeine Persönlichkeitsrecht des Kindes auf Feststellung der blutsmäßigen Abstammung.[149]

(3) Nach der Rspr. können auch **Personen- und Kapitalgesellschaften** Träger des allgemeinen Persönlichkeitsrechts sein. Ihr Schutz ist allerdings auf die Fälle begrenzt, in denen sie in ihrem sozialen Geltungsanspruch als Arbeitgeber oder als Wirtschaftsunternehmen betroffen werden.[150]

83

cc) Rechtswidrigkeit

Aufgrund des weiten, nicht klar umrissenen Schutzbereichs handelt es sich bei dem allgemeinen Persönlichkeitsrecht um ein sogenanntes **Rahmenrecht**. Darunter versteht man einen **offenen Tatbestand**, bei dem die **Rechtswidrigkeit** anhand des zu beurteilenden Einzelfalls **aufgrund einer umfassenden Güter- und Interessenabwägung positiv festzustellen** ist. Eine rechtswidrige Verletzung des allgemeinen Persönlichkeitsrechts wird also nicht durch den Eingriff in den Schutzbereich indiziert, sondern muss durch eine Güterabwägung mit den schutzwürdigen Interessen des Anspruchsgegners bestimmt werden. Nur wenn die Abwägung zum Nachteil des Eingreifenden ausgeht, ist die Rechtswidrigkeit gegeben.

84

Bei der Abwägung sind die jeweils berührten Interessen und Gegeninteressen sowie die sonstigen Umstände des Einzelfalls zu berücksichtigen:

85

- **aufseiten des Verletzten:** die Schwere des Eingriffs (welche Sphäre ist betroffen) und ihre Folgen, der Anlass der Rechtsverletzung[151] und das eigene Verhalten des Verletzten vor der Beeinträchtigung;[152]

- **aufseiten des Schädigers:** Mittel und Zweck des Eingriffs,[153] Art und Dauer der Beeinträchtigung, dem Schädiger zur Seite stehende Grundrechte,[154] konkrete Rechtfertigungsgründe.[155]

dd) Verschulden

Die rechtswidrige Verletzung des Persönlichkeitsrechts muss schuldhaft, also vorsätzlich oder fahrlässig, erfolgt sein. Dabei gelten für die Medienberichterstattung wegen der Breitenwirkung besonders hohe Anforderungen. Der Wahrheitsgehalt von Meldungen ist unter Beachtung der **„pressegemäßen Sorgfalt"** zu ermitteln.[156]

86

---

149 BGHZ 82, 173, 179.
150 BGHZ 98, 94.
151 BGH NJW 2005, 592 = RÜ 2005, 191: Bekanntgabe der Abtreibungspraxis eines Gynäkologen.
152 Palandt/Sprau § 823 Rn. 96–98 m.w.N.
153 Vgl. BGH NJW 2005, 2766 = RÜ 2005, 567.
154 Vgl. BVerfG NJW 2007, 3197: Fernsehfilm zum Contergan-Skandal; BGH NJW 2008, 2587: Esra – APR versus Kunstfreiheit; BGH NJW 2009, 751: Theaterstück „Ehrensache" – zum postmortalen Persönlichkeitsrecht versus Kunstfreiheit; BGH RÜ 2018, 426:Verbreitung ungenehmigter Filmaufnahmen aus Bio-Hühnerställen.
155 Jauernig/Teichmann § 823 Rn. 67 m.w.N.
156 BVerfG NJW 2007, 2686; Hk-BGB/Staudinger § 823 Rn. 107.

1. Teil   Unerlaubte Handlungen

Fall 8: Unerwünschter Bericht

K ist ehemaliger Formel 1-Rennfahrer, der als mehrfacher Weltmeister internationale Berühmtheit genießt. Er zog sich am 29.12.2013 bei einem Skiunfall in den französischen Alpen lebensgefährliche Kopfverletzungen zu, in deren Folge er längere Zeit im Koma lag. Bis Mitte Juni 2014 wurde er im Universitätsklinikum Grenoble intensiv-medizinisch versorgt. Im Anschluss daran wurde er in das Universitätsklinikum Lausanne verlegt. Mittlerweile konnte er wieder in seine häusliche Umgebung zurückkehren.

Seit dem Skiunfall hat die Managerin des K einige Pressemitteilungen über seinen Zustand veröffentlicht, die jedoch allgemein gehalten waren, ohne genauere Einzelheiten über konkrete Fortschritte seiner Genesung und Behandlung sowie seiner körperlichen und geistigen Fähigkeiten wiederzugeben.

B verlegt die Illustrierte „SUPERillu". In der Ausgabe Nr. 27/2014 vom 26.06.2014 veröffentlichte sie unter dem Titel *„Schumis Engel"* einen Beitrag, in dem über den Gesundheitszustand des K berichtet wird. Der Artikel enthält u.a. folgende Passagen:

„Endlich. Michael Schumacher ist wach! Dieser Satz ließ Deutschland die Fußball-WM, die Ukraine-Krise und den Syrienkrieg zumindest für einen Moment vergessen. Denn lange sah es so aus, als würde der 45-Jährige seinen Weg zurück ins Leben nicht mehr finden. Jetzt scheint er auf einem guten Weg. Nach seiner Verlegung ins Lausanner 'Centre Hospitalier Universitaire Vaudois' (CHUV) kümmert sich mit Dr. K. D. eine besondere Ärztin mit modernsten Mitteln um ihn.

Zustand. Wie es Michael Schumacher wirklich geht, darf die renommierte Neurologin nicht sagen. Fest steht aber, die wachen Phasen werden seit April immer länger. Sein Körper war Mitte Juni stabil genug für die Verlegung von Grenoble ins 200 km entfernte Lausanne. Berichte, dass Schumacher über die Augen mit seiner Frau kommuniziert und Stimmen hört, wurden bislang nicht bestätigt.

Aussicht. Wie lange Michael Schumachers Rehabilitation dauern wird, ist schwer zu sagen. Sicher ist nur, dass er alles neu erlernen muss. Schlucken, Laufen, Sprechen. ..."

K nimmt die B darauf in Anspruch, es zu unterlassen, in Bezug auf ihn folgendes zu behaupten und/oder zu verbreiten: *„(…) Schumacher über die Augen mit seiner Frau kommuniziert und Stimmen hört (…)"* sowie *"Sicher ist nur, dass er alles neu erlernen muss. Schlucken, Laufen, Sprechen."*

Steht K gegen B ein Anspruch auf Unterlassung dieser Äußerungen zu? (BGH RÜ 2017, 225)

K könnte gegen B ein Anspruch auf Unterlassung dieser Äußerungen **analog § 1004 Abs. 1 S. 2** zustehen.

87   I.   Dazu müssen die **Analogievoraussetzungen** – planwidrige Regelungslücke bei vergleichbarer Interessenlage – gegeben sein.

§ 1004 Abs. 1 S. 2 wird nach h.M. auf alle deliktisch geschützten Rechte und Rechtsgüter analog angewandt, um Rechtsschutzlücken zu schließen (sogenannter **quasinegatorischer Unterlassungsanspruch**, dazu i.E. später Rn. 109).

Der Grundtatbestand, § 823 Abs. 1 | **1. Abschnitt**

II. B könnte durch die Veröffentlichung in ihrer Illustrierten „SUPERillu" vom 26.06.2014 das **allgemeines Persönlichkeitsrecht rechtswidrig des K verletzt** haben.

88

1. Mangels einschlägiger Sonderregeln für diesen Bereich des Persönlichkeitsrechts ist § 823 Abs. 1 **anwendbar.**

89

2. B muss in den **Schutzbereich** des allgemeinen Persönlichkeitsrechts des K **eingegriffen** haben.

90

Das allgemeine Persönlichkeitsrecht gewährleistet gegenüber jedermann das Recht des Einzelnen auf Achtung seiner Menschenwürde und auf Entfaltung seiner individuellen Persönlichkeit. Bei natürlichen Personen umfasst der Schutzbereich des Persönlichkeitsrechts die Intim-, Privat-, und Individualsphäre, wobei die Schutzbedürftigkeit von Sphäre zu Sphäre geringer wird.

Nach Ansicht des BGH greift die Berichterstattung der B in die Privatspäre des K ein. Der Schutz der Privatsphäre umfasst insbesondere Angelegenheiten, die wegen ihres Informationsinhalts typischerweise als „privat" eingestuft werden, weil ihre öffentliche Erörterung oder Zurschaustellung als unschicklich gilt, das Bekanntwerden als peinlich empfunden wird oder nachteilige Reaktionen der Umwelt auslöst. **Zur Privatsphäre gehören grundsätzlich auch Angaben über den Gesundheitszustand eines Menschen.**[157]

91

Durch die Aussage *„Sicher ist nur, dass er alles neu lernen muss. Schlucken, Laufen, Sprechen"* bringe B nach dem Verständnis eines unvoreingenommenen und verständigen Lesers zum Ausdruck, dass durch den Unfall grundlegende Körperfunktionen des K in Mitleidenschaft gezogen worden sind und er elementare Fähigkeiten jedenfalls vorübergehend verloren habe. Diese Aussage werde im Gesamtzusammenhang durch die Textpassage *„Berichte, dass Schumacher über die Augen mit seiner Frau kommuniziert und Stimmen hört, wurden bislang nicht bestätigt"* verstärkt. Die angegriffenen Textpassagen vermittelten dem Leser konkrete Informationen über die (vermeintlichen) Auswirkungen des vom K erlittenen Schädel-Hirn-Traumas auf seinen Gesundheitszustand und über das genaue Ausmaß seiner gesundheitlichen Beeinträchtigungen. Durch die plakative Schilderung konkreter gravierender Einschränkungen werde dem Leser die (vermeintlich) absolute Hilflosigkeit des K anschaulich und detailliert vor Augen geführt.[158]

Eine Beeinträchtigung der Privatsphäre des K könnte jedoch abzulehnen sein, weil sich die Vertreter des K mehrfach in der Öffentlichkeit über den Gesundheitszustand des K geäußert haben. Zwar kann sich der Betroffene nicht auf ein Recht zur Privatheit hinsichtlich solcher Tatsachen berufen, die er selbst der Öffentlichkeit preisgegeben hat, jedoch ist nach Auffassung des BGH eine derartige „Selbstöffnung" hinsichtlich der in den Textpassagen mitgeteilten privaten Umstände nicht erfolgt. Die von B in Bezug genommenen Äußerungen der Ehefrau, der Managerin und des Arztes des K beschränkten sich auf allgemein und abstrakt gehaltene Angaben zu seinem grundsätzlichen Gesundheitszustand, de-

92

---

157 BGH RÜ 2017, 225, 226.
158 BGH RÜ 2017, 225, 226.

39

1. Teil Unerlaubte Handlungen

nen keinerlei Einzelheiten zu den konkreten Auswirkungen des vom K erlittenen Schädel-Hirn-Traumas auf seinen Gesundheitszustand und über das genaue Ausmaß seiner gesundheitlichen Beeinträchtigungen zu entnehmen seien.[159]

93 3. Der Eingriff muss ferner **rechtswidrig** gewesen sein. Das allgemeine Persönlichkeitsrecht ist ein sogenanntes Rahmenrecht, bei dem die rechtswidrige Verletzung anhand des zu beurteilenden Einzelfalls aufgrund einer **umfassenden Güter- und Interessenabwägung** positiv festzustellen ist.

Daher ist das durch Art. 2 Abs. 1 i.V.m. Art. 1 Abs. 1 GG geschützte allgemeine Persönlichkeitsrecht des K bzgl. des Schutzes seiner Privatsphäre mit der in Art. 5 Abs. 1 GG geschützten Meinungsfreiheit der B abzuwägen.

Möglicherweise lassen sich die Äußerungen durch ein **berechtigtes Informationsinteresse der Öffentlichkeit** rechtfertigen. Die konkreten Angaben über den Gesundheitszustand des K haben jedoch nach Ansicht des BGH in der Öffentlichkeit nichts zu suchen. Daran ändere auch der hohe Bekanntheitsgrad des K und der Umstand, dass er sich die schweren Kopfverletzungen bei einem aufsehenerregenden Skiunfall zugezogen habe, nichts. Durch die plakative Schilderung konkreter gravierender Einschränkungen werde der in der Öffentlichkeit als erfolgreicher Leistungssportler bekannte K als gebrechliche und in jeder Hinsicht hilflose Person präsentiert, dessen körperliche und geistige Fähigkeiten auf ein Minimum reduziert seien. Eine solche Darstellung müsse er nicht hinnehmen, sodass der Eingriff rechtswidrig ist.[160]

94 4. B ist als Herausgeberin der Zeitschrift **Störer** i.S.v. § 1004 Abs. 1 und die erforderliche **Wiederholungsgefahr** wird nach st.Rspr. aufgrund der erfolgten Beeinträchtigung vermutet.[161]

5. Als **Rechtsfolge** muss B die beanstandeten Äußerungen unterlassen.

Daher steht K gegen die B ein Anspruch auf Unterlassung dieser Äußerungen analog § 1004 Abs. 1 S. 2 zu.

---

c) Rechtsfolgen

Bei rechtswidriger und schuldhafter Verletzung des allgemeinen Persönlichkeitsrechts hat der Schädiger gemäß §§ 249 ff. Schadensersatz zu leisten.

aa) Ersatz materieller Schäden gemäß §§ 249 ff.

95 Der Geschädigte kann unabhängig von der Schwere des Eingriffs den entstandenen Vermögensschaden ersetzt verlangen.

---

159 BGH RÜ 2017, 225, 227.
160 BGH RÜ 2017, 225, 227.
161 BGH NJW 2012, 3781.

Der Grundtatbestand, § 823 Abs. 1

Besteht die Beeinträchtigung des Persönlichkeitsrechts in der unerlaubten Verwertung des Bildes des Betroffenen, seiner Stimme oder seines Namens für kommerzielle Zwecke, wie z.B. Werbung, so kann der Verletzte nach seiner Wahl entweder Ersatz des konkreten Schadens oder eine angemessene Lizenzgebühr beanspruchen oder Herausgabe des vom Schädiger erzielten Gewinns verlangen (str.).[162]

96

Der BGH hat klargestellt, dass die unbefugte kommerzielle Verwendung eines Bildnisses einen Anspruch auf Zahlung einer angemessenen Lizenzgebühr begründet, **ohne dass es darauf ankommt, ob der Abgebildete bereit oder in der Lage gewesen wäre, gegen Entgelt Lizenzen für die Verbreitung und öffentliche Wiedergabe seines Bildnisses einzuräumen.** Der Zahlungsanspruch fingiere nicht die Zustimmung des Betroffenen, sondern stelle vielmehr einen Ausgleich für den rechtswidrigen Eingriff in eine dem Betroffenen ausschließlich zugewiesene Dispositionsbefugnis dar.[163]

97

Andererseits hat der BGH auch festgestellt, dass – wenn der Name einer bekannten Persönlichkeit ohne deren Einwilligung in einer Werbeanzeige genannt wird – nicht ohne Weiteres davon ausgegangen werden könne, dass dem Schutz des Persönlichkeitsrechts des Genannten stets der Vorrang gegenüber der Meinungsäußerungsfreiheit des Werbenden zukomme. Vielmehr könne die mit der Namensnennung verbundene Beeinträchtigung hinzunehmen sein, wenn sich die Werbeanzeige einerseits in satirisch-spöttischer Form mit einem in der Öffentlichkeit diskutierten Ereignis auseinandersetze, an dem der Genannte beteiligt war, und wenn andererseits **der Image- oder Werbewert des Genannten durch die Verwendung seines Namens nicht ausgenutzt** und nicht der Eindruck erweckt werde, als identifiziere er sich mit dem beworbenen Produkt oder empfehle es.[164]

98

bb) Widerruf von Äußerungen gemäß § 249 Abs. 1

■ Der Geschädigte kann gemäß § 249 Abs. 1 vom Schädiger den **Widerruf nachweislich unwahrer Tatsachenbehauptungen** verlangen.

99

■ Steht die Unwahrheit der Tatsachenbehauptung nicht positiv fest, ergibt die Beweisaufnahme aber auch keine ernsthaften Anhaltspunkte für deren Wahrheit, so kann ein **eingeschränkter Widerruf** begehrt werden; d.h., der Schädiger muss erklären, dass er die Behauptung nicht weiter aufrechterhält.[165]

100

■ Bei **Werturteilen** besteht im Hinblick auf Art. 5 Abs. 1 GG **kein Widerrufsanspruch**; u.U. kann jedoch die Veröffentlichung einer strafbewehrten Unterlassungserklärung verlangt werden.[166]

101

cc) Ersatz immaterieller Schäden

Der BGH hat bereits 1958 entschieden, dass bei schwerwiegenden Verletzungen des Persönlichkeitsrechts, die auf andere Weise nicht befriedigend auszugleichen sind, eine Geldentschädigung zu gewähren ist.[167] Die Zubilligung beruht auf dem Gedanken, dass ohne einen solchen Anspruch Verletzungen der Würde und Ehre des Menschen häufig ohne Sanktion blieben.

102

---

162 BGH NJW 2013, 793, 797: Gunter Sachs und Bild am Sonntag; Palandt/Sprau § 823 Rn. 125 m.w.N.; vgl. i.E. Petersen/Schoch Jura 2005, 681, 686.
163 BGH NJW 2007, 689 = RÜ 2007, 24 m. Anm. Balthasar NJW 2007, 664.
164 BGH NJW 2008, 3782 = RÜ 2008, 756: Zerknitterte Zigarettenschachtel; RÜ 2010, 358: Boris Becker und FAZ.
165 Palandt/Sprau Einf. v. § 823 Rn. 32.
166 BGHZ 99, 133 ff.
167 BGHZ 26, 349 ff.

1. Teil — Unerlaubte Handlungen

103 Der Anspruch wurde ursprünglich mit einer Analogie zu § 847 a.F. begründet. Diese Konzeption hat der BGH jedoch aufgegeben. Der Anspruch auf Geldentschädigung wegen Persönlichkeitsrechtsverletzung wird jetzt unmittelbar aus dem Schutzauftrag der Grundrechte hergeleitet und findet seine **Anspruchsgrundlage in § 823 Abs. 1 i.V.m. Art. 2 Abs. 1, Art. 1 Abs. 1 GG**.[168]

104 Diese neue dogmatische Begründung hat Auswirkungen auf die Höhe der Geldentschädigung. War man früher bei der Bemessung an die Funktionen des Schmerzensgeldes (Ausgleich, Genugtuung) gebunden, so kann man heute bei der Bestimmung der Entschädigungshöhe auch nach zum Teil anderen Aspekten vorgehen. Neben der **Genugtuungsfunktion**, die im Vordergrund steht, können **Präventionsgesichtspunkte** eine Rolle spielen.[169]

105 Ob eine so schwerwiegende Verletzung des Persönlichkeitsrechts vorliegt, dass die Zahlung einer Geldentschädigung erforderlich ist, kann nur aufgrund der gesamten Umstände des Einzelfalls beurteilt werden. Hierbei sind insbesondere die Bedeutung und Tragweite des Eingriffs, Anlass und Beweggrund des Handelnden sowie der Grad seines Verschuldens zu berücksichtigen.[170]

106 Bei der Höhe der Geldentschädigung ist nach Ansicht des BGH auch das Ausmaß der Verbreitung der Veröffentlichung einer beeinträchtigenden Äußerung als Bemessungsfaktor zu berücksichtigen. Erfolgt die Verletzung des allgemeinen Persönlichkeitsrechts durch eine Internetveröffentlichung, ist die Geldentschädigung aber nicht generell höher (wegen der unbegrenzten Zahl potentieller Leser) oder generell niedriger (wegen der Flüchtigkeit der Veröffentlichung in elektronischen Medien) zu bemessen als eine Entschädigung wegen eines Artikels in den Printmedien.[171]

Fall 9: Vererblichkeit des Geldentschädigungsanspruchs?

Der 1920 in der Ukraine geborene Erblasser kämpfte im zweiten Weltkrieg in der Roten Armee, ehe er in deutsche Kriegsgefangenschaft geriet. Gegen ihn war erstmals in den 1970er-Jahren in den Vereinigten Staaten von Amerika der Verdacht aufgekommen, er sei als Kollaborateur der Nationalsozialisten an der Massenermordung von Juden in Konzentrationslagern beteiligt gewesen. In Israel wurde ihm wegen des Vorwurfs, in den Jahren 1942 und 1943 im Vernichtungslager Treblinka tätig gewesen zu sein, der Prozess gemacht. Dieser endete mit einem Freispruch. Im Mai 2011 verurteilte ihn das Landgericht München II wegen von März bis September 1943 im Vernichtungslager Sobibor erfolgter 16facher Beihilfe zum Mord an 28.060 vornehmlich aus den Niederlanden stammenden Juden zu einer Freiheitsstrafe. Sowohl der Erblasser als auch die Staatsanwaltschaft legten Revision ein, über die nicht mehr entschieden wurde, weil der Erblasser am 17.03.2012 starb.

---

168 BVerfG NJW 2000, 2187.
169 BVerfG NJW 2000, 2187, 2188.
170 BGH RÜ 2016, 490, 491; Hofman/Fries NJW 2017, 2369.
171 BGH NJW 2014, 2029, 2036 = RÜ 2014, 219, 224; vgl. Gounalakis NJW 2016, 737 ff. zur Geldentschädigung bei vorverurteilenden Äußerungen durch Medien oder Justiz.

Der Grundtatbestand, § 823 Abs. 1 | **1. Abschnitt**

Die B berichtete in dem von ihr betriebenen Internetportal regelmäßig unter voller Namensnennung über das Strafverfahren, unter anderem am 14.05.2010 unter der Überschrift *„Vor Gericht spielt er den bettlägrigen, alten Mann. Er singt und lacht im Knast".*

Mit der im November 2011, also noch zu seinen Lebzeiten zugestellten Klage nahm der Erblasser die B im Hinblick auf diesen und eine Reihe weiterer dort veröffentlichter Artikel wegen Verletzung seines allgemeinen Persönlichkeitsrechts auf Zahlung einer Geldentschädigung in Höhe eines Mindestbetrages von 5.100 € in Anspruch. Die K führt den Prozess als Alleinerbin des Erblassers fort.

Steht K gegen B ein Anspruch auf Zahlung einer Geldentschädigung zu? Dabei ist davon auszugehen, dass dem Erblasser ein Anspruch auf Geldentschädigung gegen die B wegen rechtswidriger und schuldhafter Verletzung seines allgemeinen Persönlichkeitsrechts zustand. (BGH RÜ 2017, 765)

K könnte gegen B ein Anspruch auf Zahlung einer Geldentschädigung aus § 823 Abs. 1 i.V.m. Art. 2 Abs. 1, 1 Abs. 1 GG i.V.m. § 1922 wegen Verletzung des allgemeinen Persönlichkeitsrechts des Erblassers zustehen.

I.   B hat **durch die Berichterstattung** über den Erblasser dessen **allgemeines Persönlichkeitsrecht rechtswidrig und schuldhaft verletzt** und die Beeinträchtigung konnte nicht auf andere Weise befriedigend ausgeglichen werden, sodass dem Erblasser ein Anspruch auf Geldentschädigung aus § 823 Abs. 1 i.V.m. Art. 2 Abs. 1, 1 Abs. 1 GG gegen die B zustand.

II. Diesen Anspruch könnte K als Erbin des Erblassers mit dessen Tod erworben haben. Gemäß § 1922 Abs. 1 geht das Vermögen des Erblassers als Ganzes auf den Erben über. Vererblich sind regelmäßig alle dinglichen und persönlichen Vermögensrechte und Verbindlichkeiten, demgegenüber sind höchstpersönliche Rechte i.d.R. unvererblich.

Bei dem Anspruch auf Geldentschädigung wegen Persönlichkeitsrechtsverletzung handelt es sich einerseits um einen Ersatzanspruch, der als solcher grundsätzlich vererblich ist, andererseits resultiert der Anspruch aus einer Verletzung des Persönlichkeitsrechts, das als solches nicht vererblich ist. Infolgedessen war die **Vererblichkeit dieses Anspruchs lange Zeit umstritten.** **107**

1. Der BGH hat vor einigen Jahren die bis dahin höchstrichterlich noch nicht geklärte Frage dahingehend entschieden, dass der Anspruch auf Geldentschädigung wegen Persönlichkeitsrechtsverletzung **unvererblich** ist. Dies gelte **jedenfalls dann, wenn der Erblasser vor Rechtshängigkeit des anhängig gemachten Anspruchs sterbe.**[172] **108**

2. Der BGH hat nunmehr klargestellt, dass der Geldentschädigungsanspruch **auch dann unvererblich ist, wenn der Erblasser nach Rechtshängigkeit, aber vor Rechtskraft der Entscheidung stirbt:** **109**

---

172 BGH RÜ 2014, 419, 420.

43

Die Rechtsordnung enthalte keinen allgemeinen Grundsatz, aus dem die Vererblichkeit rechtshängig gemachter Ansprüche ableitbar wäre. Materiell-rechtlich entfalte die Rechtshängigkeit zwar rechtserhaltende Wirkungen. Dem liege der Gedanke zugrunde, dass der Schuldner nach einer bestimmten Zeit Klarheit darüber erhalten soll, ob das Recht verfolgt wird oder nicht. Bei der Frage der Vererblichkeit eines Geldentschädigungsanspruchs wegen Verletzung des Persönlichkeitsrechts gehe es jedoch nicht darum, dass der Anspruch aus Gründen des Rechtsfriedens, der Rechtsklarheit oder zum Schutz des Verletzers zu Lebzeiten des Verletzten geltend gemacht werden müsse, um Rechtsnachteile zu verhindern. Vielmehr folge die Unvererblichkeit unabhängig von der Schutzwürdigkeit des Verletzers oder des Rechtsverkehrs aus der Funktion dieses Geldentschädigungsanspruchs.[173]

Bei der Zuerkennung einer Geldentschädigung im Falle einer schweren Persönlichkeitsrechtsverletzung stehe – anders als beim Schmerzensgeld – regelmäßig der **Genugtuungsgedanke im Vordergrund**. Deshalb ändere die Anhängigkeit einer auf Geldentschädigung gerichteten Klage nichts daran, dass die von der Geldentschädigung bezweckte Genugtuung mit dem Tod des Verletzten an Bedeutung verliere. Aus dem Gedanken der Genugtuung folge weiter, dass auch ein rechtshängiger Geldentschädigungsanspruch wegen Verletzung des allgemeinen Persönlichkeitsrechts nicht vererblich sei. **Denn ebenso wenig wie der Erblasser Genugtuung bereits mit der Einreichung der Klage erlange, erlange er sie mit deren Zustellung. Sie trete erst mit der rechtskräftigen Zuerkennung eines Anspruchs auf Geldentschädigung ein.** Denn mit der Rechtskraft und nicht mit der Zustellung der Klage, mit der allenfalls eine Aussicht auf Genugtuung entstehe, werde eine gesicherte Position erlangt.[174]

Da der Erblasser vor Eintritt der Rechtskraft verstorben ist, steht K gegen B kein Anspruch auf Zahlung einer Geldentschädigung zu.

---

d) Quasinegatorischer Beseitigungs- und Unterlassungsanspruch analog § 1004 Abs. 1

110 Der Schutz des Betroffenen durch die §§ 823 ff. ist unvollständig: Zum einen setzt ein Anspruch gemäß §§ 823 ff. eine schuldhafte Rechts(gut)verletzung voraus, sodass dem Geschädigten bei einer rechtswidrigen, aber schuldlosen Verletzung der deliktisch geschützten Rechtsgüter keine Ansprüche aus §§ 823 ff. zustehen. Zum anderen ist immer erforderlich, dass bereits ein Schaden durch die Verletzung entstanden ist. Ansprüche auf Unterlassung, die darauf gerichtet sind, eine drohende Verletzung abzuwehren, oder auf Beseitigung einer andauernden Störung gewähren die §§ 823 ff. nicht.

---

173 BGH RÜ 2017, 765, 766.
174 BGH RÜ 2017, 765, 767.

Der Grundtatbestand, § 823 Abs. 1 | **1. Abschnitt**

Diese Lücke im Rechtsschutzsystem schließt die h.M. durch eine **analoge Anwendung des § 1004 auf alle durch §§ 823 ff. geschützten Rechte und Rechtsgüter**.[175] Zur Begründung der Analogie wird angeführt, dass die deliktisch geschützten Rechte und Rechtsgüter in gleicher Weise schutzwürdig seien wie die Rechtspositionen, bei denen der Gesetzgeber (verschuldensunabhängige) Beseitigungs- und Unterlassungsansprüche geschaffen habe (vgl. §§ 12, 862, 1004). Zudem sei in diesen Regelungen ein allgemeiner Rechtsgedanke enthalten, der eine Analogie rechtfertige.[176]

Voraussetzung eines (quasinegatorischen) Beseitigungsanspruchs analog § 1004 Abs. 1 ist ein rechtswidriger Eingriff in eine deliktisch geschützte Rechtsposition. Der (verschuldensunabhängige) Anspruch ist gegen den Störer gerichtet und geht inhaltlich auf Beseitigung der fortwirkenden Beeinträchtigung, nicht auf Schadensersatz.[177] Beim Unterlassungsanspruch muss zusätzlich eine Wiederholungs- oder Erstbegehungsgefahr drohen.[178]

111

Fall 10: „Unerwünschte Werbung"

K bestellte am 09.05.2016 bei der B über die Internet-Plattform „Amazon Marketplace" ein Ultraschallgerät zur Schädlingsvertreibung, wobei die Abwicklung nicht direkt zwischen den Parteien, sondern über Amazon erfolgte. Eine Rechnung erhielt er zunächst nicht. Am 24.05.2016 erhielt er diese von der B durch eine E-Mail mit dem Betreff *„Ihre Rechnung zu Ihrer Amazon Bestellung …"* und folgendem Inhalt:

„Sehr geehrte Damen und Herren, anbei erhalten Sie Ihre Rechnung im PDF-Format. Vielen Dank, dass Sie den Artikel bei uns gekauft haben. Wir sind ein junges Unternehmen und deshalb auf gute Bewertungen angewiesen. Deshalb bitten wir Sie darum, wenn Sie mit unserem Service zufrieden waren, uns für Ihren Einkauf eine 5-Sterne Beurteilung zu geben.

Sollte es an dem gelieferten Artikel oder unserem Service etwas auszusetzen geben, würden wir Sie herzlich darum bitten, uns zu kontaktieren. Dann können wir uns des Problems annehmen.

Zur Bewertung: über folgenden Link einfach einloggen und eine positive 5-Sterne Beurteilung abgeben (…)".

K sieht in der E-Mail eine unaufgeforderte unerlaubte Zusendung von Werbung, die in sein allgemeines Persönlichkeitsrecht eingreife.

Steht K gegen B ein Anspruch auf Unterlassung der Zusendung von E-Mails zu, in denen der Dank für den Kauf eines Gegenstandes mit der Bitte verknüpft wird, an einer Kundenzufriedenheitsumfrage teilzunehmen? (nach (BGH RÜ 2018, 768)

K könnte gegen B ein Anspruch auf Unterlassung der Zusendung von E-Mails, in denen der Dank für den Kauf eines Gegenstandes mit der Bitte verknüpft wird, an einer Kundenzufriedenheitsumfrage teilzunehmen, analog § 1004 Abs. 1 S. 2 zustehen.

---

175 Jauernig/Teichmann Vor § 823 Rn. 6 m.w.N.; Schreiber Jura 2013, 111.
176 Hk-BGB/Staudinger Vor §§ 823–853 Rn. 10.
177 BGH RÜ 2007, 347.
178 Medicus/Petersen BR Rn. 628.

1. Teil — Unerlaubte Handlungen

112 I. Dazu müssen zunächst die **Analogievoraussetzungen** – planwidrige Regelungslücke bei vergleichbarer Interessenlage – gegeben sein.

§ 1004 Abs. 1 wird nach h.M. auf alle deliktisch geschützten Rechtspositionen analog angewandt, um Rechtsschutzlücken zu schließen – sogenannter quasinegatorischer Beseitigungs- und Unterlassungsanspruch.

113 II. B könnte durch das Zusenden der E-Mail, in der K gebeten wurde, an einer Kundenzufriedenheitsumfrage teilzunehmen, dessen **allgemeines Persönlichkeitsrecht rechtswidrig verletzt** haben.

114 1. K stehen gegen B keine speziellen Unterlassungsansprüche zu, sodass das als Auffangtatbestand subsidiäre allgemeine Persönlichkeitsrecht **anwendbar** ist.

115 2. B muss in den **Schutzbereich** des allgemeinen Persönlichkeitsrechts des K **eingegriffen** haben.

Das aus Art. 2 Abs. 1 i.V.m. Art. 1 Abs. 1 GG hergeleitete allgemeine Persönlichkeitsrecht ist als sonstiges Recht i.S.v. § 823 Abs. 1 anerkannt und gewährleistet gegenüber jedermann das Recht des Einzelnen auf Achtung seiner Menschenwürde und auf Entfaltung seiner individuellen Persönlichkeit. Bei natürlichen Personen umfasst der Schutzbereich des Persönlichkeitsrechts die Intim-, Privat-, und Individualsphäre.

116 Nach Ansicht des BGH stellt die **Verwendung von elektronischer Post für die Zwecke der Werbung ohne Einwilligung des Empfängers grundsätzlich einen Eingriff in seine geschützte Privatsphäre** dar. Das allgemeine Persönlichkeitsrecht gebe dem Betroffenen das Recht, im privaten Bereich in Ruhe gelassen zu werden. Hieraus folge ein Recht des Einzelnen, seine Privatsphäre freizuhalten von unerwünschter Einflussnahme anderer, und die Möglichkeit des Betroffenen, selbst darüber zu entscheiden, mit welchen Personen und gegebenenfalls in welchem Umfang er mit ihnen Kontakt haben will. [179]

117 Auch eine Kundenzufriedenheitsbefragung falle unter den Begriff der (Direkt-) Werbung, der nach dem allgemeinen Sprachgebrauch alle Maßnahmen eines Unternehmens erfasse, die auf die Förderung des Absatzes seiner Produkte oder Dienstleistungen gerichtet sind. Damit sei außer der unmittelbar produktbezogenen Werbung auch die mittelbare Absatzförderung – beispielsweise in Form der Imagewerbung – erfasst. Kundenzufriedenheitsabfragen dienten zumindest auch dazu, so befragte Kunden an sich zu binden und künftige Geschäftsabschlüsse zu fördern. [180]

118 3. Der Eingriff muss **rechtswidrig** gewesen sein. Beim allgemeinen Persönlichkeitsrecht handelt es sich um ein sogenanntes Rahmenrecht, bei dem die rechtswidrige Verletzung anhand des zu beurteilenden Einzelfalls aufgrund einer **umfassenden Güter- und Interessenabwägung** positiv festzustellen ist.

---

179 BGH RÜ 2018, 768, 769.
180 BGH RÜ 2018, 768, 769, 770.

Der Grundtatbestand, § 823 Abs. 1 **1. Abschnitt**

Das Recht des K auf Schutz seiner Persönlichkeit und Achtung seiner Privatsphäre aus Art. 1 Abs. 1, Art. 2 Abs. 1 GG ist mit dem berechtigten Interesse der B, mit ihren Kunden zum Zwecke der Werbung in Kontakt zu treten, abzuwägen.

Bei der Abwägung der beiderseitigen Interessen ist nach Ansicht des BGH einerseits zu berücksichtigen, dass die unerwünschte Werbung die Interessen des K nur vergleichsweise geringfügig beeinträchtigen, zumal er die Kundenzufriedenheitsanfrage einfach ignorieren könnte. Andererseits sei das Hinzufügen von Werbung zu einer im Übrigen zulässigen E-Mail-Nachricht keine solche Bagatelle, dass eine Belästigung des Nutzers in seiner Privatsphäre ausgeschlossen wäre. Der Arbeitsaufwand möge sich zwar bei einer einzelnen E-Mail in Grenzen halten. Mit der häufigen Verwendung von Werbezusätzen sei aber immer dann zu rechnen, wenn die Übermittlung einzelner E-Mails mit solchen Zusätzen zulässig sei. Entscheidend sei letztlich, dass es dem Verwender einer E-Mail-Adresse zu Werbezwecken nach Abschluss einer Verkaufstransaktion zumutbar sei, bevor er auf diese Art mit Werbung in die Privatsphäre des Empfängers eindringe, diesem – wie es die Vorschrift des § 7 Abs. 3 UWG verlange – die Möglichkeit zu geben, der Verwendung seiner E-Mail-Adresse zum Zwecke der Werbung zu widersprechen.[181]

Daher überwiegt das Recht des K auf Schutz seiner Persönlichkeit und Achtung seiner Privatsphäre aus Art. 1 Abs. 1, Art. 2 Abs. 1 GG das Interesse der B, mit ihren Kunden zum Zwecke der Werbung in Kontakt zu treten, sodass B rechtswidrig in das allgemeine Persönlichkeitsrecht des K eingegriffen hat.

3. B hat die Beeinträchtigung des Persönlichkeitsrechts des K durch die Zusendung **119** der E-Mail adäquat verursacht, sodass sie **Handlungsstörerin** i.S.v. § 1004 ist und die erforderliche **Wiederholungsgefahr** wird aufgrund der vorangegangenen Beeinträchtigung vermutet.

4. Als **Rechtsfolge** schuldet B dem K künftige Unterlassung der Zusendung von E-Mails, in denen er nach einem Kauf gebeten wird, an einer Kundenzufriedenheitsumfrage teilzunehmen.

Somit steht K gegen B ein Anspruch auf Unterlassung der Zusendung von E-Mails, in denen der Dank für den Kauf eines Gegenstandes mit der Bitte verknüpft wird, an einer Kundenzufriedenheitsumfrage teilzunehmen, analog § 1004 Abs. 1 S. 2 zu.

Fortwirkende Störungen unwahrer Tatsachenbehauptungen können analog § 1004 **120** Abs. 1 S. 1 (bei Verschulden auch aus § 823 Abs. 1) einen Anspruch auf Widerruf auslösen.

Ob sich bei Persönlichkeitsrechtsverletzungen durch Medienerzeugnisse ein Rückrufanspruch aus § 1004 Abs. 1 analog ergeben kann, ist bislang noch nicht höchstrichterlich entschieden. Die Rspr. der Instanzgerichte zu dieser Frage ist – wie die Stellungnahmen im Schrifttum – nicht einheitlich.[182]

Vom Betreiber einer Internet-Suchmaschine mit Suchwortergänzungsfunktion kann Unterlassung der Ergänzung persönlichkeitsrechtsverletzender Begriffe bei Eingabe des Namens des Betroffenen erst

---

181 BGH RÜ 2018, 768, 771.
182 Vgl. dazu Paschke/Busch NJW 2004, 2620 m.w.N.

verlangt werden, wenn der Betreiber Kenntnis von der rechtswidrigen Verletzung erlangt hat. Nach Hinweis durch den Betroffenen ist der Betreiber verpflichtet, zukünftig derartige Verletzungen zu verhindern.[183]

e) Postmortaler Schutz[184]

121 Obwohl es sich beim allgemeinen Persönlichkeitsrecht um ein höchstpersönliches Rechtsgut handelt, geht die Rspr. davon aus, dass die dadurch geschützten Persönlichkeitsgüter auch nach dem Tod des Betroffenen zu beachten sind, da ansonsten die Wertung des Grundgesetzes unterlaufen würde.[185]

Da der ursprüngliche Rechtsinhaber nicht mehr existiert, ist fraglich, wer sich um den Schutz der Persönlichkeitsgüter des Verstorbenen kümmern darf, welche Ansprüche sich aus der Verletzung dieser Güter ergeben können und wie lange der Schutz nach dem Tod des Betroffenen andauert. Die Beantwortung dieser Fragen hängt maßgeblich davon ab, ob es um den Schutz der ideellen oder kommerziellen Bestandteile des Persönlichkeitsrechts geht.[186]

aa) Postmortaler Schutz ideeller Interessen

122 Soweit das Persönlichkeitsrecht dem **Schutz ideeller Interessen** dient, ist es als höchstpersönliches Recht nicht übertragbar und nicht vererblich. Der Schutz dieser ideellen Interessen steht daher nach dem Tode des Rechtsinhabers nicht den Erben, sondern demjenigen zu, den der Verstorbene zu Lebzeiten als **Wahrnehmungsberechtigten** bestimmt hat, ansonsten den **nahen Angehörigen** (Analogie zu § 22 S. 3 KunstUrhG).

123 Diese können allerdings lediglich Abwehr- und Beseitigungsansprüche geltend machen, nicht jedoch Schadensersatz verlangen, weil ein Verstorbener keinen durch eine Geldzahlung auszugleichenden Schaden erleiden kann.[187] Ferner wird bei der Verletzung ideeller Bestandteile des postmortalen Persönlichkeitsrechts keine Geldentschädigung für immaterielle Nachteile gewährt, da die damit verfolgte Genugtuungsfunktion bei einem Toten nicht erreicht werden kann.[188]

124 Die zeitliche Dauer des postmortalen Schutzes ideeller Interessen hängt von den Umständen des Einzelfalls ab. Das Schutzbedürfnis schwindet in dem Maße, in dem die Erinnerung an den Verstorbenen verblasst. Bei einem ausübenden Künstler (z.B. Theaterschauspieler, -regisseur), der i.d.R. nur seinen Zeitgenossen in Erinnerung bleibt, ist die Zeitspanne kürzer zu bemessen als bei einem bildenden Künstler, der seiner Nachwelt ein bleibendes Werk hinterlässt.[189]

125 *Beachte: Da mit dem Tod einer Person die Möglichkeit der Persönlichkeitsentfaltung endet, schützt das postmortale Persönlichkeitsrecht die Person unter dem Aspekt der Menschen-*

---

183 BGH NJW 2013, 2348 = RÜ 2013, 421: Google; vgl dazu auch BGH NJW 2018, 2324.

184 Vgl. dazu Petersen Jura 2008, 271 sowie Mitsch NJW 2010, 3479 zum postmortalen Persönlichkeitsrecht verstorbener Straftäter.

185 BGHZ 50, 133, 136 ff.: Mephisto; 107, 385, 391 ff.: Nolde.

186 Fuchs/Pauker/Baumgärtner Kap. 2 A. II. 1.5.8.

187 BGH NJW 1974, 1371.

188 BGH NJW 2006, 605 = RÜ 2006, 187.

189 Fuchs/Pauker/Baumgärtner Kap. 2 A. II. 1.5.8.

würde gemäß Art. 1 GG, aber nicht mehr unter dem Aspekt der Handlungsfreiheit gemäß Art. 2 Abs. 1 GG. Dies hat prüfungstechnische Konsequenzen: Steht fest, dass eine Handlung das postmortale Persönlichkeitsrecht beeinträchtigt, ist zugleich ihre Rechtswidrigkeit geklärt. Der Schutz kann nicht im Zuge einer Interessen- und Güterabwägung relativiert werden.[190]

bb) Postmortaler Schutz der vermögenswerten Bestandteile des Persönlichkeitsrechts

Die **vermögenswerten Bestandteile** des Persönlichkeitsrechts sind vererblich, sodass die entsprechenden Befugnisse gemäß § 1922 Abs. 1 auf den oder die **Erben** übergehen. Dieser kann – entsprechend dem ausdrücklichen oder mutmaßlichen Willen des ursprünglichen Trägers des Persönlichkeitsrechts – neben Ansprüchen auf Unterlassung und Widerruf auch Schadensersatzansprüche geltend machen.[191] **126**

Fraglich ist jedoch, **wie lange** die vermögenswerten Bestandteile des postmortalen Persönlichkeitsrechts geschützt sind. **127**

- In der Lit. ist die Frage der Schutzdauer der vermögenswerten Bestandteile des postmortalen Persönlichkeitsrechts umstritten. Teilweise wird befürwortet, für diese so lange Schutz zu gewähren, wie auch dessen ideelle Bestandteile geschützt sind.[192] Soweit eine bestimmte Schutzdauer vorgeschlagen wird, gehen die Meinungen weit auseinander und die Zeiträume variieren von 10 bis 70 Jahre nach dem Tod.[193]

- Der BGH hat entschieden, dass die zeitliche Schutzdauer der vermögenswerten Bestandteile des postmortalen Persönlichkeitsrechts in entsprechender Anwendung der Schutzfrist für das postmortale Recht am eigenen Bild gemäß § 22 S. 3 KunstUrhG **auf zehn Jahre begrenzt ist**.[194] Das Persönlichkeitsbild einer zu Lebzeiten sehr bekannten Person sei nach ihrem Tod auch Teil der gemeinsamen Geschichte und daher müsse das Interesse der Angehörigen oder – bei den vermögenswerten Bestandteilen des postmortalen Persönlichkeitsrechts – das der Erben an einer wirtschaftlichen Verwertung des Persönlichkeitsbilds nach Ablauf von zehn Jahren zurücktreten. Der BGH hat jedoch betont, dass der postmortale Schutz des Persönlichkeitsrechts damit nicht insgesamt nach Ablauf von zehn Jahren ende, sondern unter den Voraussetzungen und dem Umfang des postmortalen Schutzes der ideellen Bestandteile des postmortalen Persönlichkeitsrechts fortbestehe.[195]

f) Das Recht am eigenen Bild

Das Recht am eigenen Bild ist eine besondere Ausprägung des allgemeinen Persönlichkeitsrechts, welches in den §§ 22 ff. KunstUrhG speziell geregelt ist:[196] **128**

- Gemäß § 22 KunstUrhG dürfen Bildnisse einer Person grundsätzlich nur mit deren Einwilligung verbreitet werden.

---

190 BGH NJW 2009, 751, 752.
191 BGHZ 143, 214, 219 ff.: Marlene Dietrich, bestätigt vom BVerfG NJW 2006, 3409; vgl. dazu Wagner VersR 2000, 1305, 1307; BGH NJW 2002, 2317 = RÜ 2002, 401.
192 Staudinger/Schmidt Jura 2001, 241, 246; Frommeyer JuS 2002, 13, 18.
193 10 Jahre: Schulze/Wessel, Die Vermarktung Verstorbener, 2001, S. 141 ff.; 30 Jahre: Wenzel/Burkhardt, Das Recht der Wort- und Bildberichterstattung, 5. Aufl., Kap. 5 Rn. 124; 35 Jahre: Jung, Die Vererblichkeit des Allgemeinen Persönlichkeitsrechts, 2005, S. 260 ff.; 70 Jahre: Schricker/Göpping, Urheberrecht, 3. Aufl., Anhang zu § 60 UrhG, § 22 KUG Rn. 63.
194 BGH NJW 2007, 684, 685, 686.
195 BGH NJW 2007, 684, 685, 686.
196 BVerfGE 101, 361; weiterentwickelt durch BVerfG NJW 2001, 1921; BGHZ 131, 332; vgl. Lauber-Rönsberg NJW 2016, 744 ff. zum Recht am eigenen Bild in sozialen Netzwerken.

1. Teil — Unerlaubte Handlungen

- Bildnisse aus dem Bereich der Zeitgeschichte dürfen gemäß § 23 Abs. 1 Nr. 1 Kunst-UrhG ohne Einwilligung des Betroffenen verbreitet werden,

- es sei denn, dass dadurch ein berechtigtes Interesse des Abgebildeten verletzt wird (§ 23 Abs. 2 KunstUrhG).[197]

129 Dabei ging die Rspr. lange Zeit davon aus, dass Bilder von sogenannten *absoluten Personen der Zeitgeschichte* (= Personen, die unabhängig von einzelnen Ereignissen aufgrund ihres Status und ihrer Bedeutung allgemeine Aufmerksamkeit finden[198] – wie z.B. Prinzessin Caroline von Monaco) aufgrund des „berechtigten" Informationsinteresses der Öffentlichkeit stets Bildnisse aus dem Bereich der Zeitgeschichte sind. Folglich durften deren Bildnisse grundsätzlich gemäß § 23 Abs. 1 Nr. 1 Kunst-UrhG einwilligungsfrei veröffentlicht werden (Ausnahme: Vorliegen berechtigter Interessen i.S.v. § 23 Abs. 2 KunstUrhG).[199] Bei sogenannten *relativen Personen der Zeitgeschichte* (= Personen, die in Zusammenhang mit einem zeitgeschichtlichen Ereignis in den Blick der Öffentlichkeit geraten – wie z.B. Begleiter, die mit einer absoluten Person der Zeitgeschichte in der Öffentlichkeit auftreten)[200] durfte eine einwilligungsfreie Veröffentlichung nur in Zusammenhang mit diesem Ereignis erfolgen.[201]

Diese Rspr. der deutschen Gerichte hat der Europäische Gerichtshof für Menschenrechte in seiner Caroline-Entscheidung vom 24.06.2004[202] als eine Verletzung des Art. 8 EMRK (Recht auf Achtung des Privat- und Familienlebens) gewertet. Nach Auffassung des EGMR ist grundsätzlich zu unterscheiden zwischen einer Berichterstattung über Tatsachen, die einen Beitrag zu einer Diskussion in einer demokratischen Gesellschaft leisten, und einer Berichterstattung über Einzelheiten des Privatlebens einer Person. Fotos, die nur dazu bestimmt seien, die Neugier eines bestimmten Publikums über das Privatleben Prominenter zu befriedigen, und die nicht als Beitrag zu irgendeiner Diskussion von allgemeinem Interesse für die Gesellschaft angesehen werden könnten, verdienten nur eingeschränkt den Schutz der Pressefreiheit.

130 Der BGH hat als Reaktion auf die Entscheidung des EGMR seine Rspr. geändert und sich für ein **„abgestuftes Schutzkonzept"** entschieden, das den Persönlichkeitsschutz zulasten der Pressefreiheit deutlich erweitert:[203]

- **1. Stufe (§ 22 KunstUrhG):** Liegt für die Verbreitung des Bildnisses die Einwilligung des Berechtigten vor?

- **2. Stufe (§ 23 Abs. 1 Nr. 1 KunstUrhG):** Darf das Bild ausnahmsweise ohne Einwilligung des Berechtigten verbreitet werden, weil es sich um ein Bildnis aus dem Bereich der Zeitgeschichte handelt?

Neu ist dabei, dass der BGH nunmehr bereits auf der 2. Stufe bei der Auslegung des Tatbestandsmerkmals „aus dem Bereich der Zeitgeschichte" die widerstreitenden Interessen der abgebildeten Person und der Presse berücksichtigt. Daraus folgt, dass Bildnisse von absoluten oder relativen Personen der Zeitgeschichte nicht mehr automatisch der Ausnahme des § 23 Abs. 1 Nr. 1 KunstUrhG unterfallen, sondern es muss eine zeitgeschichtliche Bedeutung des konkret veröffentlichten Fotos gegeben sein. Abwägungskriterien, ob ein Informationsinteresse besteht und daher die „Zeitgeschichte" betroffen ist, sind : der Informationswert, der Anlass der Berichterstattung, die Umstände der Entstehung der Aufnahme, die Situation, in der der Betroffene aufgenommen wird, die Rolle des Betroffenen in der Öffentlichkeit sowie die Intensität des Eingriffs in das allgemeine Persönlichkeitsrecht.

---

197 Vgl. BVerfGE 34, 269, 282; BGHZ 128, 1, 10; zum berechtigten Interesse nach § 23 Abs. 2 KunstUrhG KG NJW 2007, 703.

198 BVerfG NJW 2000, 1021, 1025.

199 BVerfG NJW 2001, 1921, 1922 ff.

200 Vgl. BVerfG NJW 2001, 1921.

201 Teichmann NJW 2007, 1917.

202 EGMR NJW 2004, 2647 ff.

203 BGH NJW 2007, 1977 = RÜ 2007, 411: Caroline von Hannover; NJW 2008, 3134 = RÜ 2008, 560: Heide Simonis; NJW 2011, 746: Rosenball in Monaco; NJW 2013, 2890: Eisprinzessin Alexandra; BGH RÜ 2018, 280: Christian Wulff; vgl. insgesamt zum abgestuften Schutzkonzept Fuchs/Pauker/Baumgärtner, Kap. 2 A. II. 1.5.9.

Der Grundtatbestand, § 823 Abs. 1   **1. Abschnitt**

- **3. Stufe (23 Abs. 2 KunstUrhG):** Ist die Verbreitung des Bildnisses, obwohl es der Zeitgeschichte zuzuordnen ist, ohne Einwilligung des Berechtigten unzulässig, weil dadurch die berechtigten Interessendes Abgebildetetn verletzt werden?

Da die Abwägung der gegenläufigen Interessen zwischen dem Informationsrecht der Presse und dem Informationsbedürfnis der Allgemeinheit einerseits und dem Persönlichkeitsrecht des Abgebildeten andererseits bereits auf der 2. Stufe erfolgt ist, ist davon auszugehen, dass eine Bildveröffentlichung nur in besonderen Ausnahmefällen wegen entgegenstehender berechtigter Interessen des Abgebildeten gemäß § 23 Abs. 2 KUG unzulässig ist.[204] Nach der Rspr. könnte im Rahmen des § 23 Abs. 2 KUG von Bedeutung sein, ob und wieweit die Aufnahme unter Ausnutzung von Heimlichkeit oder von technischen Mitteln zustande gekommen ist.[205]

Der EGMR hat die geänderte Rspr. der deutschen Gerichte in der Folgezeit nicht beanstandet.[206]

5. Das Recht am eingerichteten und ausgeübten Gewerbebetrieb als „sonstiges Recht" i.S.d. § 823 Abs. 1

a) Herleitung

Das Vermögen als solches ist nicht als geschütztes Recht in § 823 Abs. 1 genannt und es   **131** ist auch kein sonstiges Recht i.S.d. § 823 Abs. 1. Es wird deliktisch in § 826 und über §§ 823 Abs. 2 und 824 geschützt. Dieser Schutz ist aber sehr eng, da er an spezielle Voraussetzungen geknüpft ist:

- § 826   ist aufgrund seiner strengen subjektiven Voraussetzungen in seinem Anwendungsbereich sehr beschränkt; nach h.M. muss bei § 826 der Vorsatz sich auch auf die den Sittenverstoß begründenden Tatumstände und – anders als bei § 823 Abs. 1 und 2 – auf den Schaden beziehen.

- § 823 Abs. 2   setzt die Verletzung eines Schutzgesetzes voraus. Es besteht jedoch nicht für jeden denkbaren regelungsbedürftigen Sachverhalt ein Schutzgesetz.

- § 824   schützt nur die wirtschaftliche Wertschätzung von Personen und Unternehmen vor unmittelbaren Beeinträchtigungen, die durch Verbreitung unwahrer Behauptungen über sie herbeigeführt werden.

In der Praxis hat sich gezeigt, dass in bestimmten Fallsituationen ein Bedürfnis nach einem weitreichenderen Schutz des Vermögens besteht. Erstmalig wurde dies deutlich in Fällen, in denen ein Unternehmen durch bestimmte Verhaltensweisen eines Konkurrenten oder eines anderen in seiner gewerblichen Tätigkeit behindert wurde und ihm dadurch ein Vermögensschaden entstand.

Zunächst hat die Rspr. des Reichsgerichts in den Fällen der „unberechtigten Schutzrechtsverwarnung" begonnen, **den Vermögensschutz** von Unternehmen durch die **Anerkennung des Rechts am Gewerbebetrieb als sonstiges Recht i.S.v. § 823 Abs. 1** zu verstärken.

---

204 Fuchs/Pauker/Baumgärtner, Kap. 2 A. II. 1.5.9
205 BGH NJW 2007, 1977, 1981.
206 EGMR, Urt. v. 19.09.2013 – 8772/10 (von Hannover/Deutschland Nr. 3)

1. Teil Unerlaubte Handlungen

Vgl. die „Jutefaser"-Entscheidung des RG aus dem Jahre 1904:[207] Einem Unternehmen, welches u.a. Teppiche aus „Juteplüsch" herstellte, wurde von einem anderen Unternehmen die Nachbildung von (angeblich) geschützten Gebrauchsmustern untersagt. Nachträglich stellte sich heraus, dass dem Untersagenden das Gebrauchsmuster nicht zustand. Der – fahrlässig – zu Unrecht Untersagende muss den durch die zwischenzeitliche Produktionseinstellung entstandenen Schaden nach § 823 Abs. 1 ersetzen.

Der BGH hat den Unternehmensschutz durch § 823 Abs. 1 ausgedehnt und dadurch eine Art **Generalklausel** geschaffen. Die Lit. ist dem überwiegend gefolgt.[208]

Ein Teil des Schrifttums lehnt die Anerkennung eines Rechts am Gewerbebetrieb als sonstiges Recht i.S.d. § 823 Abs. 1 ab. Der notwendige Schutz sei über § 826 zu entwickeln.[209]

b) Anspruchsvoraussetzungen

132 Die Prüfung eines Anspruchs aus § 823 Abs. 1 wegen Verletzung des Rechts am eingerichteten und ausgeübten Gewerbebetrieb weist – wie die Prüfung des allgemeinen Persönlichkeitsrechts – einige Besonderheiten auf: Der nicht klar umrissene **Schutzbereich** des Gewerbebetriebs wird durch typische **Fallgruppen** konkretisiert. Zudem handelt es sich auch beim eingerichteten und ausgeübten Gewerbebetrieb um ein sogenanntes **Rahmenrecht**, sodass die Rechtswidrigkeit nicht indiziert wird, sondern anhand des zu beurteilenden **Einzelfalls** aufgrund einer **umfassenden Güter- und Interessenabwägung** positiv festzustellen ist.

133 Im Einzelnen müssen für einen Anspruch auf Schadensersatz aus § 823 Abs. 1 wegen Verletzung des Gewerbebetriebs folgende Voraussetzungen erfüllt sein:

- Anwendbarkeit

- Eingriff in den Schutzbereich

- Rechtswidrigkeit

- Verschulden

aa) Anwendbarkeit des § 823 Abs. 1

134 Bei dem Schutz des Rechts am Gewerbebetrieb handelt es sich – wie beim allgemeinen Persönlichkeitsrecht – um einen **Auffangtatbestand**, der im Hinblick auf seine Funktion nur subsidiären Charakter hat und deshalb nicht in Betracht kommt, wenn es etwa um den durch § 823 Abs. 1 gewährten Schutz des Eigentums oder um den durch § 824 gewährleistenden Schutz vor unmittelbaren Beeinträchtigungen geht, die durch Verbreitung unwahrer Behauptungen herbeigeführt werden.[210]

---

207 RGZ 58, 24.
208 Zur BGH-Rspr. vgl. die Nachweise bei den Fallgruppen (unten Rn. 137 ff.); ferner z.B. Brox/Walker SchuldR BT § 45 Rn. 15 ff.; Kötz/Wagner Rn. 430 ff.; Schildt WM 1996, 2261 ff. m.w.N.
209 Canaris VersR 2005, 577, 582 ff.
210 BGH NJW 1999, 1028, 1029 m.w.N.; MünchKomm/Wagner § 823 Rn. 260; Sack VersR 2006, 1001.

bb) Eingriff in den Schutzbereich

(1) Schutzbereich des eingerichteten und ausgeübten Gewerbebetriebs

Es muss ein eingerichteter und ausgeübter Gewerbebetrieb vorliegen. Erforderlich ist **135** eine erlaubte, selbstständige, auf Gewinnerzielung gerichtete und auf gewisse Dauer angelegte Tätigkeit.[211]

- Der eingerichtete und ausgeübte Gewerbebetrieb wird nicht nur in seinem eigentlichen Bestand (z.B. Grundstück, Geschäftsräume) **geschützt**, sondern **auch in seinen einzelnen Erscheinungsformen**, wozu der gesamte unternehmerische Tätigkeitskreis gehört (z.B. Geschäftsverbindung, Organisationsstruktur, Kundenkreis).[212]

- Während früher der Schutz nur den Gewerbebetrieben vorbehalten war, wird heute überwiegend auch die Betätigung im freien Beruf unter den Schutz des Rechts am Unternehmen gestellt.[213]

  „Unter dem Begriff des Gewerbebetriebes im Sinne des § 823 Abs. 1 BGB ist alles das zu verstehen, was in seiner Gesamtheit den Gewerbebetrieb zur Entfaltung und Betätigung in der Wirtschaft befähigt. Durch den dem eingerichteten und ausgeübten Gewerbebetrieb von der Rspr. gewährten und nach und nach erweiterten Schutz soll das Unternehmen in seiner wirtschaftlichen Tätigkeit, in seinem Funktionieren vor widerrechtlichen Eingriffen bewahrt bleiben. Das Recht am Unternehmen ist dabei nicht auf Gewerbebetriebe im handelsrechtlichen Sinn beschränkt, sondern steht auch den Angehörigen freier Berufe zu."[214]

(2) Eingriff

Die Erweiterung des Schutzbereichs in eine Generalklausel ohne feste Abgrenzungen **136** macht im Hinblick auf den Eingriff eine **Einschränkung** erforderlich, um eine uferlose Ausdehnung der Haftung zu vermeiden.

Daher erfasst der Schutz des Gewerbebetriebs nur „unmittelbare" oder **„betriebsbezogene" Verletzungen**, d.h., der Eingriff darf nicht nur vom Gewerbebetrieb ohne Weiteres ablösbare Rechte oder Rechtsgüter betreffen;[215] er muss sich spezifisch gegen den betrieblichen Organismus oder die unternehmerische Entscheidungsfreiheit richten und über eine bloße Belästigung oder sozial übliche Behinderungen hinausgehen.[216]

An der Betriebsbezogenheit fehlt es z.B., wenn nur einzelne, zum Betrieb gehörige Personen,[217] Fahrzeuge[218] oder Geräte[219] betroffen werden, auch wenn sie für den Betrieb wichtig sind. Dagegen ist Betriebsbezogenheit zu bejahen, wenn der Ausfall von Personen oder Betriebsmitteln den Betrieb zum Erliegen bringt oder ihn in seiner Substanz ernstlich beeinträchtigt.[220] So stellt nach der Rspr. des BGH be-

---

211 Hk-BGB/Staudinger § 823 Rn. 121.

212 BGHZ 3, 270, 279.

213 Vgl. MünchKomm/Wagner § 823 Rn. 255; Staudinger/Hager § 823 Rn. D 6; nach BGH NJW 1992, 41, 42 ist die geschützte Organisationsstruktur auch bei einer BGB-Gesellschaft gegeben.

214 BGH NJW 2012, 2579, 2560 = RÜ 2012, 489, 490.

215 BGHZ 29, 65, 74; 69, 128, 139; BGH NJW 2009, 355; NJW 2018, 2119; MünchKomm/Wagner § 823 Rn. 185 m.w.N.

216 BGH NJW 1985, 1620.

217 BGHZ 7, 30, 36.

218 BGHZ 29, 65, 74.

219 BGH VersR 1983, 346, 347.

220 Krit. zur „Betriebsbezogenheit" Kötz/Wagner Rn. 431; Schnug JA 1985, 440, 449.

1. Teil   Unerlaubte Handlungen

reits die einmalige Zusendung einer E-Mail mit Werbung einen betriebsbezogenen Eingriff dar, weil zum einen mit dem Sichten und Aussortieren unerbetener E-Mails zusätzlicher Arbeitsaufwand verbunden sei und zum anderen zusätzliche Kosten für die Herstellung der Online-Verbindung durch den Provider anfallen könnten.[221]

Beispiel:[222] K ist Eiskunstläuferin und bildet mit ihrem Paarlaufpartner P ein seit Jahren erfolgreiches Eiskunstlaufpaar. Da P durch einen Verkehrsunfall verletzt wurde, konnten die beiden zeitweise nicht auftreten. Die Haftpflichtversicherung des Unfallverursachers S hat dem P Schadensersatz i.H.v. 150.000 € geleistet. Bei der Bemessung des Schadensumfangs wurde auch berücksichtigt, dass P zeitweise in seiner Sportausübung beeinträchtigt worden ist. Nunmehr verlangt auch K von der Haftpflichtversicherung Schadensersatz für den Ausfall von Wettkämpfen, Verlust von Sponsorengeldern etc.

Der Anspruch könnte sich aus § 823 Abs. 1 (Verletzung des Gewerbebetriebs) i.V.m. § 115 Abs. 1 S. 1 Nr. 1 VVG ergeben. Der BGH hat offen gelassen, ob ein Eiskunstlaufpaar überhaupt als eingerichteter und ausgeübter Gewerbebetrieb angesehen werden kann. Der Ersatzanspruch scheitere jedenfalls an der **fehlenden Betriebsbezogenheit des Eingriffs:** Dem Unfallereignis fehle jeder Bezug zu der sportlichen Betätigung der K und ihres Partners. Dass der K durch die Verletzung des P erhebliche Vermögenseinbußen entstanden seien, ändere an der Beurteilung nichts. Mittelbar Geschädigte, die nicht in ihren absoluten Rechten beeinträchtigt seien, müssten solche Verluste entschädigungslos hinnehmen. Dies sei die Folge der gesetzlichen Regelung, die keine generalklauselartige Haftung für erlittene Vermögensschäden kennt. Die Haftung für Eingriffe in den Gewerbebetrieb biete keine Handhabe, den Haftungsschutz dort auszudehnen, wo ihn das Gesetz gerade verwehre.

(3) Die wichtigsten Fallgruppen

137   ■ **Ungerechtfertigte Schutzrechtsverwarnung**

Der BGH geht in st.Rspr. davon aus, dass eine unberechtigte Schutzrechtsverwarnung, mit der ein ernsthaftes und endgültiges Unterlassungsverlangen verbunden ist, einen Eingriff in das Recht am eingerichteten und ausgeübten Gewerbebetrieb des Verwarnten darstellen kann, der bei Verschulden zum Schadensersatz nach § 823 Abs. 1 verpflichtet.[223] Grundlage für die Annahme dieses Schadensersatzanspruchs ist der Gedanke einer ausgewogenen Risikoverteilung zwischen dem Verwarnenden und dem Verwarnten. Die Schutzrechtsverwarnung hat für den Verwarnten i.d.R. einschneidende Folgen, da er sich insbesondere bei Patent- oder Gebrauchsmusterverwarnungen überlegen muss, ob er die Herstellung oder den Vertrieb trotz der Verwarnung fortsetzen soll. Die Beurteilung der Schutzrechtslage kostet ihn Zeit und ist im Regelfall schwierig zu ermitteln. Zudem ist der Verwarnende über den Bestand und die Tragweite des Schutzrechts, auf das er sich beruft, meist besser unterrichtet als der Verwarnte.[224]

Der BGH wendet diese Rspr. zur Schutzrechtsverwarnung auch auf Verwarnungen an, die auf Kennzeichnungsrechte (Marken, Unternehmenskennzeichen, Werktitel) gestützt sind.[225]

Geht die unberechtigte Schutzrechtsverwarnung auf eine fahrlässig unzutreffende Rechtsberatung des Schutzrechtsinhabers durch einen Rechtsanwalt zurück, kann der Rechtsanwalt neben dem Schutzrechtsinhaber unter dem Gesichtspunkt eines rechtswidrigen und schuldhaften Eingriffs in den eingerichteten und ausgeübten Gewerbebetrieb zum Schadensersatz verpflichtet sein.[226]

---

221   BGH NJW 2009, 2958 = RÜ 2009, 695.

222   Nach BGH NJW 2003, 1040 = RÜ 2003, 161.

223   BGH NJW 2000, 3716, 3717 m.w.N.

224   BGHZ 38, 200, 204 f.; BGH NJW-RR 1998, 331, 332.

225   Bestätigt durch BGH NJW 2005, 3141; vgl. auch BGH NJW 2006, 1432.

226   BGH NJW 2016, 2110.

Der Grundtatbestand, § 823 Abs. 1 **1. Abschnitt**

■ **Schädigende Werturteile, abträgliche wahre Tatsachen** 138

Während § 824 einen Schutz gegen unrichtige Tatsachenbehauptungen gewährt, können schädigende Werturteile, die nicht den Tatbestand eines Spezialgesetzes, z.B. des § 1 UWG, erfüllen oder wahre Tatsachenbehauptungen, die einen ungünstigen Schluss über die Kreditwürdigkeit nahelegen, das Recht am eingerichteten und ausgeübten Gewerbebetrieb verletzen.

■ **Boykottaufrufe und -maßnahmen** 139

Eine Rechtfertigung durch Wahrnehmung berechtigter Interessen ist nur in Ausnahmefällen gegeben; es gilt der Grundsatz größtmöglicher Schonung fremder Rechte, auch wenn zur Verteidigung sozialer und ethischer Werte zum Boykott aufgerufen wird.[227]

■ **Blockade und physische Behinderung**[228] 140

cc) Rechtswidrigkeit

Da für den Schutz des Gewerbebetriebs über § 823 Abs. 1 eine feste Umgrenzung fehlt, handelt es sich – wie beim allgemeinen Persönlichkeitsrecht – um einen sogenannten **offenen Tatbestand.** Es ist daher **mit Hilfe einer umfassenden Güter- und Interessenabwägung im Einzelfall einheitlich zu prüfen, ob eine rechtswidrige Verletzung vorliegt.** Dabei sind nicht nur zivilrechtlich, sondern auch verfassungsrechtlich geschützte Positionen, z.B. auch die Grundrechte aus Art. 5 GG, zu berücksichtigen.[229] 141

Fall 11: „Schlechtes Testergebnis"

Die Stiftung Warentest (W) führte einen Warentest von Ski-Sicherheitsbindungen durch. Die Überprüfung erfolgte aufgrund eines sorgfältig und fachgerecht erstellten Programms und wurde sachkundig durchgeführt. Die Ergebnisse hat W in der von ihr herausgegebenen Zeitschrift „test" veröffentlicht. Zwei von drei Ski-Sicherheitsbindungen des Herstellers K wurden mit „nicht zufriedenstellend" und sein drittes Produkt mit „noch zufriedenstellend" bewertet. Das beste Ergebnis erzielte ein Produkt der Firma G mit „gut bis zufriedenstellend".
K beanstandet die Testveröffentlichung und verlangt von W Ersatz des Schadens (Umsatzeinbußen), der ihm durch die Publikation des Tests entstanden ist. Zu Recht? (Fall nach BGHZ 65, 325)

A. K könnte gegen W ein Schadensersatzanspruch aus **§ 824** zustehen. 142

§ 824 Abs. 1 setzt das **Behaupten oder Verbreiten unwahrer Tatsachen** voraus, während die Äußerung von Werturteilen (Meinungsäußerungen) nicht erfasst wird.

Der von W veröffentlichte Test enthält die Bewertung von bestimmten Produkten, an deren Ende jedes Erzeugnis eine Note erhält. Die Beurteilung eines Produkts durch

---

227 BGH NJW 1985, 1260; Deutsch JZ 1990, 733, 735.
228 BGHZ 59, 30, 34; BGH NJW 1972, 1571, 1573; vgl. zur Typisierung der Fallgruppen Fikentscher Rn. 1573.
229 BGHZ 45, 296, 306 ff.; BGH NJW 2011, 2204; BGH NJW 2019, 781; Staudinger/Hager § 823 Rn. D 4 m.w.N.

55

| 1. Teil | Unerlaubte Handlungen |

eine bestimmte Notenvergabe ist das Ergebnis einer subjektiv geprägten Stellungnahme und daher keine Tatsachenbehauptung, sondern ein Werturteil, sodass § 824 nicht einschlägig ist.

143 B. K könnte gegen W ein Schadensersatzanspruch aus **§ 823 Abs. 1 wegen Eingriffs in den eingerichteten und ausgeübten Gewerbebetrieb** zustehen.

I. Als **Auffangtatbestand** ist § 823 Abs. 1 anwendbar, da weder eine andere Vorschrift (insbesondere § 824 oder UWG) noch § 823 Abs. 1 wegen Verletzung eines benannten Rechts oder Rechtsguts eingreift.

144 II. Es muss ein **Eingriff in den Schutzbereich des Rechts am eingerichteten und ausgeübten Gewerbebetrieb** gegeben sein.

1. Das Unternehmen des K stellt einen **eingerichteten und ausgeübten Gewerbebetrieb** dar.

2. K hat nach der Veröffentlichung des Testberichts Umsatzeinbußen erlitten. Damit liegt ein **Eingriff in den Gewerbebetrieb** vor.

Dieser Eingriff muss jedoch **betriebsbezogen** sein. Betriebsbezogen sind nur solche Eingriffe, die sich spezifisch gegen den betrieblichen Organismus oder die unternehmerische Entscheidungsfreiheit richten, die die Grundlagen des Betriebs bedrohen oder die Tätigkeit des Unternehmens oder die unternehmerische Verwertung infrage stellen oder sich gegen das Funktionieren des unternehmerischen Organismus richten.[230]

Durch die Publikation des Tests will W die potentiellen Käufer über die Qualität der Ware informieren, damit diese ihre Kaufentscheidung danach ausrichten können. Die Veröffentlichung eines Testergebnisses, bei dem das Produkt eines Herstellers im Vergleich zu anderen schlecht abschneidet, ist daher dazu geeignet, die Kunden davon abzuhalten, ein Produkt dieses Herstellers zu erwerben. Infolgedessen ist die Verbreitung des Tests objektiv gegen den Betrieb des K gerichtet und stellt daher einen betriebsbezogenen Eingriff dar.

145 III. Der Eingriff muss zudem **rechtswidrig** gewesen sein. Die Rechtswidrigkeit muss beim eingerichteten und ausgeübten Gewerbebetrieb durch eine umfassende Güter- und Interessenabwägung positiv festgestellt werden.

Die Veröffentlichung des Testberichts hat bei K zu Umsatzeinbußen geführt. Dies belegt, dass der Test anscheinend von zahlreichen potentiellen Kunden des K gelesen worden ist, die sich daraufhin gegen den Erwerb eines von K hergestellten Produkts entschieden haben. Folglich ist der Gewerbebetrieb des K durch die Veröffentlichung des Tests erheblich beeinträchtigt worden.

Auf der anderen Seite muss sich ein Gewerbebetrieb einer Kritik seiner Leistung stellen. Daher ist eine gewerbeschädigende Kritik – jedenfalls, wenn sie – wie hier – außerhalb von Wettbewerbsverhältnissen geschieht – nicht grundsätzlich unzu-

---

230 BGHZ 29, 65, 74; 69, 128, 139; 86, 152, 156; Staudinger/Hager § 823 Rn. D 11; krit. gegenüber dem Merkmal der „Unmittelbarkeit" z.B. Fikentscher/Heinemann Rn. 1581; MünchKomm/Wagner § 823 Rn. 257.

lässig.[231] Die Grenzen zulässiger Kritik können wegen des in Art. 5 Abs. 1, Abs. 2 GG gewährten Grundrechts der freien Meinungsäußerung im Einzelfall sehr weit gezogen sein.[232] Nach der Rspr. des BGH kommt es bei der Frage nach der Zulässigkeit der Veröffentlichung von Testergebnissen dabei nicht in erster Linie auf die objektive Richtigkeit des Ergebnisses an, sondern auf das Bemühen um Richtigkeit. Die Untersuchung der Produkte muss daher neutral und objektiv vorgenommen und sachkundig durchgeführt werden.[233]

W hat die Überprüfung der Ski-Sicherheitsbindungen aufgrund eines sorgfältig und fachgerecht erstellten Programms sachkundig durchgeführt, sodass die gewerbeschädigende Kritik bzgl. der von K hergestellten Produkte von der Meinungsäußerungsfreiheit aus Art. 5 Abs. 1 GG abgedeckt ist. Folglich liegt kein rechtswidriger Eingriff in den Gewerbebetrieb des K durch W vor, sodass kein Schadensersatzanspruch aus § 823 Abs. 1 gegeben ist.

B. Durch ein Handeln, das dem Anspruchsgegner zuzurechnen ist

146

Die Haftung aus § 823 Abs. 1 setzt ferner voraus, dass die Rechts(gut)verletzung durch ein Verhalten des Anspruchsgegners verursacht worden und diesem zuzurechnen ist („wer ... verletzt"). Erforderlich ist also eine Handlung des Schädigers (dazu unter Rn. 147 ff.) sowie ein ursächlicher Zusammenhang zwischen dieser Handlung und dem eingetretenen Verletzungserfolg, sogenannte haftungsbegründende Kausalität (dazu unter Rn. 166 ff.).

I. Handlung

147

„Handeln" ist **jedes menschliche Tun, das der Bewusstseinskontrolle und der Willenslenkung unterliegt, also beherrschbar ist**.[234]

Ein zurechenbares Handeln fehlt bei Reflexbewegungen, bei Bewegungen im Zustand der Bewusstlosigkeit und bei vis absoluta. Ist jedoch eine nicht vom Willen gesteuerte Reaktion durch ein willentliches Verhalten ausgelöst worden, so liegt ein tatbestandsmäßiges Handeln vor; so z.B., wenn jemand, der zu plötzlich auftretenden epileptischen Anfällen neigt, ohne Begleitung Auto fährt, unterwegs einen Anfall erleidet und dadurch einen Unfall verursacht.

Handeln kann **positives Tun oder Unterlassen** sein. Entscheidend für die Abgrenzung ist der **Schwerpunkt der Vorwerfbarkeit**; relevant ist daher der konkrete Verhaltensvorwurf, an welchen das Recht Folgen knüpft.[235]

Nach a.A. erfolgt die Abgrenzung über das Kriterium der **Gefahrerhöhung**. Danach ist maßgeblich, ob sich jemand dem fremden Rechtsgut oder Recht gefährlich nähert (positives Tun) oder, ohne die Gefahr durch sein Tun selbst zu erhöhen, das bestehende Risiko nicht abwendet (Unterlassen).[236]

---

231 BGHZ 45, 296, 307.
232 BGHZ 65, 325, 332.
233 BGHZ 65, 325, 334.
234 BGHZ 39, 103, 106.
235 BGH NJW 1953, 1924; Wandt § 16 Rn. 104; Peifer § 3 Rn. 55.
236 Jauernig/Teichmann § 823 Rn. 30 m.w.N.

1. Teil Unerlaubte Handlungen

1. Positives Tun

148 Verletzt der Schädiger die Rechtsgüter oder Rechte des Betroffenen durch positives Tun, so ist ohne Weiteres ein tatbestandliches Verhalten i.S.v. § 823 Abs. 1 gegeben. Unter positivem Tun versteht man ein der Außenwelt erkennbares Handeln, z.B.: A bricht B bei einer Schlägerei durch einen Faustschlag das Nasenbein.[237]

2. Unterlassen

149 Da es keine allgemeine Rechtspflicht gibt, Dritte vor Schädigungen ihrer deliktisch geschützten Rechtsgüter und Rechte zu bewahren, kann nicht jedes Unterlassen Anknüpfungspunkt für eine Haftung aus § 823 Abs. 1 sein. Unterlassen stellt vielmehr nur dann ein tatbestandsmäßiges Verhalten dar, wenn für den Anspruchsgegner eine **Rechtspflicht zum Handeln gegenüber dem Verletzten bestanden** hat **und** er diese durch sein Unterlassen **verletzt** hat.[238]

Anmerkung: Einige Autoren erörtern die Rechtspflicht zum Handeln erst bei der Rechtswidrigkeit,[239] andere bei der haftungsbegründenden Kausalität.[240] Sachliche Auswirkungen ergeben sich daraus jedoch nicht.

a) Rechtspflicht zum Handeln

Eine **Rechtspflicht zum Handeln** besteht für denjenigen, der eine **Garantenstellung** für die Erfolgsabwendung hat:

150 ■ **aus der unmittelbar auf das Recht bezogenen Schutzpflicht (Beschützergarant):**

Pflicht aus natürlicher Verbundenheit (z.B. Ehegatten, nahe Angehörige, Lebensgemeinschaften), aus tatsächlicher Gewährübernahme (z.B. Gefahrengemeinschaft zwischen Teilnehmern an einer Safari), aus Vertrag (z.B. vertragliche Beaufsichtigung von Kindern), aus Rechtssatz (z.B. § 1353 – eheliche Lebensgemeinschaft; §§ 1626 ff. – elterliche Sorge).

151 ■ **weil der Unterlassende eine Gefahrenquelle eröffnet hat oder für eine Gefahrenquelle verantwortlich ist (Überwachungsgarant):**

Pflicht aus vorangegangenem gefährdenden Tun, Zustandshaftung.

152 Der bedeutsamste Komplex ergibt sich aus der letzten Gruppe als **allgemeine Verkehrssicherungspflicht: Jedermann, der in seinem Verantwortungsbereich Gefahren schafft oder andauern lässt, muss die notwendigen Vorkehrungen treffen, die im Rahmen des wirtschaftlich Zumutbaren geeignet sind, Gefahren von Dritten abzuwenden:**[241]

153 Verkehrssicherungspflichten können durch vertragliche Vereinbarung auf einen Dritten übertragen werden. In diesem Fall wird der Dritte seinerseits deliktisch verantwortlich und die Verkehrssicherungspflichten des ursprünglich Verantwortlichen verkürzen sich auf Kontroll- und Überwachungspflichten bzgl. des Dritten.[242] Dabei ist nicht erforderlich, dass der Vertrag des Dritten mit dem primär Verkehrssicherungspflichtigen rechtswirksam zustande gekommen ist; entscheidend ist, dass

---

237 Leßmann JA 1988, 237, 240.
238 BeckOK/Förster § 823 Rn. 100 m.w.N.
239 Soergel/Spickhoff § 823 Rn. 114 ff.
240 Medicus/Petersen BR Rn. 647.
241 BGHZ 5, 378, 380; 62, 265, 270; BGH NJW 1997, 582, 583; vgl. Förster JA 2017, 721 ff. sowie JA 2019, 1 ff.
242 St.Rspr. BGH NJW-RR 1988, 471; NJW 1989, 1094; NJW 1996, 2646 m.w.N.

58

Der Grundtatbestand, § 823 Abs. 1 **1. Abschnitt**

der in die Verkehrssicherungspflicht Eintretende **faktisch** die Verkehrssicherung für den Gefahrenbereich übernimmt und im Hinblick hierauf Schutzvorkehrungen durch den primär Verkehrssicherungspflichtigen unterbleiben, weil dieser sich auf das Tätigwerden des Beauftragten verlässt.[243]

Wird dem zunächst Verkehrssicherungspflichtigen mittels einer hoheitlichen Maßnahme die tatsächliche Verfügungsgewalt über ein Grundstück gegen oder ohne seinen Willen entzogen und verbleibt bei ihm infolge dieses Entzugs nur noch eine rein formale Rechtsposition i.S.e. vermögensrechtlichen Zuordnung (Eigentum), so reicht dies für die Begründung einer deliktischen Haftung für die von dem Grundstück ausgehende Gefahr nicht aus. Es verbleibt in solchen Fällen auch kein Raum für eine reduzierte Verkehrssicherungspflicht in Form von Überwachungspflichten.[244]

b) Bestehen der Rechtspflicht gegenüber dem Verletzen

Die Rechtspflicht zum Handeln muss **dem Verletzten gegenüber** bestanden haben. **154** **Schwierigkeiten** können sich diesbzgl. insbesondere bei einer Rechtspflicht zum Handeln aufgrund einer **Verkehrssicherungspflicht** ergeben:

- **Grundsätzlich** bestehen Verkehrssicherungspflichten nur gegenüber solchen Personen, die **befugtermaßen** mit der Gefahrenquelle in Berührung kommen. Ist derjenige, der einen mit besonderen Gefahren verbundenen Verkehr eröffnet oder unterhält, befugt, den Verkehr in seinem räumlichen Herrschaftsbereich zu beschränken, und macht er davon durch Absperrungen, Verbotsschilder oder in ähnlicher geeigneter Weise Gebrauch, dann trifft ihn prinzipiell auch nur eine entsprechend begrenzte Verkehrssicherungspflicht; gegenüber den von ihm nicht zum Verkehr zugelassenen „unbefugten" Personen ist er nicht gehalten, Maßnahmen zur Gefahrenabwehr zu ergreifen.[245] **155**

So sind z.B. nicht einstandspflichtig Bauherren oder Bauunternehmer gegenüber nicht zum Baustellenverkehr gehörenden Personen,[246] Hauseigentümer im Verhältnis zu Einbrechern,[247] Betriebseigentümer gegenüber Betriebsfremden, die sich unbefugt Zugang verschaffen.[248]

- Verkehrssicherungspflichten bestehen **ausnahmsweise** auch gegenüber Personen, die **unbefugt** mit der Gefahrenquelle in Berührung kommen, wenn diese nicht in der Lage sind, die Gefahrenlage zu erkennen: **156**

Eine besondere Sicherungspflicht besteht daher insbesondere **gegenüber Kindern**. Bei ihnen müssen Spieltrieb, Unerfahrenheit, Bewegungsdrang und Neugier berücksichtigt werden. Es sind zumutbare Maßnahmen zu treffen, z.B. bei einem Schrottplatz,[249] einem Löschwasserteich,[250] einem Eisenbahnwaggon auf einem Abstellbahnhof,[251] einem Zierteich in Hausgärten;[252] einem Notausstieg auf einem Schulgelände;[253] einer lockeren Abdeckplatte auf einer Mauer,[254] einer Lichtkuppel auf dem Flachdach einer Sportanlage,[255] einem Spielgerät auf einem Spielplatz.[256]

---

243 BGH NJW 2008, 1440, 1441.
244 BGH RÜ 2017, 629.
245 BGH NJW 1987, 2671, 2672; OLG Düsseldorf MDR 2001, 938.
246 BGH NJW 1985, 1708; OLG Düsseldorf NJW-RR 2001, 1173.
247 BGH NJW 1966, 1456.
248 OLG Hamm VersR 1994, 325.
249 BGH NJW 1975, 108.
250 BGH NJW 1997, 582.
251 BGH MDR 1995, 579.
252 BGH NJW 1994, 3348; OLG Koblenz NJW-RR 1995, 1426; OLG Hamm VersR 1996, 643.
253 BGH FamRZ 1999, 1261.
254 OLG Hamm OLG Report 1999, 308.
255 OLG München VersR 2000, 1030.
256 OLG Köln VersR 2002, 448.

c) Verletzung der Rechtspflicht zum Handeln

157 Der Anspruchsgegner muss durch sein Unterlassen die Rechtspflicht zum Tätigwerden verletzt haben. Dies bestimmt sich nach den Umständen des Einzelfalls. Bei Verkehrssicherungspflichten ist insbesondere maßgeblich, welche Rücksichtnahme vom Verkehr gefordert und zumutbarerweise erwartet werden kann. Abzustellen ist darauf, was ein verständiger und umsichtiger, in vernünftigen Grenzen vorsichtiger Mensch für ausreichend halten darf, um andere vor Schäden zu bewahren. Dabei hat sich die Verkehrspflicht grundsätzlich an den schutzbedürftigen Personen auszurichten; ein absoluter Schutz ist jedoch nicht geboten.[257]

d) Fallgruppen von Verkehrssicherungspflichten[258]

158 ■ **Verkehrseröffnung; gefahrbergende Anlagen**

Sorgfaltspflichten bestehen z.B. für den Träger der Straßenbaulast für die Benutzer einer Straße[259] und eines **öffentlichen Parkplatzes**, nicht jedoch gegenüber Fußgängern, die den Platz lediglich zur Abkürzung überqueren;[260] für den Vermieter eines Hauses hinsichtlich **Treppen, Beleuchtung**;[261] für den Mieter, der Handwerker, Ärzte, Gäste empfängt;[262] für den Landwirt, der neben einer Pferdeweide eine landwirtschaftliche Feldberegnungsanlage betreibt.[263]

Wer gewerblich **Verkaufs- oder Aufenthaltsräume** öffnet, hat eine gesteigerte Verkehrssicherungspflicht. So muss z.B. der Inhaber eines Supermarkts an einem Obst- und Gemüsestand Organisations- und Überwachungsmaßnahmen treffen.[264] Zudem muss ein Ladeninhaber, der seinen Kunden Einkaufswagen zur Verfügung stellt, dafür sorgen, dass diese nicht nach Geschäftsschluss unbeabsichtigt wegrollen oder durch Dritte unbefugt benutzt werden.[265] Ein Gastwirt oder Geschäftsinhaber muss für die Sicherheit des Außenbereichs einschließlich Zugänge und Parkplatz sorgen, z.B. bei Glatteis auf dem Parkplatz.[266]

Wer **Kinder- oder Abenteuerspielplätze** zur Verfügung stellt, muss entsprechend der Zielgruppe für Sicherheit sorgen.[267] Der **Betreiber eines Schwimmbads** muss die Gäste vor Gefahren schützen, denen diese beim Besuch des Schwimmbads und der Einrichtungen desselben ausgesetzt sind; die Anlagen der Badeanstalt müssen so beschaffen sein, dass die Besucher vor vermeidbaren Gefahren bewahrt bleiben.[268]

Grundstückseigentümer, Pächter oder sonstige Bestimmungsberechtigte haben zumutbare Vorkehrungen zu treffen, um zu verhindern, dass andere durch den Zustand des Grundstücks, z.B. durch die dort stehenden Bäume, zu Schaden kommen.[269]

*Beachte: Grundsätzlich besteht die Verpflichtung nur gegenüber Personen, die das Grundstück, die Betriebshalle etc. befugtermaßen betreten. Anders ist es **bei Kindern**: Ein Grundstückseigentümer und erst recht der Betreiber einer gefährlichen Anlage muss damit rechnen, dass sich Kinder unbefugt in einen Gefahrenbereich begeben, wenn dieser besonderen Anreiz für den kindlichen Spieltrieb bietet. Hier muss der*

---

257 Jauernig/Teichmann § 823 Rn. 36 m.w.N.
258 Mergner/Matz NJW 2014, 186 sowie NJW 2015, 197.
259 OLG Hamm MDR 2000, 391: Überfluten einer Straßensenke.
260 OLG Dresden OLG Report 1996, 261.
261 BGHZ 5, 378, 380.
262 BGH VersR 1961, 1119, 1139.
263 OLG Celle RÜ 2016, 344 ff.
264 OLG Stuttgart VersR 1991, 441; OLG Koblenz MDR 1994, 1191; OLG Köln MDR 1999, 678.
265 OLG Hamm NJW 2016, 505 ff. = RÜ 2015, 760 ff.
266 BGH NJW 1985, 482; OLG Düsseldorf NJW-RR 2000, 696.
267 BGHZ 103, 338; BGH NJW 2008, 3775.
268 BGH NJW 2004, 1449, 1450; NJW 2018, 301, 302; OLG Celle NJW 2006, 3284; OLG Hamm NJW 2010, 2591.
269 BGH NJW 1975, 108; BGH RÜ 2003, 256; RÜ 2004, 569; RÜ 2012, 755; RÜ 2018, 90; RÜ 2018, 346.

Grundstückseigentümer wirksame und auf Dauer angelegte Schutzmaßnahmen ergreifen, um die Kinder vor den Folgen ihrer Unbesonnenheit und Unerfahrenheit zu bewahren.[270]

Der Eigentümer eines Grundstücks ist aufgrund der allgemeinen Verkehrssicherungspflicht aus der Eröffnung seines Grundstücks für den Zugang von Bewohnern und Besuchern des Hauses verpflichtet, für die **Sicherheit der Verbindungswege** zu sorgen. Hierzu gehört auch die Pflicht, **Schnee** zu räumen und bei **Eisbildung** zu streuen.[271] Ausnahmsweise entfällt die Streupflicht aufgrund extremer Witterungsverhältnisse, wenn mit zumutbaren Streumaßnahmen das sich immer wieder erneut bildende Glatteis nicht wirksam bekämpft werden kann.[272]

■ Veranstaltungen[273]

159

Sorgfaltspflichten erstrecken sich auf die Sicherheit von **Beteiligten** und **Zuschauern**, z.B. bei einem Eishockeyspiel vor abgeirrten Pucks.[274] Bei Massenveranstaltungen (z.B. Flugtag) erstreckt sich die Sicherungspflicht auch darauf, dass sich aus unerlaubtem Verhalten von Zuschauern keine Gefahren für andere ergeben, etwa durch Überschreiten von Grundstücksgrenzen.[275] Die Verkehrssicherungspflicht erstreckt sich auch auf die Sicherung des Zu- und Abgangs der Besucher.[276] Der Betreiber einer Wintersportpiste hat für die Sicherheit des Ski- bzw. Rodelverkehrs auf der Piste zu sorgen.[277]

Jedoch kann eine Theaterbesucherin, die mit den Absätzen ihrer Stöckelschuhe in einer Schmutzfangmatte im Eingangsbereich eines städtischen Theaters hängen bleibt und dann zu Fall kommt, die Stadt nicht aufgrund einer Verkehrssicherungspflichtverletzung auf Schadensersatz in Anspruch nehmen, wenn die Matte im Eingangsbereich klar erkennbar und bei vorsichtigem Gehen – auch mit Stöckelschuhen – gefahrlos zu überqueren war.[278]

■ Leistungen

160

Kommt jemand bei einer Pauschalreise durch **Mängel des Vertragshotels** zu Schaden (Sturz vom Balkon, weil sich das Holzgeländer der Balkonbrüstung gelöst hatte), so trifft in erster Linie den Betreiber des Vertragshotels die Verkehrssicherungspflicht. Es muss aber auch der Reiseveranstalter regelmäßig seine Leistungsträger und deren Leistungen überwachen und dabei entdeckte Mängel abstellen lassen.[279]

Wer vertraglich die **Herstellung eines Werks** oder die **Bearbeitung** oder **Wartung** einer Sache schuldet, übernimmt nicht nur vertragliche Pflichten gegenüber seinem Vertragspartner, sondern auch deliktische Sicherungspflichten gegenüber Dritten. So haftet der Inhaber einer Kfz-Reparaturwerkstatt, der die Bremsen falsch einstellt und dadurch einen späteren Unfall verursacht, demjenigen, der im Zeitpunkt des Unfalls Eigentümer des Kfz ist, aus § 823 Abs. 1 wegen Eigentumsverletzung.[280] Ein Unternehmer, der Arbeiten einem Subunternehmer überträgt, kann dem Besteller aus dem Werkvertrag Kontrollpflichten schulden.[281]

Eine besondere Schutzpflicht besteht wiederum gegenüber Minderjährigen, so z.B. für den Hersteller oder Importeur von Feuerwerkskörpern hinsichtlich der Warnhinweise.[282] Für den Verkäufer eines Feuerwerkskörpers kann es geboten sein, die Abgabe eines an sich frei verkäuflichen Produkts an Kinder zu unterlassen, wenn mit naheliegenden Gefahren zu rechnen ist.[283]

---

270 Zum Güterwagen auf Abstellgleis BGH MDR 1995, 579 m.w.N.; OLG München VersR 2000, 1030.
271 Vgl. dazu Horst MDR 2001, 187 ff. sowie BGH NJW 2012, 2727.
272 OLG Hamm VersR 1997, 68; Brandenburgisches OLG OLG Report 1999, 419.
273 Vgl. Weller NJW 2007, 960 ff. zur Haftung von Fußballvereinen für Randale sowie OLG Frankfurt RÜ 2011, 558.
274 BGH NJW 1984, 801; OLG Koblenz NJW-RR 2001, 526: Keine Haftung bei Querschlägern im Baseballspiel.
275 BGH NJW 1980, 223.
276 BGH VersR 1990, 211.
277 OLG Hamm OLG Report 1999, 375.
278 OLG Hamm RÜ 2016, 613 f.
279 BGH NJW 1988, 1380; NJW 2006, 3268; vgl. Tonner NJW 2007, 2738 zu vertraglichen und deliktischen Verkehrssicherungspflichten im Reiserecht.
280 BGH NJW 1993, 655.
281 BGH MDR 1998, 1289.
282 BGH NJW 1998, 2905.
283 BGH WM 1998, 1970; vgl. hierzu auch Möllers JZ 1999, 24.

1. Teil   Unerlaubte Handlungen

161   ■ **Sonderfall Produzentenhaftung**

Um einen Sonderfall der Verkehrssicherungspflicht handelt es sich bei der sogenannten Produzentenhaftung. Sie regelt, ob und inwieweit der Hersteller eines Produkts für Schäden verantwortlich ist, die anderen durch das Produkt entstehen. Dieser Sonderfall wird im Zusammenhang mit der Erörterung des Produkthaftungsgesetzes dargestellt (s. unten 4. Abschnitt, Rn. 393 ff.).

Fall 12: Stöckelschuhe versus Fußabtreter

B erbte im Jahr 2007 ein im Jahr 1906 gebautes Mietshaus. In den Gehweg vor der Haustür war seit Jahrzehnten ein Fußabtreter in Gestalt eines metallenen Gitterrosts eingelassen. Dieses Gitterrost wies rautenförmige Öffnungen von 4 cm x 7,3 cm auf. Die heute handelsüblichen Fußabtreter-Gitterroste weisen quadratische Öffnungen von etwa 3 cm Breite auf. Bis zum 28.10.2018 kam es nicht zu Unfällen beim Betreten des Gitterrosts.

K besuchte am 28.10.2018 ihre Tochter T, die Mieterin einer der Wohnungen in dem Haus der B ist. Als sie um 20.30 Uhr, also nach Einbruch der Dunkelheit, das Haus verlassen habe, sei sie mit dem Absatz ihres rechten Schuhs in dem Gitterrost hängengeblieben und gestürzt. Hierdurch habe sie sich erheblich verletzt und sei viele Monate arbeitsunfähig gewesen. Der Absatz am Schuh der K misst in Querrichtung 2,5 cm und in Längsrichtung 1,5 cm.

K begehrt von B Schadensersatz i.H.v. insgesamt 77.000 € sowie Zahlung eines angemessenen Schmerzensgeldes. Zu Recht? (nach (OLG Schleswig RÜ 2017, 562)

---

162   A. K kann gegen B ein Anspruch auf Ersatz ihres materiellen und immateriellen Schadens **aus § 823 Abs. 1** zustehen.

Dazu müssen die **Voraussetzungen** des haftungsbegründenden Tatbestands vorliegen.

I.   K hat sich durch den Sturz erheblich verletzt, sodass eine **Körper- und Gesundheitsverletzung** gegeben ist.

II.   Diese muss **durch ein Verhalten** der B verursacht worden sein.

1. B hat es **unterlassen**, dafür zu sorgen, dass die Bewohner oder Besucher ihres Hauses beim Betreten des Fußabtreter-Gitterrosts nicht mit den Absätzen ihrer Schuhe in den Öffnungen des Gitterrosts hängen bleiben. Ferner hat sie es unterlassen, auf diese Gefahr hinzuweisen. Ein Unterlassen stellt nur dann ein tatbestandsmäßiges Verhalten i.S.v. § 823 Abs. 1 dar, wenn für den Unterlassenden eine **Rechtspflicht zum Handeln** gegenüber dem Geschädigten bestanden hat und er diese durch sein Unterlassen verletzt hat.

163   a) Eine Rechtspflicht zum Handeln kann sich für B aus einer **allgemeinen Verkehrssicherungspflicht** ergeben. Eine allgemeine Verkehrssicherungspflicht besteht für denjenigen, der eine Gefahrenquelle schafft oder unterhält.

62

Der Grundtatbestand, § 823 Abs. 1 **1. Abschnitt**

Das vor dem Haus der B befindliche Fußabtreter-Gitterrost birgt die Gefahr, dass Personen, die es betreten, mit den Absätzen ihrer Schuhe in einer Öffnung des Gitterrosts hängen bleiben, infolgedessen stürzen und sich verletzen. Folglich **bestand** für B eine **Verkehrssicherungspflicht**.

b) K hat ihre Tochter T, die Mieterin einer der Wohnungen im Haus der B ist, besucht und ist daher befugtermaßen mit der Gefahrenquelle in Berührung gekommen, sodass die Verkehrssicherungspflicht auch **ihr gegenüber bestanden** hat. **164**

c) B muss die **Verkehrssicherungspflicht verletzt** haben. D.h. sie muss die erforderlichen und zumutbaren Absicherungsmaßnahmen unterlassen haben. **165**

Welche Maßnahmen erforderlich und zumutbar sind, bestimmt sich danach, welche Rücksichtnahme vom Verkehr gefordert und zumutbarerweise erwartet werden kann.[284]

Zwar weicht die Gestaltung des beanstandeten Gitterrosts mit den verhältnismäßig großen Öffnungen zwischen den einzelnen Gitterstäben von der Gestaltung üblicher, insbesondere neuerer Gitterroste ab. Durch diese Abweichung wurde aber nach Ansicht des OLG die Gefahr, dass ein Damenschuh mit hohem Absatz hängen blieb, nicht wesentlich erhöht. Jedes Gitterrost begründe die Gefahr, mit Damenschuhen der von K seinerzeit getragenen Art hängen zu bleiben. Bei handelsüblichen Fußabtreter-Gitterrosten mit kleineren Öffnungen sei zwar die Wahrscheinlichkeit, mit dem Absatz gerade zwischen zwei Stege zu geraten, etwas geringer. Wenn dies aber dennoch einmal geschehe, sei die Gefahr, dass der Absatz zwischen den Stegen hängen bleibe, sogar eher noch größer.[285]

Mit Fußabtreter-Gitterrosten vor Wohnhäusern muss ein Bewohner und Besucher auch rechnen. Deshalb darf der Verkehrssicherungspflichtige darauf vertrauen, dass auch Trägerinnen von Schuhen mit hohen Absätzen angemessen auf diese erkennbare Gefahr reagieren, indem sie auf Gitterroste solcher Art besonders achten und entweder seitlich daran vorbei gehen oder aber den Schritt auf das Gitterrost nicht mit dem Absatz, sondern mit dem Ballen setzen.[286]

Auch wenn es vor dem Haus dunkel war, musste die K nach Einschätzung des OLG mit einem Gitterrost vor der Haustür rechnen, da der Bereich vor einer Haustür nicht stets aus Sicherheitsgründen ausgeleuchtet sein müsse. Auch in anderen nicht beleuchteten Bereichen etwa auf öffentlichen Gehwegen sei stets mit Gullys und ähnlichen Öffnungen zu rechnen, die mit hohen Absätzen nicht gefahrlos betreten werden könnten.[287]

---

284 Jauernig/Teichmann § 823 Rn. 36 m.w.N.
285 OLG Schleswig RÜ 2017, 562, 563.
286 OLG Schleswig RÜ 2017, 562, 563.
287 OLG Schleswig RÜ 2017, 562, 563.

1. Teil · Unerlaubte Handlungen

Infolgedessen hat B ihre Verkehrssicherungspflicht nicht verletzt, sodass ihr Unterlassen nicht tatbestandsmäßig ist. Daher steht K mangels Verhalten der B kein Anspruch aus § 823 Abs. 1 zu.

B. Aus demselben Grund besteht auch kein Anspruch **aus § 823 Abs. 2 i.V.m. § 229 StGB**.

II. Haftungsbegründende Kausalität

166 Zwischen der Verletzungshandlung und der Rechts(gut)verletzung muss ein ursächlicher Zusammenhang bestehen, sogenannte **haftungsbegründende Kausalität**.[288]

*Anmerkung: Von der haftungsbegründenden Kausalität ist die auf der Rechtsfolgenseite zu prüfende **haftungsausfüllende Kausalität** zu unterscheiden. Diese betrifft den Zusammenhang zwischen der Rechts(gut)verletzung und dem Schaden.*

1. Kausalität i.S.d. Äquivalenztheorie

167 Erforderlich ist zunächst ein Zusammenhang i.S.d. Äquivalenztheorie. Danach ist jede Bedingung ursächlich, ohne die der konkrete Erfolg nicht eingetreten wäre **(conditio sine qua non)**. Dabei sind alle Bedingungen gleichwertig – deshalb auch die Bezeichnung als **„Äquivalenztheorie"**.

168 **a)** Ein **positives Tun** ist ursächlich i.S.d. Äquivalenztheorie, **wenn es nicht hinweggedacht werden kann, ohne dass der konkrete Erfolg entfiele**.

Bei einer **Mehrheit von ineinander greifenden Ursachen**, die **nur durch ihr Zusammenwirken** den Erfolg herbeiführen, ist jeder der Beteiligten für den ganzen Erfolg Urheber (sogenannte **kumulative Kausalität**).[289]

Beispiel: A und B leiten unerlaubt Abwässer in einen Fluss. Durch die Summierung der von A und B eingeleiteten Schadstoffe entsteht eine Giftkonzentration, die zum Fischsterben führt.

169 Von **mehreren Bedingungen**, die zwar **jede für sich, nicht aber insgesamt** hinweggedacht werden können, ohne dass der Erfolg entfiele, ist jede für den Erfolg ursächlich (sogenannte **alternative Kausalität**).

Beispiel: Sowohl die von A als auch die von B unerlaubt in den Fluss eingeleiteten Immissionen hätten für sich allein als Ursache des Fischsterbens genügt.

170 **b)** Beim **Unterlassen** muss das erwartete **pflichtgemäße Handeln hinzugedacht** und gefragt werden, ob dieses Handeln den Erfolg verhindert hätte. Bei diesem hypothetischen Urteil kann nur an Wahrscheinlichkeit angeknüpft werden.

Das **Unterlassen** ist für den eingetretenen Verletzungserfolg kausal, **wenn pflichtgemäßes Handeln den Eintritt des schädigenden Erfolgs mit an Sicherheit grenzender Wahrscheinlichkeit verhindert hätte**.

Eine bloße Möglichkeit, ebenso eine gewisse Wahrscheinlichkeit genügt nicht.[290]

---

288 Musielak JA 2013, 241.
289 BGH NJW 2013, 2018 = RÜ 2013, 623.
290 BGHZ 34, 208, 215: umstürzender Grabstein.

2. Begrenzung der Zurechnung durch die Adäquanztheorie

Der grenzenlose Kausalzusammenhang i.S.d. Äquivalenztheorie reicht nicht in allen Fällen für die Folgenzurechnung aus. **171**

Ausreichend ist die Äquivalenztheorie, soweit der Vorsatz des Täters reicht; denn für gewollte Folgen braucht die Zurechnung nicht eingeschränkt zu werden, wenn auch der Erfolgseintritt noch so unwahrscheinlich gewesen ist.[291]

Bei nicht vorsätzlicher Erfolgsherbeiführung wird von der h.M. als **ursächlich nur** eine **adäquate Bedingung** anerkannt.[292] **172**

Das ist aber nicht unbestritten:

- Zum Teil wird der Adäquanztheorie nur im Bereich der haftungsausfüllenden Kausalität eine Bedeutung zuerkannt. Beim haftungsbegründenden Tatbestand genüge Ursächlichkeit i.S.d. Bedingungstheorie, da sich eine Einschränkung der Haftung aus dem weiteren Erfordernis der Rechtswidrigkeit und Schuld ergebe.[293]
- Zum Teil wird die Adäquanztheorie als Mittel der Haftungsbeschränkung generell abgelehnt und stattdessen auf andere Aspekte, wie „Schutzzweck der Norm", abgestellt.[294]

Nach der Rspr. und h.M. ist **adäquat kausal jeder Umstand, der aufgrund einer objektiven nachträglichen Prognose vom Standpunkt des optimalen Beobachters und unter Einbeziehung der besonderen Kenntnisse des Schädigers generell geeignet ist, einen solchen Erfolg allein oder im Zusammenwirken mit anderen Umständen herbeizuführen**.[295] Danach werden also diejenigen Verletzungserfolge als nicht zurechenbar verursacht herausgenommen, die – vom Standpunkt eines optimalen Beobachters – **soweit außerhalb aller Wahrscheinlichkeit liegen, dass mit ihrem Eintritt vernünftigerweise nicht zu rechnen war**.[296] **173**

Kausalität i.S.d. Adäquanztheorie ist auch dann zu bejahen, wenn sie nur über eine Kette von zwischengeschalteten Ereignissen hergestellt wird. **174**

So z.B. bei Verderb von Sachen infolge Beschädigung der Stromleitung und Unterbrechung der Stromzufuhr oder bei Tod des Verletzten durch Infektion im Krankenhaus.[297]

Adäquate Verursachung fehlt jedoch, wenn der Erfolg nur infolge des ungewöhnlichen Zusammenwirkens mehrerer Kausalketten verursacht worden ist. **175**

So im Fall der „Schleusenverklemmung",[298] in dem folgende Umstände zusammengetroffen sind: 1) Zwei Schiffe füllten fast die gesamte Schleuse aus, sodass es auf wenige Zentimeter ankam; 2) es wurde zu spät bemerkt, dass die Schiffe sich verklemmen konnten, sodass die Schleusung nicht gestoppt wurde; 3) die Zugabe von Wasser war bei der starken Verklemmung offenbar ungeeignet, es hätte zunächst versucht werden müssen, in anderer Weise die Klemmlage zu mildern; 4) der Strom fiel aus; 5) das Notstromaggregat ließ sich nicht einschalten.

---

291 BGH NJW 1981, 983; Staudinger/Schiemann § 249 Rn. 24.
292 BGHZ 7, 198, 204; 57, 137, 141; Brox/Walker SchuldR BT § 45 Rn. 30; Palandt/Grüneberg Vorbem. vor § 249 Rn. 61; Staudinger/Schiemann § 249 Rn. 23.
293 So z.B. Deutsch JZ 1967, 641; Huber JZ 1969, 677, 680.
294 So z.B. Esser/Schmidt/Weyers I/2 § 33 II.
295 BGHZ 3, 261, 267 f.; BGH NJW 1991, 1109, 1110; MDR 1995, 268.
296 Hk-BGB/Staudinger § 823 Rn. 48; Larenz I § 27 III b 1 kritisiert das Abstellen auf den „optimalen" Betrachter, dieser sei „nahezu allwissend"; so auch Kötz/Wagner Rn. 193.
297 RGZ 105, 264.
298 BGHZ 3, 261.

3. Schutzzweck der Norm

176 Die Adäquanztheorie allein kann nicht immer – insbesondere, wenn man auf den „optimalen" Beobachter abstellt – zu annehmbaren Ergebnissen führen. In bestimmten Fallgruppen muss nach zusätzlichen Kriterien gesucht werden, mit deren Hilfe die Zurechnung des Verletzungserfolgs zu einem bestimmten Handeln begrenzt werden kann. Die h.M. bedient sich hierzu der **Lehre vom Schutzzweck der Norm: Entscheidend ist, ob die vom Schädiger verletzte Norm gerade die Verhinderung des eingetretenen Verletzungserfolgs bzw. des weiteren Schadens erfasst**. Dazu ist eine Wertung erforderlich.

Die Lehre vom Schutzzweck der Norm ist zwar ursprünglich nur bei § 823 Abs. 2 zur Anwendung gekommen. Dass der Gedanke des Schutzzwecks der Norm auch im Rahmen des § 823 Abs. 1 Gültigkeit besitzt, ist insbesondere im Schrifttum unterstrichen worden, jedoch auch in der Rspr. seit langem anerkannt.[299]

Der Schutzzweck der Norm ist im Rahmen des haftungsbegründenden Tatbestands insbesondere bei folgenden Fallgruppen von Bedeutung:

- mittelbar schädigende (fahrlässige) Handlungen

- psychische Beeinträchtigungen aufgrund eines Schockerlebnisses (sogenannte „Schockschäden")

a) Mittelbar schädigende (fahrlässige) Handlungen

177 Führt die Verletzungshandlung des Täters (z.B. Faustschlag) unmittelbar zu einer Rechts(gut)verletzung (z.B. Nasenbeinbruch), liegt der Verletzungserfolg unproblematisch im Schutzbereich des § 823 Abs. 1, da diese Norm den Betroffenen gerade vor derartigen Eingriffen in die genannten Rechtsgüter und Rechte schützen soll.[300]

178 Demgegenüber ist der Tatbeitrag des Erstverursachers bei einer **mittelbaren Verletzungshandlung** – wenn also das Verhalten eines Dritten oder des Verletzten zwischen die Handlung des Schädigers und die Rechts(gut)verletzung getreten ist – so weit vom Verletzungserfolg entfernt, dass es fraglich ist, ob man diesen Verletzungserfolg dem Schädiger **zurechnen** kann, da dem § 823 Abs. 1 nicht die Wertung entnommen werden kann, dass jede Handlung verboten sein soll, die in irgendeiner Weise mittelbar zu einem Verletzungserfolg beigetragen hat.

Anderenfalls hätte z.B. auch der Hersteller eines Automobils, mit dem später der Käufer wegen verkehrswidrigen Fahrens einen Dritten verletzt, den Tatbestand des § 823 Abs. 1 – Körperverletzung – erfüllt.

179 Bei einer mittelbar schädigenden (fahrlässigen) Handlung ist dem Handelnden der adäquat kausal herbeigeführte Verletzungserfolg daher nur dann zuzurechnen, wenn der Handelnde die in einem speziellen Schutzgesetz aufgestellte Verhaltenspflicht oder die allgemeine Verkehrssicherungspflicht objektiv verletzt hat.

---

299 BGHZ 27, 137; Fuchs/Pauker/Baumgärtner Kap. 2 A. II. 2.3.
300 v. Bar JuS 1988, 169, 170; Larenz/Canaris § 75 II 3 b, S. 365.

Der Grundtatbestand, § 823 Abs. 1   **1. Abschnitt**

aa) Zurechnung wegen spezieller Verhaltenspflichten oder allgemeiner Verkehrssicherungspflichten

Fall 13: Sturz auf eisglatter Fahrbahn

Am 15.12.2018 rutschte der Pkw der B gegen den vor einer vorfahrtsberechtigten Straße anhaltenden Pkw des K. Dabei verhakte sich die vordere Stoßstange des Pkw der B mit der Anhängerkupplung am Fahrzeug des K, ohne dass die Fahrzeuge selbst beschädigt wurden. K stieg nach dem Unfall aus und ging um die Fahrzeuge herum. Noch vor Erreichen des Gehwegs stürzte er auf der eisglatten Fahrbahn und zog sich einen Bruch des rechten Schultergelenks zu.

Steht K gegen B gemäß §§ 823 ff. ein Anspruch auf Ersatz seiner Heilbehandlungskosten aufgrund seiner Schulterverletzung sowie ein angemessenes Schmerzensgeld zu? (nach BGH RÜ 2013, 273)

A. K könnte gegen B ein Anspruch auf Schadensersatz und Schmerzensgeld aus **§ 823 Abs. 1** zustehen.   **180**

   I. Dazu müssen die **Voraussetzungen** des haftungsbegründenden Tatbestands gegeben sein.

   1. K hat bei dem Unfall eine **Körper- und Gesundheitsverletzung** erlitten.

   2. Diese muss **durch ein Verhalten der B** verursacht worden sein.

      a) Wäre B nicht mit ihrem Kfz gefahren, wäre sie nicht gegen das Fahrzeug des K gerutscht und dieser wäre nicht aus seinem Pkw gestiegen, um sich über die Unfallfolgen zu informieren, und wäre daher nicht auf eisglatter Fahrbahn gestürzt und hätte sich nicht verletzt. Folglich war das Verhalten der B **äquivalent kausal** für die Verletzung des K.

      b) Es liegt auch nicht außerhalb der Lebenserfahrung, dass ein Unfallbeteiligter durch einen Sturz auf eisglatter Fahrbahn verletzt wird, nachdem er sein Fahrzeug verlassen hat, um sich über die Unfallfolgen zu informieren, sodass das Verhalten der B auch **adäquat kausal** für die Verletzung des K war.

      c) Das Verhalten der B – Fahren mit dem Auto – hat aber nicht unmittelbar zur Körperverletzung des K geführt, sondern diese trat erst dadurch ein, dass K aus seinem Pkw gestiegen ist, um sich über die Unfallfolgen zu informieren, und auf eisglatter Fahrbahn gestürzt ist. Folglich liegt nur eine mittelbare Verursachung der Körperverletzung des K durch das Verhalten der B vor, sodass nach der **Lehre vom Schutzzweck der Norm** wertend festgestellt werden muss, ob die Zurechnung des Verletzungserfolgs dem Zweck der vom Schädiger verletzten Verhaltensnorm entspricht.

      B ist angesichts der Witterung zu schnell gefahren und hat folglich die Regelung des § 3 Abs. 1 S. 1 StVO verletzt. Zudem hat sie den erforderlichen Sicherheitsabstand nicht eingehalten und somit die Vorschrift des § 4 Abs. 1 S. 1 StVO missachtet. Schließlich verstößt ihr Verhalten gegen die allgemeine Rücksichtnahmepflicht des § 1 Abs. 2 StVO.

67

1. Teil — Unerlaubte Handlungen

Der Schutzzweck dieser Normen erstreckt sich auf die Verhütung von Unfallrisiken und die mit dieser Bedrohung für Leben und Gesundheit in einem inneren Zusammenhang stehenden Gesundheitsschäden.[301] Hierzu gehören auch erst im Anschluss an den Verkehrsunfall – also bei der Bergung oder bei der Unfallaufnahme – erlittene Verletzungen, in denen sich die Gefahren des Straßenverkehrs an der Unfallstelle verwirklichen.[302]

Demzufolge ist auch die durch den Sturz bedingte Verletzung des K vom Schutzzweck der §§ 3 Abs. 1 S. 1, § 4 Abs. 1 S. 1, § 1 Abs. 2 StVO umfasst, sodass die Verletzung des K der B trotz Mittelbarkeit der Verursachung zuzurechnen ist und daher der Tatbestand § 823 Abs. 1 erfüllt ist.

3. Die **Rechtswidrigkeit** ist durch die Verwirklichung des Tatbestands indiziert und Rechtfertigungsgründe sind für B nicht ersichtlich.

4. B ist entweder mit einer den Witterungsverhältnissen nicht angepassten Geschwindigkeit gefahren oder sie hat keinen ausreichenden Sicherheitsabstand zu dem Fahrzeug des K eingehalten, sodass sie fahrlässig i.S.v. § 276 Abs. 2 und folglich **schuldhaft** gehandelt hat.

II. Als **Rechtsfolge** muss B dem K den durch die Körper- und Gesundheitsverletzung entstandenen Schaden einschließlich Schmerzensgeld gemäß 249 ff. ersetzen.

B. Ferner haftet B dem K aus **§ 823 Abs. 2 i.V.m. §§ 1 Abs. 2, 3 Abs. 1 S. 1, 4 Abs. 1 S. 1 StVO und § 229 StGB**.

---

bb) „Herausfordern"; „Verfolgerfälle"; „Nothilfefälle"

181 Bei den Herausforderungsfällen handelt es sich um eine **besondere Art der mittelbaren Verletzungshandlung,** bei denen auch nach der Lehre vom Schutzzweck der Norm festzustellen ist, ob der Verletzungserfolg in der durch die Handlung des Schädigers verletzten Norm liegt. Die für die Wertung erforderliche Verhaltensnorm hat die Rspr. mit der sogenannten **„Herausforderungsformel"** entwickelt:

182 Nach st. Rspr. kann jemand, der durch vorwerfbares Tun einen anderen zu selbstgefährdendem Verhalten **herausfordert**, diesem anderen dann, wenn dessen Willensentschluss auf einer mindestens im Ansatz **billigenswerten Motivation** beruht, aus unerlaubter Handlung zum Ersatz des Schadens verpflichtet sein, der infolge des durch die Herausforderung **gesteigerten Risikos** entstanden ist.[303]

183 Daraus ergeben sich für die Zurechnung über die Herausforderungsformel folgende **Voraussetzungen**:

■ Der Dritte wurde herausgefordert **(vernünftiger Anlass)** (1.).

---

301 Hentschel/König § 1 StVO Rn. 8, § 3 StVO Rn. 12, § 4 StVO Rn. 4.
302 BGH RÜ 2013, 273, 276.
303 BGHZ 132, 164, 166 m.w.N; ferner OLG Hamm NJW-RR 1998, 815.

68

Der Grundtatbestand, § 823 Abs. 1 **1. Abschnitt**

- Es muss ein **angemessenes Verhältnis** zwischen dem Zweck der herausgeforderten Handlung und dem erkennbaren Risiko bestehen (2.).

- Die Rechts(gut)verletzung muss auf dem **gesteigerten Risiko** der herausgeforderten Handlung beruhen (3.).

Die Rspr. hat z.B. die Haftung des Fliehenden bejaht, wenn der Verfolgte eine steile Bahnhofstreppe als Fluchtweg benutzt und der verfolgende Aufseher der (damaligen) Bundesbahn auf der Treppe stürzt.[304] Dagegen haftet der Fliehende nach BGH nicht, wenn der verfolgende Polizeibeamte einen feuchten, frisch geschnittenen Rasen überquert, dabei stürzt und sich verletzt.[305]

Auch der Halter eines Kfz, der sich der polizeilichen Festnahme durch Flucht unter Verwendung seines Kfz entzieht, haftet unter dem Gesichtspunkt des Herausforderns für einen bei der Verfolgung eintretenden Sachschaden an den ihn verfolgenden Polizeifahrzeugen, wenn dieser Schaden auf der gesteigerten Gefahrenlage beruht und die Risiken nicht außer Verhältnis zu deren Zweck stehen.[306] Dies gilt auch in Fällen, in denen der Fahrer eines Polizeifahrzeugs zum Zwecke der Gefahrenabwehr vorsätzlich eine Kollision mit dem fliehenden Fahrzeug herbeiführt, um es zum Anhalten zu zwingen.[307]

Hingegen hat der BGH eine Zurechnung über die Herausforderungsformel abgelehnt, wenn Polizeibeamte eine posttraumatische Belastungsstörung erleiden, weil sie auf ihrem Heimweg vom Nachtdienst an einer Unfallstelle vorbeigekommen sind, ihren begonnenen Hilfeversuch wegen ausgebrochenen Feuers erfolglos abbrechen und miterleben mussten, wie die Fahrzeuginsassen umkamen. Nach BGH durften die Polizeibeamten sich zwar zu einem Rettungsversuch der Insassen herausgefordert fühlen, in ihrer Gesundheitsverletzung – der posttraumatischen Belastungsstörung – realisiere sich jedoch nicht das durch die herausgeforderte Handlung gesteigerte Risiko, sondern nur das allgemeine Lebensrisiko: Der Rettungsversuch als solcher habe nämlich zu keiner Gesundheitsverletzung der beiden geführt. Erst das Miterleben der Unfallfolgen habe bei den Polizisten zu der posttraumatischen Belastungsstörung geführt. Daher seien sie wie zufällige Zeugen eines Verkehrsunfalls zu behandeln, wobei es keine Rolle spiele, ob es sich bei den Geschädigten um Polizeibeamte oder andere Personen handele, die zufällig das Unfallgeschehen miterlebten. In beiden Fällen sei eine Schädigung, die aus der bloßen Anwesenheit bei einem schrecklichen Ereignis herrührt, dem allgemeinen Lebensrisiko zuzurechnen.[308]

Fall 14: Der verfolgende Polizist

Der 55-jährige Polizeiobermeister T wollte den 17-jährigen A in der elterlichen Wohnung festnehmen. Dieser sollte einen Jugendarrest verbüßen. Als A den T erblickte, flüchtete er. Er sprang aus dem Fenster der im Erdgeschoss gelegenen Toilette über einen 1,50 m breiten und 2,00 m tiefen Schacht in den Hof und versteckte sich dort hinter Sträuchern. T, der die Örtlichkeit nicht kannte, sprang dem A nach. Er stürzte in den Schacht und zog sich dabei einen Fersenbeinbruch zu, der ihn für 3 1/2 Monate dienstunfähig machte. Das Land L nimmt den A wegen der fortgezahlten Dienstbezüge aus kraft Gesetzes übergegangenem Recht in Anspruch. Mit Erfolg? (Fall nach BGHZ 63, 189)

Ein Schadensersatzanspruch des T gegen A, der auf das Land L übergegangen sein **184** könnte (vgl. die dem § 76 BundesbeamtenG entsprechenden landesrechtlichen Vorschriften), kann sich aus **§ 823 Abs. 1** ergeben.

---

304 BGHZ 57, 25, 32.
305 BGH NJW 1971, 1982, 1983.
306 BGH NJW 2012, 1951 = RÜ 2012, 413.
307 BGH NJW 2012, 1951 = RÜ 2012, 413.
308 BGH NJW 2007, 2764 = RÜ 2007, 468.

69

| 1. Teil | Unerlaubte Handlungen |

I. Dazu müssen die **Voraussetzungen** des haftungsbegründenden Tatbestands gegeben sein.

1. T hat sich einen Fersenbeinbruch zugezogen und folglich eine **Körper- und Gesundheitsverletzung** erlitten.

2. Dies muss durch ein dem A **zurechenbares Handeln** geschehen sein.

   a) Wäre A nicht weggelaufen, hätte sich T nicht zur Verfolgung veranlasst gesehen und hätte sich keinen Fersenbeinbruch bei der Verfolgung zugezogen. Das **Handeln** des A – Weglaufen – war daher für die bei der Verfolgung eingetretene Körperverletzung des T **äquivalent kausal**.

   b) Das Weglaufen des A ist vom Standpunkt des optimalen Betrachters nach der Lebenserfahrung generell geeignet, den Polizisten zur Verfolgung zu veranlassen und dessen Verletzung herbeizuführen. Demnach ist auch die **Adäquanz** zu bejahen.

   c) T hat die Verfolgung jedoch aufgrund eines selbstständigen Entschlusses aufgenommen, sodass nur eine **mittelbare Verursachung** der Körperverletzung des T durch das Verhalten des A vorliegt. Demzufolge muss nach der **Lehre vom Schutzzweck der Norm** wertend festgestellt werden, ob die Zurechnung des Verletzungserfolgs dem Zweck der vom Schädiger verletzten Verhaltensnorm entspricht.

   A hat weder eine speziell geregelte Verhaltenspflicht noch eine allgemeine Verkehrssicherungspflicht verletzt. Er könnte jedoch die von der Rspr. mit der sogenannten **Herausforderungsformel** entwickelte Verhaltensnorm verletzt haben.

   Danach kann jemand, der durch vorwerfbares Tun einen anderen zu selbstgefährdendem Verhalten herausfordert, diesem anderen dann, wenn dessen Willensentschluss auf einer mindestens im Ansatz billigenswerten Motivation beruht, aus unerlaubter Handlung zum Ersatz des Schadens verpflichtet sein, der infolge des durch die Herausforderung gesteigerten Risikos entstanden ist

   (1) T muss zunächst durch das Verhalten des A zu seinem eigenen, selbstgefährdenden Verhalten aufgrund einer billigenswerten Motivation **herausgefordert** worden sein (**vernünftiger Anlass**).

   T hatte den dienstlichen Auftrag, den A festzunehmen, um ihn in den Jugendarrest zu bringen. Daher bestand für T ein vernünftiger Anlass und damit eine billigenswerte Motivation zur Verfolgung des A, als dieser zu flüchten versuchte.

   (2) Zwischen dem Zweck der herausgeforderten Handlung und dem für T erkennbaren Risiko muss ein **angemessenes Verhältnis** bestanden haben.

   T verfolgte den Zweck, einen flüchtenden Straftäter festzunehmen. Das für ihn erkennbare Risiko bei der Verfolgung des A bestand in einem Sprung aus einem Fenster einer Erdgeschosswohnung und war daher relativ gering, sodass zwischen dem Zweck der herausgeforderten Handlung und dem für T erkennbaren Risiko ein angemessenes Verhältnis bestanden hat.

Der Grundtatbestand, § 823 Abs. 1 — 1. Abschnitt

(3) Die Verletzung des T muss schließlich noch auf dem **gesteigerten Risiko der herausgeforderten Handlung** beruhen. Es darf sich also nicht um die Realisierung des allgemeinen Lebensrisikos handeln.

Bei dem Sprung aus dem Fenster ist T das Risiko eingegangen, in einen ihm unbekannten Bereich zu springen. Dieses gesteigerte Risiko der herausgeforderten Handlung hat sich realisiert, als er in den Schacht gestürzt ist.

Demnach sind die Voraussetzungen der Herausforderungsformel gegeben und dem A sind daher die Verletzungen des T trotz der nur mittelbaren Verursachung objektiv zuzurechnen.

3. Die **Rechtswidrigkeit** ist durch die Verwirklichung des Tatbestands indiziert und Rechtfertigungsgründe sind nicht ersichtlich.

4. A besitzt die nach § 828 Abs. 3 erforderliche Einsichtsfähigkeit und ist demnach **schuldfähig**. Zudem hat er die im Verkehr erforderliche Sorgfalt außer Acht gelassen, § 276 Abs. 2, und daher **schuldhaft** gehandelt.

II. Als **Rechtsfolge** („haftungsausfüllender Tatbestand") muss A gemäß §§ 249 ff. Schadensersatz leisten. Der Ersatzanspruch des T ist aber gemindert, weil ihn ein Mitverschulden trifft, § 254.

Die oben dargelegten Grundsätze des „Herausforderns" kommen sinngemäß auch in anderen Fällen nur psychisch vermittelter Kausalität oder Beteiligung mehrerer an einem gefährlichen Tun in Betracht.[309]

1. Beispiel: Nothilfe im Straßenverkehr

A fährt auf einer Landstraße schuldhaft den B an. D eilt zur Hilfe. Dabei wird D von einem nachfolgenden Fahrzeug angefahren und verletzt. Der Fahrer des nachfolgenden Fahrzeugs begeht Unfallflucht. D verlangt von A Schadensersatz.

Der Anspruch ist aus § 823 Abs. 1 zu bejahen: Die Verletzung des D ist dem A zuzurechnen, da in derartigen Gefahrenlagen das Eingreifen opferbereiter Dritter nahezu zwangsläufig herausgefordert wird,[310] und die Hilfeleistung mit einem gesteigerten Risiko verbunden ist.

2. Beispiel: Nothilfe durch Organspende

Durch einen schuldhaften Behandlungsfehler des Arztes Dr. A wurde dem 13 Jahre alten Kind K nach einem Sportunfall die linke Niere entfernt, obwohl – wie sich später herausstellte – das Kind nur die eine Niere besaß. Die Mutter des Kindes fand sich zur Spende einer Niere bereit. Ihr wurde eine Niere entnommen und dem Kind eingepflanzt. Seither befindet sich die Mutter in ärztlicher Behandlung. Sie verlangt von Dr. A Schadensersatz und Schmerzensgeld.

Der BGH[311] hat einen eigenen Ersatzanspruch der Organspenderin nach § 823 Abs. 1 in Anknüpfung an die sogenannten Verfolgerfälle bejaht. Der Entschluss der Mutter beruht auf dem Aufforderungscharakter der von Dr. A zu verantwortenden Gefahrenlage, in die die Mutter durch die ärztliche Fehlbehandlung gebracht worden war. Die Selbstgefährdung der Mutter und die in Kauf genommene eigene Verletzung stehen auch in einem angemessenen Verhältnis zu dem möglichen Erfolg des Eingreifens.

---

309 Vgl. dazu Medicus JuS 2005, 289 ff.
310 BGH NJW 1964, 1364; 1972, 1804.
311 BGHZ 101, 215.

| 1. Teil | Unerlaubte Handlungen |

b) Psychische Beeinträchtigungen aufgrund eines Schockerlebnisses („Schockschäden")

186 Bei den sogenannten Schockschäden treten aufgrund eines Unfallgeschehens haftungsbegründend psychische Reaktionen ein.

Beispiel: E erleidet einen seelischen Zusammenbruch, als sie darüber informiert wird, dass ihr Ehemann von X angefahren und so schwer verletzt wurde, dass er zur Zeit im Krankenhaus um sein Leben ringt.

Problematisch ist auch in diesen Fällen, ob der Verletzungserfolg, welcher nicht unmittelbar durch den Schädiger verursacht worden ist, ihm noch zugerechnet werden kann.

187 Die Zurechnung einer durch ein schockierendes Ereignis psychisch vermittelten Gesundheitsverletzung ist nur dann zu bejahen, wenn die Verletzung nicht dem allgemeinen Lebensrisiko des Verletzten zuzurechnen ist (z.B. bei einer Erregung durch den Anblick des Todes eines Dritten ohne unmittelbare Beteiligung), sondern

- wenn der **Tote oder Verletzte ein naher Angehöriger ist oder eine sonstige enge persönliche Sonderbeziehung besteht** (z.B. Verlobte)[312] **oder**

- wenn der **vom Schock Betroffene selbst dem schockierenden Ereignis unmittelbar ausgesetzt** war, wenn also der Schädiger dem Geschädigten die Rolle eines unmittelbar Unfallbeteiligten **aufgezwungen** hat.[313]

188 Die Rspr. zur psychisch vermittelten Gesundheitsbeeinträchtigung mit Krankheitswert bei der Verletzung oder Tötung naher Angehöriger kann nicht auf Fälle psychisch vermittelter Gesundheitsverletzungen in Zusammenhang mit der Verletzung oder Tötung von Tieren erstreckt werden. Derartige Beeinträchtigungen, mögen sie auch als schwerwiegend empfunden werden und menschlich noch so verständlich erscheinen, gehören zum allgemeinen Lebensrisiko.[314]

Fall 15: Schockschaden (1)

B fuhr mit seinem Fahrzeug mit deutlich überhöhter Geschwindigkeit auf einer Landstraße. Nach einer langgezogenen Linkskurve kam B von der Fahrbahn ab und geriet auf die Gegenfahrbahn, wo ihm K und – hinter diesem – dessen Ehefrau auf Motorrädern entgegenkamen. B verfehlte K nur knapp und erfasste dessen Ehefrau, die bei der Kollision tödliche Verletzungen davontrug.

K hatte, nachdem B ihn verfehlt hatte, in den Rückspiegel geblickt und musste mit ansehen, wie seine Ehefrau mit voller Wucht von dem Fahrzeug des B erfasst und getötet wurde. Er begab sich nach dem Unfall in ärztliche Behandlung bei seinem Hausarzt. Dieser diagnostizierte eine posttraumatische Belastungsstörung.

K war nach dem Unfall einige Wochen krankgeschrieben und musste über mehrere Monate Beruhigungsmittel nehmen. Ferner musste K seinen Beruf als Lkw-Fahrer aufgeben und in den Innendienst wechseln, da er unter fortdauernden Angstzuständen, Schweißausbrüchen und Zittern im Straßenverkehr leidet und deshalb nicht mehr in der Lage ist, ein Fahrzeug zu führen.

K begehrt von B die Zahlung eines angemessenen Schmerzensgeldes aus § 823 Abs. 1 i.V.m. § 253 Abs. 2. Zu Recht? (nach BGH RÜ 2015, 216 ff.)

---

312 OLG Stuttgart NJW-RR 1989, 477, 478; MünchKomm/Oetker § 249 Rn. 151.
313 OLG Nürnberg VersR 1999, 1501, 1502; BGH RÜ 2007, 468.
314 BGH NJW 2012, 1730, 1731 = RÜ 2012, 350, 351.

Der Grundtatbestand, § 823 Abs. 1 | **1. Abschnitt**

K könnte gegen B ein Anspruch auf Zahlung eines angemessenen Schmerzensgeldes aus **§ 823 Abs. 1 i.V.m. § 253 Abs. 2** zustehen.

I. Dazu müssen die **Voraussetzungen** des haftungsbegründenden Tatbestands erfüllt sein.

1. Der von K erlittene Schock könnte eine **Gesundheitsverletzung** darstellen.

   Psychische Beeinträchtigungen stellen nur dann eine Gesundheitsverletzung dar, wenn es zu medizinisch erheblichen Folgewirkungen kommt, die das Maß an Erregung und Trauer überschreiten, mit dem normalerweise gerechnet werden muss. Die Beeinträchtigung muss einen „echten Krankheitswert" haben (s.o. Rn. 13).   **189**

   K hat eine posttraumatische Belastungsstörung erlitten, derentwegen er mehrere Wochen krankgeschrieben war und über Monate mit Beruhigungsmitteln behandelt werden musste. Folglich hatte die psychische Beeinträchtigung des K medizinisch konstatierbare Folgewirkungen, sodass eine Gesundheitsverletzung gegeben ist.

2. Diese muss **durch ein Verhalten des B** verursacht worden sein.

   a) Wäre B nicht mit seinem Kfz gefahren, wäre die Ehefrau des K nicht bei dem Unfall getötet worden und K hätte keinen Schock erlitten. Somit war das Verhalten des B – Fahren mit seinem Kfz – **äquivalent kausal** für die Gesundheitsverletzung des K.

   b) Es liegt auch nicht außerhalb der normalen Lebenserfahrung, dass ein Mensch, der den Unfalltod eines anderen Menschen im Straßenverkehr miterleben muss, einen Schock erleidet. Daher war das Verhalten des B auch **adäquat kausal** für die Gesundheitsverletzung des K.

   c) Ferner muss der erforderliche **Zurechnungszusammenhang nach der Lehre vom Schutzzweck der Norm** gegeben sein.   **190**

      Die Gesundheitsverletzung des K ist nicht unmittelbar von B verursacht worden, sondern wurde erst durch das Miterleben des Unfalltodes seiner Frau ausgelöst. Daher ist zweifelhaft, ob der Verletzungserfolg B objektiv zugerechnet werden kann. Nach der Lehre vom Schutzzweck der Norm muss überprüft werden, ob die vom Schädiger verletzte Norm gerade dazu dient, den eingetretenen Verletzungserfolg zu verhindern.

      Der Schutzzweck des § 823 Abs. 1 ist darauf gerichtet, Personen vor unmittelbarer Verletzung der dort genannten Rechtsgüter zu schützen. Fraglich ist, ob dies auch für eine Gesundheitsverletzung gilt, die durch ein schockierendes Ereignis psychisch vermittelt worden ist.

      Die Rspr. möchte verhindern, dass die Haftung ausufert. Daher wird ein sogenannter Schockschaden dem Schädiger nur dann zugerechnet, wenn die Verletzung nicht dem allgemeinen Lebensrisiko des Verletzten zuzurechnen ist, sondern wenn der Tote oder Verletzte ein naher Angehöriger ist oder eine sonstige enge persönliche Beziehung besteht.[315]

---

315 Palandt/Grüneberg Vor § 249 Rn. 40 m.w.N.

1. Teil Unerlaubte Handlungen

Die Getötete war die Ehefrau des K und daher eine nahe Angehörige, sodass die psychisch vermittelte Gesundheitsverletzung des K dem B zuzurechnen ist.

3. Die Verwirklichung des Tatbestands indiziert nach h.M. die **Rechtswidrigkeit** und Rechtfertigungsgründe zugunsten des B sind nicht ersichtlich.

4. B hat die zulässige Höchstgeschwindigkeit erheblich überschritten und dadurch die im Verkehr erforderliche Sorgfalt außer Acht gelassen, sodass er fahrlässig i.S.v. § 276 Abs. 2 und somit **schuldhaft** gehandelt hat.

II. Als **Rechtsfolge** ("haftungsausfüllender Tatbestand") muss B dem K gemäß § 253 Abs. 2 ein angemessenes Schmerzensgeld zahlen.

Bei der Bemessung des Schmerzensgeldes ist neben den konkreten gesundheitlichen Auswirkungen auch zu berücksichtigen, dass K seinen Beruf als Lkw-Fahrer aufgeben musste, weil er infolge seiner Angstzustände nicht mehr in der Lage ist, ein Kfz zu führen. Ferner ist maßgeblich, dass K den Unfalltod seiner Ehefrau unmittelbar miterlebt und sich durch das Verhalten des B selber in Lebensgefahr befunden hat. Ein solches Erlebnis ist nach Auffassung des BGH hinsichtlich der Intensität der von ihm ausgehenden seelischen Erschütterungen mit dem Erhalt einer Unfallnachricht nicht zu vergleichen.[316]

191 Die Zurechnung von Schockschäden scheitert nicht daran, dass sie auf einer konstitutiven Schwäche des Verletzten beruhen. Wer einen gesundheitlich geschwächten Menschen verletzt, kann nicht verlangen, so gestellt zu werden, als habe er einen gesunden Menschen verletzt. Der Täter hat das Opfer so zu nehmen, wie es ist. Die spezielle Schadensanlage des Verletzten schließt daher die Zurechnung grundsätzlich nicht aus. Dies gilt auch für psychische Schäden.

> **Fall 16: Schockschaden (2)**
>
> G verlangt von S Schadensersatz aus einem Verkehrsunfall, bei dem G als Motorradfahrer nach einem von S als Fahrradfahrer verkehrswidrig und schuldhaft herbeigeführten Zusammenstoß stürzte. G erlitt leichte Prellungen und Schürfwunden, konnte sich aber nach dem Zusammenstoß sofort erheben und dem schwer verletzten S erste Hilfe leisten.
>
> Das Miterleben der schweren Verletzungen des S und die existentielle Grenzerfahrung der Begegnung mit dem – befürchteten – Tod des schwerverletzten Unfallgegners führte bei G zu einer schweren seelischen Beeinträchtigung in Form von posttraumatischen Belastungsstörungen bis hin zu einer sich privat wie beruflich auswirkenden Persönlichkeitsveränderung. Der inzwischen wieder genesene S verneint seine Ersatzpflicht; die bei G eingetretenen Schäden beruhten auf dessen konstitutiver Schwäche, für die er – S – nicht verantwortlich sei. (nach OLG Hamm JP 1998, 585)

G könnte gegen S ein Anspruch auf Ersatz des materiellen Schadens sowie auf Zahlung eines angemessenen Schmerzensgeldes aus **§ 823 Abs. 1** zustehen.

I. Dazu müssen die **Voraussetzungen** des haftungsbegründenden Tatbestands vorliegen.

---

316 BGH RÜ 2015, 216 ff.

Der Grundtatbestand, § 823 Abs. 1 | **1. Abschnitt**

1. G hat eine schwere seelische Beeinträchtigung in Form einer posttraumatischen Belastungsstörung erlitten, sodass seine psychische Beeinträchtigung wegen der medizinisch feststellbaren Folgewirkungen eine Gesundheitsverletzung darstellt.

192

2. Die Gesundheitsverletzung muss **durch ein Verhalten hervorgerufen sein, das dem Anspruchsgegner zuzurechnen ist**.

   a) Die Gesundheitsverletzung wäre bei G nicht eingetreten, wenn S den Unfall nicht herbeigeführt hätte. Infolgedessen war das Verhalten des S **äquivalent kausal** für die Verletzung des G.

   b) Aus der Sicht eines optimalen Beobachters liegt es nicht außerhalb der Lebenserfahrung, dass ein Unfallbeteiligter angesichts der schweren Verletzungen seines Unfallgegners einen Schock erleidet. Dies gilt umso mehr, wenn – was der optimale Beobachter weiß – der Unfallbeteiligte eine konstitutive Schwäche hat. Somit war das Verhalten des S auch **adäquat kausal** für die Verletzung des G.

   c) Der Schock des G ist nicht durch einen unmittelbaren Eingriff bei G selbst – etwa Schrecken über eigene Verletzungen – herbeigeführt worden, sondern er knüpft an ein Ereignis mit primär haftungsbegründender Wirkung bei dem Unfallgegner S an.

   Um eine Ausuferung der Haftung zu vermeiden, wird ein derartiger Schockschaden dem Schädiger nur dann zugerechnet, wenn die Verletzung nicht dem allgemeinen Lebensrisiko des Verletzten zuzurechnen ist, sondern wenn der Tote oder Verletzte ein naher Angehöriger ist oder eine sonstige enge persönliche Beziehung besteht (s.o. Rn. 187).

   Eine Zurechnung erfolgt daher nach der Rspr., wenn – wie im vorliegenden Fall – der Geschädigte als direkt am Unfall Beteiligter infolge einer psychischen Schädigung eine schwere Gesundheitsstörung erlitten hat, weil der Schädiger dem Geschädigten die Rolle eines unmittelbaren Unfallbeteiligten **aufgezwungen** hat und dieser das Unfallgeschehen psychisch nicht verkraften konnte.

193

   Folglich wird dem S der Schockschaden des G zugerechnet.

3. Die Tatbestandsmäßigkeit indiziert nach h.M. die **Rechtswidrigkeit**. Ein Rechtfertigungsgrund liegt nicht vor.

4. S hat den Unfall (laut Sachverhalt) auch **schuldhaft** herbeigeführt, sodass die Voraussetzungen des § 823 Abs. 1 erfüllt sind.

II. Als **Rechtsfolge** („haftungsausfüllender Tatbestand") muss S dem G gemäß §§ 249 ff. sämtliche Schadenspositionen ersetzen, die aus dem Schockschaden resultieren, sowie ein angemessenes Schmerzensgeld zahlen, § 253 Abs. 2.

1. Teil · Unerlaubte Handlungen

Der BGH hat die Zurechnung psychischer Gesundheitsverletzungen wegen der aufgezwungenen Rolle eines Unfallbeteiligten auf die aufgezwungene unmittelbare Beteiligung eines Polizisten an einem Geschehen, das durch einen Amoklauf ausgelöst worden ist, übertragen. Dem stehe nicht entgegen, dass sich in der psychischen Gesundheitsverletzung des Polizeibeamten dessen berufsspezifisches Risiko verwirklicht habe. Zwar gehöre es zur Ausbildung und zum Beruf eines Polizeibeamten, sich auf derartige Belastungssituationen vorzubereiten, mit ihnen umzugehen, sie zu bewältigen und zu verarbeiten. Das Risiko, dass er aus einer solchen Belastungssituation eine psychische Gesundheitsverletzung davontrage, sei aber jedenfalls bei einem Amoklauf nicht allein seiner Sphäre zuzurechnen. Das Verhalten eines Amokläufers zeichne sich durch ein hohes Maß an Aggressivität gegenüber nicht nur der körperlichen, sondern auch der seelischen Unversehrtheit der Betroffenen aus. Ihm das Haftungsrisiko für die psychischen Auswirkungen seines Tuns insoweit abzunehmen, als davon Polizeibeamte betroffen seien, lasse sich bei wertender Betrachtung nicht rechtfertigen.[317]

C. Rechtswidrigkeit

I. Rechtswidrigkeit als Voraussetzung der Verschuldenshaftung

194 Ein Verschuldensvorwurf kann nur dann erhoben werden, wenn die Rechtsordnung das betreffende Verhalten bzw. den Verletzungserfolg missbilligt. Dem Verschulden ist daher die Rechtswidrigkeit vorgelagert. Verschuldenshaftung setzt voraus, dass die tatbestandsmäßige Verletzung rechtswidrig war: **Ohne Rechtswidrigkeit gibt es kein Verschulden.**[318]

Das Gegenstück ist die „enge" Gefährdungshaftung, z.B. die Haftung des Kfz-Halters nach § 7 StVG. Sie setzt kein Verschulden und nach zutreffender h.M. auch keine Rechtswidrigkeit voraus.[319]

II. Feststellung der Rechtswidrigkeit; Erfolgs- und Handlungsunrecht[320]

195 Das **gesetzgeberische Konzept** geht in § 823 Abs. 1 davon aus, dass die Verletzung des Schutzguts im Regelfall rechtswidrig ist. Ausnahmen greifen nur ein, wenn besondere Rechtfertigungsgründe vorliegen. **Der Verletzungserfolg indiziert die Rechtswidrigkeit.**

196 ■ Dies wird für **vorsätzliche Handlungen** allgemein angenommen.

197 ■ Bei den sogenannten **„Rahmenrechten"** (allgemeines Persönlichkeitsrecht, Recht am eingerichteten und ausgeübten Gewerbebetrieb) bedarf es einer **positiven Rechtswidrigkeitsfeststellung** (s.o. Fälle 8, 9, 10 und 11).

198 ■ **Umstritten** ist, ob im Bereich der **fahrlässigen Handlung** allein der Verletzungserfolg die Rechtswidrigkeit indiziert oder ob die positive Feststellung eines objektiven Pflichtenverstoßes hinzukommen muss.

199 ■ Die traditionelle **Lehre vom Erfolgsunrecht** (ganz h.M.[321]) geht sowohl für die Vorsatz- als auch für die Fahrlässigkeitstat davon aus, dass die Verletzung eines

---

317 BGH RÜ 2018, 490, 492
318 Larenz/Canaris § 75 I 2 c; Esser/Dörner II/2 § 55 II 3.
319 Larenz/Canaris § 75 I 2 d und § 84 I 3 a m.w.N.
320 Vgl. dazu Mohr Jura 2013, 567 ff. sowie Spickhoff JuS 2016, 865 ff.
321 BeckOK/Förster § 823 Rn. 261; Fuchs/Pauker/Baumgärtner Kap. 2 A. 3.; Jauernig/Teichmann § 823 Rn. 48 m.w.N.

Rechts oder Rechtsguts, also der Erfolg, die Rechtswidrigkeit indiziert. Nur ausnahmsweise könne die Rechtswidrigkeit aufgrund eines Rechtfertigungsgrundes beseitigt werden. Zur Begründung wird auf den Wortlaut des § 823 Abs. 1 verwiesen, der Fahrlässigkeit und Widerrechtlichkeit **ausdrücklich nebeneinander** als Haftungsvoraussetzungen nennt.

■ Demgegenüber sieht die **Lehre vom Handlungsunrecht** den Ansatz für das Rechtswidrigkeitsurteil nicht im Verletzungserfolg, sondern in der zum Erfolg führenden **Handlung**. Eine Handlung, die objektiv die im Verkehr gebotene Sorgfalt beachte, könne nicht rechtswidrig sein, auch wenn sie für die Verletzung ursächlich werde. Bei einer Fahrlässigkeitstat setze daher die Feststellung der Rechtswidrigkeit die positive Feststellung eines objektiven Pflichtenverstoßes voraus. **200**

■ Eine vordringende **differenzierende Meinung** unterscheidet zwischen unmittelbaren und mittelbaren Rechts(gut)verletzungen: **201**

  – Eine **unmittelbare** Rechts(gut)verletzung rechtfertige ohne Weiteres das Urteil, der Handelnde habe – wenn nicht ein besonderer Rechtfertigungsgrund eingreife – „objektiv rechtswidrig" das geschützte Rechtsgut oder Recht des anderen verletzt, sodass ein unmittelbarer Verletzungserfolg die Rechtswidrigkeit indiziere.

  – Liege dagegen nur eine **mittelbare** (fahrlässige) Rechts(gut)verletzung vor, bei der der Verletzungserfolg außerhalb des Handlungsablaufs liege und nur eine durch Zwischenursachen vermittelte entfernte Folge eines bestimmten Verhaltens sei, so bedürfe es zur Bejahung der Rechtswidrigkeit weiterhin noch der Feststellung, dass die **Handlung** objektiv gegen das allgemeine Verbot verstoßen habe, andere nicht zu gefährden.[322]

■ Die **Rspr.** geht vom gesetzlichen Konzept des Erfolgsunrechts aus,[323] hat aber ausdrücklich **Ausnahmen** anerkannt: **202**

  – Der BGH hat in Fällen der nur **mittelbaren Verletzungshandlung** eine objektive Pflichtverletzung verlangt, damit ein die Rechtswidrigkeit indizierender Tatbestand vorliegt.

  – Des Weiteren indiziert nach der Rspr. grundsätzlich ein subjektiv redliches Verhalten in einem **gesetzlich geregelten Rechtspflegeverfahren** nicht schon durch die Beeinträchtigung von in § 823 geschützten Rechtsgütern oder Rechten gleichzeitig seine Rechtswidrigkeit, da das schadensursächliche Verhalten angesichts seiner verfahrensrechtlichen Legalität zunächst die Vermutung der Rechtmäßigkeit genieße.[324] Dieses „Recht auf Irrtum" bei der Inanspruchnahme eines gesetzlich geregelten Verfahrens (z.B. objektiv unbegründeter Antrag auf Einleitung eines Insolvenzverfahrens[325]) steht den Verfahrensbeteiligten und deren Anwälten zu.

---

322 So z.B. Larenz/Canaris § 75 II 3 c.
323 BGHZ 24, 21, 24; 74, 9, 14.
324 BGHZ 74, 9, 14 f.; 118, 201, 206 m.w.N.; BGH NJW 2003, 1934, 1935.
325 BGHZ 36, 18.

– Der Grundsatz findet aber nur dort Anwendung, wo durch § 823 geschützte Rechtsgüter oder Rechte desjenigen beeinträchtigt werden, der selbst (i.d.R. als Gegner) an dem Verfahren förmlich beteiligt ist: Der Gegner muss die Rechtsgutbeeinträchtigung nur deswegen ohne deliktsrechtlichen Schutz hinnehmen, weil er sich grundsätzlich gegen ungerechtfertigte Inanspruchnahme in dem Rechtspflegeverfahren selbst hinreichend wehren kann.

203 ■ **Stellungnahme**

Die verschiedenen Auffassungen kommen im Rahmen des § 823 Abs. 1 i.d.R. nicht zu unterschiedlichen Ergebnissen: Tritt ein Verletzungserfolg ein, obwohl der Handelnde die im Verkehr erforderliche Sorgfalt beachtet hat, so entfällt seine Haftung aus § 823 Abs. 1 nach der Lehre vom Handlungsunrecht mangels Rechtswidrigkeit und nach der Lehre vom Erfolgsunrecht mangels Verschuldens.

Der Meinungsstreit wirkt sich jedoch auf das Ergebnis der Falllösung aus, wenn es um Ansprüche geht, bei denen die Rechtsordnung lediglich Rechtswidrigkeit voraussetzt, aber kein Verschulden verlangt (z.B. Beseitigungs- und Unterlassungsanspruch gemäß § 1004).

Gegen die **Lehre vom Handlungsunrecht** spricht, dass sie Verschuldenselemente in die Prüfung der Rechtswidrigkeit einbezieht und damit die in § 823 Abs. 1 deutlich getroffene Differenzierung in Tatbestandsmäßigkeit, Rechtswidrigkeit und Schuld aufhebt.[326]

Zudem führt dieser Ansatz zu dem wenig überzeugenden Ergebnis, dass gegen eine mit objektiver Sorgfalt vorgenommene, aber rechts(gut)verletzende Handlung ein Notwehrrecht zu versagen ist. Es muss aber demjenigen, dessen Recht oder Rechtsgut von einem anderen unmittelbar angegriffen wird, unabhängig davon, ob der „Angreifer" die im Verkehr erforderliche Sorgfalt beachtet hat oder nicht, ein Notwehrrecht zustehen.

Der Ansatz der **differenzierenden Auffassung**, bei mittelbaren Verletzungshandlungen eine objektive Pflichtverletzung zu verlangen, ist überzeugend. Fraglich ist allerdings, wo der richtige Standort dieser Erörterung ist. Zutreffend erscheint es, die **Begrenzung der Haftung bereits im Tatbestand unter dem Gesichtspunkt der Zurechnung** vorzunehmen. Nur dann kann der Tatbestand die ihm obliegende Aufgabe erfüllen, eine rechtlich relevante Auswahl zu treffen.

Wie bereits beim Unterlassungsdelikt hat somit auch bei der bloß mittelbaren Verletzungshandlung die Verkehrssicherungspflicht die Aufgabe, aus der Vielzahl rechtlich relevanter Handlungen diejenigen auszusondern, die einen die Rechtswidrigkeit indizierenden Tatbestand bilden.[327]

Es wurde daher bei der nur **mittelbar** schädigenden (fahrlässigen) Handlung bereits im Rahmen des **Tatbestands** unter dem Gesichtspunkt der **Zurechnung** der objektive Pflichtenverstoß geprüft. Geht man von diesem Aufbau aus, so ergibt sich für alle Fälle: **Die Tatbestandsmäßigkeit indiziert die Rechtswidrigkeit.**

---

326 Brox/Walker SchuldR BT § 45 Rn. 49; Hk-BGB/Staudinger § 823 Rn. 73; Jauernig/Teichmann § 823 Rn. 50; Palandt/Sprau § 823 Rn. 24.

327 Medicus/Petersen BR Rn. 646.

Der Grundtatbestand, § 823 Abs. 1 **1. Abschnitt**

III. Anerkannte Rechtfertigungsgründe

■ Die Rechtfertigungsgründe des BGB[328]

■ Notwehr, § 227

204

1. Notwehrlage = gegenwärtiger rechtswidriger Angriff

Bei mehreren Schädigungshandlungen trifft den Verteidiger für jede einzelne die Beweislast, dass die Voraussetzungen einer Notwehrlage vorlagen.[329]

2. Objektiv erforderliche Verteidigungshandlung

Rechtswidrig handelt, wer irrig eine Notwehrlage annimmt (Putativnotwehr) oder wer die Grenzen der erforderlichen Verteidigung überschreitet (Notwehrüberschreitung). Er ist aber dann nicht schadensersatzpflichtig, wenn er irrig von einer Notwehrlage ausgeht und dieser Irrtum nicht auf Fahrlässigkeit beruht.[330]

■ Verteidigungsnotstand, § 228[331]

205

Z.B. des Briefträgers, der bei der Postzustellung von Hunden des Postempfängers angefallen und verletzt wird.[332]

1. Notstandslage = drohende Gefahr für ein Rechtsgut oder Recht des Handelnden oder eines Dritten durch eine fremde Sache

Die Gefahr muss nur drohen, d.h. unmittelbar bevorstehen, sie muss nicht gegenwärtig sein (anders bei §§ 227, 904). Die Gefahr muss von der Sache ausgehen, wobei umstritten ist, ob die beschädigte Sache selbst *unmittelbar* aus sich heraus die Gefahr begründen muss[333] oder ob es genügt, dass von der Sache *mittelbar* eine Kausalität für die Gefahr ausgeht.[334]

2. Notstandshandlung = Beschädigen oder Zerstören der Sache, von der die Gefahr ausgeht

Die Notstandshandlung muss zur Abwendung der Gefahr erforderlich, d.h. von einem Abwehrwillen getragen und objektiv geboten sein, und der durch die Abwehrhandlung verursachte Schaden darf den drohenden Schaden nicht unverhältnismäßig übersteigen.[335]

3. Für den im defensiven Notstand Handelnden besteht eine Schadensersatzpflicht, wenn er die Gefahr selbst verschuldet hat, § 228 S. 2.

■ Aggressiver Notstand, § 904

206

1. Notstandslage = gegenwärtige Gefahr für ein eigenes oder fremdes Recht oder Rechtsgut, die zur Schadensabwendung sofortige Abhilfe erfordert[336]

2. Notstandshandlung = eine zur Abwendung der gegenwärtigen Gefahr notwendige und mit Verteidigungswillen getragene Einwirkung auf die Sache; der drohende Schaden muss im Vergleich zu dem durch die Notstandshandlung verursachten Schaden unverhältnismäßig groß sein

3. Rechtsfolge: Der Eingriff in fremdes Eigentum ist unter den in 1. und 2. genannten Voraussetzungen rechtmäßig. Der Eigentümer muss die Einwirkung dulden. Er kann aber gemäß § 904 S. 2 Schadensersatz verlangen.

---

328 Dazu im Einzelnen Schreiber Jura 1997, 29 ff.
329 BGH NJW 2008, 571.
330 BGH NJW 1987, 2509; OLG Düsseldorf OLG Report 1998, 261, 262.
331 S. dazu Pawlik Jura 2002, 26 ff.
332 OLG VersR 1996, 898.
333 Palandt/Grüneberg § 228 Rn. 6 m.w.N.
334 Soergel/Fahse § 228 Rn. 13; vgl. zum Streitstand Erman/Wagner § 228 Rn. 4 m.w.N.
335 Hk-BGB/Dörner § 228 Rn. 3.
336 Staudinger/Seiler § 904 Rn. 12.

1. Teil Unerlaubte Handlungen

§ 904 ist analog anzuwenden bei Einwirkungen auf andere absolute Vermögensrechte (z.B. beschränkt dingliche Rechte) und den Besitz, nicht dagegen bei Eingriffen in höchstpersönliche Rechtsgüter.[337]

Beachte: § 904 *regelt die zur Abwehr einer gegenwärtigen Gefahr vorgenommene Einwirkung auf fremde **Sachen, von denen die Gefahr nicht ausgeht**, während **§ 228** demgegenüber die Einwirkung auf die **gefahrbringende Sache** behandelt.*

207 ■ **Selbsthilfe**, §§ 229 ff.[338]

= Durchsetzung oder Sicherung eines Anspruchs durch private Gewalt

1. Eigener, in einem gerichtlichen Verfahren durchsetzbarer Anspruch

2. Obrigkeitliche Hilfe ist nicht rechtzeitig zu erlangen

3. Ohne sofortiges Eingreifen wäre die Verwirklichung des Anspruchs vereitelt oder erschwert

4. Selbsthilfemaßnahmen i.S.d. § 229

5. Grenzen der Selbsthilfe: Erforderlichkeit, § 230

6. Bei irrtümlicher Selbsthilfe Schadensersatzpflicht nach § 231

208 ■ **Wahrnehmung berechtigter Interessen** (Grundgedanke des § 193 StGB)

209 ■ **Gesetzliche oder gewohnheitsrechtliche Eingriffsermächtigungen**, wie z.B. Festnahme nach § 127 StPO; Befugnisse des Gerichtsvollziehers nach der ZPO

Derjenige, der sich eines staatlichen, gesetzlich geregelten Verfahrens zur Durchsetzung seiner Ansprüche oder berechtigten Interessen bedient, handelt – außer im Falle des § 826 – grundsätzlich nicht rechtswidrig. Dies gilt auch, wenn sich das Begehren nachträglich als sachlich nicht gerechtfertigt erweist und dem anderen Nachteile entstanden sind.[339] Die Grenze bilden Treu und Glauben: Bei einem willkürlich, leichtfertig oder mit unlauteren Mitteln in Gang gebrachten Verfahren ist die Vermutung der Rechtmäßigkeit widerlegt.[340]

210 ■ **Grundrechtlich geschützte Positionen**, wie z.B. Ausübung des Rechts auf Meinungsfreiheit (Art. 5 Abs. 1 S. 1 GG) oder auf Versammlungsfreiheit (Art. 8 GG)

IV. Verkehrsrichtiges Verhalten

211 Streitig ist, ob **verkehrsrichtiges Verhalten** einen Rechtfertigungsgrund darstellt.[341]

Beispiel:[342] Der Straßenbahnführer A fuhr an, nachdem der Schaffner sich vergewissert hatte, dass niemand mehr einsteigen wollte und das Klingelzeichen zur Abfahrt gegeben hatte. Etwa gleichzeitig entschloss sich der X, der mit mehreren Bekannten in der Nähe der Haltestelle stand, mit der Straßenbahn nach Hause zu fahren. Er lief der Bahn ein paar Schritte nach und sprang auf die anfahrende Bahn. Dabei rutschte er ab und wurde schwer verletzt.

Nach der Ansicht des BGH ist das verkehrsrichtige Verhalten des A ein Rechtfertigungsgrund. Die h.Lit. lehnt verkehrsrichtiges Verhalten als Rechtfertigungsgrund ab, es fehle in diesem Fall vielmehr das Verschulden, da die im Verkehr erforderliche Sorgfalt eingehalten wurde (§ 276 Abs. 2).[343] Nach der hier vertretenen Ansicht erfolgt im vorstehenden Beispiel, bei dem eine nur mittelbare Verletzungshand-

---

337 Schreiber Jura 1997, 29, 33.
338 Duchstein JuS 2015, 105 ff.
339 BGHZ 74, 9, 13.
340 AG Hamburg VersR 1993, 1363, 1364 m.w.N.
341 BGHZ 24, 21 hat dies bejaht; vgl. dazu auch BGHZ 36, 237, 242; OLG Hamm NJW-RR 1998, 1402.
342 Nach BGHZ 24, 21.
343 Vgl. z.B. Brox/Walker SchuldR BT § 41 Rn. 48.

lung durch A vorliegt, die Einschränkung der Verantwortlichkeit des A bereits im Tatbestand unter dem Gesichtspunkt der Zurechnung (s.o. Fall 13). Da A sich nicht objektiv pflichtwidrig verhalten hat, handelte er nicht tatbestandsmäßig.

V. Einwilligung bei ärztlichen Heileingriffen

212 Grundsätzlich ist auch ein kunstgerecht ausgeführter operativer Eingriff eine Körperverletzung. Sie ist jedoch gerechtfertigt, wenn der Patient zuvor eingewilligt hat.

Der Patient muss „im Großen und Ganzen" über Chancen und Risiken der Behandlung aufgeklärt werden. Dabei reicht in einfach gelagerten Fällen sogar eine telefonische Aufklärung, wenn der Patient damit einverstanden ist.[344] Nicht erforderlich ist die exakte medizinische Beschreibung der in Betracht kommenden Risiken, dem Patienten muss aber eine allgemeine Vorstellung von dem Ausmaß der mit dem Eingriff verbundenen Gefahren vermittelt werden.

Auch die Aufklärung über bestehende unterschiedliche Behandlungsmöglichkeiten ist Voraussetzung für eine rechtmäßige Behandlung.[345] Bei Anwendung einer neuen medizinischen Behandlungsmethode ist der Patient darauf hinzuweisen, dass unbekannte Risiken derzeit nicht auszuschließen sind.[346]

Die Einwilligung muss rechtzeitig abgegeben werden, nicht erst auf dem Weg in den Operationssaal.[347] Bei einem Minderjährigen ist die Einsichts- und Urteilsfähigkeit maßgeblich.[348]

Erklärt ein Patient, er wolle sich nur von einem bestimmten Arzt operieren lassen, darf ein anderer Arzt den Eingriff nicht vornehmen. Ist ein Eingriff durch einen bestimmten Arzt, regelmäßig den Chefarzt, vereinbart oder konkret zugesagt, muss der Patient rechtzeitig aufgeklärt werden, wenn ein anderer Arzt an seine Stelle treten soll.[349]

VI. Handeln auf eigene Gefahr

213 Ein Handeln auf eigene Gefahr liegt vor, wenn sich jemand ohne triftigen Grund in eine Situation drohender Eigengefährdung begibt, obwohl er die durch einen anderen gesetzten und beherrschbaren besonderen Umstände kennt, die für ihn eine konkrete Gefahrenlage begründen.[350]

214 Fraglich ist, ob ein solches Handeln auf eigene Gefahr die Rechtswidrigkeit entfallen lässt oder nur einen Mitverschuldensvorwurf gegen den Geschädigten begründet.[351]

■ Eine **rechtfertigende Einwilligung** durch ein „Handeln auf eigene Gefahr" kann **nur in seltenen Ausnahmefällen** angenommen werden. Sie setzt voraus, dass das Verhalten des Geschädigten ohne künstliche Unterstellung als Einwilligung in die als möglich vorgestellte Rechts(gut)verletzung aufgefasst werden kann, dass ihm die Verfügungsgewalt über das Rechtsgut oder Recht zusteht und er die erforderliche Einsichtsfähigkeit besessen hat.

---

344 BGH NJW 2010, 2430; krit. zur Rspr. des BGH bzgl. der Patientenaufklärung Borgmann NJW 2010, 3190.

345 BGH NJW 2005, 1718; BGH JA 2019, 304.

346 BGH NJW 2006, 2477: Robodoc; BGH NJW 2007, 2767: Aufklärungspflicht bei einem in der Zulassungsphase befindlichen Medikament; BGH NJW 2019, 1076: Aufklärungspflicht bei freiwilligen Organspenden.

347 BGH JZ 1993, 312, 313; BGH NJW 1998, 1784.

348 BGH FamRZ 1959, 200; vgl. dazu BGH NJW 2007, 217.

349 BGH NJW 2016, 3523, 3524 = RÜ 2016, 765, 766.

350 BGHZ, 34, 355, 358.

351 Wandt § 16 Rn. 163.

1. Teil   Unerlaubte Handlungen

- Wenn der später Verletzte nur darauf vertraut, es werde nichts passieren, kann nicht von einer rechtfertigenden Einwilligung ausgegangen werden. Das Handeln auf eigene Gefahr kann aber als **schuldhafte Selbstgefährdung** unter **§ 254** fallen.[352]

VII. Sportverletzung[353]

Bei welchem Tatbestandsmerkmal die Frage zu erörtern ist, ob und in welchem Umfang ein Sportler haftet, wenn er bei der Sportausübung einen anderen Sportler verletzt, wird nicht einheitlich beurteilt:

215
- Eine **Rechtfertigung** aus dem Gesichtspunkt der **Einwilligung des Verletzten** scheidet bei Sportverletzungen i.d.R. als „künstliche Unterstellung" aus und kommt nur bei ausgesprochen gefährlichen Sportarten (Box- und Ringkämpfe, waghalsige Felsklettterei) in Betracht.[354]

216
- Der **BGH** geht bei **Kampfsportarten** (z.B. Judo, Fußball, Handball, Basketball, Eishockey) in st.Rspr. davon aus, dass bei Verletzungen, die **bei regelgerechtem Spiel oder bei geringfügigen Regelverletzungen** zustandekommen, eine **Haftung** des Schädigers **gemäß § 242 ausgeschlossen** ist.[355] Das kämpferische Element dieser Sportarten führt zu häufig unvermeidbaren Verletzungen, mit deren Eintritt jeder Spieler rechnet und die er in Kauf nimmt. Da sich jeder Teilnehmer bewusst ist, dass auch sein Verhalten zu solchen Verletzungen bei anderen führen kann, verstößt es – unabhängig von der Frage, ob eine Haftung schon auf Tatbestandsebene oder mangels Rechtswidrigkeit zu verneinen ist – jedenfalls gegen das Verbot des treuwidrigen Selbstwiderspruchs (venire contra factum proprium), wenn der Geschädigte den Schädiger auf Schadensersatz in Anspruch nimmt.

Beim Fußballspiel gelten mangels abweichender Absprachen die Regeln des DFB, und zwar auch bei einem Spiel unter Kindern oder Jugendlichen.[356] Ein geringfügiger Regelverstoß, der nicht zu einer Haftung führt, liegt z.B. vor, wenn ein Spieler beim Kampf um den Ball seinem Gegenspieler von der Seite in die Beine grätscht,[357] während beim Grätschen von hinten ein schwerer Regelverstoß gegeben ist, der i.d.R. eine Haftung rechtfertigt.[358]

Der BGH hat klargestellt, dass die Grundsätze, die er zur Inkaufnahme von Schädigungen bei regelgerechtem Kampfspiel entwickelt hat, allgemein für Wettkämpfe mit nicht unerheblichem Gefahrenpotential gelten, bei denen typischerweise auch bei Einhaltung der Wettkampfregeln oder geringfügiger Regelverletzung die Gefahr gegenseitiger Schadenszufügung besteht.[359]

Beachte: *Der Haftungsausschluss gilt nach der Rspr. des BGH jedoch nicht, soweit Versicherungsschutz besteht, da es nicht dem Willen der Beteiligten entspreche, den Haftpflichtversicherer zu entlasten. Auch der Umstand, dass bei Inanspruchnahme der Versi-*

---

352   OLG Düsseldorf OLG Report 2000, 349, 350.
353   Kreutz JA 2011, 337.
354   BGHZ 34, 355, 363; 63, 140, 144.
355   BGHZ 34, 355, 363; 63, 140, 144.
356   OLG Düsseldorf NJW-RR 2000, 1115.
357   OLG Düsseldorf NJW-RR 2000, 1115.
358   OLG Hamm VersR 1999, 461; OLG Stuttgart MDR 2000, 1014; OLG Hamm RÜ 2013, 15.
359   BGH NJW 2003, 2018 = RÜ 2003, 356 so auch OLG Oldenburg RÜ 2016, 620 ff.

cherung ein teilweiser Verlust des Schadensfreiheitsrabatts des Schädigers bewirkt werde, mache das Schadensersatzverlangen des Geschädigten nicht treuwidrig, weil dies keine unzumutbare Belastung des Schädigers darstelle.[360]

Bei Sportarten, die nicht zu den Kampfsportarten gehören, sondern in den Bereich der **„parallelen" Sportausübungen** einzureihen sind, bei denen Körperkontakte und Verletzungen typischerweise nicht eintreten, wie z.B. beim Golfspiel, darf jeder Teilnehmer auf die volle Regeleinhaltung vertrauen und er hat seinerseits Regelverletzungen zu vertreten.[361]

- Im **Schrifttum** wird diese Problematik teilweise in der Rechtswidrigkeit erörtert,[362] andere diskutieren die Frage im Rahmen des Verschuldens.[363]

217

Fall 17: Fehlende Sicherung

Die K und der B begaben sich in den DAV-Klettergarten in I – eine Anlage mit alpinem Charakter, in der nach der Benutzungsordnung des Betreibers das Klettern auf eigene Gefahr erfolgt. K und B haben vor Kletterbeginn keine besonderen Absprachen getroffen.

K kletterte eine Wand hinauf und wurde dabei von B mit einem Sicherungsseil im sogenannten „Top-Rope"-Verfahren, bei dem das Klettergeschirr an dem Sicherungsseil angebracht ist, das nach oben und über einen Umlenker an der Wand wieder nach unten verläuft, von unten gesichert. Als die K oben angekommen war und den Umlenker erreicht hatte, löste der B – unstreitig, ohne dass die K zuvor das in der Kletterpraxis hierfür vorgesehene Kommando „Stand!" gerufen hatte – die Seilbremse und K fiel aus ca. 15 Metern Höhe auf den Boden, wobei sie sich schwer verletzte.

B behauptet, K habe – bevor er die Sicherung beendet habe – „Okay" gerufen, ferner habe er selber vor dem Lösen der Seilbremse „Seil frei" gerufen.

Steht K gegen B ein Anspruch auf Schadensersatz wegen ihrer bei dem Kletterunfall erlittenen Verletzungen zu? (Nach OLG Hamm RÜ 2014, 146)

A. K könnte gegen B ein Schadensersatzanspruch aus **§ 823 Abs. 1** zustehen.

  I. Dazu müssen die **Voraussetzungen** des haftungsbegründenden Tatbestands vorliegen.

   1. K hat eine schwere **Körper- und Gesundheitsverletzung** erlitten.

   2. B hat den Sturz der K und damit auch ihre Verletzungen **äquivalent und adäquat** dadurch **verursacht**, dass er die Seilbremse gelöst hat, bevor die K das Kommando „Stand" gegeben hatte.

---

360 BGH NJW 2008, 1592 = RÜ 2008, 358.
361 OLG Hamm VersR 1998, 67, 68.
362 Wandt § 16 Rn. 164, 165, 166; Wilms JR 2007, 95 ff.
363 Palandt/Sprau § 823 Rn. 215–217.

1. Teil   Unerlaubte Handlungen

218

3. Die Verwirklichung des Tatbestands indiziert grundsätzlich die **Rechtswidrigkeit**. Es könnte jedoch eine **rechtfertigende Einwilligung** der K durch ihren freiwilligen Entschluss, in der Anlage in I zu klettern, vorliegen.

Einerseits hat sich K durch ihr Verhalten – eigener Entschluss zu der Klettertour – freiwillig selbst gefährdet. Andererseits ist fraglich, ob K durch dieses Verhalten auch in den Verletzungserfolg – Körper- und Gesundheitsverletzung – eingewilligt hat.

Von einer Einwilligung in den Verletzungserfolg kann bei einer freiwilligen Selbstgefährdung (Handeln auf eigene Gefahr) nach st.Rspr. nur ausgegangen werden, wenn das Verhalten des Verletzten die Einwilligung in den Verletzungserfolg „ohne künstliche Unterstellung" nahe legt.

Zwar ist jedem Kletterer bewusst, dass es zu Verletzungen durch Stürze – auch infolge der Unaufmerksamkeit desjenigen, der die Absicherung des Kletternden übernommen hat – kommen kann. Aus der Tatsache, dass man trotz dieses erkennbaren Risikos eine Klettertour unternimmt, kann jedoch nicht geschlossen werden, dass man mit etwaigen Verletzungen auch einverstanden ist. Man vertraut vielmehr darauf, dass der Sichernde aufmerksam ist und daher nichts passieren wird.

K hat folglich nicht in den Verletzungserfolg eingewilligt, sodass das Verhalten des B rechtswidrig war.

4. B hat die Sicherung der K durch Lösen der Seilbremse beendet, ohne dass die K zuvor das in der Kletterpraxis hierfür vorgesehene Kommando „Stand" gegeben hat. K und B hatten vor Kletterbeginn auch keine besonderen Absprachen getroffen, sodass dem Ruf „Okay", den die K nach der Behauptung des B getätigt haben soll, auch nicht die Bedeutung zukommen konnte, der B könne die Sicherung beenden. Folglich hat B die im Verkehr erforderliche Sorgfalt außer Acht gelassen, handelte somit fahrlässig i.S.v. § 276 Abs. 2 und daher **schuldhaft**.

II. Als **Rechtsfolge** („haftungsausfüllender Tatbestand") kann K von B gemäß §§ 249 ff. Ersatz des durch die Körper- und Gesundheitsverletzung entstandenen Schadens verlangen.

219

1. Die Haftung des B könnte jedoch **gemäß § 242 ausgeschlossen** sein.

Ein Haftungsausschluss bzw. eine Haftungsbeschränkung wird in der Rspr. insbesondere bei sportlichen Kampfspielen bejaht, da die Teilnehmer grundsätzlich Verletzungen in Kauf nähmen, die auch bei regelgerechtem Spiel nicht zu vermeiden seien; dementsprechend komme ein Schadenersatzanspruch gegen einen Mitspieler nur dann in Betracht, wenn der Geschädigte nachweise, dass dieser eine erhebliche Regelverletzung begangen habe. Es verstoße gegen Treu und Glauben, wenn der Geschädigte den Schädiger in Anspruch nehme, obwohl er ebenso gut in dessen Lage hätte kommen können.

Fraglich ist, ob diese Grundsätze auf das Verhältnis des Kletternden und des ihn Absichernden anwendbar sind.

Es ist zweifelhaft, ob beim Klettern mit wechselseitiger Absicherung eine vergleichbare Gefahrensituation gegeben ist, da mangels sportlicher Interaktion der Beteiligten die damit verbundenen Verletzungsrisiken nicht entstehen. Vielmehr besteht eine strikte Aufgabenteilung in der Form, dass sich der Kletternde voll auf das Klettern und der Sichernde ausschließlich auf die Sicherung des Kletternden konzentrieren kann.[364]

Letztlich kann diese Frage aber dahinstehen, da ein Haftungsausschluss bzw. eine Haftungsbeschränkung nach den o.g. Grundsätzen jedenfalls deshalb nicht in Betracht kommt, weil der Sturz der K durch eine gewichtige Regelverletzung des B verursacht worden ist. Auch bei Sportarten mit erheblichem Gefährdungs- und Verletzungspotential werden von dem Geschädigten nur solche Verletzungen in Kauf genommen, die auch bei regelgerechtem Verhalten nicht zu vermeiden sind. Verletzungen, die auf schwerwiegenden Regelverletzungen basieren, werden demgegenüber nicht akzeptiert.

Der Umstand, dass B unstreitig die Sicherung gelöst hat, ohne dass die K ihm zuvor das in der Kletterpraxis hierfür vorgesehene Kommando „Stand" gegeben hat, stellt im Hinblick auf die Gefahren und Verletzungsrisiken einen erheblichen Regelverstoß dar.[365]

Demnach ist die Haftung des B nicht gemäß § 242 beschränkt oder ausgeschlossen.

2. Es steht nicht fest, ob die K den Zuruf des B "Seil frei!" wahrgenommen hat bzw. bei Anwendung der erforderlichen Sorgfalt hätte wahrnehmen können und hierauf nicht entsprechend reagiert hat. Demzufolge ist der Anspruch auch nicht wegen Mitverschuldens der K gemäß § 254 Abs. 1 zu kürzen.

K steht daher wegen ihrer bei dem Kletterunfall erlittenen Verletzungen gegen B ein Schadensersatzanspruch aus § 823 Abs. 1 zu.

B. Daneben steht K gegen B ein Anspruch auf Schadensersatz **aus § 823 Abs. 2 i.V.m. § 229 StGB** zu.

D. Verschulden, Billigkeitshaftung

Für eine Haftung aus § 823 Abs. 1 ist neben der Verwirklichung des objektiven Tatbestands und der Rechtswidrigkeit schließlich noch ein Verschulden des Schädigers erforderlich. Dies setzt zunächst **Verschuldensfähigkeit** (Deliktsfähigkeit) des Täters voraus (dazu unter Rn. 221 ff.) und es muss eine der in § 823 Abs. 1 genannten **Schuldformen** – Vorsatz oder Fahrlässigkeit – vorliegen (dazu unter Rn. 239 ff.).[366]

220

---

364 OLG Hamm RÜ 2014, 146, 147.
365 OLG Hamm RÜ 2014, 146, 148.
366 Walker AL 2015, 109 ff.

I. Verschuldensfähigkeit (Deliktsfähigkeit), §§ 827, 828

221 Bei der Beurteilung der Deliktsfähigkeit muss gemäß §§ 827, 828 zwischen verschuldensunfähigen, beschränkt verschuldensfähigen und verschuldensfähigen Personen differenziert werden:

1. Verschuldensunfähige Personen

222 Deliktsunfähig sind

- alle Personen **vor Vollendung des siebenten Lebensjahres**, § 828 Abs. 1,

- **sowie diejenigen, die im Zustand der Bewusstlosigkeit oder in einem die freie Willensbestimmung ausschließenden Zustand krankhafter Störung der Geistetätigkeit gehandelt haben**, § 827 S. 1.

  Das Gesetz nimmt jedoch Verschulden in Form von Fahrlässigkeit an, wenn der Schädiger diesen Zustand vorübergehend dadurch herbeigeführt hat, dass er sich schuldhaft durch geistige Getränke oder ähnliche Mittel berauscht hat, **§ 827 S. 2.**

2. Beschränkt verschuldensfähige Personen

a) Beschränkte Verschuldensfähigkeit gemäß § 828 Abs. 3

223 Kinder und Jugendliche, die das **siebente, aber noch nicht das achtzehnte Lebensjahr vollendet haben**, sind gemäß § 828 Abs. 3 **nicht deliktsfähig, wenn sie** bei Begehung der schädigenden Handlung **nicht die zur Erkenntnis der Verantwortlichkeit erforderliche Einsicht haben**.

Die zur Erkenntnis der Verantwortlichkeit erforderliche Einsicht besitzt derjenige, der nach seiner geistigen Entwicklung fähig ist zu erkennen, dass sein Verhalten Unrecht ist und er verpflichtet ist, für die Folgen seines Verhaltens einzustehen.[367] Auf das Vorliegen der nötigen Reife, sich dieser Einsicht gemäß zu verhalten, kommt es im Rahmen des § 828 Abs. 3 nicht an.[368]

224 *Beachte: Die Formulierung in § 828 Abs. 3 (doppelte Verneinung: „ ... nicht verantwortlich, wenn nicht ...") zeigt, dass der Gesetzgeber grundsätzlich von der Verschuldensfähigkeit des Kindes oder Jugendlichen ausgeht. Der Schädiger muss im Streitfall diese Vermutung widerlegen und seine mangelnde Einsichtsfähigkeit darlegen und beweisen.[369]*

b) Deliktsfähigkeit für das Verkehrsgeschehen, § 828 Abs. 2

225 Der Gesetzgeber hat eine Sonderregelung über die Deliktsfähigkeit Minderjähriger im Verkehrsgeschehen geschaffen, um die haftungsrechtliche Situation von Kindern bei Unfällen im Straßenverkehr zu verbessern:

226 - Gemäß § 828 Abs. 2 sind **Kinder und Jugendliche, die das siebente, aber nicht das zehnte Lebensjahr vollendet haben, für Schäden, die sie bei Unfällen im Stra-**

---

367 BGH NJW 1984, 1958; OLG Hamm VersR 1995, 56 m.w.N.; LG Osnabrück NJW 2007, 522.

368 BGH NJW 1970, 1038, 1039; NJW 1984, 1958.

369 Fuchs/Pauker/Baumgärtner Kap. 2 A II. 4.1.1; Jauernig/Teichmann § 828 Rn. 3.

ßen- und Bahnverkehr einem anderen zufügen, nicht verantwortlich, wenn sie die Verletzung nur fahrlässig herbeigeführt haben.

Die Regelung beruht nach der Gesetzesbegründung darauf, dass nach den Erkenntnissen der Entwicklungspsychologie Kinder aufgrund ihrer physischen und psychischen Fähigkeit regelmäßig frühestens ab dem vollendeten 10. Lebensjahr imstande sind, die besonderen Gefahren des motorisierten Verkehrs (Entfernung, Geschwindigkeit) zu erkennen und sich den erkannten Gefahren entsprechend zu verhalten.[370]

Beispiel: Unvorsichtiges Kind

227

Der neunjährige M läuft zwischen zwei parkenden Autos hindurch auf die Straße, ohne auf den Verkehr zu achten. Autofahrer A kann dies erst in letzter Sekunde erkennen. Um M nicht zu gefährden, reißt A das Steuer seines Wagens herum und fährt gegen einen Baum. Der Wagen erleidet erhebliche Schäden, M bleibt unverletzt. Bestehen deliktische Ansprüche des A gegen den M auf Ersatz des am Pkw entstandenen Schadens?

Ein Anspruch des A gegen den nicht vorsätzlich handelnden M aus **§ 823 Abs. 1** auf Ersatz für die Schäden am Pkw scheidet wegen § 828 Abs. 2 S. 1 aus. In Betracht kommen kann allenfalls eine deliktische Haftung des Aufsichtspflichtigen nach **§ 832** oder eine Billigkeitshaftung nach **§ 829**.

Exkurs: Anspruch des A gegen den M **aus GoA** gemäß §§ 677, 683 S. 1, 670?

228

Grundsätzlich kommt bei der „Selbstaufopferung im Straßenverkehr bei kritischer Gefahrenlage" nach h.Lit. und h.Rspr. ein solcher Anspruch in Betracht.[371] Ein fremdes Geschäft stellt das Ausweichmanöver des Autofahrers zum Schutze des Lebens und der Gesundheit des anderen Verkehrsteilnehmers jedoch nur dann dar, wenn der Kraftfahrer im Falle eines Zusammenstoßes mit diesem für dessen Schäden nicht gehaftet hätte. Würde ihn eine Haftung treffen, so stellt das Ausweichmanöver ein eigenes Geschäft des Fahrers dar: Er verhindert dadurch, dass er ersatzpflichtig wird. Infolgedessen entspricht es st.Rspr. und h.Lit., dass ein Anspruch aus GoA bei Selbstaufopferung im Straßenverkehr nicht besteht, wenn der Anspruchsteller den Entlastungsbeweis nach § 7 Abs. 2 StVG nicht führen kann.[372] In einem solchen Fall lässt das Gesetz den Kfz-Halter für den Schaden einstehen, der einem anderen durch den Betrieb des Kfz entsteht. Dann muss der Halter erst recht den eigenen Schaden tragen, der dadurch entsteht, dass er versucht, den sonst ihm selbst zur Last fallenden fremden Schaden zu vermeiden. Es geht nicht an, über die GoA-Regeln die vom Gesetz gewollte Risikoverteilung zu verschieben.[373]

Wäre A dem M nicht ausgewichen, sondern hätte er ihn angefahren und verletzt, müsste er dem M die daraus entstandenen Schäden gemäß § 7 Abs. 1 StVG ersetzen. Die Ersatzpflicht des A wäre insbesondere nicht gemäß § 7 Abs. 2 StVG ausgeschlossen, da das plötzliche Hervortreten eines Kindes zwischen parkenden Fahrzeugen nicht so außergewöhnlich ist, dass höhere Gewalt anzunehmen wäre.[374]

Folglich ist das Ausweichmanöver des A kein fremdes, sondern ein eigenes Geschäft gewesen, sodass auch ein Ersatzanspruch aus §§ 677, 683 S. 1, 670 ausscheidet.[375]

■ § 828 Abs. 2 ist auch für den Mitverschuldenseinwand (§ 254, § 9 StVG, § 4 HaftpflG) maßgebend. Dies führt dazu, **dass Kindern unter zehn Jahren in den Fällen des § 828 Abs. 2 S. 1 ein Mitverschulden nicht entgegengehalten werden kann**.

229

Beispiel: Im vorangegangenen Beispiel hätte A bei hinreichender Sorgfalt noch abbremsen können. Da er dies fahrlässig versäumt hat, verletzt er den neunjährigen M.

---

370 BT-Drs. 14/7752, S. 26.
371 BGHZ 38, 270 ff. m.w.N.
372 BGHZ 38, 270, 273; Palandt/Sprau § 677 Rn. 6.
373 BGHZ 38, 270, 273.
374 Hentschel/König § 7 StVG Rn. 35.
375 Vgl. dazu OLG Oldenburg RÜ 2005, 75.

1. Teil   Unerlaubte Handlungen

A haftet dem M aus § 823 Abs. 1 und §§ 7, 18 StVG. Ein Mitverschulden kann dem M wegen des § 828 Abs. 2 S. 1 analog nicht entgegengehalten werden.

Daraus kann jedoch nicht hergeleitet werden, dass ein Kraftfahrer bei einem Verkehrsunfall mit einem Jugendlichen stets für die Betriebsgefahr seines Kfz einzustehen hat, wenn der Unfall nicht auf höhere Gewalt zurückzuführen ist.[376] Wäre im obigen Beispiel der Unfall mit einem gemäß § 828 Abs. 3 deliktsfähigen 16-jährigen Jugendlichen geschehen, so würde der Anspruch wegen Mitverschuldens des Jugendlichen gemäß § 254 (i.V.m. § 9 StVG) gekürzt.

230   ■ Die Deliktsfähigkeit wird **nicht** auf das vollendete 10. Lebensjahr **heraufgesetzt**, wenn das Kind die Verletzung **vorsätzlich** herbeigeführt hat, § 828 Abs. 2 S. 2.

> **Beispiel:** Ein Neunjähriger wirft von einer Autobahnbrücke Steine auf fahrende Autos. – Der Neunjährige haftet gemäß § 823 Abs. 1.[377]

231   ■ Da § 828 Abs. 2 der Erkenntnis Rechnung tragen soll, dass Kinder bis zur Vollendung des 10. Lebensjahres die Gefahren des *motorisierten* Straßenverkehrs nicht richtig einschätzen können, muss der Anwendungsbereich der Vorschrift im Wege der **teleologischen Reduktion** eingeschränkt werden: die Regelung ist nur anwendbar, wenn sich eine **typische Überforderungssituation des Kindes durch die spezifischen Gefahren des motorisierten Verkehrs realisiert** hat.[378]

232   **Beispiel:** Ein Neunjähriger beschädigt auf der Fahrt von der Schule nach Hause mit seinem Fahrrad ein ordnungsgemäß am Straßenrand geparktes Fahrzeug. – Das Kind haftet aus § 823 Abs. 1. Ein Haftungsausschluss gemäß § 828 Abs. 2 kommt zwar vom Wortlaut der Norm in Betracht, entspricht aber nicht dem Sinn und Zweck der Regelung. Das ordnungsgemäß geparkten Pkw ohne Beteiligung des fließenden Verkehrs in den Schutzbereich des § 828 Abs. 2 einzubeziehen, entspricht weder dem Willen des Gesetzgebers noch besteht ein Bedürfnis dafür, da die Fehlleistung des Kindes hier nicht auf den besonderen Gefahren des fließenden Straßenverkehrs beruht.[379]

233   ***Beachte:*** *Der BGH hat klargestellt, dass der Geschädigte, der sich darauf beruft, dass die Haftungsfreistellung des § 828 Abs. 2 S. 1 zugunsten des Kindes wegen der nach dem Normzweck vorzunehmenden teleologischen Reduktion nicht zur Anwendung kommt, darzulegen und zu beweisen hat, dass sich nach den Umständen des Einzelfalls die typische Überforderungssituation des Kindes durch die spezifischen Gefahren des motorisierten Verkehrs bei dem Unfall nicht realisiert hat.[380]*

Fall 18: Rasanter Radler

K fuhr mit ihrem Pkw nach Bayreuth, um dort einzukaufen. Sie hielt ihren Pkw im Bereich einer Straßeneinmündung auf ihrer Fahrbahnhälfte vor der gedachten Sichtlinie an, um sich vor dem beabsichtigten Linksabbiegen zu vergewissern, ob sie bevorrechtigtem Verkehr eventuell Vorfahrt gewähren musste. Zur selben Zeit näherte sich der 8-jährige B mit seinem Fahrrad aus Sicht der K von links kommend dem Einmündungsbereich, um nach rechts in die Straße einzubiegen, in der K mit ihrem PKW stand. Dem B war zunächst der Blick auf die Einmündung und den dort seit wenigen Sekunden haltenden Pkw der K durch eine am Fahrbahnrand stehende, ca. 2 m hohe Hecke versperrt, bei weiterer Annäherung aber war dieser zumindest aus einer Ent-

---

376   LG Bielefeld NJW 2004, 2245 = RÜ 2004, 472.
377   BT-Drs. 14/7752, S. 27.
378   BGH NJW 2005, 354 = RÜ 2005, 128 und NJW 2005, 356 = RÜ 2005, 128.
379   LG Koblenz NJW 2004, 858.
380   BGH NJW 2009, 3231 = RÜ 2009, 631– Bspr. Oechsler NJW 2009, 3185.

Der Grundtatbestand, § 823 Abs. 1   **1. Abschnitt**

fernung von ca. 20 m deutlich erkennbar. Er übersah ihn jedoch aufgrund überhöhter, nicht angepasster Geschwindigkeit und Unaufmerksamkeit und fuhr frontal auf den stehenden Pkw der K auf.

K verlangt von B Ersatz des an ihrem Pkw entstandenen Schadens i.H.v. 1.400 €. Zu Recht? (nach BGH RÜ 2007, 351 ff.)

A. K könnte gegen B ein Anspruch auf Ersatz des an ihrem Pkw entstandenen Schadens i.H.v. 1.400 € **aus § 823 Abs. 1** zustehen.

I. Das Eigentum der K ist durch ein rechtswidriges Verhalten des B beschädigt worden.

II. B muss jedoch auch **schuldhaft** gehandelt haben. Dies setzt zunächst voraus, dass B **schuldfähig** ist.

Die **Verantwortlichkeit** des zum Unfallzeitpunkt 8-jährigen B könnte **gemäß § 828 Abs. 2 S. 1 ausgeschlossen** sein. Nach dieser Regelung sind Minderjährige, welche das 7., nicht jedoch das 10. Lebensjahr vollendet haben, für einen Schaden, welchen sie „bei einem Unfall mit einem Kraftfahrzeug" einem anderen zufügen, nicht verantwortlich. Dies gilt gemäß § 828 Abs. 2 S. 2 jedoch dann nicht, wenn sie vorsätzlich gehandelt haben.

234

B ist an einer Kreuzung mit seinem Fahrrad gegen das an der Sichtlinie haltende Kfz der K gefahren, ohne dass ein Vorsatz seitens B ersichtlich ist. Daher ist maßgeblich, ob es sich bei der Beschädigung des Fahrzeuges der K um einen „Unfall mit einem Kraftfahrzeug" handelte. Dies ist durch Auslegung des § 828 Abs. 2 S. 1 zu ermitteln.

Stellt man allein auf den Wortlaut der Vorschrift ab, so ist der Zusammenstoß mit dem stehenden Pkw der K ein plötzliches, örtlich und zeitlich bestimmtes, unfreiwilliges, auf äußerer Einwirkung beruhendes Ereignis und damit ein „Unfall mit einem Kraftfahrzeug".

§ 828 Abs. 2 soll jedoch der Erkenntnis Rechnung tragen, dass Kinder bis zur Vollendung des 10. Lebensjahres die Gefahren des motorisierten Straßenverkehrs nicht richtig einschätzen können, sodass der Anwendungsbereich der Vorschrift im Wege **teleologischer Reduktion** eingeschränkt werden muss: die Regelung ist **nur anwendbar, wenn sich eine typische Überforderungssituation des Kindes durch die spezifischen Gefahren des motorisierten Verkehrs realisiert hat**. Infolgedessen ist die Regelung z.B. nicht anwendbar, wenn ein 7 bis 9-Jähriger mit einem ordnungsgemäß geparkten Kfz kollidiert.[381]

235

Zweifelhaft ist, ob sich eine derartige „besondere Überforderungssituation" bei der Kollision des B mit dem Kfz der K realisiert hat. Dagegen spricht der Umstand, dass das Auto der K stand und nur B sich bewegte; die Geschwindigkeiten oder Entfernungen anderer Verkehrsteilnehmer des „fließenden Verkehrs" haben sich demnach nicht ausgewirkt.

---

381 BGH RÜ 2005, 128.

89

1. Teil Unerlaubte Handlungen

236 Nach BGH **können typische Gefahren des motorisierten Straßenverkehrs jedoch auch von einem Kraftfahrzeug ausgehen, das im fließenden Verkehr anhält** (d.h. seine Geschwindigkeit auf Null reduziert) und auf der Fahrbahn für das Kind ein plötzliches Hindernis bildet, mit dem es möglicherweise nicht gerechnet hat, da auch in einer solchen Fallkonstellation altersbedingte Defizite eines Kindes im motorisierten Straßenverkehr – z.B. richtige Einschätzung von Entfernungen und Geschwindigkeiten – zum Tragen kommen könnten.[382]

237 Da K mit ihrem Pkw am Straßenverkehr teilnahm, obwohl sie anhielt, ging von ihrem Pkw eine typische Gefahr des motorisierten Straßenverkehrs aus, die von B wegen seines geringen Alters nicht richtig eingeschätzt werden konnte, sodass eine besondere Überforderungssituation gegeben war. **Darauf, ob sich diese Überforderungssituation bei dem Unfall konkret ausgewirkt hat oder ob das Kind aus anderen Gründen nicht in der Lage war, sich verkehrsgerecht zu verhalten, kommt es** nach Auffassung des BGH **nicht an, da der Gesetzgeber diese Fallgestaltungen einheitlich geregelt habe, um eine klare Grenzlinie für die Haftung von Kindern zu ziehen.**[383]

§ 828 Abs. 2 ist somit anwendbar, sodass die Deliktsfähigkeit des B ausgeschlossen ist und K daher kein Anspruch gegen B aus § 823 Abs. 1 zusteht.

B. Aus demselben Grund scheidet auch ein Anspruch der K gegen B aus **§ 823 Abs. 2 S. 1 i.V.m. § 1 Abs. 2 StVO** aus.

---

3. Verschuldensfähige Personen

238 Alle Personen, bei denen die Ausnahmen der §§ 827, 828 nicht eingreifen, sind verschuldensfähig.

II. Grad des Verschuldens

Gemäß **§ 276 Abs. 1 S. 1** hat der Schuldner **Vorsatz** und **Fahrlässigkeit** zu vertreten. Diesen Maßstab hat der Gesetzgeber in § 823 Abs. 1 übernommen.

239 ■ **Vorsatz** bedeutet **Wissen und Wollen der objektiven Tatbestandsmerkmale des jeweiligen Unrechtstatbestands und das Bewusstsein der Rechtswidrigkeit.**

Für § 823 Abs. 1 gilt somit die Vorsatztheorie. Ein Irrtum über die Rechtswidrigkeit – auch Verbotsirrtum – schließt also immer den Vorsatz aus.[384]

Im Falle des § 823 Abs. 1 muss sich der Vorsatz auf die Verletzung eines der von dieser Vorschrift erfassten Rechte oder Rechtsgüter beziehen (= haftungsbegründender Tatbestand), nicht dagegen auf den sich daraus ergebenden weiteren Schaden (= haftungsausfüllender Tatbestand).[385]

---

382 BGH RÜ 2007, 351, 352.
383 BGH RÜ 2007, 351, 353.
384 RGZ 72, 4, 6; BGHZ 69, 128, 142 f.; Palandt/Grüneberg § 276 Rn. 11 m.w.N.
385 Soergel/Spickhoff § 823 Rn. 141 m.w.N.

- **Fahrlässig handelt nach § 276 Abs. 2, wer die im Verkehr erforderliche Sorgfalt außer Acht lässt.** Die Sorgfaltspflichtverletzung muss – wie beim Vorsatz – in Bezug zu den objektiven Tatbestandsmerkmalen, aus denen sich die Rechtswidrigkeit ergibt, stehen.[386] Im Fall des § 823 Abs. 1 muss sich die Fahrlässigkeit somit auf die Verletzung eines der in § 823 Abs. 1 geschützten Rechte oder Rechtsgüter beziehen.[387]   **240**

- Grundsätzlich haftet der Schädiger für jede Fahrlässigkeit. Es gilt der sogenannte **objektivierte Fahrlässigkeitsmaßstab:** Fahrlässigkeit liegt vor, wenn der Schuldner diejenige Sorgfalt außer Acht gelassen hat, die von einem Angehörigen dieser Menschengruppe (Berufsgruppe, Gruppe von Verkehrsteilnehmern usw.) in der jeweiligen konkreten Situation erwartet wird.   **241**

  Da die Objektivierung des Fahrlässigkeitsbegriffs dem Schutz des Rechtsverkehrs dient, ist es möglich, die Sorgfaltsanforderungen wegen besonderer Fähigkeiten und Kenntnisse des Schädigers zu erhöhen (z.B. besondere Ortskenntnis).[388]

  Es ist darauf zu achten, dass man zwischen der Feststellung der Deliktsfähigkeit (oben Rn. 221 ff.) und der Fahrlässigkeit trennen muss. So kann es durchaus sein, dass die Deliktsfähigkeit eines Minderjährigen nicht auszuschließen, aber ein fahrlässiges Verhalten unter Berücksichtigung seines Alters nicht anzunehmen ist.

  Beispiel:[389] Ein zehnjähriges Kind ist von zu Hause weggelaufen, hat sein Meerschweinchen mitgenommen, übernachtet in einer Scheune, wacht nachts auf, stellt fest, dass das Tier weggelaufen ist, leuchtet deshalb spontan mit dem Feuerzeug und verursacht einen Scheunenbrand.

  Ob ein Ausschluss der Deliktsfähigkeit gemäß § 828 Abs. 3 angenommen werden kann, ist fraglich. Es lässt sich jedoch zumindest keine Fahrlässigkeit feststellen: Für die Bemessung des Sorgfaltsmaßstabs ist auf Altersgruppen abzustellen. Maßgebend ist bei Minderjährigen, wie ein Kind dieses Alters sich in der konkreten Situation typischerweise verhalten hätte, also ob ein solches Kind die Gefährlichkeit hätte erkennen und nach dieser Einsicht hätte handeln können.[390] Das OLG Hamm hat dies im vorliegenden Fall wegen der Ausnahmesituation abgelehnt.

- In bestimmten Fällen ist die Haftung **auf Vorsatz und grobe Fahrlässigkeit** beschränkt: **242**

  Z.B. Schenker (§ 521), Verleiher (§ 599), Finder (§ 968), Schuldner im Annahmeverzug (§ 300), Geschäftsführer ohne Auftrag bei Gefahrenabwehr (§ 680).

  Grob fahrlässig handelt, wer die im Verkehr erforderliche Sorgfalt in hohem Grade außer Acht lässt, wer nicht beachtet, was unter den gegebenen Umständen jedem einleuchten muss.[391] Grobe Fahrlässigkeit verlangt objektiv ein grob fehlerhaftes und subjektiv ein erheblich gesteigertes Verschulden.

- Ordnet das Gesetz (z.B. in §§ 1359, 1664) die Haftung für **eigenübliche Sorgfalt** an, so gilt ein **subjektiver, auf die Veranlagung und das gewohnheitsmäßige Verhalten des Handelnden abgestellter Maßstab**. Für grobe Fahrlässigkeit muss der Handelnde aber auf jeden Fall einstehen, § 277.[392]   **243**

---

386 Soergel/Wolf § 276 Rn. 68; MünchKomm/Grundmann § 276 Rn. 52.
387 MünchKomm/Grundmann § 276 Rn. 52 m.w.N.
388 Palandt/Grüneberg § 276 Rn. 15 m.w.N.
389 Bsp. nach OLG Hamm VersR 1995, 56.
390 BGH MDR 1997, 739.
391 BGH NJW 2003, 1118, 1119.
392 Iden Jura 2013, 460.

> **Beachte:** *Verfährt der Handelnde in eigenen Angelegenheiten sorgfältiger, als es § 276 verlangt, haftet er nur für den Standard des § 276, da der subjektive Haftungsmaßstab des § 277 die Haftung mildern, aber nicht verschärfen will.*[393]

III. Billigkeitshaftung, § 829

244 § 829, der eine eigene Anspruchsgrundlage darstellt, gesteht dem Geschädigten aus Billigkeitsgründen unter engen Voraussetzungen einen Ersatzanspruch gegen den Schädiger zu, obwohl dessen Haftung mangels Deliktsfähigkeit eigentlich ausgeschlossen ist (sogenannte Billigkeitshaftung).

1. Voraussetzungen

a) Tatbestandsmäßige, rechtswidrige unerlaubte Handlung des Anspruchsgegners

245 Nach dem Wortlaut des § 829 muss es sich um eine unerlaubte Handlung nach §§ 823 bis 826 handeln. Nach allgemeiner Ansicht sind darüber hinaus jedoch auch die Ausformungen dieser Grundtatbestände mit erfasst, d.h., § 829 gilt auch für §§ 830 Abs. 1 S. 2, 831, 833 S. 2, 834, 836–838.[394]

b) Ausschluss der Haftung wegen fehlender Deliktsfähigkeit des Schädigers

246 Nach dem Wortlaut des § 829 muss die Haftung des Schädigers wegen fehlender Verschuldensfähigkeit gemäß §§ 827, 828 ausgeschlossen sein. Darüber hinaus wird § 829 jedoch analog angewandt, wenn bei einem Verhalten im Zustand der Bewusstlosigkeit bereits die Handlungsfähigkeit fehlt (z.B. Kraftfahrer verliert während der Fahrt das Bewusstsein und verursacht einen Unfall[395]).

Die h.M. wendet zudem aus Gründen der Interessengleichheit § 829 analog an, wenn bei einem Minderjährigen zwar die Einsichtsfähigkeit i.S.v. § 828 Abs. 3 vorgelegen hat, es jedoch an einem Verschulden gemäß § 276 fehlt.[396]

c) Kein Ersatz von aufsichtspflichtigem Dritten

247 Der Geschädigte darf den Ersatz des Schadens nicht von einem aufsichtspflichtigen Dritten erlangen können; der Grund dafür ist unerheblich (Aufsichtspflichtiger nicht vorhanden oder keine Pflichtverletzung oder tatsächliche Durchsetzungsprobleme);[397] § 829 ist **subsidiär**.

---

393 Palandt/Grüneberg § 277 Rn. 3.
394 Hk-BGB/Staudinger § 829 Rn. 3.
395 BGHZ 23, 98.
396 Fuchs/Pauker/Baumgärtner Kap. 4 B. II.
397 Jauernig/Teichmann § 829 Rn. 3.

d) Billigkeit erfordert einen Schadensausgleich

Ein Anspruch gegen den Schädiger besteht nur insoweit, „als die Billigkeit nach den Umständen, insbesondere nach den Verhältnissen der Beteiligten, eine Schadloshaltung erfordert und ihm nicht die Mittel entzogen werden, derer er zum angemessenen Unterhalt sowie zur Erfüllung seiner gesetzlichen Unterhaltspflichten bedarf". Zu berücksichtigen sind die gesamten Umstände, also die Verhältnisse der Beteiligten, ihre wirtschaftliche Lage und Bedürfnisse, ferner die Besonderheiten der die Ersatzpflicht auslösenden Handlung. Die Billigkeit muss den Ersatz „fordern", nicht nur erlauben.

248

Die Verhältnisse der Beteiligten fordern grundsätzlich ein erhebliches wirtschaftliches Gefälle. Dabei soll eine private Haftpflichtversicherung des Schädigers unberücksichtigt bleiben, da eine freiwillige Versicherung i.d.R. nicht abgeschlossen wird, um gegen sich Ansprüche zu begründen.[398] Demgegenüber sind Pflichtversicherungen des Schädigers (z.B. Kfz-Pflichtversicherung, Berufshaftpflichtversicherung) im Interesse des Geschädigten geschaffen worden und daher zu berücksichtigen, und zwar auch schon bei der Frage, ob ein Anspruch aus § 829 gegeben ist.[399]

2. Rechtsfolge

Die Haftung ist auf den Umfang begrenzt, den die Billigkeit fordert. Der zu leistende Betrag kann daher unter dem nach §§ 249 ff. zu leistenden Schadensersatz bleiben.[400]

249

2. Abschnitt: Sonstige Anspruchsgrundlagen

A. § 823 Abs. 2 i.V.m. Schutzgesetz

Nach § 823 Abs. 2 ist derjenige zum Schadensersatz verpflichtet, der schuldhaft „gegen ein den Schutz eines anderen bezweckendes Gesetz verstößt". **Anders als bei § 823 Abs. 1 kommt es hier nicht auf eine bestimmte Rechts(gut)verletzung an, sondern nur darauf, dass ein Schutzgesetz verletzt ist.**[401]

250

Es handelt sich um einen eigenständigen Haftungstatbestand, der zu § 823 Abs. 1 in Anspruchskonkurrenz steht. Eigenständige Bedeutung erlangt § 823 Abs. 2 vor allem, wenn es um den Ersatz sogenannter reiner (primärer) Vermögensschäden (= es liegt nur eine Beeinträchtigung des Vermögens vor) geht: § 823 Abs. 1 erfasst solche primären Vermögensschäden nicht, weil danach nur Vermögensschäden ersetzt werden, die auf eine Rechts(gut)verletzung i.S.d. § 823 Abs. 1 zurückzuführen sind, und das Vermögen als solches kein geschütztes Recht(sgut) i.S.d. § 823 Abs. 1 ist. § 826 erfasst zwar auch reine Vermögensschäden, scheitert aber oft am erforderlichen Schädigungsvorsatz.

251

Zudem kann der Anspruch aus § 823 Abs. 2 für den Geschädigten im Hinblick auf Beweiserleichterungen „angenehmer" sein als der Anspruch aus § 823 Abs. 1.[402] Steht z.B. fest, dass gegen das Schutzge-

252

---

398 BGH RÜ 2017, 146, 147, 148; Jauernig/Teichmann § 829 Rn. 4; dies gilt auch nach Änderung des § 828 Abs. 2.
399 BGHZ 127, 186, 192; OLG Frankfurt OLG Report 2001, 18.
400 Hk-BGB/Staudinger § 829 Rn. 8; Jauernig/Teichmann § 829 Rn. 6.
401 Dazu ausführlich Coester-Waltjen Jura 2002, 102 ff.; Deutsch VersR 2004, 137 ff. sowie Maier-Rehm NJW 2007, 3157 ff.
402 Fuchs/Pauker/Baumgärtner Kap. 2 B I.

setz verstoßen wurde und sich eine von dieser Norm umfasste typische Gefahr verwirklicht hat, spricht grundsätzlich der Beweis des ersten Anscheins dafür, dass der Verstoß für den Schadenseintritt ursächlich war.[403]

I. Verletzung eines Schutzgesetzes i.S.v. § 823 Abs. 2

1. Schutzgesetz i.S.d. § 823 Abs. 2

253 Grundlegende Voraussetzung für einen Schadensersatzanspruch aus § 823 Abs. 2 i.V.m. ... ist, dass es sich bei der ausgewählten Bezugsnorm um ein Schutzgesetz i.S.d. § 823 Abs. 2 handelt.

254 **a)** Dies erfordert zunächst, dass die Bezugsnorm **Gesetzesqualität** hat. Der Begriff des Gesetzes ist in diesem Zusammenhang allerdings weit zu verstehen. „Schutzgesetze" können nicht nur Gesetze im formellen Sinn, sondern Rechtsnormen aller Art sein, vgl. Art. 2 EGBGB, also auch Verordnungen, öffentlich-rechtliche Satzungen, selbst Gewohnheitsrecht.

Eine Mindermeinung will auch die Verkehrssicherungspflichten als Normen i.S.d. § 823 Abs. 2 behandeln.[404] Die h.M. lehnt dies aber ab, da § 823 Abs. 2 sonst zu einer deliktischen Generalklausel würde.[405]

255 **b)** Ferner muss die Bezugsnorm **Befehlsqualität** haben, d.h. ein Verbot oder Gebot aussprechen.

256 **c)** Schließlich muss das Gesetz für den konkreten Fall nach seinem **persönlichen und sachlichen Schutzbereich** eine Ersatzpflicht vorsehen.

257 ■ Das Gesetz muss einen **Individualschutz** bezwecken, d.h., es muss jedenfalls auch den Schutz des Einzelnen oder eines bestimmten Personenkreises zum Ziele haben.[406] Normen, die nur dem Schutz der Allgemeinheit dienen oder die innerstaatliche Ordnung regeln – wie z.B. Zuständigkeitsnormen – sind keine Schutzgesetze i.S.v. § 823 Abs. 2.[407]

  ■ § 231 StGB (Beteiligung an einer Schlägerei) ist ein Schutzgesetz i.S.d. § 823 Abs. 2. Während sonst Zurechnungszweifel grundsätzlich zulasten des Anspruchstellers gehen, gilt bei der Beteiligung an einer Schlägerei zugunsten des Geschädigten eine Zurechnungsvermutung. Die in § 231 StGB enthaltene Regelung der Zurechnungsfrage schlägt sich nach Ansicht des BGH auch auf das zivilrechtliche Deliktsrecht nieder.[408]

  ■ § 267 StGB (Urkundenfälschung) ist mangels individualschützenden Charakters kein Schutzgesetz.[409] Aufgabe des § 267 StGB ist es, die Sicherheit und Zuverlässigkeit des Rechtsverkehrs mit Urkunden zu schützen.

  ■ Ob § 323 c StGB (Unterlassene Hilfeleistung) ein Schutzgesetz i.S.v. § 823 Abs. 2 darstellt, ist streitig. Zum Teil wird dies verneint, da die Vorschrift nur dem Interesse der Allgemeinheit an solidarischer Schadensabwehr in akuter Notlage diene und der die Hilfeleistung Unterlassende nicht in

---

403 BGH NJW 1994, 945, 946; Fuchs/Pauker/Baumgärtner Kap. 2 B III.
404 So z.B. Mertens AcP 178, 227 ff., 230.
405 Vgl. Larenz/Canaris § 76 III 2 b m.w.N.
406 BGHZ 122, 1, 3 f. m.w.N.
407 BeckOK/Förster § 823 Rn. 275.
408 BGH NJW 1988, 1383.
409 BGHZ 100, 13 ff.; dazu Kohte Jura 1988, 125 ff.; Deutsch JZ 1990, 733, 738.

Sonstige Anspruchsgrundlagen | **2. Abschnitt**

gleicher Weise haften solle wie der Täter.[410] Nach h.M. schützt die Norm auch Individualrechtsgüter, die wegen einer Notlage der Gefahr einer Beeinträchtigung ausgesetzt sind. Die zivilrechtliche Haftung des die Hilfeleistung Unterlassenden sei nicht unbillig, da er im Regelfall die Möglichkeit eines Rückgriffs gegenüber dem Täter im Rahmen der §§ 840, 426 habe.[411]

- Der Verletzte muss zu dem Personenkreis gehören, der von der Bezugsnorm ge-   **258**
  schützt werden soll (**persönlicher Individualschutz**).

  - So ist z.B. § 248b StGB (unbefugter Gebrauch eines Fahrzeugs) nur Schutzgesetz zugunsten des verletzten (Gebrauchs-)Berechtigten, nicht auch zugunsten von Verkehrsteilnehmern, die durch den Schwarzfahrer körperlich verletzt wurden.[412]

  - Lässt der Halter eines Kfz zu, dass jemand das Fahrzeug führt, der die dazu erforderliche Erlaubnis nicht hat, so ist dieser strafbar nach § 21 Abs. 1 Nr. 2 StVG. Diese Vorschrift bezweckt i.S.d. § 823 Abs. 2 den Schutz Dritter, die durch den Kfz-Gebrauch verletzt oder geschädigt werden. Der Fahrer selbst ist aber nicht in den persönlichen Schutzbereich einbezogen.[413]

  - § 15 a InsO (Insolvenzantragspflicht des GmbH-Geschäftsführers) schützt sowohl die „Altgläubiger", die ihre Ansprüche vor dem Zeitpunkt, zu dem der Insolvenzantrag hätte erfolgen müssen, gegen die GmbH erworben haben, als auch die „Neugläubiger", die erst nach Eintritt der Insolvenzreife Ansprüche gegen die GmbH erworben haben.[414]

  - § 858 ist nach h.M. ein Schutzgesetz zugunsten des berechtigten Besitzers.[415] Nach a.A. dient die Regelung in erster Linier dem Rechtsfrieden und ist daher kein Schutzgesetz i.S.v. § 823 Abs. 2.[416]

- Schließlich muss das vom Geschädigten geltend gemachte Interesse von der Norm   **259**
  geschützt werden (**sachlicher Individualschutz**).

  - § 15 a InsO hat den sachlichen Normzweck, insolvenzreife GmbHs vom Geschäftsverkehr fernzuhalten. Daher schützt die Regelung die Altgläubiger vor einer weiteren Reduzierung ihrer Insolvenzquote, d.h., sie erhalten nur die Differenz zwischen der Quote, die sie bei rechtzeitiger Antragstellung erhalten hätten, und der wirklich erzielten (sogenannter Quotenschaden). Die Neugläubiger hätten bei rechtzeitiger Antragstellung gar nicht mehr mit der GmbH kontrahiert und können daher Ersatz des gesamten Schadens verlangen, der ihnen aus dem Geschäft mit der insolventen GmbH entstanden ist.[417]

  - Halteverbote im Rahmen von Baustellen gemäß §§ 12 Abs. 1 Nr. 6 a, 45 StVO schützen nach h.M. nicht das Vermögen eines Bauunternehmers oder eines von diesem beauftragten weiteren Unternehmers.[418]

2. Verletzung des Schutzgesetzes

Für die Verletzung des Schutzgesetzes ist erforderlich, dass der gesamte objektive und   **260**
subjektive Tatbestand des Schutzgesetzes erfüllt ist. Abzustellen ist dabei auf die jeweils
für die einschlägige Rechtsnorm geltenden Regeln.

---

410 OLG Frankfurt a.M. NJW-RR 1989, 794, 795; BeckOK/Förster § 823 Rn. 290 m.w.N.

411 BGH RÜ 2013, 483; OLG Düsseldorf NJW 2004, 3640 m.w.N. = RÜ 2005, 80.

412 BGHZ 22, 293, 296; Honsell JA 1983, 101, 105; Staudinger/Hager § 823 Rn. G 24.

413 BGH NJW 1991, 418.

414 BGHZ 126, 181; BGH NJW 2007, 3130 – zu § 64 GmbHG a.F., der bis zum 31.10.2008 die Insolvenzantragspflicht des GmbH Geschäftsführers geregelt hat.

415 BGHZ 181, 233 m.w.N.

416 Medicus AcP 165, 115, 118, 135 f. sowie Medicus/Petersen BR Rn 621, 710.

417 BGHZ 126, 181 – zu § 64 GmbHG a.F.

418 BGH NJW 2004, 356 ff.; NJW 2005, 3137 ff.

| 1. Teil | Unerlaubte Handlungen |

Handelt es sich bei dem Schutzgesetz um ein Strafgesetz, so enthält § 823 Abs. 2 eine Verweisung auf alle Merkmale des Straftatbestands. Ein Strafantrag braucht allerdings bei Antragsdelikten nicht gestellt zu sein, die objektiven Bedingungen der Strafbarkeit müssen jedoch nach strafrechtlichen Vorschriften erfüllt sein.[419]

Anmerkung: Wenn es sich bei dem Schutzgesetz um eine Strafnorm handelt, erörtern einige Autoren[420] bereits unter dem Prüfungspunkt „Schutzgesetz verletzt" auch die Rechtswidrigkeit und Schuld in Bezug auf den Straftatbestand. Dagegen spricht die klassische Dreiteilung der deliktischen Haftungsvoraussetzungen in Tatbestand, Rechtswidrigkeit und Schuld. Sachliche Unterschiede ergeben sich aus dieser abweichenden Prüfungsreihenfolge jedoch nicht.

II. Rechtswidrigkeit

261   Die Rechtswidrigkeit ist durch die Verletzung des Schutzgesetzes indiziert und entfällt nur, wenn Rechtfertigungsgründe eingreifen.

Beachte: Auch, wenn das Schutzgesetz kein Strafgesetz ist, muss Rechtswidrigkeit gegeben sein, da sonst keine unerlaubte Handlung vorläge.

III. Verschulden

262   Der Schädiger muss die Schutzgesetzverletzung schuldhaft begehen.

- Die **Verschuldensfähigkeit** bestimmt sich dabei – auch bei Strafgesetzen als Schutzgesetz – nach den §§ 827 f., nicht nach der strafrechtlichen Schuldfähigkeit.[421]

- Das Verschulden braucht sich nur auf den Verstoß gegen das Schutzgesetz selbst zu beziehen.

   Eine Verletzung oder Schädigung des Betroffenen braucht somit vom Verschulden nur umfasst zu werden, wenn sie – wie etwa die Körperverletzung im Falle des § 223 StGB oder die Vermögensschädigung im Falle des § 263 StGB – selbst zu den Voraussetzungen des Schutzgesetzes gehört.[422]

263   - Der **Verschuldensmaßstab** richtet sich grundsätzlich nach dem verletzten Schutzgesetz selbst, sofern es dahingehende Vorgaben enthält.[423] Setzt das Schutzgesetz kein Verschulden voraus, muss der Täter mindestens fahrlässig handeln, § 823 Abs. 2 S. 2.

   - Ist das Schutzgesetz ein **Strafgesetz** (oder stammt aus dem Ordnungswidrigkeitenrecht) und verlangt dieses Vorsatz, ist nach h.M. **Vorsatz im strafrechtlichen Sinne** erforderlich.[424]

   - D.h. es gilt die sogenannte Schuldtheorie, nach der ein etwaiger Verbotsirrtum den Schädiger nur dann entlastet, wenn er ihn nicht vermeiden konnte, vgl. § 17 S. 1 StGB.[425]

---

419 Coester-Waltjen Jura 2002, 102, 104; Medicus/Lorenz Schuldrecht II § 79 Rn. 14.
420 Brox/Walker SchuldR BT § 46 Rn. 7.
421 Staudinger/Hager § 823 Rn. G 36 m.w.N.; a.A. MünchKomm/Wagner § 823 Rn. 538: ist Schutzgesetz eine Strafnormen gelten für Schuldfähigkeit §§ 20, 21 StGB.
422 BGH NJW 1982, 1037, 1038; Staudinger/Hager § 823 Rn. G 34 u. 35 m.w.N.
423 BeckOK/Förster § 823 Rn. 281.
424 BGH NJW 1985, 134; BeckOK/Förster § 823 Rn. 282; Hk-BGB/Staudinger § 823 Rn. 153; Jauernig/Teichmann § 823 Rn. 61; Looschelders SchuldR BT Rn. 1287; Palandt/Sprau § 823 Rn. 61; Wandt § 17 Rn. 11.
425 BGH NJW 2017, 2463; Hk-BGB/Staudinger § 823 Rn. 153.

- Bei **anderen Schutzgesetzen** richtet sich das **Vorsatzerfordernis** allein **nach den zivilrechtlichen Regeln** (s.o. Rn. 239).

  D.h. nach der maßgeblichen Vorsatztheorie, die ein Bewusstsein der Rechtswidrigkeit verlangt, kommt ein vermeidbarer Verbotsirrtum dem Schädiger zugute.[426]

- Bei **Fahrlässigkeitstaten** bestimmt die h.M. den Verschuldensmaßstab immer **nach den objektiven Kriterien des Zivilrechts** (da der Täter mindestens fahrlässig i.S.d. Zivilrechts handeln muss, s.o.).[427]

  Nach a.A. sollte nicht nur die Schuldform (Vorsatz und Fahrlässigkeit) von dem Strafgesetz determiniert werden, sondern auch das Erfordernis des Unrechtsbewusstseins (Schuldtheorie) sowie dasjenige der Schuldfähigkeit (§§ 20, 21 StGB), da die verschiedenen strafrechtlichen Kategorien samt ihrer Inhalte wechselseitig aufeinander bezogen sind und erst in ihrer Summe das Schutzgesetz darstellen, an dessen Verletzung die Haftung aus § 823 Abs. 2 geknüpft ist.[428]

Aufbauschema für § 823 Abs. 2

I. Voraussetzungen („haftungsbegründender Tatbestand")

1. Tatbestand

Verletzung eines Schutzgesetzes i.S.v. § 823 Abs. 2

a) Schutzgesetz

  aa) Gesetzesqualität

    = jede Rechtsnorm im materiellen Sinne, vgl. Art. 2 EGBGB

  bb) Verbots- oder Gebotsnorm,

    nicht bloße Formvorschriften

  cc) persönlicher und sachlicher Schutzbereich

    - Schutzgesetz bezweckt (zumindest auch) Individualschutz

    - Anspruchsteller gehört zum geschützten Personenbereich

    - Das geltend gemachte Interesse soll von der Norm (auch) geschützt werden.

b) Schutzgesetz verletzt

  - beurteilt sich nach den Regeln, die für das Schutzgesetz gelten

2. Rechtswidrigkeit

3. Verschulden

a) bzgl. des Verstoßes gegen das Schutzgesetz

  Es muss sich nicht auf die Folgeschäden beziehen.

b) nach den Regeln des Schutzgesetzes

c) Mindestens muss der Verstoß gegen das Schutzgesetz sich zugleich als Fahrlässigkeit i.S.d. § 276 darstellen.

II. Rechtsfolgen („haftungsausfüllender Tatbestand")

Ersatz des durch die Schutzgesetzverletzung verursachten Schadens

---

426 BeckOK/Förster § 823 Rn. 282.

427 BGH NJW 1985, 134; BeckOK/Förster § 823 Rn. 282; Hk-BGB/Staudinger § 823 Rn. 153; Jauernig/Teichmann § 823 Rn. 61; Looschelders SchuldR BT Rn. 1287; Palandt/Sprau § 823 Rn. 61; Wandt § 17 Rn. 11;

428 MünchKomm/Wagner § 823 Rn. 538.

| 1. Teil | Unerlaubte Handlungen |

Fall 19: Fahrlässiger Falscheid

A, Inhaber eines Autohauses, klagte gegen B auf Zahlung des Kaufpreises für ein gebrauchtes Kfz. B hatte sich das Kfz angesehen und dem Geschäftsführer G des A nur gesagt, er wolle sich den Kauf noch überlegen, das rechte Vertrauen zu dem Wagen habe er nicht. Im Prozess wurde G als Zeuge vernommen und sagte ohne Weiteres Nachdenken unter Eid aus, B habe ihn am Tage nach der Besichtigung angerufen und erklärt, er habe sich zum Kauf des Wagens entschlossen. Daraufhin wurde B rechtskräftig zur Zahlung des Kaufpreises, Zug um Zug gegen Lieferung des Kfz, verurteilt. Nach Rechtskraft des Urteils stellte sich heraus, dass G den B am Telefon mit einem anderen Kunden verwechselt hatte. Außerdem stellte B fest, dass der Wagen um mindestens 200 € teurer ist als Wagen gleicher Art und Güte bei anderen Gebrauchtwagenhändlern. B verlangt von G diesen Betrag als Schadensersatz. Zu Recht?

B könnte gegen G ein Schadensersatzanspruch **aus § 823 Abs. 2 i.V.m. § 161 StGB** zustehen.

I. Dazu müssen die **Voraussetzungen** des haftungsbegründenden Tatbestands gegeben sein.

1. Es muss ein **Schutzgesetz verletzt** sein.

264

    a) Als Schutzgesetz kommt § 161 StGB (fahrlässiger Falscheid) in Betracht. Fraglich ist, ob § 161 StGB ein **Schutzgesetz i.S.d. § 823 Abs. 2** ist:

        aa) § 161 StGB ist ein formelles Gesetz und weist daher die erforderliche **Gesetzesqualität** auf.

        bb) § 161 StGB verbietet, vor Gericht falsch zu schwören, und hat somit **Befehlsqualität**.

        cc) Ferner muss § 161 StGB für den konkreten Fall nach seinem **persönlichen und sachlichen Schutzbereich** eine Ersatzpflicht vorsehen.

           (1) Dazu muss § 161 StGB überhaupt **Individualschutz** bezwecken, also zumindest auch den Schutz des Einzelnen oder eines bestimmten Personenkreises zum Ziel haben.

               Die §§ 153 ff. StGB schützen das öffentliche Interesse an einer wahrheitsgemäßen Tatsachenfeststellung in gerichtlichen Verfahren und dienen daher dem Schutz der Rechtspflege.[429] § 161 StGB schützt jedoch auch den durch die Aussage Betroffenen, was sich aus § 161 Abs. 2 StGB ergibt, wonach von Strafe abgesehen werden kann, falls der Täter seine Aussage berichtigt, bevor aus ihr einem anderen ein Nachteil entstanden ist.

               Folglich ist § 161 StGB zumindest auch individualschützend.

---

429 Lenckner/Bosch in Schönke/Schröder Vorbem. §§ 153 ff. Rn. 2.

(2) Der Anspruchsteller B muss zu dem von § 161 StGB geschützten Personenkreis gehören **(persönlicher Individualschutz)**.

B war als Beklagter von der Aussage des G betroffen und gehört daher zu dem Personenkreis, den § 161 StGB schützt.

(3) Schließlich muss das vom Anspruchsteller geltend gemachte Interesse von der Norm geschützt werden **(sachlicher Individualschutz)**.

§ 161 StGB will vor Vermögensnachteilen bewahren, sodass zudem das Vermögensinteresse des von der Aussage Betroffenen geschützt ist.[430] Demnach fallen die von B geltend gemachten 200 €, die er ohne den Falscheid des G gespart hätte, in den sachlichen Schutzbereich des § 161 StGB.

Somit handelt es sich bei § 161 StGB um ein Schutzgesetz i.S.v. § 823 Abs. 2.

b) Das **Schutzgesetz** muss **verletzt** sein.

265

G hat vor Gericht falsch geschworen, da seine Aussage mit der Wirklichkeit nicht übereinstimmte. Er hätte die Unrichtigkeit seiner Aussage bei der ihm möglichen Sorgfalt erkennen können.

Folglich hat G hat den objektiven und subjektiven Tatbestand des § 161 StGB erfüllt, sodass des Schutzgesetz verletzt ist.

2. Die **Rechtswidrigkeit** ist durch die Verletzung des Schutzgesetzes indiziert und Rechtfertigungsgründe greifen nicht ein.

3. G hat bei seiner Zeugenvernehmung im Prozess ohne Weiteres Nachdenken ausgesagt und daher die im Verkehr erforderliche Sorgfalt außer Acht gelassen. Somit handelte G **fahrlässig** i.S.v. § 276 Abs. 2.

Demzufolge hat G die Voraussetzungen des § 823 Abs. 2 i.V.m. § 161 StGB erfüllt.

II. Als **Rechtsfolge** („haftungsausfüllender Tatbestand") muss Schädiger G dem B den aus der Schutzgesetzverletzung entstandenen Schaden gemäß §§ 249 ff. ersetzen.

B hat durch den fahrlässigen Falscheid des G einen Schaden i.H.v. 200 € erlitten. Folglich kann B von G diesen Betrag ersetzt verlangen.

Beachte: *Es fallen nur die Schäden unter die Schadensersatzverpflichtung gemäß § 823 Abs. 2, die an einem durch das Schutzgesetz geschützten Rechtsgut eingetreten sind, deren Eintritt nach Sinn und Zweck des Schutzgesetzes also gerade verhindert werden sollte.*[431]

---

430 BGHZ 42, 313, 318.
431 Fuchs/Pauker/Baumgärtner Kap. 2 B. II. 1.3.

B. § 824 Kreditgefährdung

```
┌─────────────────────────────────────────────────────────────┐
│                  Aufbauschema für § 824                       │
│  ┌─────────────────────────────────────────────────────────┐ │
│  │ I. Voraussetzungen („haftungsbegründender Tatbestand")  │ │
│  └─────────────────────────────────────────────────────────┘ │
│  1. Tatbestand                                                │
│     a) Behaupten oder Verbreiten unwahrer Tatsachen           │
│     b) Unmittelbare Beeinträchtigung wirtschaftlicher Interessen │
│  2. Rechtswidrigkeit                                          │
│     Besonderer Rechtfertigungsgrund ist § 824 Abs. 2, h.M. (a.A. Entschuldigungsgrund) │
│  3. Verschulden                                               │
│     Fahrlässigkeit genügt; Verschulden muss sich sowohl auf die Unwahrheit der Tatsache als auch │
│     auf die Eignung zur Kreditgefährdung beziehen             │
│  ┌─────────────────────────────────────────────────────────┐ │
│  │ II. Rechtsfolgen („haftungsausfüllender Tatbestand")    │ │
│  └─────────────────────────────────────────────────────────┘ │
│  Ersatz des durch die Kreditgefährdung entstandenen Schadens │
└─────────────────────────────────────────────────────────────┘
```

I. Normzweck

266 § 824 dient dem Schutz wirtschaftlicher Interessen, indem die wirtschaftliche Wertschätzung einer Person oder eines Unternehmens vor der Beeinträchtigung durch die Verbreitung unwahrer Behauptungen bewahrt wird.[432]

II. Voraussetzungen

1. Tatbestand

267 **a)** § 824 Abs. 1 setzt das **Behaupten oder Verbreiten unwahrer Tatsachen** voraus. Die Äußerung von Werturteilen wird von dieser Norm nicht erfasst.[433]

- ■ **Tatsachen** sind alle konkreten Vorgänge und Zustände in der Vergangenheit oder Gegenwart, die objektiv dem Beweis zugänglich sind.[434] Demgegenüber werden **Werturteile** (Meinungsäußerungen) charakterisiert durch subjektive Elemente der Stellungnahme, des Meinens und Dafürhaltens.[435]

- ■ Unter **Behaupten** einer Tatsache versteht man die Kundgabe eigener Wahrnehmung. **Verbreiten** von Tatsachen ist die Weitergabe einer von einem anderen aufgestellten Behauptung an mindestens einen Dritten.[436]

- ■ **Unwahr** ist die Tatsachenbehauptung, wenn sie im Zeitpunkt der Äußerung der Wahrheit widerspricht.

---

432 BeckOK/Förster § 824 Rn. 1.

433 BGH NJW 2006, 830 ff.: Kirch gegen Deutsche Bank und Breuer.

434 BGHZ 132, 21.

435 Hk-BGB/Staudinger § 824 Rn. 3; zur Abgrenzung von Tatsachenurteilen gegenüber Werturteilen in einem Testbericht vgl. OLG Köln VersR 1996, 240. Bloße Werturteile sind z.B. „Schwindelfirma", RGZ 101, 338; „billiger Schmarren", BGH NJW 1965, 36.

436 Jauernig/Teichmann § 824 Rn. 5.

b) Weitere Voraussetzung ist, dass durch die Tatsachenbehauptung eine **unmittelbare** **268** **Beeinträchtigung wirtschaftlicher Interessen** eingetreten ist.

Der Inhalt der Tatsache muss daher geeignet sein, dass andere aufgrund der Kenntnis dieser Tatsache die Kreditwürdigkeit des Betroffenen schlechter einstufen oder sonst negative Verhaltensweisen mit Auswirkungen beruflicher oder geschäftlicher Art für den Betroffenen zeigen.[437]

2. Rechtswidrigkeit

Die Rechtswidrigkeit ist durch die Verwirklichung des Tatbestands indiziert.

Gemäß § 824 Abs. 2 entfällt die Schadensersatzpflicht jedoch bei fehlender Kenntnis **269** von der Unwahrheit der Behauptung und berechtigtem Interesse des Erklärenden oder des Empfängers an der Mitteilung. Umstritten ist die dogmatische Einordnung dieser Regelung: nach h.M. handelt es sich um einen besonderen Rechtfertigungsgrund, nach a.A. um einen Entschuldigungsgrund.[438]

3. Verschulden

Das Verschulden muss sich sowohl auf die Unwahrheit der Tatsache als auch auf die Eig- **270** nung zur Kreditgefährdung beziehen. Als Verschuldensgrad genügt Fahrlässigkeit.

C. § 825 Bestimmung zu sexuellen Handlungen

§ 825 schützt jede Person in ihrer sexuellen Selbstbestimmung und bezieht auch Män- **271** ner und Kinder in den Schutzbereich ein. Der Schadensersatzanspruch erfasst auch den Ersatz des immateriellen Schadens gemäß § 253 Abs. 2.[439]

Die Regelung hat auch nur geringe praktische Bedeutung, da der Tatbestand in Anspruchskonkurrenz auch unter § 823 Abs. 1 (Verletzung des Persönlichkeitsrechts) und § 823 Abs. 2 i.V.m. §§ 174 ff. StGB fällt.[440]

Die Verbindung der Beteiligten in einer Ehe oder Lebenspartnerschaft und die daraus resultierende Pflicht zur Lebensgemeinschaft schließen die Anwendung des § 825 nicht aus.[441]

Das Opfer muss durch ein Bestimmungsmittel – Hinterlist, Drohung oder Missbrauch eines Abhängigkeitsverhältnisses – zur Vornahme oder Duldung sexueller Handlungen gebracht worden sein. Eine Definition des Begriffs der sexuellen Handlungen findet sich in den Materialien zu § 825 nicht. Wertvolle Leitlinien bietet das Sexualstrafrecht, vgl. § 184h Nr. 1 StGB.[442]

---

437 Fuchs/Pauker/Baumgärtner Kap. 2 C. II. 3.
438 Vgl. zum Streitstand Hk-BGB/Staudinger § 824 Rn. 10.
439 Vgl. zu Einzelheiten Strätz JZ 2003, 448 ff.; Jaeger VersR 2003, 1372 ff.; Kilian JR 2004, 309 ff.
440 Jauernig/Teichmann § 825 Rn. 1.
441 MünchKomm/Wagner § 825 Rn. 5.
442 MünchKomm/Wagner § 825 Rn. 6, 8.

| 1. Teil | Unerlaubte Handlungen |

D. § 826 Vorsätzliche sittenwidrige Schädigung

Aufbauschema für § 826
I. Voraussetzungen („haftungsbegründender Tatbestand")
1. Schaden, auch bloßer Vermögensschaden
2. Verstoß gegen die guten Sitten
3. Vorsatz (auch bedingter), jedoch muss der Vorsatz auch den (hier zum Tatbestand gehörenden) Schaden umfassen
II. Rechtsfolgen („haftungsausfüllender Tatbestand")
Ersatz des Schadens

I. Voraussetzungen

272 § 826 stellt neben § 823 Abs. 1 und § 823 Abs. 2 den **dritten Grundtatbestand** des Deliktsrechts dar. Jede Schädigung eines anderen, unabhängig von der Art des Rechts oder Rechtsguts, wird sanktioniert. Insoweit hat § 826 einen sehr weiten Schutzbereich. Andererseits erfährt diese Haftungsnorm eine erhebliche Einschränkung: Die Schadenszufügung muss vorsätzlich und „in einer gegen die guten Sitten verstoßenden Weise" erfolgt sein. Für Vorsatz und Sittenverstoß des Schädigers ist der Geschädigte darlegungs- und beweispflichtig. Damit ist die praktische Bedeutung des § 826 gering. Im Verhältnis zu § 823 Abs. 1 und § 823 Abs. 2 besteht Anspruchskonkurrenz.[443]

273 ■ Bei § 826 gehört der **Schaden** mit zum haftungsbegründenden Tatbestand. Der Schaden, um dessen Ersatz es geht, muss nicht – anders als in § 823 Abs. 1 – durch die Verletzung bestimmter Rechtsgüter oder Rechte eingetreten sein. § 826 schützt auch das Vermögen.

274 ■ **Sittenwidrig** sind Handlungen, die gegen das Anstandsgefühl aller billig und gerecht Denkenden verstoßen. Dies kann sich aus dem verfolgten **Zweck**, dem angewandten **Mittel**, der dabei zutage getretenen **Gesinnung** oder den damit angerichteten **Folgen** ergeben. Maßgeblich sind die Anschauungen der in Betracht kommenden Kreise (z.B. Kaufleute), wobei ein Durchschnittsmaß von Redlichkeit und Anstand zugrunde zu legen ist. Die Sittenwidrigkeit eines Rechtsgeschäfts bestimmt sich grundsätzlich nach den im Zeitpunkt seiner Vornahme gegebenen Umständen und Anschauungen.

Ein **Unterlassen** verletzt die guten Sitten nur, wenn das geforderte Tun einem sittlichen Gebot entspricht. Hierfür reicht die Nichterfüllung einer allgemeinen Rechtspflicht, aber auch einer vertraglichen Pflicht nicht aus. Es müssen besondere Umstände hinzutreten, die das schädigende Verhalten wegen seines Zwecks oder wegen des angewandten Mittels oder mit Rücksicht auf die dabei gezeigte Gesinnung nach den Maßstäben der allgemeinen Geschäftsmoral und des „anständig" Geltenden verwerflich machen.[444]

---

443 Wandt § 17 Rn. 22.
444 BGH NJW 2001, 3702 f.

| | Sonstige Anspruchsgrundlagen | 2. Abschnitt |

■ Es ist jede **Vorsatzform** ausreichend, auch bedingter Vorsatz. **275**

■ Der **Vorsatz** muss sich auf die den Sittenverstoß begründenden Tatumstände bezie- **276**
hen, braucht aber nicht die Sittenwidrigkeit als solche zu umfassen. Er muss sich auch
– anders als bei § 823 Abs. 1 und 2 – **auf den Schaden beziehen**. Der Handelnde
muss wissen, dass ein Schaden eintritt, und er muss diesen wollen. Der Vorsatz
braucht sich zwar nicht auf den genauen Kausalverlauf und den Umfang des Schadens zu erstrecken, muss jedoch die gesamten Schadensfolgen sowie Richtung und
Art des Schadens umfassen.[445]

II. Fallgruppen

■ **Arglistige Täuschung und rechtswidrige Drohung i.S.d. § 123** **277**

I.d.R. kann das Geschäft in diesem Fall statt durch Anfechtung über den Ersatzanspruch aus § 826 schuldrechtlich rückgängig gemacht werden, und zwar auch dann
noch, wenn eine Anfechtung wegen Fristablaufs unzulässig geworden ist.[446]

Die Täuschung kann durch Unterlassen begangen werden, wenn Treu und Glauben
eine Offenbarung gebieten. Dies gilt etwa für Mitteilungen von Tatsachen, die für
den Entschluss des anderen Teils offensichtlich von Bedeutung sind,[447] wie z.B. die
Zahlungsunfähigkeit[448] oder die Insolvenzreife des Unternehmens.[449] Das Unterlassen der im fairen Geschäftsverkehr gebotenen Aufklärung stellt insbesondere dann
einen Sittenverstoß dar, wenn darin gleichzeitig ein Missbrauch der geschäftlichen
Überlegenheit liegt, etwa weil dem anderen Teil die Fach- oder Branchenkunde fehlt.[450]

Führt z.B. ein Verkäufer eines gebrauchten Pkw den kaufenden Gebrauchtwagenhändler hinters
Licht, indem er ihm bekannte, für den Vertragsschluss wesentliche Umstände verschweigt, und ver-
äußert der Gebrauchtwagenhändler dieses Fahrzeug weiter, so hat auch der ahnungslose
Endabnehmer gegen den Erstverkäufer einen Ersatzanspruch aus § 826.

■ **Missbrauch einer formalen Rechtsstellung, insbesondere die missbräuchliche** **278**
Ausübung von Rechten

■ Stellt eine Partei im Prozess bewusst unwahre Tatsachen auf, so verstößt sie gegen **279**
die Wahrheitspflicht aus § 138 ZPO und handelt sittenwidrig. Nutzt die Partei, die
das Urteil erschlichen hat und die Unrichtigkeit kennt, die Rechtskraft des Urteils
aus, so ist dies ebenfalls sittenwidrig.[451]

■ Das Betreiben eines gesetzlich geregelten Verfahrens kann in Ausnahmefällen eine **280**
Haftung für Schäden des Prozessgegners gemäß § 826 begründen. Voraussetzung
für eine derartige Haftung ist nicht nur, dass die Partei die fehlende Berechtigung
ihres Begehrens kennt, sondern es müssen stets besondere Umstände hinzutreten,

---

445 BGH NJW 2000, 2896, 2897; OLG Braunschweig NJW 2007, 609 = RÜ 2007, 194.
446 BGHZ 42, 37, 42.
447 BGH NJW 1971, 1795, 1799; BGH JA 2005, 570.
448 RG LZ 1923, 20.
449 BGH BB 1966, 53.
450 BGH WM 1982, 1374, 1375; Haftung wegen fehlerhafter ad-hoc-Mitteilungen – Infomatec: BGH NJW 2004, 2664, 2668,
2671; BGH NJW 2005, 2450.
451 BGH LM § 826 (Fa) Nr. 9; s. hierzu auch Deutsch JZ 1990, 733, 738.

| | 1. Teil | Unerlaubte Handlungen |

die sich aus der Art und Weise der Prozesseinleitung oder -durchführung ergeben und die das Vorgehen als sittenwidrig prägen.[452] Dies wird insbesondere dann angenommen, wenn die Partei das staatliche Verfahren zur Schädigung der Gegenpartei oder Dritter missbraucht, etwa indem sie das Verfahren mit unlauteren Mitteln betreibt.

281 ■ Auch die Vollstreckung aus einem nicht erschlichenen Titel kann eine vorsätzliche sittenwidrige Schädigung darstellen. Die Rechtskraft muss zurücktreten, wenn es mit dem Gerechtigkeitsgedanken schlechthin unvereinbar wäre, dass der Titelgläubiger seine formelle Rechtsstellung unter Missachtung der materiellen Rechtslage zulasten des Schuldners ausnutzt. Nach der Rspr. des BGH kommen eine Durchbrechung der Rechtskraft und die Bejahung eines Anspruchs aus § 826 auf Unterlassung der Zwangsvollstreckung oder Herausgabe des Titels in Betracht.[453]

282 ■ Die Sittenwidrigkeit kann auch darin liegen, dass ein formales Recht – z.B. das Widerrufsrecht – in Kenntnis des Umstands ausgeübt wird, dass ein Dritter im Vertrauen darauf, dass das Recht nicht ausgeübt werde, wesentliche Vermögensverfügungen getroffen hat.[454]

283 ■ **Sittenwidrige Verleitung zum Vertragsbruch**

Vertraglich begründete Verpflichtungen wirken grundsätzlich nur im Verhältnis der Vertragsparteien zueinander. Die bloße Kenntnis eines Dritten von einer solchen Verpflichtung und seine Mitwirkung an der Verletzung derartiger Pflichten bedeuten – für sich genommen – keine vorsätzliche sittenwidrige Schädigung der Berechtigten i.S.v. § 826. Die Beteiligung eines Dritten an dem vertragswidrigen Verhalten des Schuldners stellt jedoch dann eine sittenwidrige Schädigung des Gläubigers dar, wenn weitere Umstände das Handeln des Dritten als mit einer loyalen Rechtsgesinnung schlechthin unvereinbar erscheinen lassen.[455]

284 ■ **Falsche Auskünfte und Gutachten**

Ein Sachverständiger, der ein fehlerhaftes Gutachten über ein Grundstück erstellt hat, kann dem Erwerber aus § 826 haften. Voraussetzung dafür ist, dass der Sachverständige bei der Erstellung des Gutachtens leichtfertig und gewissenlos und mindestens mit bedingtem Vorsatz gehandelt hat.[456] Der Sachverständige muss sich durch nachlässige Ermittlungen zu den Grundlagen seines Auftrags oder gar durch „ins Blaue" gemachte Angaben der Gutachtenaufgabe leichtfertig entledigt haben und dadurch eine Rücksichtslosigkeit gegenüber dem Adressaten des Gutachtens oder den in seinem Informationsbereich stehenden Dritten an den Tag gelegt haben, die angesichts der Bedeutung, die das Gutachten für deren Entschließungen hatte, und der von ihm in Anspruch genommenen Kompetenz als gewissenlos bezeichnet werden muss.[457]

---

452 BGHZ 36, 18, 21; BGH NJW 2004, 446, 447.
453 BGH WM 1998, 1950 m.w.N.; OLG Nürnberg ZIP 1999, 918.
454 LG Zweibrücken MDR 1995, 700, 701 zu § 7 VerbrKrG a.F.
455 BGH NJW-RR 1999, 1186.
456 BGH NJW 1991, 3282; BGH NJW 2004, 3035 = RÜ 2004, 625.
457 BGH NJW 2003, 2825, 2826; 2004, 3035, 3038.

E. § 831 Haftung für den Verrichtungsgehilfen

Aufbauschema für § 831
I. Voraussetzungen („haftungsbegründender Tatbestand")
1. Geschäftsherr
2. Verrichtungsgehilfe
3. tatbestandsmäßige und rechtswidrige unerlaubte Handlung des Verrichtungsgehilfen
4. **in Ausübung der Verrichtung**, nicht nur bei Gelegenheit
5. Verschulden
des Geschäftsherrn wird vermutet, wenn kein Entlastungsbeweis
II. Rechtsfolgen („haftungsausfüllender Tatbestand")
Ersatz des zugefügten Schadens

§ 831 normiert die Haftung des Geschäftsherrn für den sogenannten Verrichtungsgehilfen. Fügt der Verrichtungsgehilfe in Ausführung der ihm aufgetragenen Verrichtung einem Dritten rechtswidrig einen Schaden zu, so geht der Gesetzgeber in § 831 davon aus, dass die eigentliche Ursache des Schadens in einem Sorgfaltsverstoß des Geschäftsherrn liegt: es wird vermutet, dass der Geschäftsherr bei der Auswahl des Verrichtungsgehilfen, der Beschaffung von Vorrichtungen oder Gerätschaften oder der Leitung der Ausführungen der Verrichtung gegen die erforderliche Sorgfalt verstoßen hat. Widerlegt der Geschäftsherr diese Verschuldensvermutung nicht, haftet er für eigenes Verschulden. § 831 ist daher – anders als § 278 – keine Zurechnungsnorm für fremdes Verschulden, sondern eine eigene **selbstständige Anspruchsgrundlage**.

285

Den Hintergrund für die Haftung aus § 831 Abs. 1 BGB bilden wirtschaftliche Überlegungen: Der geschädigte Dritte wird i.d.R. bei dem ihn unmittelbar schädigenden Gehilfen nicht ausreichend Ersatz für den eingetretenen Schaden erlangen können. Demgegenüber dürfte der Geschäftsherr rehelmäßig über die entsprechenden Finanzmittel verfügen. Zudem nutzt er die Vorteile einer arbeitsteiligen Betriebsprganisation, indem er sich eines Gehilfen bedient, um ihm selbst aufgetragene Arbeiten zu erledigen. Die Schadenszufügung durch den Gehilfen stammt aus dem Tätigkeits- und Einflussbereich des Geschäftsherrn, in den der Geschädigte regelmäßig keinen Einblick hat.[458]

I. Voraussetzungen

1. Geschäftsherr, Verrichtungsgehilfe

Der Anspruchsgegner muss Geschäftsherr sein. **Geschäftsherr ist** gemäß § 831 Abs. 1 S. 1 **derjenige, der einen anderen zu einer Verrichtung bestellt**, also derjenige, der einen sogenannten Verrichtungsgehilfen einsetzt.

286

Verrichtungsgehilfe ist, wer mit Wissen und Wollen des Geschäftsherrn in dessen Interesse tätig wird und von dessen Weisungen abhängig ist. Erforderlich ist die Bestellung zu einer Verrichtung, deren Vornahme in den Herrschafts- und Organisationsbereich des Bestellers gehört, und zwar derart, dass damit eine weisungsbedürftige Abhängigkeit des Gehilfen von dem Geschäftsherrn gegeben ist. Das Weisungsrecht

287

---

458 Lange Jura 2019, 351.

1. Teil Unerlaubte Handlungen

braucht nicht ins Einzelne zu gehen. Erforderlich und ausreichend ist, dass der Geschäftsherr die Tätigkeit des Handelnden jederzeit beschränken oder entziehen oder nach Zeit und Umfang bestimmen kann.[459]

Verrichtungsgehilfe kann jemand auch dann sein, wenn er aufgrund eigener Sachkunde und Erfahrung zu handeln hat. Entscheidend ist nur, dass die Tätigkeit in einer organisatorisch abhängigen Stellung vorgenommen wird.[460]

Beachte: Die Weisungsgebundenheit des Verrichtungsgehilfen trägt dem Verschuldensprinzip Rechnung, da sie die Beherrschbarkeit berücksichtigt. Zudem manifestiert sie die Zuordnung des Gehilfen zur Herrschaftssphäre des Geschäftsherrn.[461]

288 Grundsätzlich keine Verrichtungsgehilfen sind mangels Abhängigkeit selbstständige Unternehmer, selbst wenn sie wirtschaftlich vom Geschäftsherrn abhängig sind.[462]

289 *Anmerkung: Wer durch wirksamen Vertrag mit dem Geschäftsherrn dessen Auswahl- oder Überwachungspflichten übernommen hat (z.B. ein anderer selbstständiger Unternehmer), wird dadurch nicht zum Geschäftsherrn i.S.d. § 831 Abs. 1 S. 1, haftet aber evtl. neben diesem gemäß § 831 Abs. 2.*

Umstritten ist, ob § 831 Abs. 2 bei Übertragung der Aufsichtspflicht auf Bedienstete des Geschäftsherrn (z.B. Werkführer oder Betriebsleiter) Anwendung findet.

- Nach einer Ansicht muss § 831 Abs. 2 in diesem Fall angewendet werden, um den Geschädigten ausreichend abzusichern.[463]

- Demgegenüber lehnt eine andere Auffassung die Anwendung der Norm auf Bedienstete des Geschäftsherrn ab, da es lediglich um die Verteilung unternehmensinterner Zuständigkeiten gehe und der Geschädigte ausreichend über die Haftung des Geschäftsherrn wegen Organisationsverschuldens geschützt sei.[464] Bei dieser Betrachtungsweise erfasst § 831 Abs. 2 nur den Fall, dass ein selbstständiges Unternehmen die Pflichten des Geschäftsherrn in eigener Verantwortung übernimmt, sodass der Anwendungsbereich der Norm und damit die praktische Bedeutung äußerst gering ist.

2. Tatbestandsmäßige und rechtswidrige unerlaubte Handlung des Verrichtungsgehilfen

290 - Der Gehilfe muss den objektiven Tatbestand einer unerlaubten Handlung verwirklichen, wobei es gleichgültig ist, ob es sich um eine unerlaubte Handlung handelt, die im BGB (§§ 823 ff.) oder außerhalb des BGB (z.B. im UWG) geregelt ist.[465]

- Die Rechtswidrigkeit des Gehilfenhandelns ist durch die Verwirklichung des Tatbestands indiziert und nur zu verneinen, wenn in der Person des Gehilfen ein Rechtfertigungsgrund gegeben ist.[466]

291 *Beachte: Schuldhaftes Handeln des Verrichtungsgehilfen ist nicht erforderlich, da § 831 eine Haftung für eigenes Verschulden des Geschäftsherrn begründet. Der Verrichtungsgehilfe braucht daher weder deliktsfähig zu sein (§§ 827, 828) noch eine der Schuldformen (§ 276) zu erfüllen.*

---

459 BGHZ 45, 313; OLG Köln RÜ 2010, 158.
460 BGH NJW 2009, 1740 = RÜ 2009, 354.
461 Lange Jura 2019, 351, 354.
462 BGH NJW-RR 2014, 614, 615.
463 Hk-BGB/Staudinger § 831 Rn. 15; Jauernig/Teichmann § 831 Rn. 15; Soergel/Zeuner § 831 Rn. 55.
464 Looschelders Rn. 1332, 1333; Palandt/Sprau § 831 Rn. 17; Wandt § 18 Rn. 8.
465 Jauernig/Teichmann § 831 Rn. 3.
466 Fikentscher Rn. 1669; s. dazu noch unten Rn. 303.

3. In Ausübung der Verrichtung

Der Verrichtungsgehilfe muss in Ausführung der Verrichtung gehandelt haben, nicht nur bei Gelegenheit: „Es muss ein unmittelbarer innerer Zusammenhang zwischen der ihm aufgetragenen Verrichtung nach ihrer Art und ihrem Zweck einerseits und der schädigenden Handlung andererseits vorliegen."[467]

292

Rein begrifflich könnte man sagen, dass die Schädigung eines Dritten nicht zu den übertragenen Verrichtungen gehört und daher auch nicht in Ausführung der Verrichtung erfolgt ist. Damit würde man aber § 831 seine praktische Bedeutung nehmen. Somit muss ein **äußerer und innerer Zusammenhang mit der übertragenen Tätigkeit** ausreichen. Zweckmäßigerweise überlegt man, ob die Tätigkeit des Verrichtungsgehilfen für sich betrachtet, also wenn man von der Fehlleistung absieht, noch zum übertragenen Aufgabenbereich gerechnet werden kann. Dann liegt ein Handeln „in Ausführung" vor.

Beispiel: Ein angestellter Kraftfahrer überfährt jemanden. Die Tätigkeit an sich ist das Fahren. Dabei handelt es sich um die übertragene Verrichtung. Zwischen der übertragenen Verrichtung und der Schädigung besteht ein äußerer und innerer Zusammenhang. Der Kraftfahrer handelte daher „in Ausführung der Verrichtung".

Gegenbeispiel: Der Malergeselle stiehlt in der Wohnung des Auftraggebers Geld. Das Stehlen ist hier eine Tätigkeit, die mit der übertragenen Aufgabe nur noch in einem gewissen äußeren, nicht mehr in einem inneren Zusammenhang steht. Sie wurde lediglich „bei Gelegenheit" der übertragenen Verrichtung vorgenommen.

Entscheidend ist nicht die ausgeführte Handlung als solche, sondern das Verhältnis dieser Tätigkeit zum übertragenen Aufgabenkreis. Ein vom Gehilfen bei der Arbeit durchgeführter Diebstahl erfolgt daher nicht immer nur „bei Gelegenheit". Wenn dem Gehilfen speziell die Obhut und Bewahrungspflicht über die Sache anvertraut worden ist, so geschieht der von ihm durchgeführte Diebstahl „in Ausführung der Verrichtung".

293

Beispiel: Der Juwelier überträgt seiner Angestellten die Aufgabe, eine wertvolle Perlenkette einer Kundin zu säubern und neu zu schnüren. Bei der Arbeit lässt die Angestellte eine der Perlen in ihrer Tasche verschwinden.

Die übertragene Aufgabe besteht auch darin, den Verlust einzelner Perlen (z.B. durch Unachtsamkeit) zu vermeiden. Die Perlen sind der besonderen Obhut der Angestellten anvertraut. Die Verletzung dieser Obhutspflicht durch das Entwenden einer Perle geschieht daher „in Ausführung der Verrichtung".

Für ein Handeln in Ausführung der Verrichtung kommt es auch nicht entscheidend darauf an, ob der Verrichtungsgehilfe eine vertragliche Pflicht des Geschäftsherrn erfüllt. Hat der Gehilfe außerhalb der vertraglichen Pflichten des Geschäftsherrn als Helfer eines Dritten, aber im Rahmen seiner ihm vom Geschäftsherrn übertragenen Aufgaben gehandelt, so liegt wegen des äußeren und inneren Zusammenhangs mit der übertragenen Aufgabe ein Handeln in Ausführung der Verrichtung vor.[468]

294

4. Verschulden

§ 831 knüpft die Einstandspflicht des Geschäftsherrn an ein **eigenes Verschulden des Geschäftsherrn** an, lässt aber zugunsten des Verletzten eine **doppelte Vermutung** ein-

295

---

467 BGH NJW 1971, 31, 32.
468 OLG Naumburg RÜ 2009, 17.

1. Teil   Unerlaubte Handlungen

greifen: Hat der Verletzte eine rechtswidrige Schädigung durch den Verrichtungsgehilfen dargetan, dann besteht eine vom Geschäftsherrn zu widerlegende Vermutung dafür,

- dass er seinen Gehilfen nicht ausreichend ausgewählt, angewiesen, beaufsichtigt oder mit den erforderlichen Vorrichtungen oder Gerätschaften versehen hat – **Verschuldensvermutung** –, § 831 Abs. 1 S. 2 Hs. 1,

- und, dass die Verletzung dieser Pflichten für die Schädigung ursächlich geworden ist – **Kausalitätsvermutung** –, § 831 Abs. 1 S. 2 Hs.. 2.

Der Grund für diese Beweislastumkehr ist darin zu sehen, dass es sich bei der Kausalität und dem Verschulden des Geschäftsherrn um Vorgänge handelt, die sich im Bereich des Geschäftsherrn abspielen, sodass dem Geschädigten die Beweisführung nicht zugemutet werden kann.[469]

296   Der Geschäftsherr kann sich entlasten (exkulpieren), indem er nachweist, dass er den Verrichtungsgehilfen sorgfältig ausgewählt und überwacht hat (Widerlegung der Verschuldensvermutung) oder dass der Schaden auch bei Anwendung dieser Sorgfalt entstanden wäre (Widerlegung der Kausalitätsvermutung).

An die Exkulpation – insbesondere an die Widerlegung der Verschuldensvermutung – werden hohe Anforderungen gestellt.[470] Der bei der Auswahl und Überwachung des Verrichtungsgehilfen vom Geschäftsherrn einzuhaltende Sorgfaltsmaßstab richtet sich nach den Einzelfallumständen; abzustellen ist vor allem auf die Art der übertragenen Tätigkeit sowie auf die Person des Gehilfen (Alter, Erfahrung, Zuverlässigkeit, Qualifikation).[471] Nach h.M. bezieht sich der Nachweis sorgfältiger Auswahl und Überwachung auf den *Zeitpunkt der schädigenden Handlung*, sodass einmalige Sorgfalt bei der Einstellung nicht genügt, sondern der Geschäftsherr in der Folgezeit auch kontrollieren muss, ob der Verrichtungsgehilfe weiterhin als ordnungsgemäß ausgewählt angesehen werden kann.[472] Dabei kann eine sorgfältige Handhabung der Überwachungspflicht für den Verrichtungsgehilfen nicht vorhersehbare und unauffällige Kontrollen gebieten.[473]

> **Fall 20: Kinder auf der Baustelle**
>
> Bauunternehmer B ließ durch seine Arbeiter, u.a. durch X, Arbeiten an einem Neubau ausführen. Auf der Baustelle spielten häufig Kinder. Als diese trotz mehrfacher Ermahnungen des X nicht weggingen, warf X ein Stück Holz vom Baugerüst hinunter, das den 4-jährigen A verletzte. Der gesetzliche Vertreter des A verlangt von B Schadensersatz. B weist darauf hin, dass er ein Schild habe aufstellen lassen mit der Aufschrift: „Betreten der Baustelle verboten. Eltern haften für ihre Kinder."

A könnte gegen B ein Schadensersatzanspruch **aus § 831** zustehen.

I. Dazu müssen die **Voraussetzungen** des haftungsbegründenden Tatbestands vorliegen.

---

469   Medicus/Lorenz Schuldrecht II § 80 Rn. 8; Wandt § 18 Rn. 13.
470   Petersen Jura 2016, 1257, 1259.
471   OLG Hamm NJW 2009, 2685; Hk-BGB/Staudinger § 831 Rn. 9.
472   Fuchs/Pauker/Baumgärtner Kap. 3 B. II. 4.; Medicus/Petersen BR Rn. 813.
473   BGH NJW 2003, 288, 290 m.w.N.

Sonstige Anspruchsgrundlagen | 2. Abschnitt

1. B muss **Geschäftsherr** und X sein **Verrichtungsgehilfe** gewesen sein.

   Geschäftsherr ist, wer die Tätigkeit des Handelnden jederzeit beschränken oder nach Zeit und Umfang bestimmen kann. Verrichtungsgehilfe ist, wer mit Wissen und Wollen des Geschäftsherrn in dessen Interesse tätig wird und von dessen Weisungen abhängig ist. **297**

   Bauunternehmer B hat seinen Arbeitnehmer X zur Durchführung von Arbeiten auf seiner Baustelle eingesetzt. Aufgrund des Arbeitsvertrags steht dem B ein Weisungsrecht gegenüber dem X zu, sodass X als Verrichtungsgehilfe des Geschäftsherrn B tätig geworden ist. **298**

2. Der Verrichtungsgehilfe muss eine **tatbestandsmäßige und rechtswidrige unerlaubte Handlung** begangen haben. **299**

   X hat durch das Herunterwerfen des Holzstücks die Gesundheit des A verletzt und damit den Tatbestand des § 823 Abs. 1 erfüllt. Die Rechtswidrigkeit ist durch die Verwirklichung des Tatbestands indiziert und es ist kein Rechtfertigungsgrund für X ersichtlich.

3. Das Bemühen des X, die Kinder von der Baustelle fernzuhalten, gehörte zu dem ihm übertragenen Aufgabenbereich. Deshalb bestand zwischen dem Werfen des Holzstücks und der übertragenen Aufgabe, die Kinder fernzuhalten, ein äußerer und innerer Zusammenhang, sodass X in Ausübung seiner Verrichtung handelte. **300**

4. Das **Verschulden des Geschäftsherrn wird vermutet** und B hat allein durch den Hinweis auf das Warnschild den Entlastungsbeweis nach § 831 Abs. 1 S. 2 nicht geführt. **301**

II. Als **Rechtsfolge** („haftungsausfüllender Tatbestand") ist B gemäß §§ 249 ff. zum Ersatz des Schadens verpflichtet, den X dem A zugefügt hat.

Anmerkung: Erfüllt der Gehilfe selbst die Voraussetzungen einer unerlaubten Handlung, z.B. weil er im Rahmen des § 823 Abs. 1 selbst schuldhaft gehandelt hat, so haftet er persönlich nach § 823 Abs. 1, unabhängig von der Haftung des Geschäftsherrn nach § 831.[474] Haften Geschäftsherr (§ 831) und Gehilfe (z.B. aus § 823 Abs. 1) nebeneinander, sind sie Gesamtschuldner gemäß § 840 Abs. 1 mit der Ausgleichspflicht im Innenverhältnis nach § 840 Abs. 2.

II. Mehrere in Betracht kommende Geschäftsherrn

Ist ein Arbeitnehmer mehreren Weisungszuständigkeiten untergeordnet, so ist für die Frage, wessen Verrichtungsgehilfe er ist, maßgeblich, in wessen **Weisungszuständigkeit** das rechtswidrige Verhalten fällt. Bei mehreren Weisungszuständigkeiten entscheidet das ranghöhere Direktionsrecht.[475] **302**

Praktische Anwendung findet dieser Grundsatz bei den Leiharbeitsverhältnissen.

---

474 Staudinger/Bernau § 831 Rn. 13.
475 MünchKomm/Wagner § 831 Rn. 21 m.w.N.

109

| | 1. Teil | Unerlaubte Handlungen |

III. Nichterweislichkeit verkehrsrichtigen Verhaltens des Gehilfen

303 Nach der Rspr. stellt das verkehrsrichtige Verhalten einen Rechtfertigungsgrund dar. Die Beweislast für das Eingreifen eines Rechtfertigungsgrundes trägt der Schädiger. Wenn weder ein verkehrsrichtiges noch ein verkehrswidriges Verhalten des Verrichtungsgehilfen festzustellen ist, haftet der Verrichtungsgehilfe mangels nachgewiesenen Verschuldens nicht aus § 823 Abs. 1, der Geschäftsherr jedoch mangels Nachweises eines Rechtfertigungsgrundes aus § 831.[476]

Beispiel:[477] Bei einem Verkehrsunfall kam die Radfahrerin R mit ihrem Rennrad zu Fall, als sie von dem von F gelenkten Sattelschlepper überholt wurde. Das linke Bein geriet unter die rechten Hinterräder des Hängers, R wurde erheblich verletzt. R verlangt von F und G, dem Arbeitgeber des F und Halter des Fahrzeugs, als Gesamtschuldner Schadensersatz. Im Prozess ist dem F ein schuldhaftes Verhalten nicht nachzuweisen. Es steht fest, dass R in unmittelbarem Zusammenhang mit dem Überholvorgang durch den Sattelschlepper zu Fall gekommen ist. Es bleibt aber offen, ob der überholende Lkw einen ausreichenden Sicherheitsabstand eingehalten hat oder nicht.

I. Ein Anspruch der **R gegen F aus § 823 Abs. 1** scheidet aus, da R dem F kein schuldhaftes Verhalten nachweisen kann.

II. Dagegen haftet der **Geschäftsherr G** nach **§ 831:** F hat den objektiven Tatbestand des § 823 Abs. 1 erfüllt, da die Fahrt mit dem Sattelschlepper adäquat kausal für die Körperverletzung der R war. Die Rechtswidrigkeit des Verhaltens des F ist damit indiziert. Bei der Nichtaufklärbarkeit der Frage, ob sich F verkehrsrichtig verhalten hat oder nicht, hat G keinen Rechtfertigungsgrund für das Verhalten des F nachgewiesen. Auf ein Verschulden des F als Verrichtungsgehilfen kommt es bei § 831 nicht an. Der Geschäftsherr G haftet, wenn er nicht den Entlastungsbeweis nach § 831 Abs. 1 S. 2 führen kann.

IV. Der Unterschied zwischen § 278 und § 831

304

§ 278	§ 831
▪ kann nur im Rahmen von **Schuldverhältnissen** Anwendung finden;	▪ ist unabhängig davon anwendbar, ob ein Schuldverhältnis besteht oder nicht;
▪ ist anwendbar ohne Rücksicht darauf, ob der Erfüllungsgehilfe vom Geschäftsherrn weisungsabhängig ist oder nicht;	▪ setzt voraus, dass der Verrichtungsgehilfe vom Geschäftsherrn **weisungsabhängig** ist;
▪ ist eine **reine Zurechnungsnorm** mit der Funktion, in einer gegebenen Anspruchsgrundlage das Merkmal des „Vertretenmüssens" auszufüllen;	▪ ist eine **selbstständige, deliktsrechtliche Anspruchsgrundlage**;
▪ begründet eine **Haftung für fremdes Verschulden** (nämlich für Verschulden des Erfüllungsgehilfen);	▪ begründet eine **Haftung für eigenes Verschulden** des Geschäftsherrn;
▪ gibt dem Geschäftsherrn **keine Exkulpationsmöglichkeit.**	▪ gibt dem Geschäftsherrn eine **Exkulpationsmöglichkeit.**

§ 278 und § 831 können **nebeneinander** zur Anwendung kommen: Enthält eine Handlung gleichzeitig die Verletzung einer schuldrechtlichen Verhaltenspflicht und einen Verstoß gegen die allgemeinen Rechtspflichten der §§ 823 ff., so haftet der Schädiger

---

476 BGHZ 24, 21; BGH NJW-RR 1987, 1048; OLG Hamm MDR 1998, 1222.
477 Nach OLG Hamm MDR 1998, 1222.

regelmäßig sowohl aus Vertrag als auch aus unerlaubter Handlung. Grundsätzlich besteht dann Anspruchskonkurrenz bei Gleichwertigkeit von Vertrags- und Deliktsrecht. Ist aufseiten des Anspruchsgegners ein Gehilfe eingeschaltet, so ist für die vertragliche Haftung des Schuldners auf § 278, für seine Deliktshaftung auf § 831 abzustellen.

V. Organisationsverschulden; dezentralisierter Entlastungsbeweis

1. Organisationsverschulden

Neben den Auswahl- und Überwachungspflichten des Geschäftsherrn in Bezug auf den Verrichtungsgehilfen können für ihn weitere Betriebsorganisationspflichten bestehen.

305

Ausdruck dieser allgemeinen Organisationspflicht ist eine u.a. eine fortlaufende Überwachung, der Erlass allgemeiner Anordnungen und die Kontrolle der Einhaltung dieser Anordnungen.[478]

Verletzt der Geschäftsherr diese Organisationspflichten, kommt eine Haftung wegen **„Organisationsverschuldens"** aus **§ 823** in Betracht. **Daneben** kann er auch aus **§ 831** haften.[479]

Beispiel: A betreibt eine Autolackiererei. Wegen Brand- und Explosionsgefahr der Lackdämpfe hat er von der Behörde Sicherheitsauflagen bekommen. U.a. ist ihm aufgegeben, jedes offene Feuer in der Werkstatt zu vermeiden und eine Anzahl von Feuerlöschgeräten mit einem bestimmten speziell geeigneten Löschmittel greifbar zu haben. A nimmt diese Anordnung nicht sehr ernst. Feuerlöschgeräte sind inzwischen nicht mehr vorhanden. A stellt R ein, ohne ihn auf die besondere Brandgefahr hinzuweisen. Wenn R in der Arbeitspause gelegentlich eine Zigarette raucht, sagt er nichts. An einem Tag, an dem A auswärts ist, kommt es durch Rauchen des R zu einem zunächst kleinen Brand. R gießt, da er keine Feuerlöschgeräte sieht, Wasser in die Flamme, wodurch sich diese vergrößert. Da sich Qualm entwickelt, reißt R alle Fenster und Türen auf. Durch den Luftstrom wird der Brand entfacht. Es entsteht eine Explosion, die das Haus des Nachbarn N in Mitleidenschaft zieht. N verlangt von A Schadensersatz.

I. § 831 Abs. 1? R ist als Arbeitnehmer des A dessen Verrichtungsgehilfe. Als R die zur Brand- und Explosionsverhütung notwendigen Maßnahmen unterließ und rauchte, handelte er in Ausführung der Verrichtung, denn A hatte auch die arbeitsspezifischen Vorsichtsmaßnahmen auf R übertragen. Das Rauchen hat adäquat kausal und rechtswidrig zu einer Eigentumsverletzung bei N geführt. A kann sich nicht exkulpieren, da er R nicht hinreichend instruiert und überwacht hat. A haftet somit aus § 831.

II. § 823 Abs. 1? A hat seine Verkehrssicherungspflicht verletzt. Er hätte seinen Betrieb so organisieren müssen, dass Feuerlöschgeräte vorhanden waren. Er hätte für den Fall eines Brandes einen „Organisationsplan" aufstellen und für eine Brandbekämpfung sorgen müssen. Das pflichtwidrige Unterlassen des A war für die Eigentumsverletzung des N adäquat kausal. A handelte rechtswidrig und schuldhaft. A haftet somit (auch) aus § 823 Abs. 1.

2. Dezentralisierter Entlastungsbeweis

In Großunternehmen ist es dem Unternehmensinhaber praktisch nicht möglich, sich für jeden einzelnen seiner Arbeitnehmer zu exkulpieren. Er bedient sich für die Einstellung und Überwachung untergeordneter Personen (z.B. Personalchef für die Einstellung, Abteilungsleiter für die Überwachung), die ihrerseits wiederum Aufgaben delegieren.

306

■ Um einem Großunternehmer die Möglichkeit der Exkulpation zu eröffnen, hat die Rspr. den sogenannten **dezentralisierten Entlastungsbeweis** entwickelt: Danach braucht

---

478 BeckOK/Förster § 823 Rn. 372 ff.
479 Lange Jura 2019, 351, 352.

1. Teil — Unerlaubte Handlungen

sich der Großunternehmer nur hinsichtlich der Auswahl und Überwachung der von ihm zwischengeschalteten Auswahl-/Überwachungsperson zu exkulpieren.[480]

Der dezentralisierte Entlastungsbeweis ist nur einschlägig, wenn der Geschäftsherr im Einzelfall nachweist, dass die Größe seines Unternehmens, das Ausmaß der erforderlichen Verwaltung oder andere persönliche Hindernisse ihm die persönliche Auswahl und Überwachung der Verrichtungsgehilfen unmöglich machen.[481]

■ Zum Teil wird in dem dezentralisierten Entlastungsbeweis eine ungerechtfertigte Bevorzugung von Großunternehmen gesehen.[482] Es wird daher teils gefordert, dass der Geschäftsherr neben seiner eigenen Entlastung auch nachweisen muss, dass der höhere Angestellte seinerseits bei Auswahl und Überwachung von Verrichtungsgehilfen sorgfältig gehandelt hat.[483]

■ Zutreffend dürfte es sein, einer ungerechtfertigten Freistellung des Betriebsinhabers dadurch zu begegnen, dass man zwar mit der Rspr. den dezentralisierten Entlastungsbeweis zulässt, aber zum einen an den für die zuständige Aufsichtsperson zu erbringenden Entlastungsbeweis strenge Anforderungen (auch hinsichtlich der Überwachung) stellt und dass man zum anderen die Grenzen der eigenen Organisationspflicht des Geschäftsherrn, bei deren Verletzung er nach § 823 Abs. 1 wegen Organisationsverschuldens haftet, nicht zu eng zieht.

Fall 21: Aufsichts- und Organisationspflicht im Großbetrieb

Tiefbauunternehmer U wurde von der Stadtgemeinde mit der Ausschachtung eines Grabens zur Verlegung einer neuen elektrischen Lichtleitung beauftragt. Bei den Ausschachtungsarbeiten erfasste der vom Arbeiter A gesteuerte Löffelbagger ein quer über die Straße zum Hause des E führendes Anschlussrohr der Gasversorgung. Hierdurch strömte Gas in den Keller des E aus. Das Gas führte 10 Minuten später zu einer Explosion, durch die das Haus des E so schwer beschädigt wurde, dass es abgerissen werden musste. E verlangt von U Schadensersatz.

U beruft sich darauf, dass er D mit der örtlichen Bauleitung beauftragt habe. Dieser besitze als graduierter Tiefbauingenieur die erforderliche Qualifikation, technische Aufgaben in eigener Verantwortung durchzuführen. Er sei als Bauführer und Bauleiter bei größeren Bauvorhaben mit besonderer Umsicht tätig gewesen und mit allen Bauarbeiten und Bausicherungsmaßnahmen vertraut. Er habe viele Bauarbeiten in eigener Verantwortung gewissenhaft durchgeführt und in keinem Fall zu Beanstandungen Veranlassung gegeben. Hierfür tritt U Beweis an. (nach BGH NJW 1971, 1313)

---

307 A. E könnte gegen U ein Schadensersatzanspruch aus **§ 831 Abs. 1** zustehen.

A hat als Verrichtungsgehilfe des U adäquat kausal das Eigentum des E beschädigt. A hat damit tatbestandsmäßig und rechtswidrig eine unerlaubte Handlung (§ 823

---

480 RGZ 78, 107, 108; BGHZ 4, 1, 2 ff.; BGH VersR 1964, 297; Soergel/Krause § 831 Rn. 47; MünchKomm/Wagner § 831 Rn. 42.
481 Lange Jura 2019, 351, 358.
482 Larenz/Canaris § 79 III 3 b; BGH NJW 1968, 247, 248 hat es dahinstehen lassen, ob an der den Großbetrieb begünstigenden Rspr. zum dezentralisierten Entlastungsbeweis festgehalten werden kann.
483 Helm AcP 166, 389, 398.

Abs. 1) begangen. Dabei handelte A in Ausführung der ihm aufgetragenen Verrichtung.

U haftet daher aus § 831 Abs. 1 S. 1, wenn er nicht den **Entlastungsbeweis** nach § 831 Abs. 1 S. 2 führen kann. Hinsichtlich des A hat U zu seiner Entlastung nichts vorgetragen.

Da es Großunternehmern praktisch nicht möglich ist, sich für jeden einzelnen Arbeitnehmer zu exkulpieren, hat die Rspr. den **dezentralisierten Entlastungsbeweis** entwickelt, wonach es bei Schädigung eines Dritten durch einen Verrichtungsgehilfen, der einer Zwischenperson nachgeordnet ist, zum Ausschluss der Haftung nach § 831 genügt, wenn sich der Geschäftsherr hinsichtlich der Auswahl und Überwachung des von ihm eingesetzten höheren Angestellten exkulpiert.

U hat unter Beweisantritt dargelegt, dass er den für die örtliche Bauleitung zuständigen D sorgfältig ausgewählt und überwacht hat. Folglich hat U sich für die von ihm dazwischengeschaltete Person erfolgreich exkulpiert, sodass ein Anspruch gegen U aus § 831 Abs. 1 ausscheidet.

B. Möglich ist ein Anspruch des E gegen U auf Schadensersatz aus **§ 823 Abs. 1** wegen **308**
   Organisationsverschuldens.

   I. Dazu müssen die **Voraussetzungen** des haftungsbegründenden Tatbestands gegeben sein.

      1. Das **Eigentum** des E ist infolge der Explosion **verletzt** worden.

      2. Dies muss **durch ein dem U zurechenbares Handeln** geschehen sein.

         a) U könnte es **unterlassen** haben, für die notwendigen Sicherheitsvorkehrungen Sorge zu treffen. Das Unterlassen stellt jedoch nur dann ein tatbestandsmäßiges Verhalten i.S.v. § 823 Abs. 1, wenn für U gegenüber E eine **Rechtspflicht zum Handeln** bestanden hat und er diese durch sein Unterlassen verletzt hat.

         U traf eine Sorgfaltspflicht (Verkehrssicherungspflicht) aus der tatsächlichen Verfügungsgewalt über ein gefahrbringendes Unternehmen. Er musste dafür sorgen, dass aus diesem Unternehmen keine Gefahren für Dritte entstanden. Diese Garantenpflicht bestand auch gegenüber E, da dieser als Anwohner befugtermaßen mit der Gefahrenquelle in Berührung kam und besonders gefährdet war. Fraglich ist, ob U die Garantenpflicht verletzt hat. Daran fehlt es, wenn er seine Verpflichtung zu seiner völligen Entlastung auf D übertragen hat.

         Die komplette Übertragung einer Verkehrssicherungspflicht auf einen **309**
         Dritten mit der Folge voller Entlastung des Übertragenden ist grundsätzlich nur möglich, wenn dies durch Rechtsnorm angeordnet oder zugelassen wird.[484] Ansonsten kann ein Verkehrssicherungspflichtiger sich der Pflicht nicht durch Einschaltung eines Dritten völlig entledigen, sondern er

---

484 Jauernig/Teichmann § 823 Rn. 38.

1. Teil — Unerlaubte Handlungen

muss bei Übertragung der erforderlichen Maßnahmen auf einen Dritten dafür sorgen, dass der Dritte der Verkehrssicherungspflicht in gehöriger Weise nachkommt. Es besteht also die **Verkehrssicherungspflicht als Organisationspflicht** fort.[485]

310   Dieser Grundsatz gilt umso mehr, wenn der Inhaber eines Großunternehmens die ihm obliegende Verkehrssicherungspflicht einem weisungsabhängigen Gehilfen überträgt. Der Geschäftsherr hat selbst sicherzustellen, dass eine Betriebsorganisation gegeben ist, die den vertikalen Informations- und Kontrollzusammenhang gewährleistet und die dafür sorgt, dass es an erforderlichen Richtlinien und Anweisungen nicht fehlt. Für eine Verletzung dieser Organisationspflicht haftet der Geschäftsherr nach § 823 Abs. 1.[486]

U hat es pflichtwidrig unterlassen, durch eine klare Anweisung seinen örtlichen Bauleiter zu informieren, wie er sich über Lage und Verlauf der Versorgungsleitungen anhand zuverlässiger Unterlagen der in Betracht kommenden Versorgungsunternehmen zu vergewissern hatte. Folglich hat U seine Rechtspflicht zum Handeln verletzt, sodass sein Unterlassen tatbestandsmäßig ist.

b)   Hätte D die notwendigen Informationen und Anweisungen erhalten, hätte er mit an Sicherheit grenzender Wahrscheinlichkeit dafür gesorgt, dass es nicht zu der Explosion gekommen wäre, sodass das Unterlassen für den Verletzungserfolg **äquivalent kausal** gewesen ist.

c)   Die Eigentumsverletzung stellt auch eine typische Folge des Unterlassens der Sicherungsvorkehrungen dar, sodass das Unterlassen für den Verletzungserfolg **adäquat kausal** gewesen ist.

d)   Der erforderliche **Zurechnungszusammenhang** ergibt sich aus der bereits festgestellten Verkehrssicherungspflichtverletzung.

3.   Die Erfüllung des Tatbestands indiziert die **Rechtswidrigkeit** und Rechtfertigungsgründe sind nicht ersichtlich.

4.   Ferner hat U die im Verkehr erforderliche Sorgfalt i.S.v. § 276 Abs. 2 nicht beachtet und folglich **schuldhaft** gehandelt.

II.   Als **Rechtsfolge** („haftungsausfüllender Tatbestand") muss U dem E gemäß § 249 Abs. 2 S. 1 für die Zerstörung des Hauses Schadensersatz in Geld leisten.

---

485   BGH VersR 1983, 152; NJW 1987, 2669, 2670; 1987, 2671, 2673; 1990, 1361, 1363.
486   BGHZ 11, 151, 155 f., st.Rspr.; Erman/Wilhelmi § 831 Rn. 25; Kötz/Wagner Rn. 303; Soergel/Krause Anh II § 823 Rn. 61.

VI. § 31; Verhältnis zu § 831

Nach § 31 haften **Vereine** für einen Schaden, den eines ihrer **Organe** einem Dritten in Ausführung der dem Organ zustehenden Verrichtung zugefügt hat. § 31 ist keine selbstständige Anspruchsgrundlage, sondern eine **reine Zurechnungsnorm** und setzt eine zum Schadensersatz verpflichtende Handlung eines Organs voraus. Ein Entlastungsbeweis ist nicht möglich.

311

Diese Organhaftung des Vereins beruht auf der Erwägung, dass die Handlung des Organs als Handlung des Vereins selbst gilt; deshalb soll der Verein für die Handlung des Organs einstehen, wie eine natürliche Person für ihre eigene Handlung einzustehen hat.[487] Diese Erwägung trifft für alle juristischen Personen zu. Deshalb ist § 31 z.B. auch auf Stiftungen und juristische Personen des öffentlichen Rechts entsprechend anwendbar (vgl. §§ 86, 89). Für andere Personen, die mit der Erledigung von Aufgaben der juristischen Person betraut sind, gilt im Bereich der unerlaubten Handlungen § 831.

312

Beachte: Eine analoge Anwendung des § 31 wird vorgenommen, wenn es sich um ein abstraktes Rechtsgebilde mit eigener Rechtsfähigkeit, aber ohne Handlungsfähigkeit handelt.

Darüber hinaus dehnt die Rspr. die Zurechnung gemäß § 31 (analog) auch auf andere Personen als Organe aus und hat dabei zwei verschiedene Ansätze:

313

- Es wird zum einen der Begriff des verfassungsmäßigen Vertreters auf alle ausgedehnt, die eigenverantwortlich einen Aufgabenbereich wahrnehmen, der normalerweise von Organen wahrgenommen wird. Entscheidend ist, ob er nach außen einen bestimmten Aufgabenbereich eigenverantwortlich in der Weise erledigt, dass er die juristische Person auf diese Weise repräsentiert – **„Repräsentantenhaftung".**[488]

- Zum anderen wird an den Gedanken der **Organisationshaftung** angeknüpft: Die juristische Person ist verpflichtet, für vom Vorstand nicht übersehbare Tätigkeitsbereiche ein besonderes Organ zu bestellen. Die fehlende Berufung stellt einen Organisationsmangel dar. Die juristische Person muss sich wegen dieses Organisationsmangels so behandeln lassen, als wäre der zuständige Angestellte Organ.[489]

Fall 22: Repräsentanten- und Organisationshaftung

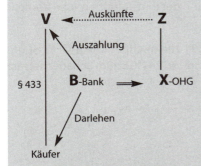

Die B-Bank finanziert Teilzahlungskäufe von Kraftfahrzeugen durch Gewährung von Darlehen an die Käufer. Die Darlehen werden an die Verkäufer ausgezahlt. Voraussetzung dafür ist die Sicherungsübereignung des gekauften Fahrzeugs, die Bürgschaftserklärung des Verkäufers und eine günstige Kreditauskunft über den Käufer.

Die X-OHG betreibt eine große Auskunftei mit Büros in 16 Städten der Bundesrepublik. Ihr Büro in der Stadt S wird seit Jahren von dem „Handelsvertreter" Z geleitet. Jahrelang gab Z

---

[487] Brox/Walker AT Rn. 746a.
[488] BGHZ 49, 19, 21; 77, 74, 79; BGH NJW 1972, 334; 1977, 2259; Kötz/Wagner Rn. 302; Soergel/Hadding § 31 Rn. 18.
[489] BGHZ 13, 198, 203; 24, 200, 213; 39, 124, 129 f.; Kötz/Wagner Rn. 303; MünchKomm/Reuter § 31 Rn. 5.

| 1. Teil | Unerlaubte Handlungen |

dem Autohändler V – über dessen Vermögen inzwischen das Insolvenzverfahren eröffnet worden ist – auf dessen Verlangen in insgesamt 1.500 Fällen „Kreditauskünfte" über Kunden des V, und zwar auf dem Papier mit dem Briefkopf der X-OHG. In 26 Fällen waren die Auskünfte fingiert, es handelte sich um erfundene Personen; in weiteren fünf Fällen existierten die Personen zwar, die Auskünfte waren aber zu günstig. In diesen 31 Fällen fertigte Z die Schreiben, die er der Firmenleitung der X-OHG verheimlichte, ohne jede Nachforschung und Prüfung allein aufgrund der Angaben des V. Mit Hilfe dieser Schriftstücke betrog V die B-Bank, indem er sich von ihr Darlehen auszahlen ließ. Z wusste, dass er durch sein Verhalten das Vermögen der B-Bank gefährdete und nahm dies in Kauf. Der B-Bank entstand ein Schaden. Diesen Schaden verlangt sie von der X-OHG ersetzt. (Fall nach BGHZ 49, 17)

314 Der B-Bank könnte gegen die X-OHG ein Anspruch aus unerlaubter Handlung gemäß **§ 823 Abs. 2 i.V.m. §§ 263, 27 StGB und § 826 i.V.m. § 124 HGB** zustehen.

I. Eine **OHG besteht** und diese ist **gemäß § 124 HGB rechtsfähig**.

II. Ferner muss eine **Verbindlichkeit der X-OHG** gegenüber der B-Bank aus §§ 823 ff. bestehen. Die Gesellschaft als solche kann jedoch keine unerlaubte Handlung begehen. Z könnte eine unerlaubte Handlung begangen haben. Fraglich ist, ob die OHG sich dessen Verhalten und Verschulden **analog § 31** zurechnen lassen muss.

1. § 31 ist auf Personenhandelsgesellschaften analog anwendbar, weil diese aufgrund ihrer eigenen Rechtsfähigkeit **mit einem Verein vergleichbar** sind.[490]

2. Ferner muss ein **Organ** der OHG eine unerlaubte Handlung begangen haben.

    a) Z ist kein Gesellschafter der X-OHG und damit kein Organ i.S.v. § 31. Z war jedoch damit betraut, eigenverantwortlich Aufgaben der X-OHG wahrzunehmen, sodass er als Repräsentant einem Organ gleichzustellen ist.

    b) Z hat in Ausführung der ihm zustehenden Verrichtung 26 Auskünfte fingiert und in mehreren Fällen falsche Auskünfte erteilt und damit den Tatbestand des § 823 Abs. 2 i.V.m. §§ 263, 27 StGB und des § 826 in objektiver und subjektiver Hinsicht verwirklicht. Er ist in Ausführung der ihm aufgetragenen Verrichtung tätig geworden.[491]

Dieses Handeln des Z wird der OHG analog § 31 zugerechnet. Die X-OHG ist gemäß § 823 Abs. 2, §§ 263, 27 StGB und § 826 i.V.m. § 124 HGB zum Schadensersatz verpflichtet.

---

490 Palandt/Grüneberg § 31 Rn. 3 m.w.N.
491 BGHZ 49, 19, 21.

Sonstige Anspruchsgrundlagen **2. Abschnitt**

F. § 832 Haftung des Aufsichtspflichtigen

Aufbauschema für § 832
I. Voraussetzungen („haftungsbegründender Tatbestand")
1. Aufsichtspflichtiger
2. Aufsichtsbefohlener
3. Tatbestandsmäßige und rechtswidrige unerlaubte Handlung des Aufsichtsbefohlenen
4. Verschulden des Aufsichtspflichtigen wird vermutet, wenn kein Entlastungsbeweis
II. Rechtsfolgen („haftungsausfüllender Tatbestand")
Ersatz des Schadens

I. Normzweck

§ 832 normiert die Haftung des Aufsichtspflichtigen für den Aufsichtsbedürftigen. Fügt der Aufsichtsbedürftige einem Dritten rechtswidrig einen Schaden zu, so geht der Gesetzgeber in § 832 davon aus, dass die eigentliche Ursache des Schadens in einem Sorgfaltsverstoß des Aufsichtspflichtigen liegt: es wird vermutet, dass der Aufsichtspflichtige bei der Ausübung der Aufsichtspflicht gegen die erforderliche Sorgfalt verstoßen hat. Widerlegt der Aufsichtspflichtige diese Verschuldensvermutung nicht, haftet er für eigenes Verschulden.

Die Haftung des Aufsichtspflichtigen beruht auf der Tatsache, dass von dem Aufsichtsbedürftigen Gefahren für Dritte ausgehen können und der Aufsichtspflichtige die erforderlichen Einwirkungsmöglichkeiten auf dessen Verhalten hat.[492]

Beachte: *§ 832 dient nur dem Schutz Dritter, nicht dem Schutz des Aufsichtsbedürftigen. Er leidet dieser infolge mangelhafter Aufsicht einen Schaden, folgt die Ersatzpflicht des Aufsichtspflichtigen nicht aus § 832, sondern u.U. aus Vertrag, Verletzung familienrechtlicher Bestimmungen oder aus § 823 Abs. 1.[493]*

II. Voraussetzungen[494]

1. Aufsichtspflichtiger, -befohlener

Der Anspruchsgegner muss eine Aufsichtspflicht gegenüber einer aufsichtsbedürftigen Person, nämlich gegenüber einem Minderjährigen oder einem wegen seines geistigen oder körperlichen Zustands Aufsichtsbedürftigen haben. **315**

Eine Aufsichtspflicht kraft Gesetzes trifft die Eltern (§§ 1626, 1631), ferner den Vormund (§§ 1793, 1800), den Ergänzungspfleger (§§ 1909, 1915, 1800), den Betreuer (§§ 1896 ff.) sowie den Ausbilder gegenüber dem minderjährigen Auszubildenden (§§ 6, 9 BBiG).

---

492 Brand JuS 2012, 674 ff.; Fuchs/Pauker/Baumgärtner Kap. 3 C. I.

493 Hk-BGB/Staudinger § 832 Rn. 2.

494 Vgl. Bernau FamRZ 2006, 82 ff. zur Haftung aus § 832 bei „Patchwork"-Familien.

1. Teil Unerlaubte Handlungen

Eine Aufsichtspflicht kann sich auch aus Vertrag ergeben und eine Haftung gemäß § 832 Abs. 2 begründen. Die vertragliche Übernahme kann auch konkludent geschehen, setzt aber eine weitreichende Obhut von längerer Dauer und weitgehender Einwirkungsmöglichkeit voraus (z.B. Pflegeeltern, Kindergärtnerinnen, Kinderheim; nicht bei Überlassen des Kindes für die Zeit von Besorgungen oder beim Besuch des Kindes bei Freunden).[495]

2. Tatbestandsmäßige und rechtswidrige unerlaubte Handlung des Aufsichtsbefohlenen

316 Der Aufsichtsbedürftige muss eine rechtswidrige unerlaubte Handlung begangen haben. Auf seine Verschuldensfähigkeit oder Verschulden kommt es nicht an.

3. Verschulden

317 Das **Verschulden** des Aufsichtspflichtigen wird **vermutet**. Die Haftung tritt jedoch nicht ein, wenn der Aufsichtspflichtige den Entlastungsbeweis gemäß § 832 Abs. 1 S. 2 führt, indem er nachweist, dass er seiner Aufsichtspflicht genügt hat **(Widerlegung der Verschuldensvermutung)** oder dass der Schaden auch bei gehöriger Aufsichtsführung entstanden wäre **(Widerlegung der Kausalitätsvermutung)**.

Das Maß der gebotenen Aufsicht bestimmt sich nach Alter, Eigenart und Charakter des Kindes, nach der Voraussehbarkeit des schädigenden Verhaltens sowie danach, was dem Aufsichtspflichtigen in seinen jeweiligen Verhältnissen zugemutet werden kann.[496] Bei Kindern mit schweren Verhaltensstörungen und aggressivem Verhalten bestehen gesteigerte Aufsichtspflichten.[497]

Nach Ansicht des BGH genügen die Eltern eines normal entwickelten 13-Jährigen, der ihre grundlegenden Gebote und Verbote befolgt, ihrer Aufsichtspflicht regelmäßig schon dadurch, dass sie das Kind über die Rechtswidrigkeit einer Teilnahme an Internettauschbörsen belehren und ihm eine Teilnahme verbieten. Eine Überwachungspflicht bestehe nur bei konkreten Anhaltspunkten dafür, dass das Kind dem Verbot zuwider handele.[498]

Fall 23: Geflutetes Badezimmer

M und S sind die Eltern des zum Tatzeitpunkt 3 1/2 jährigen T. Die Familie bewohnt eine Wohnung im zweiten Obergeschoss eines Mehrfamilienhauses, das E gehört. Am 14.06.2018 brachte M gegen 18.30 Uhr ihren Sohn ins Bett, der dort noch ein Hörspiel hörte. M ging in das elterliche Schlafzimmer, wo sie – unbeabsichtigt – einschlief. Zwischen 19.00 und 20.00 Uhr ging T alleine zur Toilette und benutzte dabei solche Mengen an Toilettenpapier, dass der Abfluss der Toilette verstopfte. Der Spülknopf für das WC war schon seit dem Einzug von S und M nicht mehr völlig in Ordnung, da er in einer Weise hakte, dass Wasser ununterbrochen nachlaufen konnte, wenn er nicht in bestimmter Weise bedient wurde. Aufgrund der Verstopfung der Toilette nach der Nutzung durch T trat Wasser unkontrolliert aus dem WC aus. Die un-

---

495 Jauernig/Teichmann § 832 Rn. 4 m.w.N.
496 BGH JuS 1991, 76; FamRZ 1997, 799, 800; BGH RÜ 2009, 497.
497 BGH MDR 1997, 643; OLG Frankfurt OLG Report 2001, 18, 19.
498 BGH NJW 2013, 1441.

118

> Sonstige Anspruchsgrundlagen **2. Abschnitt**

> ter der Familie wohnende Nachbarin weckte M, als sie wegen des Wasserschadens an der Wohnungstür klingelte. Zum Zeitpunkt des Schadensereignisses ist T – wie andere Kinder in dem Alter üblicherweise auch – bereits alleine zur Toilette gegangen und hat dies – wie auch die Benutzung des defekten Spülknopfes – beherrscht. Er hat zuvor noch nie derartige Schäden verursacht.
>
> Steht E gegen M und S ein Anspruch auf Ersatz des Überschwemmungsschadens. aus § 832 Abs. 1 zu? (nach OLG Düsseldorf RÜ 2018, 692)

E könnte gegen die Eltern M und S ein Anspruch auf Ersatz des Überschwemmungsschadens **gemäß § 832 Abs. 1** zustehen.

Dazu müssen die **Voraussetzungen** des haftungsbegründenden Tatbestands gegeben sein.

I. Die Eltern M und S sind als Inhaber der Personensorge gemäß §§ 1626 Abs. 1, 1631 Abs. 1 kraft Gesetzes gegenüber ihrem 3 1/2 jährigen Sohn T **aufsichtspflichtig**, der wegen seiner Minderjährigkeit der **Aufsicht bedurfte**. **318**

II. T hat die Toilette durch übermäßigen Gebrauch von Toilettenpapier verstopft und die gelegentlich hakende Spülung betätigt, wodurch Wasser unkontrolliert aus dem WC austrat und sich ausbreitete. Folglich hat T das Eigentum des E durch sein Verhalten rechtswidrig beschädigt und somit **§ 823 Abs. 1 tatbestandsmäßig und rechtswidrig verwirklicht**. **319**

III. Das **Verschulden** der Eltern wird **vermutet**. Der Aufsichtspflichtige kann jedoch den **Entlastungsbeweis nach § 832 Abs. 1 S. 2** führen, indem er nachweist, dass er seiner Aufsichtspflicht genügt hat oder dass der Schaden auch bei gehöriger Aufsicht entstanden wäre. Das Maß der gebotenen Aufsicht über Minderjährige bestimmt sich nach Alter, Eigenart und Charakter des Kindes, nach der Vorhersehbarkeit des schädigenden Verhaltens sowie danach, was verständigen Eltern nach vernünftigen Anforderungen in der konkreten Situation zugemutet werden kann. Absolute Sicherheit ist dabei nicht gefordert; insbesondere ist eine lückenlose Überwachung dann nicht erforderlich, wenn sie eine vernünftige Entwicklung des Kindes, insbesondere der Lernprozess im Umgang mit Gefahren, hemmen würde.[499] **320**

3-jährige Kinder müssen in einer geschlossenen Wohnung nicht mehr unter ständiger Beobachtung stehen. Es ist daher ausreichend, wenn sich der Aufsichtspflichtige in Hörweite aufhält.[500]

Infolgedessen musste M weder den Einschlafvorgang ihres Sohnes in kurzfristigen Intervallen überwachen noch sicherstellen, dass T nicht alleine zur Toilette ging. Dieser hätte auch in der Nacht aufwachen und zur Toilette gehen können. Zu erwarten, dass Aufsichtspflichtige Vorkehrungen treffen, in solchen Fällen geweckt zu werden, um eine Kontrolle durchzuführen, geht an der Realität vorbei, ist lebensfremd und steht der sich entwickelnden und entwickelten Selbstständigkeit entgegen.[501]

---

499 OLG Düsseldorf RÜ 2018, 692, 693.
500 OLG Düsseldorf RÜ 2018, 692, 693.
501 OLG Düsseldorf RÜ 2018, 692, 693.

1. Teil — Unerlaubte Handlungen

Zwar stellt das Badezimmer aufgrund des nicht ordnungsgemäß funktionierenden Spülknopfes im Vergleich zu anderen Badezimmern eine besondere Gefahrenquelle dar. Jedoch war T daran gewöhnt und hatte gelernt, damit umzugehen. M und S mussten daher nicht sicherstellen, dass ihr Sohn niemals die Toilette alleine nutzt bzw. nach jeder Nutzung der Toilette ihr Zustand kontrolliert wird.

Somit haben die Eltern ihrer Aufsichtspflicht genügt und daher die Verschuldensvermutung des § 832 Abs. 1 S. 2 widerlegt, sodass E gegen die Eltern M und S kein Anspruch auf Ersatz des Überschwemmungsschadens aus § 832 Abs. 1 zusteht.

G. § 833 Haftung des Tierhalters

Aufbauschema für § 833	
I. Voraussetzungen („haftungsbegründender Tatbestand")	
§ 833 S. 1 **Luxustier**	**§ 833 S. 1 u. S. 2** **Nutztier**
1. Rechts(gut)verletzung	**1. Rechts(gut)verletzung**

2. durch ein Tier
  a) Kausalität i.S.d. Äquivalenztheorie
  b) Realisierung der typischen Tiergefahr
	2. durch ein Tier
	  a) Kausalität i.S.d. Äquivalenztheorie
	  b) Realisierung der typischen Tiergefahr

3. Anspruchsgegner = Tierhalter	**3. Anspruchsgegner = Tierhalter**
	4. Verschulden des Tierhalters wird vermutet, wenn kein **Entlastungsbeweis**
II. Rechtsfolgen („haftungsausfüllender Tatbestand")	
Ersatz des daraus entstandenen Schadens	

Für ein „Luxustier" besteht eine **Gefährdungshaftung**.	Für ein „Nutztier" besteht eine **Verschuldenshaftung**, wobei das Verschulden vermutet wird und der Tierhalter sich **exkulpieren** kann.
Ein **„Luxustier"** ist ein Tier, das entweder nicht als Haustier anzusehen ist oder das als Haustier nicht dem Beruf, der Erwerbstätigkeit oder dem Unterhalt des Tierhalters zu dienen bestimmt ist.	Ein **„Nutztier"** ist ein Haustier, das dem Beruf, der Erwerbstätigkeit oder dem Unterhalt des Tierhalters zu dienen bestimmt ist.
Z.B. Reitpferd; Hund oder Katze, die nur Liebhaberzwecken dienen	Z.B. das vom Landwirt gehaltene Zug-, Schlacht- oder Nutzvieh; Blindenhund

I. Gefährdungshaftung für Luxustiere

321 Bei Luxustieren besteht eine Tierhalterhaftung nach § 833 S. 1, ohne dass sich der Tierhalter auf den Entlastungsbeweis nach § 833 S. 2 berufen kann. Die Haftung tritt ohne Verschulden des Tierhalters ein, es handelt sich um eine **Gefährdungshaftung**.

1. Voraussetzungen

a) Der Geschädigte muss eine **Rechts(gut)verletzung** erlitten haben.

b) Die Rechts(gut)verletzung muss **durch ein Tier** geschehen sein. Dazu ist Kausalität i.S.d. Äquivalenztheorie sowie Verwirklichung der spezifischen Tiergefahr erforderlich, ein adäquater Kausalzusammenhang muss nicht gegeben sein.[502]

322

Die spezifische Tiergefahr äußert sich in einem der tierischen Natur entsprechenden unberechenbaren und selbstständigen Verhalten. Darunter fällt z.B. das Scheuen und Ausschlagen von Pferden, das Anspringen und Beißen von Hunden.[503]

Umstritten ist, unter welchen Voraussetzungen die Tierhalterhaftung eingreifen soll, wenn das Tier bei dem schädigenden Ereignis **unter menschlicher Leitung** gestanden hat.

323

- Die Realisierung der Tiergefahr ist auf jeden Fall zu verneinen, wenn das Tier nur als mechanisches Werkzeug benutzt wird. So greift § 833 nicht ein, wenn jemand durch eine als Wurfgeschoss verwendete Katze verletzt wird.[504]

- Folgt ein Tier ausschließlich der Leitung und dem Willen eines Menschen, so versagt die Rspr. einen Ersatzanspruch mit der Begründung, dass in diesen Fällen der das Tier leitende Dritte und nicht das folgsame Werkzeug Urheber des Schadens sei.[505] Demgegenüber soll es nach a.A. bei der Haftung bleiben, wenn sich der Täter gerade die Gefährlichkeit des Tieres zunutze macht, also z.B. einen Hund auf einen Menschen hetzt.[506]

- Es bleibt jedoch – auch nach der Rspr. – bei der Realisierung der Tiergefahr, wenn trotz der menschlichen Leitung des Tieres dieses einen anderen durch ein nicht veranlasstes Verhalten verletzt, z.B. plötzliches Ausschlagen oder Beißen.[507]

Eine spezifische Tiergefahr verwirklicht sich auch dann, wenn ein Verkehrsteilnehmer dadurch zu Schaden kommt, dass ein Tier ein **Verkehrshindernis** bildet – und zwar unabhängig davon, ob das Tier gerade auf die Fahrbahn gelaufen ist oder bereits dort lag oder stand als der Unfall passierte.[508]

324

c) Der **Anspruchsgegner** muss **Tierhalter i.S.v. § 833 S. 1** sein. Tierhalter ist derjenige, dem die Bestimmungsmacht über das Tier zusteht und der aus eigenem Interesse für die Kosten des Tieres aufkommt und das wirtschaftliche Risiko trägt.[509]

325

d) Während bei gewerblich genutzten Haustieren (Nutztieren) in § 833 S. 2 eine Haftung für vermutetes Verschulden angeordnet ist, wurde **für sogenannte Luxustiere** in § 833

---

502 BGHZ 79, 259, 262 f.; OLG Oldenburg NJW 1990, 3215, 3216; LG Köln MDR 1997, 935; Kirchhoff MDR 1997, 901, 903; Pfab VersR 2006, 894; a.A. Erman/Wilhelmi § 833 Rn. 5; Hentschel/König § 7 StVG Rn. 10.

503 HK-BGB/Staudinger § 833 Rn. 4.

504 Medicus Jura 1996, 561, 564.

505 RGZ 50, 180, 181; BGH NJW-RR 2006, 813, 814.

506 BeckOK/Spindler § 833 Rn. 11; MünchKomm/Wagner § 833 Rn. 12.

507 BeckOK/Spindler § 833 Rn. 11 m.w.N.

508 BGH VersR 1990, 796; MünchKomm/Wagner § 833 Rn. 12; Wandt § 18 Rn. 29,

509 BGH NJW-RR 1988, 655, 656; OLG Nürnberg RÜ 2017, 768, 769: Vereinbarung einer Reitbeteiligung begründet keine (Mit-)Haltereigenschaft.

| 1. Teil | Unerlaubte Handlungen |

S. 1 eine **verschuldensunabhängige Gefährdungshaftung** normiert.[510] Maßgeblich ist daher im Einzelfall, ob es sich um ein Luxus- oder Nutztier handelt:

326 ■ Ein „Luxustier" ist ein Tier, das entweder nicht als Haustier anzusehen ist oder das als Haustier nicht dem Beruf, der Erwerbstätigkeit oder dem Unterhalt des Tierhalters zu dienen bestimmt ist.[511]

327 ■ Demgegenüber ist ein „Nutztier" ein Haustier, das dem Beruf, der Erwerbstätigkeit oder dem Unterhalt des Tierhalters zu dienen bestimmt ist, z.B. das vom Landwirt gehaltene Zug-, Schlacht- oder Nutzvieh.[512]

Unter den Begriff des Haustiers fallen zahme Tiere (z.B. Hund, Katze, Pferd, Rind, Schaf, Schwein), vorausgesetzt, sie werden in ihrer Eigenschaft als Haustier und nicht etwa zu Versuchszwecken gehalten. Keine Haustiere sind gezähmte Tiere – z.B. in einem Gehege gehaltene Rehe, Strauße, dressierte Affen oder Zirkuslöwen.[513] Auch Kamele sind keine Haustiere i.S.v. § 833, da Kamelhaltung in Deutschland sehr selten ist.[514]

Eine Gefährdungshaftung setzt nach der Rspr. und h.M. auch keine rechtswidrige Handlung voraus. Es handelt sich um die Kausalhaftung für ein vom Gesetzgeber und der Verkehrsauffassung anerkanntes Risiko.[515]

2. Haftungsausschluss

a) Vertraglicher Haftungsausschluss

328 Die Haftung aus § 833 kann grundsätzlich durch Vertrag – auch konkludent – ausgeschlossen werden.[516]

329 Bei Gefälligkeiten, denen ein Rechtsbindungswille fehlt, sind vertragliche Ansprüche unter den Beteiligten ausgeschlossen. Deliktische Ansprüche bleiben dagegen unberührt. Die Annahme einer stillschweigend vereinbarten Haftungsbeschränkung im Wege ergänzender Vertragsauslegung stellt nach h.M. auch im Rahmen des § 833 eine künstliche Rechtskonstruktion dar.[517]

b) Haftungsausschluss gemäß § 242

330 Die Tierhalterhaftung kann wegen bewusster Selbstgefährdung des Geschädigten nach dem Grundsatz von Treu und Glauben, der ein widersprüchliches Verhalten verbietet, gemäß § 242 ausgeschlossen sein. Nach der Rspr. kommt eine vollständige Haftungsfreistellung des Tierhalters unter dem Gesichtspunkt des Handelns auf eigene Gefahr allerdings **nur in eng begrenzten Ausnahmefällen** in Betracht, da die Selbstgefährdung des Geschädigten regelmäßig erst bei der Abwägung im Rahmen des Mitverschuldens gemäß § 254 BGB Berücksichtigung findet.[518]

---

510 Vgl. BGH NJW 2009, 3233: Haftungsprivilegierung des Nutztierhalters verstößt nicht gegen Art. 3 Abs. 1 GG.

511 Vgl. BGH NJW 2011, 1961 = RÜ 2011, 211; Jauernig/Teichmann § 833 Rn. 7.

512 Palandt/Sprau § 833 Rn. 14 ff.

513 Hk-BGB/Staudinger § 833 Rn. 9.

514 OLG Stuttgart RÜ 2018, 623, 624.

515 H.M., vgl. Deutsch/Ahrens Rn. 512; Larenz/Canaris § 84 I 3 a; Medicus/Petersen BR Rn. 631; a.A. Kaufmann in Geigel 25. Kap. Rn. 4; s. auch Wussow/Baur/Schloën Rn. 989 m.w.N.

516 Palandt/Sprau § 833 Rn. 11 m.w.N.

517 BGH NJW 1992, 2474, 2475 m.w.N.

518 BGH VersR 2006, 416, 418 m.w.N.; vgl. dazu auch BGH RÜ 2016, 768 ff.; RÜ 2017, 768 ff.

Sonstige Anspruchsgrundlagen **2. Abschnitt**

Fall 24: Das behandlungsunwillige Pferd

H bestellte Tierarzt T zur Behandlung ihres zu privaten Zwecken genutzten Pferdes. Bei dem Pferd handelt es sich um einen 700 kg wiegenden 10-jährigen Araber.

Bei der von T fehlerfrei durchgeführten Behandlung des Pferdes versuchte er mit der linken Hand eine rektale Fiebermessung. Dabei wurde er von dem Pferd gegen den rechten Daumen getreten und erlitt einen Trümmerbruch.

T begehrt von H Schadensersatz i.H.d. Behandlungskosten. Zu Recht? (nach BGH RÜ 2009, 356)

T könnte gegen H ein Anspruch auf Schadensersatz **aus § 833 S. 1** zustehen.

I. Dazu müssen die **Voraussetzungen** des haftungsbegründenden Tatbestands vorliegen.　　**331**

　　1. T hat einen Trümmerbruch des rechten Daumens und damit eine **Körper- und Gesundheitsverletzung** erlitten.

　　2. H hat die Bestimmungsmacht über das Pferd und kommt im eigenen Interesse für dessen Kosten auf, sodass sie **Tierhalterin** i.S.v. § 833 S. 1 ist.

　　3. Die Rechtsgutverletzung muss **durch ein Tier** geschehen sein.

　　　　a) Der Tritt des Pferdes kann nicht hinweggedacht werden, ohne dass der Daumentrümmerbruch des T entfiele. Das Verhalten des Pferdes war daher **kausal i.S.d. Äquivalenztheorie**.

　　　　b) Der Tritt eines Pferdes bei einer rektalen Untersuchung stellt ein der tierischen Natur entsprechendes unberechenbares Verhalten des Tieres dar, das durch menschliches Verhalten nicht zu kontrollieren ist. Folglich realisierte sich bei der Verletzung des T die **spezifische Tiergefahr**.

　　4. H hat das Pferd ausschließlich zu privaten Zwecken genutzt, sodass es sich um ein **Luxustier** handelt und folglich **kein Verschulden** der H **erforderlich** ist.

II. Als **Rechtsfolge** („haftungsausfüllender Tatbestand") muss H dem T die durch die　**332** Rechtsgutverletzung entstandenen Schäden gemäß §§ 249 ff. ersetzen.

　　1. Folglich muss H dem T gemäß § 249 Abs. 2 S. 1 grundsätzlich die infolge des Daumentrümmerbruchs entstandenen Behandlungskosten ersetzen.

　　2. Die **Haftung** könnte aufgrund der besonderen Umstände des Einzelfalls **ausgeschlossen** sein.

　　　　a) In Betracht kommt ein **konkludenter vertraglicher Haftungsausschluss**　**333** durch Abschluss des Behandlungsvertrags zwischen T und H.

　　　　Bei einem Behandlungsvertrag zwischen Tierarzt und Tierhalter generell einen konkludenten vertraglichen Haftungsausschluss anzunehmen, entspricht jedoch nicht der Intention des Gesetzgebers bzgl. der Tierhalterhaftung. Die Annahme eines konkludenten Haftungsausschlusses ist nach der Rspr. des BGH

123

| 1. Teil | Unerlaubte Handlungen |

auch nicht notwendig, um in Fällen, in denen derjenige, der vertragsgemäß Verrichtungen an dem Tier vorzunehmen hat, besonders risikoreiche Handlungen vornimmt, zu einer angemessenen Verteilung des Risikos zu kommen, da ein fehlerhaftes Verhalten des Geschädigten im Rahmen des Mitverschuldens gemäß § 254 berücksichtigt werden kann.[519]

334 b) Die Haftung der H könnte jedoch wegen der bewussten Selbstgefährdung des T **gemäß § 242 ausgeschlossen** sein.

Ein vollständiger Haftungsausschluss wegen Handelns auf eigene Gefahr kommt nur in seltenen Ausnahmefällen in Betracht und ein solcher liegt nach der Rspr. des BGH i.d.R. nicht vor, wenn sich der Geschädigte der Tiergefahr ausgesetzt hat, um aufgrund vertraglicher Absprache mit dem Tierhalter Verrichtungen an dem Tier vorzunehmen, wie dies bei einem Tierarzt der Fall sei. Denn ein Handeln auf eigene Gefahr im Rechtssinne sei nur gegeben, wenn sich jemand in eine Situation drohender Eigengefährdung begibt, obwohl er die besonderen Umstände kennt, die für ihn eine konkrete Gefahrenlage begründen, ohne dass dafür ein triftiger – rechtlicher, beruflicher oder sittlicher – Grund vorliege.[520] Bei einer vom Tierhalter veranlassten ärztlichen Behandlung des Tieres liege ein triftiger Grund dafür vor, dass sich der Tierarzt der Tiergefahr aussetze, sodass wegen der Selbstgefährdung kein widersprüchliches Verhalten und daher kein Haftungsausschluss gemäß § 242 gegeben sei. Dies gelte unabhängig davon, ob der Tierarzt bei der Behandlung pflichtgemäß oder unvorsichtig vorgehe, denn unsachgemäßes Verhalten des Geschädigten könne über das Mitverschulden berücksichtigt werden.[521]

335 3. In Betracht kommt somit lediglich eine **Anspruchskürzung wegen Mitverschuldens des T gemäß § 254**.

Die bloße vertragliche Übernahme der gewöhnlichen Tiergefahr begründet kein zur Anspruchskürzung berechtigendes Mitverschulden des T. Dazu ist vielmehr ein fehlerhaftes Verhalten des Geschädigten erforderlich, das jedoch aufgrund der von T sachgemäß durchgeführten Behandlung des Pferdes nicht gegeben ist.

Infolgedessen kann T von H Schadensersatz i.H.d. Behandlungskosten gemäß § 833 S. 1 verlangen.

II. Nutztiere; vermutete Verschuldenshaftung

336 Die Haftung des Tierhalters eines Nutztieres ist Haftung für vermutetes Verschulden. Die Ersatzpflicht ist gemäß § 833 S. 2 ausgeschlossen, wenn der Tierhalter bei der Beaufsichtigung des Tieres die im Verkehr erforderliche Sorgfalt beachtet hat **(Widerlegung der**

---

519 BGH RÜ 2009, 356.
520 BGH RÜ 2009, 356, 357.
521 BGH RÜ 2009, 356, 357.

Verschuldensvermutung) oder der Schaden auch bei der Anwendung dieser Sorgfalt entstanden wäre **(Widerlegung der Kausalitätsvermutung)**. Der Entlastungsbeweis obliegt dem Tierhalter.[522]

Die Abgrenzung des Nutztieres i.S.d. § 833 S. 2 im Gegensatz zum Luxustier erfolgt nach allgemeiner Zweckbestimmung, nicht nach der konkreten Verwendung beim Unfall. **337**

- Nutztiere sind z.B. Reittiere, die gewerblich genutzt werden. Die Entlastungsmöglichkeit des § 833 S. 2 kann einem Tierhalter nur dann zugute kommen, wenn das mit der Tierhaltung zusammenhängende wirtschaftliche Handeln einen wesentlichen Teil seiner Gesamttätigkeit ausmacht und eine maßgebende Grundlage seines Erwerbs bildet.[523]

  Unter Erwerbstätigkeit i.S.d. § 833 S. 2 ist jede Tätigkeit zu verstehen, die auf Gewinnerzielung gerichtet ist. Diese Voraussetzung ist erfüllt, wenn die Tätigkeit objektiv darauf angelegt ist und subjektiv von der Absicht getragen wird, Gewinn zu erzielen. Die bloße Gewinnerzielungsabsicht, die in den objektiven Umständen keinen Niederschlag findet, genügt dagegen nicht.[524]

- Ein Hund ist nur dann ein Nutztier i.S.d. § 833 S. 2, wenn er in erheblichem Umfang zur Förderung der beruflichen Tätigkeit eingesetzt wird. Allein der Umstand, dass der Hund als Wachhund zur Sicherung z.B. eines landwirtschaftlichen Betriebs eingesetzt wird, macht ihn nicht zum Nutztier.[525]

H. § 834 Haftung des Tieraufsehers

Wird die Aufsicht für ein Tier durch Vertrag übernommen, so haftet der Tieraufseher gemäß § 834 – bei Luxus- und Nutztieren – aus vermuteter Verschuldenshaftung (wie der Halter eines Nutztieres). Die Übernahme der Aufsichtsführung muss auf Vertrag beruhen, der auch stillschweigend vereinbart werden kann. **338**

Allerdings erfordert die der Haftung des Tierhalters nach § 833 S. 2 ähnliche Haftung des Tierhüters aus vermutetem Verschulden eine **einschränkende Auslegung des Begriffs des Tierhüters** in dem Sinne, dass er eine der Stellung des Tierhalters angenäherte Stellung einnehmen muss.

Zum Wesen der vertraglich übernommenen „Führung der Aufsicht über das Tier" i.S.d. § 834 gehört demgemäß, dass der Übernehmende auch bei einem zwischen ihm und dem Tierhalter bestehenden Abhängigkeitsverhältnis ein gewisses Maß selbstständiger Gewalt über das Tier erlangt, d.h., dass ihm eine gewisse Selbstständigkeit bei dem Ergreifen von Maßnahmen zukommt, die dem Schutz Dritter gegen die von dem Tier ausgehenden Gefahren dienen.

Z.B. nicht Stallbursche; angestellter Reitlehrer, der auf Anweisung handelt; dagegen wohl Hirte; Viehtreiber; Viehkommissionär; Mieter eines Pferdes[526]

---

522 Vgl. BGH, NJW 2009, 3233: Haftungsprivilegierung des Nutztierhalters verstößt nicht gegen Art. 3 Abs. 1 GG.
523 OLG Düsseldorf VersR 1998, 1385; NJW-RR 2001, 890, 891.
524 BGH RÜ 2017, 417, 418.
525 OLG Köln VersR 1999, 1293, 1294.
526 BGH OLG Report 1999, 253.

1. Teil — Unerlaubte Handlungen

I. §§ 836–838 Gebäudehaftung

339 Unter den Voraussetzungen der §§ 836–838 können Personen- und Sachschäden ersetzt verlangt werden, die durch den Einsturz von Bauwerken oder durch das Ablösen von Gebäudeteilen verursacht worden sind.

Die §§ 836–838 stellen Sonderfälle der Verletzung von Verkehrssicherungspflichten dar, nämlich der Pflicht zur Vermeidung von Errichtungsmängeln und der Pflicht zur sorgfältigen Unterhaltung eines Gebäudes oder eines mit dem Grundstück verbundenen Werks.[527]

Daher können Personen, die sich unbefugt in den Gefahrenbereich des Gebäudes begeben, keine Ansprüche aus §§ 836–838 gelten machen.[528] Anders verhält es sich bei Personen, die zur eigenverantwortlichen Steuerung des eigenen Verhaltens nicht in der Lage sind, insbesondere bei Kindern.[529]

Das Verschulden wird gemäß § 836 Abs. 1 S. 2 vermutet, sodass der Schadensersatzanspruch nur ausgeschlossen ist, wenn der Verpflichtete nachweisen kann, dass er zur Abwendung der Gefahr die im Verkehr erforderliche Sorgfalt beobachtet hat.

Grund für die Beweislastumkehr zugunsten des Geschädigten ist der Umstand, dass die Pflichtverletzung aus der Sphäre des Verpflichteten stammt, sodass dem Geschädigten ein entsprechender Nachweis nicht zugemutet werden kann.[530]

Kann der Geschädigte das Verschulden des Verpflichteten darlegen und beweisen, so kann die Haftung auch auf § 823 Abs. 1 gestützt werden.

Aufbauschema für §§ 836–838		
I. Voraussetzungen („haftungsbegründender Tatbestand")		
§ 836	**§ 837**	**§ 838**
1. **Eigenbesitzer des Grundstücks**, Abs. 1 o. **früherer Besitzer**, Abs. 2	1. **Gebäudebesitzer**	1. **Gebäudeunterhaltungspflichtiger**
2. **Personen- o. Sachschaden durch Einsturz o. Ablösung eines Gebäudeteils**		
3. **als Folge fehlerhafter Errichtung o. mangelnder Unterhaltung**	= dito	= dito
4. **Verschulden** wird vermutet, wenn kein Entlastungsbeweis		
II. Rechtsfolgen („haftungsausfüllender Tatbestand")		
Ersatz des daraus entstandenen Schadens	Haftung anstelle des Eigenbesitzers des Grundstücks	Haftung neben dem Besitzer

---

527 Wandt § 18 Rn. 35.
528 MünchKomm/Wagner § 836 Rn. 26.
529 MünchKomm/Wagner § 836 Rn. 26.
530 Fuchs/Pauker/Baumgärtner Kap. 3 F I. 1.

Sonstige Anspruchsgrundlagen **2. Abschnitt**

- **„Gebäude"** ist ein unbewegliches, fest mit dem Erdboden verbundenes und allseitig umschlossenes **340** Bauwerk, das den Eintritt von Menschen gestattet, auch wenn es noch unvollendet ist.[531]

- **„Gebäudeteil"** ist eine Sache nicht nur, wenn sie zur Herstellung eines Gebäudes eingefügt ist, sondern auch, wenn sie in einem so festen baulichen Zusammenhang mit dem Gebäude steht, dass sich daraus nach der Verkehrsanschauung ihre Zugehörigkeit zu dem Bauganzen ergibt.

  - So ist z.B. ein **Baugerüst** ein mit dem Grundstück verbundenes „Gebäudeteil" i.S.d. § 836, das der Gerüsthersteller i.S.d. § 837 auf dem Baugrundstück besitzt. Bricht ein zum Begehen des Gerüstes bestimmtes Brett durch, wenn es vom Bauhandwerker betreten wird, so liegt eine Ablösung i.S.d. § 836 vor; darunter ist jede unwillkürliche Aufhebung der Verbindung zum Ganzen zu verstehen.[532]

  - Wird jemand durch ein zufallendes **Garagentor**, eine sich abrollende **Markise** o.Ä. verletzt, so trifft den Eigentümer des Grundstücks (§ 836) oder an dessen Stelle den Gebäudebesitzer (Mieter, Pächter, § 837) die Gebäudehaftung. Bei dem Schwingtor, der Markise o.Ä. handelt es sich um einen Teil des (Garagen-)Gebäudes. Eine Ablösung von Gebäudeteilen liegt nicht nur dann vor, wenn sich ein Gebäudeteil vollständig vom Ganzen trennt, sondern auch dann, wenn sich ein Gebäudeteil nur teilweise loslöst, lockert oder in sich löst oder wenn es nur – z.B. durch einen elektrischen Antrieb veranlasst – in seinem inneren Zusammenhalt oder Zusammenhang beeinträchtigt wird.[533]

  - Eine **Schaufensterscheibe** ist Teil des mit dem Grund und Boden verbundenen Gebäudes. Zerspringt sie, so löst sie sich von dem Gebäude ab.[534]

- **Mit dem Grundstück verbundene Werke** i.S.v. § 836 sind alle Gegenstände, die von Menschenhand **341** unter Verbindung mit dem Grundstück nach gewissen Regeln der Kunst oder der Erfahrung hergestellt sind und einem bestimmten Zweck dienen sollen. Es kann sich auch um eine vorübergehende Verbindung eher loser Art handeln. Ein allein infolge seiner Schwerkraft auf einem Grundstück stehender Bierpavillon ist daher als ein mit dem Grundstück verbundenes Werk anzusehen.[535]

- Dem **Eigenbesitzer** ist der **frühere Besitzer** ein Jahr lang gleichgestellt, § 836 Abs. 2. **342**

- Derjenige, der auf fremdem Grundstück **in Ausübung eines Rechts** ein Gebäude als ihm gehörig be- **343** sitzt (z.B. als Erbbauberechtigter), haftet anstelle des Eigenbesitzers, § 837.

- Fremdbesitzer des Grundstücks, die für dessen Unterhaltung zu sorgen haben (z.B. Hausverwalter, **344** Mieter, Nießbraucher), haften neben dem Eigenbesitzer, § 838. Von seiner Funktion her entspricht § 838 den Bestimmungen der §§ 831 Abs. 2, 832 Abs. 2, 834.[536]

Die Haftung entfällt, wenn der Besitzer den **Entlastungsbeweis** führt, dass er während **345** seiner Besitzzeit zum Zwecke der Abwendung der Gefahr die im Verkehr erforderliche Sorgfalt beachtet hat, § 836 Abs. 1 S. 2.

Nach der **gesetzlichen Beweislastregelung** in §§ 836, 837 hat der Verletzte lediglich die objektive Fehlerhaftigkeit des Werks für den Schadenseintritt zu beweisen.[537] Bei Vorliegen der objektiven Voraussetzungen des § 836 wird das Verschulden des Grundstücks- bzw. Werkbesitzers vermutet. Zur Widerlegung der Vermutung muss er beweisen, dass er zum Zwecke der Abwendung der Gefahr die im Verkehr erforderliche Sorgfalt beachtet hat.[538]

---

531 Fuchs/Pauker/Baumgärtner Kap. 3 F I. 2.2.
532 BGH NJW 1997, 1853 m.w.N.; 1999, 2593, 2594.
533 OLG München NJW-RR 1995, 590, 591 m.w.N.
534 OLG Koblenz OLG Report 1998, 4.
535 OLG Düsseldorf VersR 1999, 854.
536 Fuchs/Pauker/Baumgärtner Kap. 3 F III. 1.
537 BGH NJW 1999, 2593, 2594.
538 BGH NJW 1999, 2593, 2594; LG Offenburg NJW-RR 2002, 596.

127

1. Teil Unerlaubte Handlungen

J. § 839 a Haftung des gerichtlichen Sachverständigen

I. Voraussetzungen des § 839 a Abs. 1[539]

1. Gerichtlicher Sachverständiger

346 Der Sachverständige muss vom Gericht bestellt worden sein. Darunter fällt auch die Bestellung durch den Rechtspfleger (z.B. im Zwangsvollstreckungsverfahren).[540]

347 ■ Nach h.M. ist § 839 a auf vom Schiedsgericht bestellte Gutachter nicht anwendbar, da die Parteien aufgrund ihrer in diesem Fall vorhandenen vertraglichen Beziehungen zum Sachverständigen des besonderen Schutzes dieser Norm nicht bedürfen.[541]

348 ■ Ebenso lehnt es die h.Lit. wegen des eindeutigen Wortlauts der Norm ab, § 839 a auf Sachverständige anzuwenden, die im Rahmen eines Verwaltungsverfahrens zur Vorbereitung einer Behördenentscheidung ernannt wurden.[542] Die Betroffenen sind ausreichend geschützt, da sie gegen die aufgrund des Gutachtens ergangene Entscheidung der Behörde mittels eines gerichtlichen Verfahrens vorgehen können.

2. Unrichtigkeit des Gutachtens

349 Das Gutachten muss objektiv unrichtig sein. Die Unrichtigkeit des Gutachtens kann sich aus unterschiedlichen Gründen ergeben: Der Sachverständige hat den Sachverhalt falsch oder unvollständig ermittelt, er stellt den Meinungsstand zu einem Problem nicht richtig dar oder er zieht falsche Schlüsse.[543] Die Form der Erstattung des Gutachtens – mündlich oder schriftlich – ist unerheblich.

3. Vorsatz oder grobe Fahrlässigkeit des Sachverständigen

350 Der Sachverständige muss in Bezug auf die Erstellung des unrichtigen Gutachtens vorsätzlich oder grob fahrlässig gehandelt haben. Die Haftungsbeschränkung ist notwendig, da der Sachverständige bei der Erstellung des Gutachtens die nötige innere Freiheit braucht und nicht übermäßig dem Druck eines Rückgriffs ausgesetzt sein soll.[544]

4. Ergehen einer gerichtlichen Entscheidung, die auf dem unrichtigen Gutachten beruht

351 Gerichtliche Entscheidungen in diesem Sinne sind Urteile, Beschlüsse und auch Zwischenentscheidungen; anderweitige Erledigungen, z.B. Vergleich unter Eindruck des unrichtigen Gutachtens oder Erledigterklärungen, sind jedoch ausgeschlossen.

Gerichtliche Entscheidung i.S.d. § 839 a ist nach einer Entscheidung des BGH auch die Erteilung des Zuschlags an den Meistbietenden im Zwangsversteigerungsverfahren.[545]

---

539 Vgl. Brückner/Lorenz MDR 2003, 906 ff. sowie Kilian ZGS 2004, 220 ff. zu Zweifelsfragen des § 839 a.
540 Palandt/Sprau § 839 a Rn. 2.
541 Hk-BGB/Staudinger § 839 a Rn. 2; Palandt/Sprau § 839 a Rn. 1; Kilian ZGS 2004, 220, 221, 222 m.w.N.; zweifelnd Staudinger/Wurm § 839 a Rn. 34.
542 Kilian ZGS 2004, 220, 222 m.w.N.
543 Jauernig/Teichmann § 839 a Rn. 1.
544 BT-Drs. 14/7752, S. 28.
545 BGH NJW 2006, 1733 = RÜ 2006, 297.

Die gerichtliche Entscheidung beruht auf dem unrichtigen Gutachten, wenn die Entscheidung dem Gutachten zumindest teilweise folgt.

II. Rechtsfolge

Der Sachverständige hat den Schaden zu ersetzen, der einem der Verfahrensbeteiligten durch die gerichtliche Entscheidung entstanden ist.   **352**

Die gerichtliche Entscheidung, die auf dem unrichtigen Urteil beruht, muss also kausal für den Schaden des betroffenen Verfahrensbeteiligten sein. Das ist der Fall, wenn die Möglichkeit nicht auszuschließen ist, dass die Entscheidung ohne das Gutachten oder bei anderem Inhalt und Ergebnis weniger ungünstig für den betroffenen Verfahrensbeteiligten ausgefallen wäre.[546]

Gemäß § 839 a Abs. 2 i.V.m. § 839 Abs. 3 führt die schuldhafte Nichteinlegung eines Rechtsmittels jedoch zum Haftungsausschluss.

K. §§ 7, 18 StVG Haftung für Kfz-Unfall[547]

Aufbauschema für §§ 7, 18 StVG	
I. Voraussetzungen („haftungsbegründender Tatbestand")	
§ 7 StVG	**§ 18 StVG**
1. **Rechts(gut)verletzung**	1. **Rechts(gut)verletzung**
2. **bei Betrieb** eines Kfz oder eines Anhängers, der dazu bestimmt ist, von einem Kfz mitgeführt zu werden	2. **bei Betrieb** eines Kfz oder eines Anhängers, der dazu bestimmt ist, von einem Kfz mitgeführt zu werden
a) **Kausalität i.S.d. Äquivalenztheorie**	a) **Kausalität i.S.d. Äquivalenztheorie**
b) **Realisierung der Betriebsgefahr**	b) **Realisierung der Betriebsgefahr**
3. **Anspruchsgegner = Halter**	3. **Anspruchsgegner = Fahrer**
4. **kein Haftungsausschluss wegen höherer Gewalt gem. § 7 Abs. 2 StVG**	4. **Verschulden** wird vermutet, Fahrer kann sich exkulpieren
5. **kein Ausschluss gemäß §§ 7 Abs. 3, 8, 8 a StVG**	5. **kein Ausschluss gemäß §§ 8, 8 a StVG**
II. Rechtsfolgen („haftungsausfüllender Tatbestand")	
Ersatz des daraus entstandenen Schadens gemäß §§ 249 ff., modifiziert nach §§ 10 ff. StVG	= dito

- § 7 StVG ordnet für den Kfz-Halter eine **Gefährdungshaftung** an. Auch wenn sich der Halter weder verkehrswidrig noch schuldhaft verhält, wird er – in den Grenzen des StVG – mit der Schadenshaftung allein deswegen belegt, weil er als Halter eines Kfz oder eines Anhängers, der dazu bestimmt ist, von einem Kfz mitgeführt zu werden, die mit dem Betrieb verbundenen Gefahren veranlasst hat.[548]   **353**

- Die Haftung des **Kfz-Fahrers** nach § 18 StVG ist keine Gefährdungshaftung, sondern eine **Haftung für vermutetes Verschulden**, vgl. § 18 Abs. 1 S. 2 StVG.   **354**

---

546 Palandt/Sprau § 839 a Rn. 4.
547 Schulz-Merkel/Meier JuS 2015, 201 ff. sowie Neumann JA 2016, 167 ff.
548 BGH VersR 1972, 1074; Wussow/Baur/Schloën Rn. 989.

1. Teil | Unerlaubte Handlungen

Mit Wirkung zum 21.06.2017 hat der Gesetzgeber in §§ 1 a, 1 b StVG das automatisierte Fahren geregelt. Die Haftung nach §§ 7, 18 StVG greift unabhängig vom Automatisierungsgrad des Kfz ein. Der Fahrer wird sich allerdings bei Systemfehlern exkulpieren können. Bei derartigen Fehlern greift jedoch möglicherweise die Herstellerhaftung für Produkte ein (vgl. dazu Rn. 394 ff.).[549]

355 Die Haftung aus § 7 oder aus § 18 StVG kann neben der Unrechtshaftung aus § 823 Abs. 1 eingreifen, vgl. § 16 StVG. Für die Prüfungsreihenfolge gibt es keine allgemeine Regel. Normalerweise beginnt man mit der Haftung aus StVG, weil es sich um die spezielleren Normen und in Bezug auf die Voraussetzungen um die einfacheren Anspruchsgrundlagen handelt.[550]

I. Voraussetzungen der Halterhaftung gemäß § 7 Abs. 1 StVG

1. Rechts(gut)verletzung

Der Geschädigte muss eine Rechts(gut)verletzung i.S.v. § 7 Abs. 1 StVG erlitten haben. D.h. es muss ein Mensch getötet, der Körper oder die Gesundheit eines Menschen verletzt oder eine Sache beschädigt worden sein.

2. Bei dem Betrieb des Kfz oder Anhängers

Diese Rechts(gut)verletzung muss bei Betrieb eines Kfz oder Anhängers geschehen sein.

a) Kraftfahrzeug oder Anhänger

356 ■ Als Kraftfahrzeuge i.S.d. StVG gelten alle Landfahrzeuge, die durch Maschinenkraft bewegt werden, ohne an Bahngleise gebunden zu sein, vgl. § 1 Abs. 2 StVG, mit Ausnahme bestimmter Elektrofahrräder, vgl. § 1 Abs. 3 StVG.

Eine Mindestgeschwindigkeit ist nicht erforderlich, um als Kfz zu gelten. Daher sind auch Elektrorollstühle, Motorschlitten und fahrbare Bagger Kraftfahrzeuge i.S.d. StVG.[551]

357 ■ Ob es sich bei Pedelecs (Pedal Electric Cycles) – also Fahrrädern mit Elektromotor, bei welchen der Fahrer durch einen Elektromotor nur unterstützt wird, wenn er selbst in die Pedale tritt[552] – um Kraftfahrzeuge handelt, hängt von der Höchstgeschwindigkeit, der Leistung und der Art der Motorunterstützung ab, vgl. § 1 Abs. 3 StVG.[553] Andere als in § 1 Abs. 3 StVG definierte Elektrofahrräder sind als Kraftfahrzeuge einzuordnen.[554] Demnach sind insbesondere Elektrofahrräder mit tretunabhängigem Zusatzantrieb (sogenannte E-Bikes[555]), Kraftfahrzeuge i.S.d. § 1 Abs. 2 StVG.

358 ■ Anhänger ist jedes Fahrzeug, das dazu bestimmt und geeignet ist, an ein anderes Fahrzeug zum Mitfahren hinter diesem Fahrzeug angehängt zu werden.[556]

---

549 Hilgendorf JA 2018, 801 ff.
550 Schreiber/Strupp Jura 2007, 594; Wille JA 2008, 210; Röthel Jura 2012, 444.
551 Hentschel/König § 1 StVG Rn. 14.
552 Hentschel/König § 1 StVG Rn. 22.
553 Burmann/Janker/Hühnermann § 1 StVG Rn. 8.
554 Ziegenhardt NJW-Spezial 2016, 585.
555 Huppertz NZV 2010, 390, 391.
556 Hentschel/König § 1 StVG Rn. 28.

b) „bei Betrieb"

Das Merkmal „bei Betrieb" des Kfz oder Anhängers erfordert zum einen Kausalität i.S.d. Äquivalenztheorie und zum anderen die Realisierung der spezifischen Betriebsgefahr.

Ob sich die **betriebsspezifische Gefahr verwirklicht**, muss nach einer am Schutzzweck der Haftungsnorm orientierten wertenden Betrachtung beurteilt werden.[557]

■ Das Haftungsmerkmal „bei dem Betrieb" ist entsprechend dem Schutzzweck der Vorschrift weit auszulegen. Nach heute herrschender **verkehrstechnischer Auffassung** sind im öffentlichen Verkehrsbereich alle Fahrzeuge und Kfz-Anhänger in Betrieb, die sich darin bewegen oder in verkehrsbeeinflussender Weise ruhen.[558] Auch abgestellte Kfz sind in Betrieb, da sie den Verkehr in verkehrsgefährdender Weise beeinflussen können.[559] Der Betrieb beginnt folglich mit dem Ingangsetzen des Motors und endet mit dem Motorstillstand außerhalb des öffentlichen Verkehrsbereichs.[560]

359

Ob auch das ordnungsgemäße Abstellen des Kfz jedenfalls auf Parkplätzen, in Parkbuchten und Parkstreifen im öffentlichen Verkehrsraum (nicht auf dem Seitenstreifen oder am Fahrbahnrand) den Betrieb beendet, ist innerhalb der verkehrstechnischen Auffassung streitig.[561] Dafür spricht, dass von einem ordnungsgemäß abgestellten Kfz keine andere oder größere Gefahr ausgeht als z.B. von einem Baum, mit dem ein Verkehrsteilnehmer zusammenstoßen kann.[562]

360

Dagegen ist nach der früheren sogenannten **maschinentechnischen Auffassung** das Kfz nur solange in Betrieb, als der Motor das Kfz bewegt. Gegen eine derart einschränkende Auslegung spricht die Erkenntnis, dass auch ein abgestelltes Fahrzeug den Verkehr erheblich gefährden kann.[563]

Es genügt, dass sich eine von dem Kfz bzw. Anhänger ausgehende Gefahr ausgewirkt hat. Erforderlich ist ein Zusammenhang mit der Bestimmung des Kfz bzw. des Anhängers als einer der Fortbewegung und dem Transport dienenden Maschine.

361

Eine Verbindung mit dem „Betrieb" als Kraftfahrzeug ist z.B. zu bejahen, wenn eine fahrbare Arbeitsmaschine – z.B. ein langsam fahrender Lkw, der eine Absperrtafel zieht, um Grasmäharbeiten zu sichern – während der Fahrt bestimmungsgemäße Arbeiten verrichtet.[564] Es werden z.B. auch Schäden, die durch das Auswerfen von Streugut aus einem Streukraftfahrzeug entstehen, von der Halterhaftung nach Maßgabe des § 7 StVG erfasst.[565]

Steht der Brand eines geparkten Kfz in einem ursächlichen Zusammenhang mit dessen Betriebseinrichtungen, ist der dadurch verursachte Schaden an den Rechtsgütern regelmäßig der Betriebsgefahr zuzurechnen.[566]

■ Trotz der gebotenen weiten Auslegung des § 7 StVG sind aufgrund des erforderlichen Zurechnungszusammenhangs der Haftung aus § 7 StVG Grenzen gesetzt:

---

557 BGHZ 115, 84, 86 = JZ 1992, 95; dazu auch Roth JuS 1993, 716 ff.; Kirchhoff MDR 1997, 901, 902 m.w.N.

558 BGHZ 29, 163, 169; BGH VersR 1967, 562; KG VR 1978, 140.

559 BGH NJW 2011, 292 = RÜ 2010, 765.

560 BGHZ 29, 163, 169; OLG Karlsruhe NJW 2005, 2318 = RÜ 2005, 416; Hentschel/König § 7 StVG Rn. 5 m.w.N.

561 Dagegen: OLG Hamm DAR 1997, 360; Greger § 7 StVG Rn. 81; dafür: Hentschel/König § 7 StVG Rn. 5; Brögelmann JA 2003, 872, 873; Wandt § 21 Rn. 12.

562 Brögelmann JA 2003, 872, 873; vgl. insgesamt zum Streitstand Schreiber/Strupp Jura 2007, 594.

563 Hentschel/König § 7 StVG Rn. 5 a.

564 BGHZ 113, 164.

565 BGHZ 105, 65, 66 f.; OLG Saarbrücken NJW-RR 2006, 748 = RÜ 2006, 416.

566 BGH NJW 2014, 1182 = RÜ 2014, 284.

| 1. Teil | Unerlaubte Handlungen |

362 ■ Eine Haftung aus § 7 StVG entfällt, wenn die Fortbewegungs- und Transportfunktion des Kraftfahrzeugs keine Rolle mehr spielt und das Fahrzeug nur noch als **Arbeitsmaschine** eingesetzt wird,

Z.B. wenn beim Anliefern von Heizöl der Motor des Fahrzeugs lediglich als Antriebskraft der Pumpvorrichtung von Bedeutung ist;[567] anders hingegen, wenn der Tanklastwagen im öffentlichen Verkehrsraum abgestellt ist und sich das Öl beim Entladevorgang wegen einer Undichtigkeit direkt am Fahrzeug fontänenartig auf die öffentliche Straße ergießt.[568]

Keine Realisierung der Betriebsgefahr liegt vor, wenn bei einem Teleskopradlader, der auf einem privaten Acker steht, der Teleskoparm maximal ausgefahren wird, um im Rahmen einer „Cold-Water-Challenge" Wasser über eine Personengruppe zu gießen, und der Radlader infolgedessen umstürzt und eine der Personen tödlich verletzt.[569]

363 ■ Es reicht nicht, dass der Schaden irgendwie durch die Betriebsvorrichtung verursacht worden ist, sondern es muss sich eine Gefahr verwirklicht haben, die mit dem Kfz oder Anhänger als Verkehrsmittel verbunden ist.

Es besteht keine Haftung aus § 7 StVG, wenn jemand von einer herabstürzenden Deichsel eines Schaustellerwagens verletzt wird, der außerhalb des dem allgemeinen Verkehr zugeordneten Raums so aufgestellt war, dass er dort kein Hindernis für andere Verkehrsteilnehmer darstellt.[570]

■ Ein Zurechnungszusammenhang fehlt auch dann, wenn die Schädigung nicht mehr eine spezifische Auswirkung derjenigen Gefahren ist, für die die Haftungsvorschrift den Verkehr schadlos halten will. Dies gilt insbesondere für Schäden, in denen sich ein gegenüber der Betriebsgefahr eigenständiger Gefahrenkreis verwirklicht hat.[571]

Infolge eines durch einen Verkehrsunfall ausgelösten Knalls waren in einem etwa 50 m entfernt liegenden Stall einer Schweinezucht Schweine in Panik geraten, wodurch einige verendeten. Die Tiere waren in Massentierhaltung aufgezogen worden, deshalb neigten sie bei außergewöhnlichen Geräuschen zu schreckhaften Reaktionen und aggressivem Verhalten. Darin sieht der BGH die entscheidende Schadensursache. Der Schweinezüchter habe bei der gewählten Art der Schweinehaltung für seinen Betrieb einen gegenüber der Kfz-Betriebsgefahr eigenständigen Gefahrenbereich geschaffen, dessen Risiken er tragen müsse.[572]

3. Anspruchsgegner = Halter

364 Der Anspruchsgegner muss Halter des Kfz oder Anhängers sein. Halter ist, wer das Kfz bzw. den Anhänger zur Unfallzeit für **eigene Rechnung in Gebrauch** hat und die **Verfügungsgewalt** darüber besitzt, die ein solcher Gebrauch voraussetzt. Eigentum ist nicht entscheidend.[573]

365 Umstritten ist, ob der Leasingnehmer als Halter dem Leasinggeber als Eigentümer aus § 7 StVG haftet:

■ Die h.M. und Rspr. lehnt eine Haftung des Leasingnehmers gegenüber dem Leasinggeber aus § 7 StVG für Schäden am geleasten Kfz ab, da der § 7 Abs. 1 StVG voraussetze, dass durch den Betrieb des

---

567 BGH NJW 1993, 2740; OLG Köln VersR 1994, 108.

568 BGH NJW 2016, 1162 ff. = RÜ 2016, 290 f.

569 OLG Hamm RÜ 2018, 213, 215.

570 OLG Nürnberg NJW 2014, 2963, 2964.

571 BGHZ 79, 259, 263; 115, 84; BGH NJW 2004, 1375 ff.: Verneinung des haftungsrechtl. Zusammenhangs beim Zweitunfall; BGH RÜ 2008, 427; BGH NJW 2011, 292 = RÜ 2010, 765: Bejahung des Zurechnungszusammenhangs beim Zweitunfall.

572 BGHZ 115, 84, 88.

573 BGHZ 13, 351; 116, 200, 202; Kunschert in Geigel § 25 Rn. 19 ff. m.w.N.; Hentschel/König § 7 StVG Rn. 14 m.w.N.

Halterfahrzeugs eine andere Sache beschädigt werde.[574] Der Schutzzweck des § 7 StVG sei darauf gerichtet, Dritte vor den ihnen aufgezwungenen Gefahren des Kfz-Betriebs zu schützen, und erstrecke sich daher nicht auf das vom Kfz-Halter gehaltene Fahrzeug selbst.

■ Nach a.A. haftet der Leasingnehmer gegenüber dem Leasinggeber aus § 7 StVG für Schäden am geleasten Kfz, da die Halterhaftung sich aus der durch den Betrieb eines Kfz hervorgerufenen Gefährdung anderer Rechtsgüter ergebe und eine Ausnahme in Bezug auf das gehaltene Kfz sei der Norm nicht zu entnehmen.[575]

4. Kein Ausschluss wegen höherer Gewalt

Nach § 7 Abs. 2 StVG ist die Ersatzpflicht ausgeschlossen, wenn der Unfall durch höhere Gewalt verursacht worden ist.

366
Nach der Rspr. „ist höhere Gewalt ein betriebsfremdes, von außen durch elementare Naturkräfte oder durch Handlungen dritter Personen herbeigeführtes Ereignis, das nach menschlicher Einsicht und Erfahrung unvorhersehbar ist, mit wirtschaftlich erträglichen Mitteln auch durch die äußerste nach der Sachlage vernünftigerweise zu erwartende Sorgfalt nicht verhütet werden oder unschädlich gemacht werden kann und auch nicht wegen seiner Häufigkeit vom Betriebsunternehmer in Kauf zu nehmen ist."[576]

Höhere Gewalt ist ein wertender Begriff; damit sollen solche Risiken ausgeschlossen werden, die mit dem Kfz- oder Anhängerbetrieb nichts zu tun haben und daher bei rechtlicher Bewertung nicht diesem zuzurechnen sind, sondern ausschließlich einem Drittereignis.[577]

367
Der Begriff der „höheren Gewalt" setzt kumulativ drei Merkmale voraus:

■ **Einwirkung von außerhalb** des Betriebs,

■ **so außergewöhnlich**, dass nach menschlicher Einsicht und Erfahrung nicht vorhersehbar,

■ durch größte Sorgfalt mit wirtschaftlich erträglichen Mitteln **nicht abwendbar.**[578]

In erster Linie kommen unvorhersehbare Naturereignisse in Betracht, wie etwa plötzliche Überflutung, Blitz, Erdbeben, Erdrutsch, Lawine, nicht zu erwartende Sturmböe, nicht aber (selbst extreme) Witterungseinflüsse, die im Hinblick auf die Wetterlage keinen Ausnahmecharakter haben (Schneesturm, Gewitterregen), mit denen also gerechnet werden muss.[579]

5. Kein Ausschluss gemäß §§ 7 Abs. 3, 8, 8 a StVG

368
■ Gemäß § 7 Abs. 3 S. 1 StVG ist die Haftung des Halters bei Schwarzfahrten, die er nicht schuldhaft ermöglicht hat, ausgeschlossen. In diesem Fall haftet der Schwarzfahrer anstelle des Halters. Hat der Halter jedoch die Schwarzfahrt schuldhaft ermöglicht – z.B. durch nicht ordnungsgemäßes Verschließen des Kfz –, so haftet er neben dem Schwarzfahrer, § 7 Abs. 3 S. 1 Hs. 2 StVG.

---

574 BGH NJW 2011, 996 = RÜ 2011, 214; Hentschel/König § 7 StVG Rn. 16a.

575 Wussow/Baur Kap. 17 Rn. 31, 95,

576 So BGHZ 7, 338, 339; 62, 351, 354; BGH VersR 1988, 910; OLG Celle ZGS 2005, 278.

577 Hentschel/König § 7 StVG Rn. 32.

578 Kaufmann in Geigel 25. Kap. Rn. 94.

579 Hentschel/König § 7 StVG Rn. 34.

| 1. Teil | Unerlaubte Handlungen |

- § 8 StVG enthält drei weitere Ausschlusstatbestände. So entfällt die Halterhaftung gemäß § 8 Nr. 2 StVG insbesondere, wenn der Verletzte bei dem Betrieb des Kfz oder Anhängers tätig war. Hierunter sind Personen zu verstehen, die durch unmittelbare Beziehung ihrer Tätigkeit zu den Kfz-Triebkräften der typischen Betriebsgefahr mehr ausgesetzt sind als andere, z.B. Fahrer, Einweiser in einer engen Werkstatt, Fahrschüler (gemäß § 2 Abs. 15 S. 2 StVG gilt der Fahrlehrer als Kfz-Führer), nicht aber Mitfahrer, die lediglich befördert werden und keine Funktion im Zusammenhang mit dem Fahrzeugbetrieb haben.[580]

  Der gesetzliche Haftungsausschluss beruht auf der Überlegung, dass der erhöhte Schutz der Gefährdungshaftung demjenigen nicht zuteil werden soll, der sich durch seine Tätigkeit den besonderen Gefahren des Kfz-Betriebs freiwillig aussetzt.[581]

- Die Haftung kann auch vertraglich ausgeschlossen werden; dies ist jedoch bei entgeltlicher geschäftsmäßiger Personenbeförderung nicht möglich, vgl. § 8 a StVG.

  Anmerkung: *Die Darlegungs- und Beweislast für das Vorliegen der Ausschlussgründe trägt der Fahrzeughalter.[582]*

II. Voraussetzungen der Fahrerhaftung gemäß § 18 Abs. 1 StVG

369
- Die Haftung nach § 18 Abs. 1 StVG setzt – wegen des Verweises auf § 7 Abs. 1 StVG – ebenfalls voraus, dass eine Rechts(gut)verletzung bei Betrieb des Kfz oder Anhängers entstanden ist.

- Der Anspruchsgegner muss der Fahrer des Kfz sein.

  Gemäß § 1 a Abs. 4 StVG ist Fahrzeugführer auch derjenige, der eine hoch- oder vollautomatisierte Fahrfunktion i.S.d. § 1 a Abs. 2 StVG aktiviert und zur Fahrzeugsteuerung verwendet, auch wenn er im Rahmen der bestimmungsgemäßen Verwendung dieser Funktion das Fahrzeug nicht eigenhändig steuert.

  Praktisch relevant wird der Anspruch aus § 18 StVG nur, wenn der Kfz-Führer nicht der Halter ist. Fährt der Halter selbst, reicht die Haftung aus § 18 StVG nicht über die ohnehin bestehende Halterhaftung aus § 7 StVG hinaus.[583]

- Gemäß § 18 Abs. 1 S. 2 StVG wird das **Verschulden des Fahrers vermutet**. D.h., der Fahrer entgeht seiner Haftung nur, wenn er fehlendes Verschulden nachweist.

  Anmerkung: *Im Rahmen des § 18 StVG wird der Ausschlussgrund höhere Gewalt i.S.v. § 7 Abs. 2 StVG nicht geprüft.[584] Dies ergibt sich schon aus dem Wortlaut des § 18 Abs. 1 S. 1 StVG, der nur auf § 7 Abs. 1 StVG und §§ 8–15 StVG verweist. Zudem reicht dem Fahrer für einen Haftungsausschluss bereits der Nachweis fehlenden Verschuldens, sodass er auch aus diesem Grund keine höhere Gewalt nachweisen muss.*

---

580 Garbe/Hagedorn JuS 2004, 287, 290; Hentschel/König § 8 StVG Rn. 4.
581 Wandt § 21 Rn. 26.
582 vgl. dazu OLG Dresden RÜ 2017, 17 ff.
583 Medicus/Lorenz Schuldrecht II § 80 Rn. 36; Wandt § 21 Rn. 42.
584 Hentschel/König § 18 StVG Rn. 3.

Sonstige Anspruchsgrundlagen **2. Abschnitt**

Fall 25: Vereiste Kurve

Der Vater V des S hat bei der Firma G einen Pkw geleast und bei der K-Versicherung versichert. Diesen Pkw stellt V seinem Sohn S für eine einwöchige Ferienfahrt zur Verfügung.

Bei seiner Fahrt kam S auf einer Bundesstraße an eine langgezogene Linkskurve. In dieser Kurve hatte sich bei um den Gefrierpunkt liegenden Außentemperaturen und einer Wetterlage, bei der nicht mit Straßenglätte zu rechnen war, auf 60 m Länge Glatteis gebildet, weil bei erhöhtem Grundwasserspiegel von der Anhöhe Wasser auf die Straße geflossen war. S verlor auf der eisglatten Fahrbahn die Kontrolle über den von ihm geführten Pkw. Der Pkw geriet zum Innenrand der Kurve und stieß gegen eine Straßenlaterne.

1. In der Nähe dieser Laterne befand sich zur Unfallzeit die Fußgängerin M. Die M musste befürchten, von dem auf sie zuschleudernden Pkw erfasst zu werden, falls sie nicht weglief. Bei dem Versuch, das Weite zu suchen, stürzte die 74-jährige M und verletzte sich schwer.

2. S wurde im Wagen von seiner Freundin F begleitet. Auch die F erlitt durch den Unfall schwere Verletzungen.

Welche Ansprüche haben M und F gegen V, K und S?

A. **Ansprüche der M**

I. M könnte **gegen V** ein Schadensersatzanspruch **aus § 7 Abs. 1 StVG** zustehen.   370

   1. Dazu müssen die **Voraussetzungen** des haftungsbegründenden Tatbestands gegeben sein.

       a) M hat sich bei ihrem Sturz schwere Verletzungen zugezogen, sodass eine **Körper- und Gesundheitsverletzung** gegeben ist.

       b) Die Rechtsgutverletzung muss **bei dem Betrieb** eines Kraftfahrzeugs oder eines Anhängers, der dazu bestimmt ist, von einem Kraftfahrzeug mitgeführt zu werden, eingetreten sein. Dazu ist Kausalität i.S.d. Äquivalenztheorie sowie Realisierung der spezifischen Betriebsgefahr erforderlich.

           aa) Wäre der außer Kontrolle geratene Pkw nicht auf die M zugeschleudert, so hätte sie nicht versucht wegzulaufen und wäre nicht gestürzt. **Kausalität i.S.d. Äquivalenztheorie** liegt demnach vor.

           bb) Weiterhin muss sich eine **typische Betriebsgefahr** realisiert haben.

           ▪ Nach **heute herrschender verkehrstechnischer Auffassung** sind im öffentlichen Verkehrsbereich alle Kfz in Betrieb, die sich darin bewegen oder in verkehrsbeeinflussender Weise ruhen.

           ▪ Nach a.A. – **maschinentechnische Auffassung** – ist entscheidend, ob der Motor noch läuft oder das Kfz wenigstens als Nachwirkung des motorischen Antriebs noch in Bewegung ist.

135

| 1. Teil | Unerlaubte Handlungen |

Der Unfall der Frau M hat sich ereignet, ohne dass es zu einer Berührung mit dem Kfz gekommen ist. Das im Verkehr befindliche Kfz hat aber die Abwehrreaktion der M ausgelöst. Selbst wenn diese Abwehrreaktion voreilig und objektiv nicht erforderlich war, hat die Fahrweise des Pkw zu dem Unfall beigetragen; er geschah daher – nach beiden Auffassungen – bei dem Betrieb des Kfz.[585]

c) Der Anspruchsgegner muss **Halter** des am Unfall beteiligten Kfz sein.

Halter ist, wer das Kfz zur Unfallzeit für eigene Rechnung in Gebrauch hat und die Verfügungsgewalt darüber besitzt.

aa) V hatte den Wagen geleast. Beim Leasingvertrag ist regelmäßig der Leasingnehmer der alleinige Halter des Kfz, jedenfalls dann, wenn ihm das Kfz auf längere Zeit überlassen ist, er die Betriebskosten trägt und über den Einsatz des Kfz befindet.[586]

bb) V hatte seinem Sohn den Wagen für eine einwöchige Urlaubsfahrt geliehen. Bei einer länger dauernden Überlassung an den Entleiher (oder Mieter), bei welcher der Entleiher über den Einsatz des Kfz frei bestimmen kann, wird der Entleiher anstelle des Verleihers Halter. Wird dagegen das Kfz nur für kurze Zeit und für einen bestimmten Einsatz überlassen, so bleibt der Verleiher Halter.[587]

Bei der einwöchigen Überlassung des Pkw an S für eine Urlaubsreise blieb V Halter des Pkw.

d) Nach § 7 Abs. 2 StVG ist die **Ersatzpflicht ausgeschlossen**, wenn der Unfall durch **höhere Gewalt** verursacht worden ist.

Höhere Gewalt erfordert ein betriebsfremdes, von außen durch elementare Naturkräfte oder durch Handlungen dritter Personen herbeigeführtes Ereignis, das nach menschlicher Einsicht und Erfahrung unvorhersehbar war und auch nicht verhütet oder unschädlich gemacht werden konnte.

Der Unfall beruht auf der Eisglätte. Es handelt sich dabei um eine von außen kommende Einwirkung. Bei Temperaturen um den Gefrierpunkt kann aber erfahrungsgemäß aufgrund einer besonderen Geländeform (z.B. Brücken) an besonderen Stellen eine Glatteisgefahr entstehen, obwohl die Straßen generell glatteisfrei sind. Das den Unfall auslösende Ereignis war daher weder „außergewöhnlich" noch „unabwendbar". Der Befreiungsgrund „höhere Gewalt" greift somit nicht ein, sodass die Voraussetzungen des § 7 Abs. 1 StVG gegeben sind.

2. Als **Rechtsfolge** („haftungsausfüllender Tatbestand") hat V der M gemäß §§ 10 ff. StVG i.V.m. §§ 249 ff. den Schaden zu ersetzen, der ihr infolge der Körper- und Gesundheitsverletzung entstanden ist.

---

[585] OLG Hamm zfs 1996, 444 zum vorliegenden Fall; s. dazu ferner BGH NJW 2005, 2081 = RÜ 2005, 413; NJW 2017, 1173 = RÜ 2017, 149.

[586] BGHZ 87, 133, 135; BGH NJW 2007, 3120 = RÜ 2007, 508; Hentschel/König § 7 StVG Rn. 16 a.

[587] Kaufmann in Geigel 25. Kap. Rn. 37; Martis JA 1997, 45 jeweils m.w.N.

Sonstige Anspruchsgrundlagen | 2. Abschnitt

II. M könnte **gegen die Kfz-Haftpflichtversicherung des V** ein Schadensersatzanspruch aus **§ 115 Abs. 1 S. 1 Nr. 1 VVG i.V.m. § 7 Abs. 1 StVG** zustehen. **371**

1. Gemäß § 115 Abs. 1 S. 1 Nr. 1 VVG haftet die Kfz-Haftpflichtversicherung im gleichen Maße wie der Halter V. Da V gegenüber M aus § 7 Abs. 1 StVG haftet (s.o.), liegen die Voraussetzungen für den Anspruch der M gegen die Kfz-Haftpflichtversicherung aus § 115 Abs. 1 S. 1 Nr. 1 VVG i.V.m. § 7 Abs. 1 StVG vor.

2. Als **Rechtsfolge** muss die Kfz-Haftpflichtversicherung des V der M die unfallbedingten Schäden gemäß §§ 10 ff. StVG i.V.m. §§ 249 ff. ersetzen; die Versicherung haftet neben V als Gesamtschuldner (§ 115 Abs. 1 S. 4 VVG).

III. Ansprüche der M gegen S

1. M könnte gegen S ein Schadensersatzanspruch aus **§ 18 Abs. 1 StVG** zustehen. **372**

   a) M ist **bei dem Betrieb des Kfz verletzt** worden (s.o.).

   b) S war im Unfallzeitpunkt der **Fahrer** und damit tauglicher Anspruchsgegner.

   c) Gemäß § 18 Abs. 1 S. 2 StVG wird das **Verschulden des Fahrers vermutet**, er kann sich aber entlasten, indem er fehlendes Verschulden nachweist. Diesen Nachweis wird S führen können, da er nicht mit dem Auftreten von Glatteis rechnen musste.[588]

   Infolgedessen steht M kein Anspruch gegen S aus § 18 Abs. 1 StVG zu.

2. M könnte gegen S ein Schadensersatzanspruch aus **§ 823 Abs. 1** zustehen. **373**

   S hat die M durch sein Verhalten rechtswidrig verletzt, es trifft ihn jedoch kein Verschulden, sodass ein Anspruch aus § 823 Abs. 1 ausscheidet und der S daher gegenüber M nicht haftet.

B. Ansprüche der Beifahrerin F

I. Ansprüche der F **gegen V** **374**

F ist bei Betrieb des Kfz, dessen Halter V ist, verletzt worden, ohne dass höhere Gewalt vorlag. Dass F Mitfahrerin des Unfallfahrzeugs war, lässt die Haftung unberührt, da in den Schutzbereich der Gefährdungshaftung auch die Mitfahrer einbezogen sind. Folglich kann F den V nach § 7 Abs. 1 StVG in Anspruch nehmen.

II. Die **Kfz-Haftpflichtversicherung** des V haftet gegenüber F als Gesamtschuldnerin neben V gemäß § 115 Abs. 1 S. 1 Nr. 1 VVG. **375**

III. Ansprüche der F gegen S scheitern am mangelnden Verschulden des S. **376**

---

588 OLG Hamm zfs 1996, 444.

137

1. Teil — Unerlaubte Handlungen

3. Abschnitt: Haftung mehrerer Personen

A. § 830 Mittäter, Anstifter, Gehilfen, Beteiligte

377 Sind mehrere Personen an einem Delikt als Schädiger beteiligt, so ergeben sich für den Geschädigten oftmals Beweisschwierigkeiten in Bezug auf die einzelnen Tatbeiträge sowie deren Kausalität. Daher hat der Gesetzgeber in § 830 für den Betroffenen in zwei Fallgruppen Erleichterungen geschaffen:

- Gemeinschaftliche Begehung einer unerlaubten Handlung als **Mittäter, § 830 Abs. 1 S. 1**, als **Anstifter oder Gehilfe, § 830 Abs. 2**.
§ 830 Abs. 1 S. 1, Abs. 2 enthält eine Sonderregelung über die Notwendigkeit der Kausalität: Der Mittäter, Anstifter oder Gehilfe muss sich eine von dem anderen Mittäter oder Haupttäter verursachte Rechts(gut)verletzung als eigene Verletzungshandlung zurechnen lassen.

- **Beteiligung** mehrerer an einer unerlaubten Handlung, ohne dass feststellbar ist, welcher der Beteiligten den Schaden durch seine Handlung verursacht hat oder für welchen Anteil an dem Gesamtschaden jeder Einzelne ursächlich geworden ist, **§ 830 Abs. 1 S. 2**.

Aufbauschema für § 830	
I. Voraussetzungen („haftungsbegründender Tatbestand")	
§ 830 Abs. 1 S. 1, Abs. 2	**§ 830 Abs. 1 S. 2**
1. Tatbestand Mitwirkung an einer unerlaubten Handlung ▪ als Mittäter, § 830 Abs. 1 S. 1 ▪ oder als Anstifter oder Gehilfe, § 830 Abs. 2	**1.** Kein Fall von § 830 Abs. 1 S. 1, Abs. 2 **2.** Bei jedem Beteiligten muss ein anspruchsbegründendes Verhalten gegeben sein, wenn man vom Nachweis der Ursächlichkeit absieht.
2. Rechtswidrigkeit Erforderlich ist ein eigenständiges Rechtswidrigkeitsurteil über den Tatbeitrag desjenigen, der nach § 830 Abs. 1 S. 1, Abs. 2 in Anspruch genommen wird.	**3.** Die Rechts(gut)verletzung bzw. der Schaden muss mit Sicherheit entweder durch den einen oder den anderen der Beteiligten, möglicherweise auch durch alle Beteiligte verursacht worden sein.
3. Verschulden Erforderlich ist Vorsatz desjenigen, der nach § 830 Abs. 1 S. 1, Abs. 2 in Anspruch genommen wird.	**4.** Verursacher nicht feststellbar Es darf nicht feststellbar sein, welcher der Beteiligten die Rechts(gut)verletzung bzw. den Schaden verursacht hat.
II. Rechtsfolgen („haftungsausfüllender Tatbestand")	
Haftung als Gesamtschuldner	

378 § 830 ist in beiden Fällen eine **echte Haftungsnorm** (selbstständige Anspruchsgrundlage, eindeutig h.M.[589]).

---

[589] BGHZ 67, 14; 72, 358; Fuchs/Pauker/Baumgärtner Kap. 8 B. II. 2.1.; Hk-BGB/Staudinger § 830 Rn. 19; Jauernig/Teichmann § 830 Rn. 1; Palandt/Sprau § 830 Rn. 1; Wandt § 19 Rn. 2; a.A. Brox/Walker SchuldR BT § 51 Rn. 5; MünchKomm/Wagner § 830 Rn. 46: § 830 Abs. 1 S. 2 ist nur Beweislastregel.

I. Voraussetzungen der Haftung nach § 830 Abs. 1 S. 1, Abs. 2

1. Mitwirkung an einer unerlaubter Handlung als Mittäter, Anstifter oder Gehilfe

Die Regelungen setzen voraus, dass mehrere als Mittäter, Anstifter oder Gehilfen (i.S.d. Strafrechts, vgl. §§ 25 Abs. 2, 26, 27 StGB[590]) an einer unerlaubten Handlung mitgewirkt haben; es wird dann der Tatbeitrag des einen dem anderen als eigene Verletzungshandlung zugerechnet. Auf den Umfang und die Kausalität des jeweiligen Tatbeitrags kommt es nicht an. Die Haftung der Teilnehmer beruht bei § 830 Abs. 1 S. 1, Abs. 2 auf dem **Willen zur Teilnahme**.[591]   **379**

Die Beteiligten müssen sich den schädigenden Erfolg der gemeinsamen unerlaubten Handlung zurechnen lassen, da seine Herbeiführung von ihrem Willen umfasst war. Daraus folgt aber auch zugleich, dass ein Exzess eines Beteiligten den übrigen nicht zugerechnet werden kann.[592]

§ 830 behandelt seinem Wortlaut nach zwar nur die Verantwortlichkeit für den eingetretenen Schaden, also erst die haftungsausfüllende Kausalität. Mittelbar ergibt sich hieraus aber, dass auch bei der vorrangig zu prüfenden haftungsbegründenden Kausalität § 830 zur Anwendung gelangt.[593]

2. Rechtswidrigkeit

Die Rechtswidrigkeit ist durch die Mitwirkung an der unerlaubten Handlung indiziert und entfällt nur, wenn Rechtfertigungsgründe eingreifen.

3. Schuld

Erforderlich ist, dass derjenige, der als Mittäter oder Teilnehmer in Anspruch genommen wird, hinsichtlich der Rechts(gut)verletzung vorsätzlich gehandelt hat. Der Vorsatz muss sich jedoch nicht auf einen möglichen Folgeschaden beziehen.

II. Voraussetzungen des § 830 Abs. 1 S. 2[594]

1. Kein Fall von § 830 Abs. 1 S. 1, Abs. 2

Die mehreren Beteiligten dürfen nicht als Mittäter, Gehilfen oder Anstifter zusammengewirkt haben, denn dann wird ihnen der Tatbeitrag der anderen bereits gemäß § 830 Abs. 1 S. 1, Abs. 2 zugerechnet. Die – insoweit „subsidiäre" – Vorschrift des § 830 Abs. 1 S. 2 setzt voraus, dass mehrere Beteiligte **„selbstständig"** beteiligt waren.[595]   **380**

---

590 BGHZ 8, 288, 292; 63, 124, 126; 89, 383, 389.
591 BGHZ 63, 124; Medicus/Lorenz Schuldrecht II § 87 Rn. 3.
592 Benicke Jura 1996, 127.
593 BGHZ 72, 355, 358.
594 Brade/Gentzsch JA 2016, 895 ff.
595 BGHZ 89, 383, 399.

1. Teil Unerlaubte Handlungen

2. Bei jedem Beteiligten ist anspruchsbegründendes Verhalten gegeben, wenn man vom Nachweis der Ursächlichkeit absieht

381   D.h., das Verhalten jedes Einzelnen muss eine die Haftung begründende unerlaubte Handlung darstellen, wenn man die Kausalität unterstellt. Unerlaubte Handlung i.S.d. § 830 Abs. 1 S. 2 sind alle Haftungstatbestände der §§ 823 ff. einschließlich der Gefährdungshaftung.[596]

382   Bei der Anwendung des § 830 Abs. 1 S. 2 auf Gefährdungshaftungstatbestände ist die „Handlung" des Anspruchsgegners seine Verantwortlichkeit für die Gefahrenquelle – z.B. als Halter eines Tieres oder eines Kfz. Diese abstrakte Gefahr, die mit der Existenz der Gefahrenquelle immer gegeben ist, reicht aber nicht aus, um die Haftung aus § 830 Abs. 1 S. 2 zu begründen, sondern es muss eine konkrete Rechts(gut)gefährdung durch das spezifische Risiko der Gefahrenquelle für jeden beteiligten Halter nachgewiesen werden. Dafür genügt es nicht, dass eine Person irgendwie dabei gewesen ist.[597]

Von der Rspr. wird § 830 Abs. 1 S. 2 analog angewandt auf die Gefährdungshaftungstatbestände außerhalb des BGB,[598] auf Ausgleichsansprüche nach § 906 Abs. 2 S. 2,[599] auf Entschädigungsansprüche aus enteignendem und enteignungsgleichem Eingriff[600] und mittlerweile sogar bei Haftung wegen Verletzung einer Vertragspflicht des Schuldners.[601]

Da der gesamte Haftungstatbestand einer unerlaubten Handlung bei jedem Beteiligten bei fingierter Kausalität erfüllt sein muss, entfällt daher die Haftung aller Beteiligten, wenn die Haftung eines von ihnen durch einen Rechtfertigungsgrund gedeckt ist.[602]

Ebenso entfällt folglich die Haftung aller Beteiligten, wenn einer von ihnen wegen fehlenden Verschuldens nicht ersatzpflichtig wäre, es sei denn, es liegen ausnahmsweise die Voraussetzungen aus § 829 vor.[603]

383   Die Rspr. und h.M. verlangen darüber hinaus die Beteiligung an einem sachlich, räumlich und zeitlich **einheitlichen Vorgang**.[604] Es kann die Einheitlichkeit auch bei zeitlich aufeinanderfolgenden Handlungen gegeben sein, so z.B., wenn bei einem Verkehrsunfall der Geschädigte von mehreren Fahrzeugen nacheinander erfasst wird.[605]

Beispiel:[606] K ist Eigentümer eines Yachthafens, dessen Steganlage durch einen Brand in der Nacht zum 04.04. beschädigt worden ist. In der Nähe des Yachthafens befindet sich das Schützenhaus, in dem in dieser Nacht die Hochzeit der Tochter der B gefeiert wurde. B hatte zu diesem Anlass fünf chinesische Himmelslaternen gekauft. Die Hochzeitsgesellschaft ließ die Himmelslaternen aufsteigen. Zu dieser Zeit befanden sich noch weitere Himmelslaternen in der Luft, die von nicht zur Hochzeitsgesellschaft gehörenden Personen von einem anderen Standort in der Nähe des Yachthafens gestartet worden sind. Kurz vor Mitternacht fing die Steganlage aufgrund einer abgestürzten Himmelslaterne Feuer. Es kann nicht festgestellt werden, welche der Himmelslaternen den Brand verursacht hat. Steht K gegen B ein Schadensersatzanspruch zu?

---

596 OLG München RÜ 2013, 83; Benicke Jura 1996, 127, 129.

597 BGH RÜ 2018, 554, 555; MünchKomm/Wagner § 830 Rn. 58.

598 BGH NJW 1999, 3633.

599 BGHZ 101, 106.

600 BGHZ 101, 106.

601 BGH NJW 2001, 2538; ausführlich dazu Eberl-Borges NJW 2002, 949; auch Frommhold Jura 2003, 403.

602 Larenz/Canaris § 82 II 3 a m.w.N.

603 Larenz/Canaris § 82 II 3 a m.w.N.

604 Z.B. RGZ 58, 357, 361; BGHZ 25, 271, 274; 33, 286, 291.

605 BGHZ 33, 286; 72, 355; KG VersR 1989, 713; a.A. BeckOK/Spindler § 830 Rn. 17: mangels Grundlage im Wortlaut könne ein solcher Zusammenhang nicht verlangt werden.

606 OLG Koblenz RÜ 2016, 16 ff.

Haftung mehrerer Personen | **3. Abschnitt**

I. Anspruch aus **§ 823 Abs. 1**? B traf aufgrund der potentiellen Gefährlichkeit der Himmelslaternen eine Verkehrssicherungspflicht, die sie durch die Weitergabe der Laternen an die Hochzeitsgesellschaft verletzt hat. Es ist jedoch nicht zu klären, ob der Brand von einer der Himmelslaternen, die von der Hochzeitsgesellschaft gestartet worden sind, oder von einer anderen Himmelslaterne verursacht worden ist. Daher steht nicht fest, dass das Verhalten der B äquivalent kausal für die Eigentumsverletzung des K ist.[607] Somit scheidet ein Anspruch aus § 823 Abs. 1 aus.

II. Anspruch **aus § 830 Abs. 1 S. 2**? Es liegt kein Fall von Mittäterschaft, Anstiftung oder Beihilfe vor und bei unterstellter Kausalität haften sowohl B als auch die anderen Personen, die Himmelslaternen gestartet haben, aus § 823 Abs. 1. Ferner ist der Brand entweder durch die Himmelslaternen der B oder die der anderen Personen verursacht worden und es kann nicht festgestellt werden, welche der Himmelslaternen den Brand verursacht hat.

Schließlich ist der nach h.M. erforderliche sachlich, räumlich und zeitlich einheitliche Vorgang nach Ansicht des OLG Koblenz ebenfalls gegeben. Es stehe fest, dass durch das Starten von Himmelslaternen mehrere Personen unabhängig voneinander und in kurzer zeitlicher Abfolge das Eigentum des K gefährdet haben.[608] Für den örtlichen Zusammenhang genüge es, dass die von verschiedenen Standorten gestarteten Himmelslaternen nach den konkreten Umständen des Einzelfalls die Brandstelle erreichen konnten. Es sei nicht erforderlich, dass die Laternen von einem Standort aus gestartet wurden.[609]

Folglich steht K gegen B ein Anspruch aus § 830 Abs. 1 S. 2 zu.

3. Rechts(gut)verletzung durch einen der Beteiligten verursacht

Die **Rechts(gut)verletzung** muss **mit Sicherheit entweder durch den einen oder den anderen der Beteiligten**, möglicherweise auch durch alle Beteiligten **verursacht worden sein**. | **384**

Für die Anwendung des § 830 Abs. 1 S. 2 ist daher kein Raum, wenn der **Geschädigte** seinen **Schaden selbst verursacht** haben kann.

Beispiel: Der Fahrer eines Kfz verliert auf der Autobahn ohne Einwirkung Dritter die Gewalt über sein Fahrzeug, wird herausgeschleudert, wird auf der Fahrbahn liegend von anderen Kraftwagen überrollt und es lässt sich nicht klären, ob der Unfalltod bereits dadurch verursacht wurde, dass der Fahrer auf die Fahrbahn geschleudert wurde.[610]

§ 830 Abs. 1 S. 2 ist dagegen hinsichtlich der „Alternativtäter" nicht ausgeschlossen, wenn **ein Dritter eine andere Schadensbedingung** gesetzt hat.

Beispiel:[611] Der Verletzte fällt, von zwei Personen gestoßen, infolge eines der Stöße in einen Kanalschacht, dessen Abdeckung ein Dritter pflichtwidrig versäumt hat. Die Haftung des Dritten steht fest. Da der Dritte außerhalb des Kreises der Beteiligten an dem Stoß steht, haften diese beide nach § 830 Abs. 1 S. 2.[612]

4. Verursacher nicht feststellbar

Es darf **nicht feststellbar** sein, **welcher der Beteiligten die Rechts(gut)verletzung** (bzw. im haftungsausfüllenden Tatbestand: den Schaden) **tatsächlich** – ganz oder teilweise – **verursacht hat**. | **385**

---

607 OLG Koblenz RÜ 2016, 16, 17.

608 OLG Koblenz RÜ 2016, 16, 18.

609 OLG Koblenz RÜ 2016, 16, 18.

610 BGHZ 60, 177, 181; vgl. auch BGHZ 67, 14, 20; Bauer JZ 1973, 599.

611 Vom BGH gebildet in BGHZ 67, 14, 20.

612 Vgl. dazu auch BGHZ 55, 86, 90; 72, 355, 359.

| 1. Teil | Unerlaubte Handlungen |

§ 830 Abs. 1 S. 2 greift sowohl beim sogenannten „Urheber-Zweifel" als auch beim sogenannten „Anteils-Zweifel" ein.[613] § 830 Abs. 1 S. 2 greift aber nicht ein, wenn einer der für die „Beteiligung" infrage Kommenden erwiesenermaßen haftet, auch wenn der andere daneben möglicherweise als Verursacher in Betracht kommen kann.[614]

Fall 26: Schlägerei

V wurde bei einer Schlägerei verletzt, an der A, B und C teilnahmen. V hatte nur einen Schlag erhalten. Es kann nicht festgestellt werden, wer den Schlag gegen V führte. Ungeklärt ist auch, ob A, B und C einen gemeinsamen Entschluss gefasst hatten, den V anzugreifen, oder wie im Übrigen die innere Einstellung von A, B und C war.

---

386 A. V könnte ein Ersatzanspruch gegen A, B und C aus **§ 830 Abs. 1 S. 1, Abs. 2** zustehen.

Dazu müssen A, B und C als Mittäter, Anstifter oder Gehilfen an einer unerlaubten Handlung mitgewirkt haben.

Das Zusammenwirken als Mittäter, Anstifter oder Gehilfe erfordert vorsätzliches Zusammenwirken zur Herbeiführung des Erfolgs. Vorliegend ist ein gemeinsamer Entschluss nicht erwiesen. Es ist auch ungeklärt, welche innere Einstellung bei A, B und C eine Rolle spielte. Ein Anspruch aus § 830 Abs. 1 S. 1, Abs. 2 scheidet daher aus.

387 B. V könnte ein Schadensersatzanspruch gegen A, B und C aus **§ 830 Abs. 1 S. 2** zustehen.

Dafür muss bei jedem Beteiligten ein anspruchsbegründendes Verhalten gegeben sein, wenn man vom Nachweis der Ursächlichkeit absieht.

Es lässt sich nicht feststellen, dass A, B und C Handlungen begangen haben, da nur ein Schlag gegen V geführt wurde und nicht feststellbar ist, wer den Schlag geführt hat. Eine Haftung von A, B oder C aus § 830 Abs. 1 S. 2 scheidet daher aus.

Fall 27: Silvesterfeuerwerk

In der Silvesternacht haben sich A, B, C und D durch Doppelkopfspielen und Biertrinken auf das neue Jahr vorbereitet. Um 24.00 Uhr begeben sich A, B und C mit Feuerwerkskörpern, die jeder für sich mitgebracht hat, nach draußen, um sie dort abzubrennen. Dem D ist die Sache zu gefährlich. Er bleibt im Haus. Als er dann aber das Knallen und Johlen von A, B und C hört, wird er neugierig und geht auf den Balkon, um sich das Schauspiel anzusehen. Eine der Raketen startet nicht ordnungsgemäß, nimmt eine andere als die vorgesehene Flugbahn und zerplatzt am Balkongeländer. D erleidet erhebliche Verbrennungen.
D bittet seine Freunde unter Hinweis darauf, dass diese den auf der Gebrauchsanleitung angegebenen Sicherheitsabstand von bewohnten Gebäuden weit unterschrit-

---

613 BGHZ 67, 14, 18.
614 BGHZ 67, 14, 20; 72, 355, 361; a.A. Deutsch/Ahrens Rn. 198.

| | | Haftung mehrerer Personen | **3. Abschnitt** |

ten haben, um Ersatz der Arztkosten. Die Freunde weisen zutreffend darauf hin, es stehe nicht fest, wer die fehlgestartete Rakete gezündet habe. D möchte nunmehr gegen den vermögenden A vorgehen.
(Fall nach OLG München MDR 1967, 671; vgl. auch BGH NJW 1986, 52)

A. D kann gegen A einen **Anspruch aus § 823 Abs. 1** zustehen.

D hat erhebliche Verbrennungen erlitten, sodass eine Körper- und Gesundheitsverletzung gegeben ist. Es lässt sich aber nicht feststellen, dass A diese Körperverletzung durch sein Verhalten verursacht hat. Sie kann auch aus einer von B oder C gestarteten Rakete herrühren. Es steht daher nicht fest, dass das Verhalten des A äquivalent kausal für die Verletzung des D gewesen ist. Ein Anspruch aus § 823 Abs. 1 scheidet somit aus.

B. Die Körperverletzung des D ist auch nicht aufgrund einer unerlaubten Handlung eingetreten, die A, B oder C gemeinsam als Mittäter, Anstifter oder Gehilfen begangen haben **(§ 830 Abs. 1 S. 1, Abs. 2)**; denn jeder hat für sich neben dem anderen selbstständig gehandelt. **388**

C. A kann als Beteiligter i.S.d. **§ 830 Abs. 1 S. 2** ersatzpflichtig sein. **389**

 I. Dazu müssen die **Voraussetzungen** des haftungsbegründenden Tatbestands gegeben sein.

 1. Ein Fall von § 830 Abs. 1 S. 1, Abs. 2 ist nicht gegeben (s.o.).

 2. A, B und C könnten jeweils eine unerlaubte Handlung i.S.d. § 823 Abs. 1 rechtswidrig und schuldhaft begangen haben, wenn man unterstellt, dass jeweils die Rakete des A, B oder C für die Körperverletzung des D ursächlich war.

 Zwar sind in der Silvesternacht die Anforderungen an die Verkehrssicherungspflicht beim Abbrennen von Feuerwerkskörpern herabgesetzt. Das entbindet aber denjenigen, der ein Feuerwerk abbrennt, nicht von der Verantwortung dafür, die Feuerwerkskörper nur bestimmungsgemäß und unter Beachtung der Gebrauchsanleitung, insbesondere unter Einhaltung der vom Hersteller verlangten Sicherheitsvorkehrungen, zu verwenden.[615]

 A, B und C haben es unterlassen, den vorgeschriebenen Sicherheitsabstand einzuhalten und einen Standort zu wählen, von dem aus andere Personen nicht (ernsthaft) gefährdet werden konnten. Sie haben daher die erforderliche Sorgfalt verletzt und jeweils eine unerlaubte Handlung i.S.v. § 823 Abs. 1 begangen, wenn man vom Nachweis der Kausalität absieht.

 Der von der Rspr. geforderte sachliche, örtliche und zeitliche Zusammenhang ist ebenfalls gegeben, da A, B und C ein Feuerwerk veranstalteten.

 3. Die Körperverletzung des D ist mit Sicherheit durch die Rakete des A, des B oder des C verursacht worden; A kann seine Verursachung nicht ausschließen.

---

615 BGH NJW 1986, 52, 53.

1. Teil — Unerlaubte Handlungen

4. Es ist nicht feststellbar, welcher der Beteiligten – etwa nur der A oder nur der B oder nur der C – die Körperverletzung des D verursacht hat.

Somit sind die Voraussetzungen des § 830 Abs. 1 S. 2 erfüllt.

II. Als **Rechtsfolge** („haftungsausfüllender Tatbestand") muss A dem D den gesamten Schaden, den D infolge der Verbrennungen erlitten hat, gemäß §§ 249 ff. ersetzen. Allerdings mindert sich der Ersatzanspruch gemäß § 254, wenn den D ein Mitverschulden trifft.

Anmerkung: Wenn A von D in Anspruch genommen wird, kann er von B und C gemäß § 426 anteilmäßigen Ausgleich verlangen, da auch B und C – wie A – dem D als Gesamtschuldner nach §§ 830 Abs. 1 S. 2, 840 Abs. 1 ersatzpflichtig sind.

B. § 840 Gesamtschuldnerschaft

390 Täter einer unerlaubten Handlung, die nebeneinander verantwortlich sind, haften im Außenverhältnis nach § 840 Abs. 1 als Gesamtschuldner. D.h., dass der Geschädigte grundsätzlich nach seinem Belieben von jedem der Verantwortlichen ganz oder teilweise – insgesamt aber nur einmal – Schadensersatz verlangen kann, § 421.

Nebeneinander verantwortlich i.S.d. § 840 Abs. 1 sind insbesondere

- Mittäter, Anstifter und Gehilfen, § 830 Abs. 1 S. 1 u. Abs. 2,

- Beteiligte i.S.d. § 830 Abs. 1 S. 2,

- sonstige Nebentäter.

Der Begriff der „unerlaubten Handlung" in § 840 Abs. 1 ist weit. Er erfasst grundsätzlich auch die Tatbestände der Gefährdungshaftung, gleichgültig, ob sie im BGB oder in anderen Gesetzen geregelt sind.

391 Nach § 426 Abs. 1 S. 1 sind die Gesamtschuldner im Verhältnis zueinander zu gleichen Anteilen verpflichtet, soweit nicht ein anderes bestimmt ist. Dabei wird im Innenverhältnis mehrerer Schädiger § 254 analog als spezielle Verteilungsregel angesehen: Jeder Schädiger soll den Anteil tragen, der verhältnismäßig seiner Mitwirkung und seinem Verschulden an der Schädigung entspricht.[616]

392 Für die Gesamtschuldner des § 840 Abs. 1 enthalten § 840 Abs. 2 und 3 sowie § 841 abweichende Bestimmungen. Danach soll im Innenverhältnis einer der Schädiger den Schaden allein tragen.

4. Abschnitt: Die Haftung für fehlerhafte Produkte

393 Für jedermann besteht eine Verantwortlichkeit aus § 823 Abs. 1, wenn er schuldhaft die allgemeine Verkehrssicherungspflicht verletzt und dadurch ein Dritter einen Schaden

---

616 Medicus/Lorenz Schuldrecht II § 87 Rn. 11.

Die Haftung für fehlerhafte Produkte | 4. Abschnitt

an seinen Rechten oder Rechtsgütern erleidet (vgl. oben 1. Abschnitt, Rn. 149 ff.). Einen Sonderfall der Haftung für die Verletzung von Verkehrssicherungspflichten stellt die sogenannte **Produzentenhaftung nach § 823 Abs. 1** dar: Sie betrifft einen bestimmten Personenkreis, für den die Rspr. „herstellerspezifische" Verkehrssicherungspflichten entwickelt hat. Zudem wird bei bestimmten Pflichtverletzungen in diesem Bereich von der Rspr. eine Umkehr der Beweislast zum Nachteil des „Produzenten" angenommen.

Neben dem Anspruch aus § 823 Abs. 1 können sich evtl. Ansprüche aus § 823 Abs. 2 i.V.m. ProdSG (Produktsicherheitsgesetz) ergeben.[617]

Am 01.01.1990 trat außerdem das **Produkthaftungsgesetz (ProdHaftG)** in Kraft, das eine „erweiterte Gefährdungshaftung" vorsieht.[618]

Bei einer Falllösung ist i.d.R. mit dem ProdHaftG anzufangen, weil es sich dabei wegen der verschuldensunabhängigen Haftung um die einfachere Anspruchsgrundlage handelt. Zum besseren Verständnis und zur Verdeutlichung der Unterschiede zwischen der verschuldensabhängigen Produzentenhaftung nach §§ 823 ff. und der verschuldensunabhängigen Haftung nach ProdHaftG wird in diesem Skript mit der Darstellung der verschuldensabhängigen Produzentenhaftung nach §§ 823 ff. begonnen.

A. Die Produzentenhaftung nach § 823 Abs. 1

394 Für einen Verbraucher, der durch ein von ihm erworbenes Produkt einen Schaden erleidet, ist die Realisierung von Schadensersatzansprüchen oftmals schwierig:

- **Ansprüche gegen den Händler**, von dem der Verbraucher das Produkt durch Vertrag erworben hat, scheiden i.d.R. wegen fehlenden Verschuldens dieses Händlers aus. Im Übrigen unterliegen die vertraglichen Gewährleistungsansprüche speziellen – meist kürzeren – Verjährungsfristen.

- **Vertragliche Ansprüche gegen den Hersteller** kommen i.d.R. nicht in Betracht, da es grundsätzlich an einer unmittelbaren vertraglichen Beziehung zwischen Kunde und Hersteller fehlt und der Vertrag zwischen Händler und Hersteller auch kein Vertrag mit Schutzwirkung für den Kunden ist. Ferner stehen dem Verbraucher gegen den Produzenten mangels zufälliger Schadensverlagerung auch keine Ansprüche aus abgetretenem Recht nach den Grundsätzen der Drittschadensliquidation zu.[619]

- Dem Verbraucher verbleiben daher lediglich **deliktische Ansprüche gegen den Hersteller**. Bei diesen Ansprüchen aus §§ 823 ff. besteht für den Geschädigten allerdings das Problem, dass er mangels Einsicht in die innere Betriebsstruktur kaum die Möglichkeit hat, ein schuldhaftes Handeln des Inhabers oder eines nach § 31 verantwortlichen Organs nachzuweisen.[620] Basiert der Schaden auf einem Fehlverhalten von Verrichtungsgehilfen, kann sich der Produzent evtl. durch einen Entlastungsbeweis gemäß § 831 Abs. 1 S. 2 der Haftung entziehen.

395 Vor diesem Hintergrund hat die Rspr. die sogenannte Produzentenhaftung gemäß §§ 823 ff. zum Schutze des Verbrauchers entwickelt. Diese Produzentenhaftung ist eine

---

617 Fuchs/Pauker/Baumgärtner Kap. 2 B. II. 1. 1.1.
618 Vgl. zu Produkt- und Produzentenhaftung: Klindt NJW 2018, 3757 ff.; Lange Jura 2018, 643 ff., 761 ff.
619 BGHZ 51, 91, 93; Hk-BGB/Staudinger § 823 Rn. 159.
620 Jauernig/Teichmann § 823 Rn. 122.

1. Teil   Unerlaubte Handlungen

spezielle Ausprägung der Haftung für die Verletzung einer Verkehrssicherungspflicht, für die folgende Besonderheiten gelten:

- Die Produzentenhaftung gilt nur für einen bestimmten Personenkreis, nämlich für „Produzenten" (dazu unter Rn. 397 ff.).

- Für diesen Personenkreis gelten „herstellerspezifische" Verkehrssicherungspflichten, um die von diesen Produkten ausgehenden Gefahren möglichst gering zu halten und Schäden späterer Abnehmer, Verbraucher oder Benutzer der Produkte zu vermeiden (dazu i.E. unter Rn. 402 ff.):

  - Pflicht zur fehlerfreien Entwicklung und Konstruktion;

  - Pflicht zur fehlerfreien Fabrikation;

  - Pflicht zur Instruktion;

  - Pflicht zur Produktbeobachtung.

- Ferner hat die Rspr. die allgemeinen Beweislastregeln zugunsten des Geschädigten modifiziert (dazu unten Rn. 416 ff.).

396   Bei dem Aufbauschema für einen Anspruch aus § 823 Abs. 1 ergeben sich für die Produzentenhaftung folgende **Besonderheiten**:

Aufbauschema für die Produzentenhaftung aus § 823 Abs. 1
I. Voraussetzungen („haftungsbegründender Tatbestand")

1. Tatbestand
 a) Rechts(gut)verletzung
 b) durch ein Handeln, das dem Antragsgegner zuzurechnen ist
 	
     aa) Anspruchsgegner = Hersteller
       ■ industrielle Hersteller
       ■ Produktionsleiter
       ■ Inhaber von Klein- und Familienbetrieben
       ■ Zulieferer
     bb) Verletzung einer herstellerspezifischen Verkehrssicherungspflicht
       ■ Konstruktionsfehler
       ■ Fabrikationsfehler
       ■ Instruktionsfehler
       ■ Produktbeobachtungsfehler
     cc) Kausalität, Zurechnung

2. Rechtswidrigkeit
3. Verschulden
II. Rechtsfolgen („haftungsausfüllender Tatbestand")
Ersatz des durch die Rechts(gut)verletzung verursachten Schadens gemäß §§ 249 ff.

I. Personeller Anwendungsbereich

Die besondere herstellerspezifische Produzentenhaftung trifft nur den „Produzenten". Dieser Personenkreis ist nicht identisch mit dem „Hersteller" i.S.d. § 4 ProdHaftG.

Die Haftung für fehlerhafte Produkte **4. Abschnitt**

Der Produzentenhaftung nach § 823 unterliegen insbesondere:

- **industrielle Hersteller**[621] 397

- **Mitarbeiter des Herstellers in herausgehobener und verantwortlicher Stellung** 398

  Spannkupplungen-Urteil:[622] Bei der Herstellung von Armierungsgrundstäben verwendeten die Bauarbeiter eine Spannpresse. An einer Spannkupplung zerbarst die Spannhülse, sodass der Draht aus dem Spannbett herausschoss, den Arbeiter S traf und ihn durchbohrte. Er starb am selben Tag. Der BGH hat u.a. den verantwortlichen Geschäftsleiter für die Produktion der Werkzeuge für Spannbetonteile als verantwortlich angesehen und ihm die für die Produzentenhaftung typische Beweislast aufgebürdet.[623]

  In der Lit. wird die Ausweitung der Produzentenhaftung auf leitende Mitarbeiter teilweise abgelehnt. Die verschärfte Haftung sei für diese Personen unbillig, da sie weder am Produktionsgewinn teilhaben noch die Unternehmenspolitik bestimmen können, noch über die Beweismittel des Betriebs verfügen.[624]

- **Inhaber von Klein- und Familienbetrieben**[625] 399

  Beispiel: Nach dem Hochzeitsessen in einer Gaststätte erkrankten die Brautleute und ihre Gäste an einer Salmonellenvergiftung. Der BGH hat die im Schrifttum umstrittene Frage, ob die Produzentenhaftung mit der Übernahme des Beweisrisikos nur bei industrieller Massenfabrikation durchgreife oder auch dem Inhaber eines kleinen Betriebs, dessen Herstellungsverfahren überschaubar und durchsichtig sei (Familien- und Einmannbetriebe), zugemutet werden könne, im letzteren Sinne bejaht.

- **Zulieferer** 400

  Zulieferer haben dafür einzustehen, dass das von ihnen gefertigte Produkt im Rahmen des bestimmungsgemäßen Gebrauchs auch in der Weiterverarbeitung durch andere in vollem Umfang fehlerfrei und ohne Gefährdung des Eigentums Dritter eingesetzt werden kann;[626] sie haften also für Schäden, welche die von ihnen hergestellten Teile verursachen.[627] Bei einem zusammengesetzten Produkt hat der Zulieferer für die Fehlerhaftigkeit seiner Einzelteile einzustehen, der Hersteller des Endprodukts ist dagegen für Montage- und Verarbeitungsfehler verantwortlich.[628]

Keine Hersteller i.S.d. Produzentenhaftung sind **Händler** und **Importeure**.[629] 401

- Händler sind nicht Adressaten der spezifischen Herstellerverkehrpflichten und haften folglich nicht für Konstruktions- oder Fabrikationsfehler. Sie haben aber eigene – händlerspezifische – Verkehrspflichten. Dazu gehören vor allem ordnungsgemäße Lagerung und Transport der Ware. Es kann sie darüber hinaus auch eine Untersuchungs-, Instruktions- oder Beratungspflicht treffen; so muss z.B. jeder Händler dafür sorgen, dass der Käufer die richtige Bedienungsanleitung und etwa erforderliche Warnhinweise erhält.[630]

- Importeure sind mit Vertriebshändlern vergleichbar, sodass sie auch die o.g. händlerspezifischen Verkehrssicherungspflichten treffen, d.h., sie haften grundsätzlich nicht für Fabrikations- und Konstruktionsfehler, wohl aber für Instruktions- und Produktbeobachtungsfehler.[631]

---

621 BGHZ 51, 91.
622 BGH NJW 1975, 1827.
623 BGH NJW 2001, 964: Kindertee-Fall.
624 Medicus/Petersen BR Rn. 650 a m.w.N.
625 BGHZ 116, 104.
626 BGH NJW 1996, 2224.
627 Staudinger/Hager § 823 Rn. F 28.
628 Hk-BGB/Staudinger § 823 Rn. 171; MünchKomm/Wagner § 823 Rn. 630.
629 Palandt/Sprau § 823 Rn. 180.
630 Fuchs/Pauker/Baumgärtner Kap. 2 A VI. 2.3. m.w.N.
631 BGHZ 99, 167, 170; BGH NJW 2006, 1589; Staudinger/Hager § 823 Rn. F 33 m.w.N.

| 1. Teil | Unerlaubte Handlungen |

II. Herstellerspezifische Verkehrssicherungspflichten

402 Wer Produkte herstellt und in den Verkehr bringt, muss im Rahmen des objektiv Möglichen und Zumutbaren die erforderlichen Maßnahmen treffen, um die von diesem Produkt ausgehenden Gefahren möglichst gering zu halten und Schäden anderer Personen durch produktbedingte Gefahren zu vermeiden.

Typische Fehler im Herstellerbereich sind:

- Konstruktionsfehler

- Fabrikationsfehler

- Instruktionsfehler

- Produktbeobachtungsfehler

1. Konstruktionsfehler

403 Ein Konstruktionsfehler liegt vor, wenn ein Hersteller nicht alle technisch möglichen Sicherheitsvorkehrungen trifft, die gewährleisten, dass „derjenige Sicherheitsgrad erreicht wird, den die im entsprechenden Bereich herrschende Verkehrsauffassung für erforderlich erachtet".[632] Ein solcher Konstruktionsfehler ist nicht auf Einzelstücke einer Produktion beschränkt, sondern erfasst die gesamte Serie.[633]

Beispiele für Konstruktionsfehler: In eine Reinigungsanlage werden ungeeignete Schwimmschalter eingebaut, deren Versagen einen Brand verursacht;[634] ein Gabelschaft eines Fahrrades aus ungeeignetem Material;[635] ein nicht bruchfester Griff an einem Expander.[636]

Der Hersteller muss diejenigen Maßnahmen treffen, die zur Vermeidung einer Gefahr objektiv erforderlich und dem Hersteller nach objektiven Maßstäben zumutbar sind.[637] Welche Sicherungsmaßnahmen zumutbar sind, muss im Hinblick auf die vom Produkt ausgehende Gefahr beurteilt werden. Insbesondere bei erheblichen Gefahren für Leben und Gesundheit muss der Hersteller weitergehendere Maßnahmen als im Fall von Eigentums- und Besitzstörungen oder nur kleineren körperlichen Beeinträchtigungen treffen.[638]

Ein Konstruktionsfehler liegt nicht schon dann vor, wenn ein Produkt eine gewisse Gefährlichkeit in sich birgt. Fehlerhaft ist das Produkt nur, wenn es objektiv nicht die Sicherheit bietet, die die Allgemeinheit nach der Verkehrsauffassung in dem entsprechenden Bereich für erforderlich hält.

2. Fabrikationsfehler

404 In der **Fabrikationsphase** muss der Produzent alle nach dem jeweiligen Stand der Wissenschaft und Technik möglichen und zumutbaren Sicherheitsvorkehrungen treffen,

---

632 BGH VersR 1992, 559, 560.
633 Hk-BGB/Staudinger § 823 Rn. 173.
634 BGHZ 67, 359.
635 BGH NJW 1980, 1219.
636 BGH NJW-RR 1990, 406, 407.
637 BGH NJW 2009, 2952.
638 BeckOK/Förster § 823 Rn. 702.

Die Haftung für fehlerhafte Produkte **4. Abschnitt**

damit kein fehlerhaftes Produkt in den Rechtsverkehr gelangt. Es gilt der Grundsatz der Verhältnismäßigkeit: Je größer die mögliche Gefahr, desto höhere Anforderungen sind im Hinblick auf die ordnungsgemäße Erfüllung der Verkehrssicherungspflicht zu stellen.

Von einem **Fabrikationsfehler** spricht man, wenn nur einzelne Exemplare aufgrund eines (planwidrigen) Fehlverhaltens eines Arbeiters oder einer Fehlfunktion einer Maschine beim Herstellungsverfahren, das an sich ordnungsgemäß war, mangelhaft sind.

Beispiele für Fabrikationsfehler: Verunreinigung von Speisen durch Salmonellen,[639] nicht ordnungsgemäße Kontrolle von explosionsgefährdeten Mineralwasserflaschen;[640] fehlerhaft montierter Lenker bei einem Motorroller.[641]

Hat der Produzent die erforderlichen Sicherungsmaßnahmen getroffen und ist dennoch infolge eines einmaligen Fehlverhaltens eines Arbeitnehmers bzw. einer Fehlleistung einer Maschine ein Fehler entstanden – sogenannter **„Ausreißer"** –, so scheidet eine deliktische Haftung des Produzenten mangels Verschuldens aus.[642]   **405**

Beachte: *Im Rahmen der verschuldensunabhängigen Haftung nach dem Produkthaftungsgesetz (s. unten unter Rn. 419 ff.) ist der Ausreißer-Einwand nicht zulässig!*[643]

3. Instruktionsfehler

Der Hersteller eines Erzeugnisses sowie der Hersteller und Vertreiber von Zubehör ist grundsätzlich auch zum Ersatz solcher Schäden verpflichtet, die dadurch eintreten, dass er die Verwender des Produkts pflichtwidrig nicht **auf Gefahren hingewiesen** hat, die sich trotz einwandfreier Herstellung aus der Verwendung ergeben können.[644]   **406**

Eine solche **Warnpflicht** besteht nicht nur in Bezug auf den bestimmungsgemäßen Gebrauch des Produkts; sie erstreckt sich innerhalb des allgemeinen Verwendungszwecks auch auf einen nahe liegenden Fehlgebrauch.[645]

Die Pflicht entfällt nur dann, wenn das Produkt nach den berechtigten Erwartungen des Herstellers ausschließlich in die Hand von Personen gelangen kann, die mit den Gefahren vertraut sind, wenn die Gefahrenquelle offensichtlich ist oder wenn es um die Verwirklichung von Gefahren geht, die sich aus einem vorsätzlichen oder äußerst leichtfertigen Fehlgebrauch ergeben.[646]

Die Anforderungen an die **inhaltliche Fassung sowie optische Ausgestaltung** von Gebrauchsbelehrungen und Warnhinweisen sind abhängig von den sonst zu erwartenden Schadenskosten, also von der Intensität der Gefahr, dem Rang des bedrohten Rechtsguts und dem Ausmaß des drohenden Schadens einerseits sowie dem Verständnishorizont der maßgeblichen Verkehrskreise andererseits.[647] Geht es um die Abwendung von schweren Gesundheitsgefahren für Verbraucher, müssen Warnhinweise op-   **407**

---

639 BGHZ 116, 104, 107 ff.
640 OLG Hamm OLGZ 1990, 115, 118.
641 BGH VersR 1956, 259, 260.
642 Vgl. BGHZ 51, 91, 105 f.; BeckOK/Förster § 823 Rn. 709 m.w.N.; Hk-BGB/Staudinger § 823 Rn. 174.
643 OLG Koblenz NJW-RR 1999, 1624, 1625.
644 BGHZ 64, 46, 49; 116, 60, 65; BGH NJW 1999, 2815 m.w.N.
645 BGHZ 105, 346, 351; BGH NJW 1999, 2815 f. m.w.N.
646 BGH NJW 1999, 2815, 2816 m.w.N.; OLG Hamm NJW 2001, 1654.
647 BGHZ 99, 167, 181; MünchKomm/Wagner § 823 Rn. 668.

1. Teil — Unerlaubte Handlungen

tisch hervorgehoben und dürfen nicht in Gebrauchsinformationen und Werbetexten „versteckt" werden und sie dürfen die Gefahr nicht verharmlosen, sondern müssen sie im Gegenteil klar herausstellen und ggf. auch erläutern, um die problemlose Verarbeitung der Information und entsprechende Verhaltensänderungen zu ermöglichen.[648] Darüber hinaus muss der Hersteller gewährleisten, dass die Warnung den Verbraucher tatsächlich erreicht, was es erforderlich machen kann, den Hinweis auf dem Produkt selbst – und nicht bloß auf der Verpackung, auf einem Beipackzettel oder gar in Händlerhinweisen – an- bzw. unterzubringen.[649]

408 **Beispiele** für Instruktionsfehler:

Kindertee/ Dauernuckeln	BGHZ 116, 60; BGH NJW 1994, 932; 1999, 2273 Bei diesem sogenannten Baby-Bottle-Syndrom geht es um die Risiken gezuckerten Kindertees oder von Fruchtsäften für das Gebiss des Kleinkindes, insbesondere durch „Dauernuckeln".

Nach OLG Hamm (NJW-RR 1993, 633) genügt der Hersteller von zuckerhaltigem Kindertee seiner Instruktionspflicht, wenn er in die Banderole der Teeverpackung von sonstigen Gebrauchsinformationen abgesetzt mit einer fettgedruckten Überschrift und insgesamt schwarz umrandet den Hinweis aufnimmt: „Wichtige Hinweise: Flasche selbst halten und nicht dem Kind als Nuckelfläschchen überlassen; häufiges oder andauerndes Umspülen der Zähne, z.B. vor dem Einschlafen, kann Karies verursachen. Nach der abendlichen Zahnpflege sollte grundsätzlich nichts Süßes gegessen oder getrunken werden."

Eine Instruktionspflicht obliegt nicht nur dem Hersteller, sondern auch dem Vertreiber von Zubehör, hier dem Hersteller und Vertreiber von Flaschen mit Schnullern für Kleinkinder. Da ein Einlegezettel in der Verpackung von einem unachtsamen Produktbenutzer möglicherweise nicht zur Kenntnis genommen wird, müssen die Flaschen selbst mit einem deutlichen Hinweis versehen werden, in dem vor den Gefahren einer länger andauernden Zufuhr kariogener Getränke gewarnt wird (BGH NJW 1999, 2273).

Papierreißwolf	BGH NJW 1999, 2815 Im Papierreißwolf-Fall hatte ein zwei Jahre altes Mädchen im Arbeitszimmer der Wohnungsnachbarn mit einer Hand in den Papiereinführungsschlitz eines Aktenvernichters gefasst. Dadurch wurde eine Lichtschranke des betriebsbereiten Geräts durchbrochen, sodass die von außen nicht sichtbaren, 2 cm hinter dem Einführungsschlitz liegenden Messerwalzen in Gang gesetzt wurden. Die Hand des Mädchens wurde schwer verletzt.

Der BGH hat eine Verletzung der Informationspflicht bejaht: Die Gefahrenquelle war nicht erkennbar. Der Hersteller konnte auch nicht erwarten, dass das Gerät nur in die Hand von Personen gelangte, die mit den Gefahren vertraut waren. Der BGH hat daher die Anbringung eines auf die Gefahr hinweisenden Piktogramms an dem Aktenvernichter verlangt. Das Unterlassen eines solchen Warnhinweises war ursächlich für die Verletzung des Mädchens: Der Nachbar wäre bei jeder Benutzung des Geräts auf dessen Gefährlichkeit hingewiesen worden; er hätte daher bei Anwesenheit des zweijährigen Mädchens das Gerät ausgeschaltet.

---

648 BGH NJW 1994, 932, 933; MünchKomm/Wagner § 823 Rn. 668.
649 BGH VersR 1960, 342, 343; MünchKomm/Wagner § 823 Rn. 668.

Die Haftung für fehlerhafte Produkte **4. Abschnitt**

Beispiele, in denen die Verletzung der Informationspflicht abzulehnen ist: **409**

Bierflaschen | OLG Hamm NJW 2001, 1654
Eine Brauerei ist nicht verpflichtet, auf Bierflaschen vor den Gefahren übermäßigen Alkoholkonsums zu warnen: Was auf dem Gebiet allgemeinen Erfahrungswissens der in Betracht kommenden Abnehmerkreise liegt, braucht nicht zum Inhalt einer Warnung gemacht zu werden.

Raucherschaden | OLG Frankfurt NJW-RR 2001, 1471; OLG Hamm NJW 2005, 295
Die Haftung eines Zigarettenherstellers für Raucherschäden scheidet aus, weil die beteiligten Verkehrskreise nicht erwarten können, dass Zigaretten die Gesundheit nicht gefährden und nicht süchtig machen. Es gehört zum Erfahrungswissen von jedermann, dass das Einsaugen von Zigarettenrauch auf Dauer schwere, sogar tödliche Gesundheitsschäden verursachen und Rauchen auch süchtig machen kann.

4. Produktbeobachtungsfehler

Der Produzent ist auch nach Auslieferung der Ware verpflichtet, seine Produkte sowohl **410** auf noch nicht bekannte schädliche Eigenschaften hin zu beobachten als auch sich über deren sonstige, eine Gefahrenlage schaffende Verwendungsfolgen ständig zu informieren. Die Produktbeobachtungspflicht erstreckt sich auch auf Gefahren, die durch Kombination des eigenen mit fremden Produkten, insbesondere mit auf dem Markt angebotenen Zubehörteilen entstehen können.[650]

Bei kleineren Unternehmen kann i.d.R. die ständige Verfolgung aller verfügbaren Informationen nicht **411** verlangt werden, wenn der Aufwand in keinem Verhältnis mehr zu Produktion und zum Vertrieb steht; allerdings bleiben auch kleinere und mittlere Unternehmen generell zur Produktbeobachtung verpflichtet.[651]

Zeigen sich Mängel oder Risiken, so muss der Hersteller durch geeignete Maßnahmen **412** für künftige gefahrlose Nutzung sorgen. U.U. – insbesondere bei Gefahr für Leib und Leben – trifft ihn sogar eine Rückholpflicht.[652]

Beispiele für Produktbeobachtungsfehler: **413**

Pistolen | OLG Saarbrücken NJW-RR 1993, 990, 991
weist darauf hin, dass der Hersteller einer Ware verpflichtet ist, „auch die Produkte fremder Hersteller, soweit sie als Zubehör für die eigenen Erzeugnisse in Betracht kommen, darauf zu beobachten, ob von ihnen Gefahren für die Handhabung des eigenen Produkts ausgehen können, wobei sich, soweit es sich um notwendige Zubehörteile handelt, die Beobachtung grundsätzlich auf den gesamten Zubehörmarkt zu erstrecken hat."

Quasi-Hersteller | BGH NJW-RR 1995, 342, 343
Den sogenannten „Quasi-Hersteller", der ein von einem anderen Hersteller hergestelltes Produkt mit seinem Namen oder Warenzeichen versehen in den Verkehr bringt, trifft zwar grundsätzlich keine Herstellerverantwortung. Er muss aber, wenn ihm bisher unbekannte Produktgefahren und -risiken bekannt werden, bzw. schon, wenn für ihn ein hinreichender Falschverdacht besteht, wie ein Hersteller für Gefahrenabwendung sorgen.

---

650 BGHZ 99, 167, 172 ff.
651 MünchKomm/Wagner § 823 Rn. 838, 839.
652 Vgl. dazu Staudinger/Czaplinski JA 2008, 401 ff. sowie Lüftenegger NJW 2018, 2087 ff.

151

1. Teil   Unerlaubte Handlungen

Pflegebetten

BGH RÜ 2009, 221

Der Hersteller von Pflegebetten, die Sicherheitsrisiken aufweisen, muss den Rechtsverkehr warnen und – wenn Grund zu der Annahme besteht, dass die Benutzer sich über die Warnung hinwegsetzen und Dritte gefährden – dafür Sorge tragen, dass ausgelieferte Produkte möglichst effektiv aus dem Verkehr gezogen werden. Der Hersteller schuldet deliktsrechtlich jedoch nicht die Nachrüstung oder Reparatur der Pflegebetten auf seine Kosten, da er aufgrund der Produzentenhaftung nur die vom fehlerhaften Produkt ausgehenden Gefahren für die deliktsrechtlich geschützten Rechtsgüter so effektiv wie möglich ausschalten, den Erwerbern des Produkts aber nicht mangelfreie, benutzbare Pflegebetten bereit stellen muss. Der Schutz dieses Äquivalenzinteresses ist dem Vertragsrecht vorbehalten.

III. Verteilung der Beweislast bei Fabrikations- oder Konstruktionsfehlern

> **Fall 28: Fehlerhafte Lacke**
>
> E, Inhaber eines Einrichtungshauses, hatte von A den Auftrag, mehrere Räume mit Möbeln auszustatten, und zwar in „Eiche gekalkt". E wandte sich an L, welcher eine Lack- und Farbenfabrik betreibt, und übermittelte die Wünsche des Kunden A. L empfahl dem E nach Untersuchung der Probe eine bestimmte Anwendungsweise im Einzelnen näher bezeichneter Lacke und Pasten aus seiner Herstellung. E bestellte bei L die in der Arbeitsanweisung des L angegebenen Erzeugnisse, fertigte unter Beachtung der Arbeitsanweisung die bestellten Möbel und lieferte diese aus.
>
> Nach mehr als zwei Jahren zeigten sich Mängel in der Oberflächenerscheinung des Holzes; das Holz vergilbte, die Lackoberfläche versprödete, der Lack platzte ab. Ein Sachverständiger stellte fest, dass die aufgetretenen Schäden auf einen Fehler in einem der von L hergestellten Erzeugnisse zurückzuführen sind und dass andere Ursachen, insbesondere Verarbeitungsfehler, ausgeschlossen sind. E musste die Einrichtung austauschen. E verlangt von L Schadensersatz. (Fall nach BGH WM 1996, 1638)

A. Ein Schadensersatzanspruch aus Gewährleistungsansprüchen des Kaufrechts gemäß **§ 437 Nr. 3 i.V.m. §§ 280 ff.** scheitert jedenfalls an der Verjährung. Die Regelung über die Verjährung der Gewährleistungsansprüche ist in § 438 enthalten. Nach dieser Vorschrift verjähren, soweit keine Sonderregelungen eingreifen, die in § 437 genannten Ansprüche grundsätzlich in zwei Jahren, § 438 Abs. 1 Nr. 3.

414   B. E könnte gegen L ein Schadensersatzanspruch **aus § 823 Abs. 1** zustehen.

    I. Dazu müssen die **Voraussetzungen** des haftungsbegründenden Tatbestands vorliegen.

       1. In Betracht kommt eine **Eigentumsverletzung** aufseiten des E. Die von E gefertigten Möbel waren zunächst einwandfrei und sind durch das Aufbringen des von L hergestellten Lackes beschädigt worden. Dass sich diese Beeinträchtigung erst nach der Veräußerung der Möbel an den Kunden A gezeigt hat, ist unerheblich, da die Verletzung des Eigentums bereits in dem Moment einge-

152

treten ist, in dem E die Erzeugnisse des L auf seine Möbel aufgetragen hat. Folglich liegt eine Eigentumsverletzung aufseiten des E vor.

2. Die Eigentumsverletzung muss **durch ein Handeln des L** verursacht worden sein.

L könnte die Eigentumsverletzung durch eine Verletzung der ihm nach den Grundsätzen der Produzentenhaftung obliegenden herstellerspezifischen Verkehrssicherungspflichen verursacht haben.

a) L ist als industrieller Hersteller **„Produzent"** i.S.d. Produzentenhaftung.

b) L muss **eine herstellerspezifische Verkehrssicherungspflicht verletzt** haben.

Der Hersteller muss im Rahmen des objektiv Möglichen und Zumutbaren die erforderlichen Maßnahmen treffen, um die von diesem Produkt ausgehenden Gefahren möglichst gering zu halten und Schäden anderer Personen durch produktbedingte Gefahren zu vermeiden. Daher ist der Hersteller verpflichtet, bei der Konstruktion, Fabrikation, Instruktion und Produktbeobachtung alle nach dem Stand der Wissenschaft und Technik zumutbaren Maßnahmen zur Vermeidung der Beeinträchtigung der Rechtsgüter Dritter durch seine Produkte zu ergreifen.

Aufgrund des Gutachtens steht lediglich fest, dass die von L hergestellten und an E gelieferten Lacke fehlerhaft waren und eine Eigentumsverletzung aufseiten des E verursacht haben. Fraglich ist, ob wegen des feststehenden Mangels der Lacke auch auf eine objektive Verletzung der Verkehrssicherungspflicht durch L geschlossen werden kann.

415 Nach allgemeinen Beweislastregeln muss der Geschädigte alle Voraussetzungen des § 823 Abs. 1 darlegen und beweisen.[653] Demnach muss der Geschädigte grundsätzlich auch die objektive Verletzung der Verkehrssicherungspflicht durch den Schädiger darlegen und beweisen.

Bei einem fehlerhaften Produkt hat der Geschädigte i.d.R. aber keinen Einblick in den Produktionsvorgang. Er vermag den Sachverhalt nicht in solcher Weise darzulegen, dass im Streitfalle das Gericht zuverlässig beurteilen kann, ob der Betriebsleitung ein Versäumnis vorzuwerfen ist, ob es sich um einen Fabrikationsfehler handelt oder ob es sich um einen nach dem Stand der Technik nicht vorhersehbaren Entwicklungsfehler handelt.

416 Es ist anerkannt, dass der Geschädigte **bei Konstruktions- und Fabrikationsfehlern nicht nur von dem Beweis des Verschuldens, sondern auch vom Beweis der objektiven Pflichtwidrigkeit des Herstellers entlastet ist, wenn er nachgewiesen hat, dass sein Schaden durch einen objektiven Mangel des Produkts ausgelöst worden ist.**[654]

---

653 Palandt/Sprau § 823 Rn. 80.
654 BGHZ 51, 91, 102; BGH NJW 1996, 2507, 2508; 1999, 1028, 1029; BeckOK/Förster § 823 Rn. 767 ff.; Fuchs/Pauker/Baumgärtner Kap. 2 A VI 2.2.; Looschelders SchuldR BT Rn. 1257; MünchKomm/Wagner § 823 Rn. 684; Wandt § 21 Rn. 64.

1. Teil Unerlaubte Handlungen

Es steht fest, dass der Schaden durch ein Erzeugnis des L verursacht worden ist und dass fremde Einflüsse ausscheiden. Hierdurch steht fest, dass L Lacke hergestellt und in den Verkehr gebracht hat, die Fehler aufweisen und welche die geltend gemachten Schäden verursacht haben. Es ist deshalb Sache des L zu beweisen, dass der geltend gemachte Schaden nicht auf einer ihm anzurechnenden Pflichtwidrigkeit beruht. Solange dies nicht geschehen ist, ist von der objektiven Pflichtwidrigkeit auszugehen.[655]

Der Tatbestand des § 823 Abs. 1 ist somit erfüllt.

3. Mit der Erfüllung des Tatbestands ist die **Rechtswidrigkeit** indiziert und Rechtfertigungsgründe greifen nicht ein.

4. **Bei der Produzentenhaftung ist der Geschädigte vom Beweis des Verschuldens des Produzenten entlastet.** Solange der Produzent nicht nachgewiesen hat, dass ihn kein Verschulden trifft, ist von seinem Verschulden auszugehen.[656]

II. Als **Rechtsfolge** („haftungsausfüllender Tatbestand") ist L dem E zum Ersatz des durch die Eigentumsverletzung entstandenen Schadens gemäß §§ 249 ff. verpflichtet.

IV. Befundsicherungspflicht

417 Die Haftung des Produzenten und die Beweislastumkehr setzen grundsätzlich den vom Geschädigten zu erbringenden Nachweis voraus, dass der Produktfehler zum Verantwortungsbereich des Produzenten gehört.
Vielfach lässt sich dies nicht nachweisen, und es besteht die Möglichkeit, dass das Produkt erst auf dem Wege vom Produzenten zum Verbraucher beschädigt worden ist. Diese Situation ergab sich wiederholt in Fällen, in denen kohlensäurehaltige Erfrischungsgetränke in Einheits-Mehrwegflaschen abgefüllt und beim Verbraucher aufgrund des starken Innendrucks geborsten waren.

In Fällen dieser Art kann ausnahmsweise eine **weitere Beweislastumkehr** zugunsten des Geschädigten in Betracht kommen: Den Produzenten trifft die Pflicht, sich über das Freisein von Mängeln, die typischerweise aus dem Herstellerbereich stammen, zuverlässig zu vergewissern und in diesem Rahmen den „Status" des Produkts vor der Inverkehrgabe zu überprüfen und den Befund zu sichern (sogenannte Befundsicherungspflicht).[657]

Die Befundsicherungspflicht ist in der Praxis wiederholt bei einer **Verletzung durch geplatzte Mineralwasserflaschen** von Bedeutung geworden. Für solche Getränkeflaschen, bei denen nach oft mehrfachem und langjährigem Vorgebrauch eine Vorschädigung und damit verbundene Berstgefahr nicht auszuschließen ist, trifft den Hersteller eine **Prüfungs- und Befundsicherungspflicht** dahin, den Zu-

---

655 BGH NJW 1996, 2507, 2508.
656 BGHZ 51, 91 ff.; Fuchs/Pauker/Baumgärtner Kap. 2 A VI. 2.2.
657 Fuchs/Pauker/Baumgärtner Kap. 2 A VI. 2.2.; MünchKomm/Wagner § 823 Rn. 689.

154

stand des Glases jeder Flasche vor Inverkehrgabe auf seine Berstsicherheit hin zu ermitteln und sich darüber zu vergewissern, dass nur unbeschädigte Flaschen den Herstellungsbereich verlassen.[658]

Weist der Geschädigte nach, dass der Produzent dieser **Befundsicherungspflicht** nicht hinreichend nachgekommen ist, so muss nach der Rspr. der Produzent nachweisen, dass der beim Verbraucher zutage getretene Mangel nicht dem Herstellerbereich zuzurechnen ist.

Nach dem Limonadenflaschen-Beschluss des BGH hat der Limonadenhersteller seine Befundsicherungspflicht dadurch verletzt, dass er nur Flaschen mit Gewindeschäden, Dichtlippenschäden, Flaschenbodenschäden und Glassprüngen ausgesondert hat, nicht aber auch solche, die äußerlich stark zerkratzt waren. Es stehe fest, dass alte, häufig benutzte Flaschen ein weit höheres Berstrisiko in sich trügen als neue Flaschen und dass äußerlich erkennbar zerkratzte Flaschen ersichtlich stärker beansprucht seien als andere Flaschen. Es fehle daher an einem Kontrollverfahren, durch das, „soweit technisch möglich und dem Hersteller zumutbar", die nicht einwandfreien Flaschen von der Wiederbefüllung ausgeschlossen wurden. Demgemäß habe der Produzent die Beweislast dafür, dass die Ursache für das Zerbersten der Flasche nicht dem Herstellerbereich zuzurechnen sei.[659]

V. Selbstständigkeit der Ansprüche gegen mehrere Verantwortliche

Neben dem industriellen Hersteller können dessen Produktionsleiter mit herausgehobener und verantwortlicher Stellung persönlich haften. Sie haften dann gemäß § 840 Abs. 1 als Gesamtschuldner; die Ansprüche gegen die verschiedenen Verantwortlichen verjähren unabhängig voneinander, vgl. § 425.[660] **418**

B. Die Haftung nach dem Produkthaftungsgesetz

Aufbauschema für die Produkthaftung nach § 1 ProdHaftG
I. Anwendbarkeit in zeitlicher Hinsicht, § 16 i.V.m. § 19 ProdHaftG
II. Voraussetzungen („haftungsbegründender Tatbestand")
1. Rechts(gut)verletzung i.S.d. § 1 Abs. 1 ProdHaftG
2. Verursacht durch den Fehler eines Produkts, §§ 2, 3 ProdHaftG
3. Hersteller i.S.d. § 4 ProdHaftG
4. Kein Haftungsausschluss, § 1 Abs. 2, 3 ProdHaftG
III. Rechtsfolgen („haftungsausfüllender Tatbestand")
Beschränkung der Ersatzpflicht nach §§ 7–11 ProdHaftG

I. Entstehungsgeschichte

Am 25.07.1985 hat der Rat der EG die Richtlinie 85/34 zur Angleichung der Rechts- und Verwaltungsvorschriften der Mitgliedstaaten über die Haftung fehlerhafter Produkte erlassen. Ziel dieser Richtlinie ist zum einen die Angleichung der einzelstaatlichen Rechtsvorschriften, um Wettbewerbsverfälschungen im Binnenmarkt zu beseitigen, zum anderen die Stärkung des Verbraucherschutzes.[661] Das ProdHaftG, das am 01.01.1990 in **419**

---

658 OLG Koblenz NJW-RR 1999, 1624, 1625 m.w.N.

659 BGHZ 104, 323, 333; BGH NJW-RR 1993, 988; BGH NJW 1993, 528.

660 BGH NJW 2001, 964.

661 Hk-BGB/Staudinger § 823 Rn. 161.

155

Kraft getreten ist, stellt die Umsetzung dieser Richtlinie in deutsches Recht dar und begründet in § 1 Abs. 1 ProdHaftG eine verschuldensunabhängige Gefährdungshaftung des Herstellers.

Anmerkung: *Das ProdHaftG ist infolgedessen richtlinienkonform auszulegen.*

II. Anwendbarkeit in zeitlicher Hinsicht, § 16 i.V.m. § 19 ProdHaftG

420 Das ProdHaftG gilt gemäß § 16 i.V.m. § 19 ProdHaftG nur für solche Produkte, die seit dem 01.01.1990 in den Verkehr gebracht wurden.

III. Die Voraussetzungen der Haftung nach § 1 ProdHaftG

1. Die Rechts(gut)verletzung i.S.d. § 1 Abs. 1 ProdHaftG

Erforderlich ist zunächst eine Rechts(gut)verletzung i.S.d. § 1 Abs. 1 ProdHaftG, d.h. die Tötung eines Menschen, eine Körper- oder Gesundheitsverletzung oder eine Sachbeschädigung.

421 **a)** Im Fall der **Tötung, Körper- oder Gesundheitsverletzung** wird jeder unmittelbar Geschädigte geschützt.

422 **b)** Bei einer **Sachbeschädigung** ist die Haftung gemäß § 1 Abs. 1 S. 2 ProdHaftG eingeschränkt: Danach muss eine „andere Sache" als das fehlerhafte Produkt beschädigt worden sein, und diese andere Sache muss ihrer Art nach gewöhnlich für den **privaten** Ge- oder Verbrauch bestimmt und hierzu von dem Geschädigten auch tatsächlich verwendet worden sein.

Da durch § 1 Abs. 1 ProdHaftG nur die privaten Sachschäden der Endverbraucher erfasst werden und nach § 11 ProdHaftG selbst diese Schäden nur insoweit zu ersetzen sind, als sie den Betrag von 500 € übersteigen, richtet sich die Haftung für Schäden an freiberuflich und gewerblich genutzten Sachen sowie für Sachschäden privater Endverbraucher bis 500 € ausschließlich nach den herkömmlichen Haftungsregeln, die insoweit auch trotz Inkrafttretens des ProdHaftG erhebliche praktische Bedeutung behalten haben.

423 Der Sachschaden muss an einer **anderen Sache** als dem fehlerhaften Produkt eingetreten sein. Problematisch wird die Beurteilung dieser Voraussetzung beim sogenannten **„weiterfressenden Mangel"** (vgl. oben 1. Abschnitt, Rn. 28 ff.), wenn also zunächst nur ein Teil der Sache schadhaft ist, sich dieser Schaden aber auf die Gesamtsache auswirkt. Fraglich ist, ob dann die von der Rspr. zu § 823 Abs. 1 entwickelten Grundsätze auf das ProdHaftG übertragen werden können, sodass bei fehlender Stoffgleichheit zwischen dem ursprünglichen Mangel und dem durch den Fehler an der Gesamtsache entstandenen Schaden eine andere Sache als das fehlerhafte Produkt beschädigt ist.

424 ■ Nach ganz h.M. sind jedenfalls beim **Endhersteller** die Grundsätze des „weiterfressenden Mangels" nicht anwendbar, sodass dieser nach dem ProdHaftG nicht für die Beschädigung des von ihm hergestellten Endprodukts haftet.[662] Dies wird zum einen mit dem Wortlaut des § 1 Abs. 1 S. 2 ProdHaftG begründet: Das fehlerhafte Pro-

---

662 MünchKomm/Wagner § 1 ProdHaftG Rn. 9 m.w.N.; zum Meinungsstand Staudinger/Oechsler § 1 ProdHaftG Rn. 10.

Die Haftung für fehlerhafte Produkte | **4. Abschnitt**

dukt sei das Produkt, das der Produzent fehlerhaft hergestellt habe, und dieses Produkt sei beim Endhersteller das Endprodukt.[663] Zudem wird als Begründung auf die Entstehungsgeschichte der Regelung verwiesen: Nach der Gesetzesbegründung kommt es für die Beurteilung, was eine andere Sache als das fehlerhafte Produkt ist, auf die Verkehrsanschauung an, und nach dieser ist das komplette Endprodukt als einheitliche Sache anzusehen.[664]

Beispiel: (Klemmender Gaszug)

Im Gaszug-Fall (s.o. Fall 3) ist eine Eigentumsverletzung durch den Autohersteller zu bejahen; dagegen scheidet nach h.M. eine Haftung nach § 1 ProdHaftG aus.

■ Sehr umstritten ist die Frage bei der **Zulieferung eines Teilprodukts.**   **425**

■ Nach einem Teil der Lit. ist der Schaden am fehlerhaften zusammengesetzten Produkt weder vom Endhersteller noch vom Teilhersteller nach § 1 ProdHaftG zu ersetzen. Danach haftet auch der Teilhersteller immer nur für Schäden an anderen Sachen als dem Endprodukt.[665] Für den Endabnehmer sei der Erwerb der Gesamtsache maßgebend, und zwar unabhängig davon, ob der Hersteller alle Teile selbst angefertigt hat oder nicht.

■ Dagegen lässt ein Teil der Lit. die Sperrwirkung von § 1 Abs. 1 S. 2 ProdHaftG dann nicht eingreifen, wenn der Geschädigte einen Anspruch gegen den Teilhersteller richtet, soweit durch die zugelieferte Teilsache an der Gesamtsache ein Schaden entstanden ist.[666] Zur Begründung wird darauf abgestellt, dass das fehlerhafte Produkt, für das der Zulieferer haftet, das von ihm gelieferte fehlerhafte Teil ist und dieses mit der Gesamtsache nicht identisch ist, sodass bei Beschädigung des Endprodukts eine andere Sache als das fehlerhafte Produkt betroffen ist.

Beispiel: Nach der letzteren Ansicht haftet der Reifenhersteller dem Endverbraucher (nicht dem Endhersteller, da „gewerblicher" Sachschaden) nach § 1 Abs. 1 S. 1 ProdHaftG für Sachschäden am Wagen, die durch die fehlerhaften Reifen verursacht wurden mit Ausnahme des Schadens am Reifen selbst.

2. Produkt i.S.d. § 2 ProdHaftG

Die Haftung nach dem ProdHaftG kommt nur bei Produkten i.S.d. § 2 ProdHaftG in Betracht, d.h. bei allen **beweglichen Sachen**, unabhängig vom Aggregatzustand und von der Verarbeitung (§ 2 S. 1 ProdHaftG) einschließlich Elektrizität.   **426**

3. Produktfehler i.S.d. § 3 ProdHaftG

Ein **Produktfehler** i.S.d. § 3 ProdHaftG liegt vor, wenn das **Produkt im Zeitpunkt** seines **Inverkehrbringens** nicht die **Sicherheit** bietet, die die **Allgemeinheit** insbesondere unter Berücksichtigung des Verwendungszwecks, des durchschnittlichen Benutzerkreises, des Preis-Leistungs-Verhältnisses, des Zeitpunkts des Inverkehrbringens und des   **427**

---

663 Tiedtke NJW 1990, 2961, 2962.
664 Vgl. BT-Drs. 11/2247.
665 Honsell JuS 1995, 211, 215; MünchKomm/Wagner § 1 ProdHaftG Rn. 12 m.w.N.
666 Graf von Westphalen Jura 1992, 511, 513; Kullmann § 1 ProdHaftG Rn. 9 m.w.N.

über die Zweckbestimmung hinausgehenden üblichen sowie nicht fernliegenden Fehlgebrauchs erwarten darf.[667]

428 Das Merkmal der **berechtigten Sicherheitserwartung** hat der Produktfehler mit der Verkehrssicherungspflicht gemeinsam. Es lässt sich daher die herstellerspezifische Fehlertypologie in Bezug auf **Fabrikations-, Konstruktions- und Instruktionsfehler** auf die Gefährdungshaftung aus § 1 ProdHaftG übertragen. Der Fehlerbegriff in § 3 ProdHaftG ist zwar nicht mit dem der Produzentenhaftung identisch, er unterscheidet sich aber nur in Teilbereichen von den Voraussetzungen der herstellerspezifischen Verkehrssicherungspflicht in § 823 Abs. 1.

Nach h.M. erfasst § 3 ProdHaftG daher nicht nur dem Produkt unmittelbar anhaftende Fehler, sondern gerade im Bereich der Haftung für Konstruktions- und Instruktionsfehler auch ein Fehlverhalten des Herstellers.

429 Durch eine Entscheidung des EuGH[668] ist mittlerweile – auch in der Rspr. des BGH[669] – geklärt, dass ein Produkt, wenn es sich um ein in den menschlichen Körper implantiertes Medizinprodukt handelt (z.B. Herzschrittmacher oder Defibrillator), bereits dann fehlerhaft ist, wenn Geräte derselben Produktgruppe „ein nennenswert erhöhtes Ausfallrisiko" haben. Bei medizinischen Geräten wie Herzschrittmachern oder Defibrillatoren seien die Anforderungen an ihre Sicherheit, die die Patienten zu erwarten berechtigt seien, in Anbetracht ihrer Funktion und der Situation besonderer Verletzlichkeit der diese Geräte nutzenden Patienten besonders hoch.[670]

Da für die Bestimmung des Produktfehlers i.S.d. § 3 ProdHaftG ausschließlich der **Zeitpunkt des Inverkehrbringens maßgeblich** ist, kommt die Haftung nach § 1 Abs. 1 ProdHaftG nicht in Betracht, wenn nach dem Inverkehrbringen des konkreten Produkts die Produktsicherheit aufgrund nachträglicher Erkenntnisse (vgl. § 1 Abs. 2 Nr. 5 ProdHaftG) verbessert wurde bzw. werden könnte. Die **Haftung für die Verletzung** der nachträglichen herstellerspezifischen **Produktbeobachtungs- und Reaktionspflichten** bestimmt sich daher nicht nach § 1 Abs. 1 ProdHaftG, sondern nach den allgemeinen Deliktsregeln.[671]

4. „Hersteller" i.S.d. § 4 ProdHaftG

430 Der Kreis der Haftungsadressaten des § 1 Abs. 1 ProdHaftG deckt sich <u>**nicht**</u> mit dem der Produzentenhaftung nach §§ 823 ff. Als **Haftungsadressaten nach § 4 ProdHaftG** kommen in Betracht:

- **Endprodukthersteller**, d.h. derjenige, der das Endprodukt tatsächlich hergestellt hat, § 4 Abs. 1 S. 1 ProdHaftG.[672]

- **Hersteller** von Einzelteilen oder Grundstoffen, § 4 Abs. 1 S. 1 ProdHaftG. Er haftet aber nur für die Schäden, die durch das von ihm gelieferte „Teilprodukt" verursacht wurden.

---

667 BGH NJW 2013, 1302, 1303.

668 EuGH NJW 2015, 1163 ff.

669 BGH NJW 2015, 3096 ff. = RÜ 2015, 563 ff.: Herzschrittmacher, sowie BGH NJW 2015, 2507 ff.: Defibrillator.

670 BGH NJW 2015, 3096 3097 = RÜ 2015, 563, 565.

671 H.M.: Hk-BGB/Staudinger § 823 Rn. 4; MünchKomm/Wagner § 3 ProdHaftG Rn. 38 m.w.N.; a.A.: Palandt/Sprau § 3 ProdHaftG Rn. 4

672 Vgl. dazu OLH Hamm RÜ 2017, 419, 420.

Die Haftung für fehlerhafte Produkte | **4. Abschnitt**

- **Quasi-Hersteller**, d.h. derjenige, der ein fremdes Produkt mit eigenem Namen oder Warenzeichen versieht und sich damit als Hersteller dieses Produkts ausgibt, § 4 Abs. 1 S. 2 ProdHaftG.[673]

- **Importeur**, d.h. derjenige, der im Rahmen seiner geschäftlichen Tätigkeit Waren zum Zweck wirtschaftlichen Vertriebs in ein EU-Land aus einem Land außerhalb der EU einführt oder verbringt, § 4 Abs. 2 ProdHaftG.

- **Lieferant**, wenn der Produkthersteller (auch Quasi-Hersteller) bzw. bei importierten Produkten der Importeur (auch wenn Hersteller bekannt) nicht festgestellt werden kann und er nicht innerhalb eines Monats nach entsprechender Aufforderung durch den Geschädigten seinen eigenen Vorlieferanten oder den Hersteller bei EG-Waren bzw. den Importeur bei „Drittländer-Waren" benennt, § 4 Abs. 3 ProdHaftG.

Die Bestimmung des Herstellers kann Schwierigkeiten bereiten, wie der **Holzbalken-Fall** zeigt:

Bei der Errichtung eines Neubaus hat der Zimmermann Z die Zimmerarbeiten, der Maler M die Malerarbeiten übernommen. In dem Wohnbereich sollten Holzbalken sichtbar werden. Der Maler war von dem Bauträger beauftragt worden, die Holzteile in dem Betrieb des Zimmermanns zu streichen, nachdem dieser sie durch Zusägen und Hobeln zugerichtet hatte. Der Maler strich die Balken mit einem nur für den Außenbereich bestimmten Holzschutzmittel. Danach baute der Zimmermann sie in der Dachgeschosswohnung der Frau F ein. Frau F hat sowohl den Zimmermann als auch den Maler verklagt. Das OLG Stuttgart[674] hat den Zimmermann nur als Hersteller der „zugesägten und gehobelten Balken" angesehen und den Maler als Hersteller der „angestrichenen Balken". Es hat deshalb die Klage gegen den Zimmermann abgewiesen. Der Maler wurde verurteilt, die Schadstoffbelastung zu beseitigen; es wurde seine Schadensersatzpflicht im Übrigen festgestellt.

5. Kein Ausschluss gemäß § 1 Abs. 2, 3 ProdHaftG

Der Anspruch ist ausgeschlossen, wenn einer der in § 1 Abs. 2, 3 ProdHaftG aufgezählten Ausschlussgründe eingreift:

431

- Der Hersteller hat das Produkt nicht in den Verkehr gebracht, § 1 Abs. 2 Nr. 1 ProdHaftG, z.B. bei vorübergehender Überlassung an Dritte zu Testzwecken, bei Diebstahl oder Unterschlagung des Produkts.

- Fehlerfreiheit des Produkts zur Zeit des Inverkehrbringens durch den Hersteller, § 1 Abs. 2 Nr. 2 ProdHaftG.

  Von praktischer Bedeutung ist dieser Ausschlussgrund nur bei Fabrikationsfehlern, da ein Konstruktionsfehler begriffsnotwendig einem Produkt von der Entstehung an dauerhaft anhaftet und auch ein Instruktionsfehler das Produkt vom Zeitpunkt des Inverkehrbringens an begleitet.[675]

- Herstellung bzw. Vertrieb erfolgten weder zu kommerziellen Zwecken noch im Rahmen seiner beruflichen Tätigkeit, § 1 Abs. 2 Nr. 3 ProdHaftG.

  Die Haftung des Herstellers entfällt nur, wenn er die beiden in § 1 Abs. 2 Nr. 3 ProdHaftG genannten Voraussetzungen kumulativ beweist.

---

673 Vgl. BGH NJW 2005, 2695; dazu Wagener/Wahle NJW 2005, 3179.
674 VersR 2001, 465.
675 Palandt/Sprau § 1 ProdHaftG Rn. 17.

159

1. Teil — Unerlaubte Handlungen

- Fehler beruht auf zwingender Rechtsvorschrift, § 1 Abs. 2 Nr. 4 ProdHaftG, z.B. auf Gesetz oder einer Verordnung – private Regelwerke wie „DIN-Normen" reichen dafür jedoch nicht.[676]

- Fehler konnte zur Zeit des Inverkehrbringens durch den Hersteller nach dem Stand der Wissenschaft und Technik nicht erkannt werden, § 1 Abs. 2 Nr. 5 ProdHaftG.

  Mit dieser Regelung soll die Haftung für sogenannte Entwicklungsrisiken ausgeschlossen werden, also für Fälle, in denen bestimmte Risiken eines Produkts im Zeitpunkt des Inverkehrbringens nicht erkennbar waren.[677] Dieser Ausschlussgrund gilt auch für Instruktionsfehler.[678] Das bedeutet, dass eine Haftung wegen § 1 Abs. 2 Nr. 5 ProdHaftG ausscheidet, wenn das Produkt gefährliche Eigenschaften aufweist, die im Zeitpunkt des Inverkehrbringens nicht erkennbar waren, die aber – hätte man sie erkennen können – dem Hersteller nur Anlass zu Warnungen hätten geben müssen.[679]

- Keine Haftung des Teilherstellers, wenn der Fehler in der Konstruktion des Endprodukts liegt oder durch Anleitungen des Herstellers verursacht worden ist, § 1 Abs. 3 ProdHaftG.

Ein weitergehender Haftungsausschluss kann nicht wirksam vereinbart werden, § 14 ProdHaftG.

IV. Die Beweislastverteilung gemäß § 1 Abs. 4 ProdHaftG

432 Der Geschädigte muss nach § 1 Abs. 4 S. 1 ProdHaftG beweisen: den Fehler, den Schaden, den Kausalzusammenhang zwischen Fehler und Schaden und ggf. die Herstellereigenschaft des Anspruchsgegners (Beweislast aufgrund allgemeiner Grundsätze).

Der **Hersteller** i.S.d. § 4 ProdHG **muss** dagegen nach § 1 Abs. 4 S. 2 ProdHaftG **beweisen**, dass die **Ausschlussgründe des § 1 Abs. 2 und 3 ProdHaftG** eingreifen. Außerdem muss er nach allgemeinen Beweislastgrundsätzen beweisen, dass der Anspruch nach § 13 ProdHaftG wegen Ablaufs von zehn Jahren nach dem Inverkehrbringen des Produkts erloschen bzw. nach § 12 ProdHaftG verjährt ist.

V. Die Rechtsfolgen der Haftung nach § 1 Abs. 1 ProdHaftG

433
- § 1 Abs. 1 ProdHaftG beschränkt den ersatzfähigen Schaden auf die Nachteile, die durch den Tod oder Körperverletzung sowie die Beschädigung bzw. Zerstörung privater Sachen entstanden sind.

- Im Falle der **Tötung oder der Verletzung eines Menschen** durch ein fehlerhaftes Produkt richten sich die Schadensersatzansprüche nach **§§ 7, 9 ProdHaftG** (Tötung) bzw. **§§ 8, 9 ProdHaftG** (Körperverletzung), wobei in § 10 ProdHaftG die Haftung auf den Höchstbetrag von 85 Mio. € beschränkt ist. Nach § 8 S. 2 ProdHaftG kann auch **Schmerzensgeld** verlangt werden.

- Bei **Beschädigung oder Zerstörung von Sachen**, die gemäß § 1 Abs. 1 ProdHaftG in den Schutzbereich des ProdHaftG fallen, hat der Hersteller nach **§ 11 ProdHaftG** nur den über 500 € hinausgehenden Schaden zu ersetzen.

---

676 Hk-BGB/Staudinger § 823 Rn. 203.
677 Vgl. dazu BGH NJW 2009, 2952; Kullman § 1 ProdHaftG Rn. 62.
678 BGH NJW 2009, 2952.
679 MünchKomm/Wagner § 1 ProdHaftG Rn. 52.

Die Haftung für fehlerhafte Produkte **4. Abschnitt**

- **Mehrere Ersatzpflichtige** haften dem Geschädigten gemäß § 5 S. 1 ProdHaftG als **Gesamtschuldner**, wobei sich der Ausgleich im Innenverhältnis zwischen den Gesamtschuldnern nach § 5 S. 2 ProdHaftG richtet.

- Bei **Mitverursachung des Schadens** gilt bzgl. des Haftungsumfangs des Herstellers § 6 ProdHaftG.

Fall 29: Überspannung

Die B ist Betreiberin eines kommunalen Stromnetzes und stellt dieses den Stromproduzenten (Einspeisern) und Abnehmern zur Verfügung. Dazu transformiert sie den Strom auf eine andere Spannungsebene (Niederspannung). Der K ist mit seinem Haus an das Niederspannungsnetz der B angeschlossen.

Am 06.05.2018 gab es eine Störung der Stromversorgung im Wohnviertel des K. Nach einem Stromausfall trat in seinem Hausnetz eine Überspannung auf, durch die mehrere Elektrogeräte und die Heizung beschädigt wurden. Die Ursache für die Überspannung lag in der Unterbrechung von zwei sogenannten PEN-Leitern (PEN = protective earth neutral) in der Nähe des Hauses des K, über die sein Haus mit der Erdungsanlage verbunden war. K begehrt von B Schadensersatz i.H.v. 2.847,37 € wegen des Überspannungsschadens an seinen Elektrogeräten und der Heizung. Als Netzbetreiberin sei B Herstellerin und hafte daher für die Folgeschäden ihres fehlerhaften Produkts.

B macht demgegenüber geltend, sie sei als Netzbetreiberin keine Herstellerin. Zudem sei ein Haftungsausschluss nach § 1 Abs. 2 Nr. 2 ProdHaftG gegeben, da das Produkt Elektrizität zu dem Zeitpunkt, zu dem der Strom in das Niederspannungsnetz eingespeist worden sei, keine unzulässigen Spannungs- und Frequenzschwankungen aufgewiesen habe und damit nicht fehlerhaft gewesen sei. Steht K gegen B ein Anspruch auf Schadensersatz i.H.v. 2.847,37 € wegen des Überspannungsschadens an seinen Elektrogeräten und der Heizung zu, wenn die B nachweislich kein Verschulden trifft? (nach BGH RÜ 2014, 346)

K kann gegen B ein Anspruch auf Schadensersatz i.H.v. 2.847,37 € aus **§ 1 Abs. 1 S. 1 ProdHaftG** zustehen.

I. Es geht um einen Überspannungsschaden vom 06.05.2018, sodass das Produkthaftungsgesetz **anwendbar** ist, §§ 16, 19 ProdHaftG.

II. Ferner müssen die **Voraussetzungen** des haftungsbegründenden Tatbestands erfüllt sein.

   1. Es sind mehrere Elektrogeräte und die Heizung des K beschädigt worden, sodass eine **Sachbeschädigung** gegeben ist. Bei den Elektrogeräten und der Heizung handelt es sich um andere Sachen als das fehlerhafte Produkt und die Geräte waren für den privaten Gebrauch bestimmt und sind von K dazu verwendet worden, sodass die Voraussetzungen des § 1 Abs. 1 S. 2 ProdHaftG vorliegen.

   2. Die Sachbeschädigung muss **durch den Fehler eines Produkts** verursacht worden sein.

161

a) Nach der **Legaldefinition des § 2 ProdHaftG** ist **Elektrizität ein Produkt** im Sinne des ProdHaftG.

b) Zudem muss die von B transformierte Elektrizität einen **Fehler i.S.v. § 3 ProdHaftG** aufweisen. Danach hat ein Produkt einen Fehler, wenn es nicht die Sicherheit bietet, die unter Berücksichtigung aller Umstände berechtigterweise erwartet werden kann.

Maßgeblich ist dabei nicht die subjektive Sicherheitserwartung des jeweiligen Benutzers, sondern es muss objektiv darauf abgestellt werden, ob das Produkt diejenige Sicherheit bietet, die die in dem entsprechenden Bereich herrschende Verkehrsauffassung für erforderlich hält.[680]

Ein Netzbetreiber muss Spannung und Frequenz möglichst gleichbleibend halten; allgemein übliche Verbrauchsgeräte und Stromerzeugungsanlagen müssen einwandfrei betrieben werden können.[681] Infolgedessen liegt ein Verstoß gegen die berechtigten Sicherheitserwartungen in das Produkt Elektrizität jedenfalls dann vor, wenn eine Überspannung zu Schäden an üblichen Verbrauchsgeräten führt.[682]

Die Überspannung hat bei K zu Schäden an üblichen Verbrauchsgeräten – Elektrogeräte und Heizung – geführt, sodass die von der B transformierte Elektrizität einen Fehler i.S.v. § 3 Abs. 1 ProdHaftG aufwies.

3. Zudem muss **B Herstellerin i.S.v. § 4 ProdHaftG** sein. Nach dieser Regelung ist Hersteller i.S.d. ProdHaftG, wer das Endprodukt, einen Grundstoff oder ein Teilprodukt hergestellt hat.

Wegen des engen Zusammenhangs zum Produktbegriff setzt der Herstellerbegriff grundsätzlich das „Erzeugen eines Produkts" i.S.d. § 2 ProdHaftG voraus. Hersteller ist demnach jeder, in dessen Organisationsbereich das Produkt entstanden ist.[683] Maßgeblich ist, ob in die Produktgestaltung oder in eine wesentliche Produkteigenschaft eingegriffen wird, oder ob eine im Vergleich mit dem Herstellungsprozess nur unerhebliche Manipulation am Produkt erfolgt.[684]

B nimmt Transformationen auf eine andere Spannungsebene, nämlich die sogenannte Niederspannung für die Netzanschlüsse von Letztverbrauchern, vor. Dadurch verändert sie – anders als bei einem reinen Lieferungs- oder Weiterverteilungsunternehmen – die Eigenschaft des Produkts Elektrizität in entscheidender Weise, weil es nur nach der Transformation für den Letztverbraucher mit den üblichen Verbrauchsgeräten nutzbar ist.[685]

Demnach ist die B aufgrund ihrer „Transformationsleistung", die die Elektrizität für den Letztverbraucher erst nutzbar macht, Herstellerin i.S.d. § 4 Abs. 1 S. 1 ProdHaftG.

---

680 BGHZ 181, 253.
681 BGBl. I 2010, 2477.
682 BGH NJW 2014, 2106, 2107 = RÜ 2014, 346, 347.
683 MünchKomm/Wagner § 4 ProdHaftG Rn. 6.
684 MünchKomm/Wagner § 4 ProdHaftG Rn. 12.
685 BGH NJW 2014, 2106, 2108 = RÜ 2014, 346, 347.

4. Die Haftung könnte jedoch **gemäß § 1 Abs. 2 Nr. 2 ProdHaftG ausgeschlossen** sein. Danach ist die Haftung des Herstellers ausgeschlossen, wenn nach den Umständen davon auszugehen ist, dass das Produkt den Fehler, der den Schaden verursacht hat, noch nicht hatte, als der Hersteller es in den Verkehr brachte.

Nach Angaben der B wies die Elektrizität keine unzulässigen Spannungs- und Frequenzschwankungen auf, als sie den Strom in das Niederspannungsnetz eingespeist hat. Daher sei das Produkt Elektrizität nicht fehlerhaft gewesen, als sie es in der Verkehr gebracht habe.

Nach der Rspr. des EuGH setzt ein Inverkehrbringen allerdings voraus, dass das Produkt den vom Hersteller eingerichteten Prozess der Herstellung verlassen hat und in einen Prozess der Vermarktung eingetreten ist, in dem es in ge- oder verbrauchsfertigem Zustand öffentlich angeboten wird.[686]

Da der von B eingespeiste Strom erst nach der Transformation für den Letztverbraucher nutzbar ist, liegt ein Inverkehrbringen des Produkts Elektrizität erst mit der Lieferung des von dem Netzbetreiber übergabefähig transformierten Stroms über den Netzanschluss an den Anschlussnutzer vor. Der Strom ist daher nicht mit der Einspeisung in das Niederspannungsnetz in den Verkehr gebracht worden, sondern erst mit der Belieferung des K über den Netzanschluss und zu diesem Zeitpunkt war die Elektrizität fehlerhaft, sodass der Ausschlussgrund des § 1 Abs. 2 Nr. 2 ProdHaftG nicht eingreift.

III. Als **Rechtsfolge** muss B dem K den durch die Überspannung entstandenen Schaden i.H.v. 2.847,37 € gemäß § 249 Abs. 2 S. 1 ersetzen, wobei jedoch gemäß § 11 ProdHaftG eine Selbstbeteiligung i.H.v. 500 € abzuziehen ist.

Daher steht K gegen B ein Anspruch auf Schadensersatz i.H.v. 2.347,37 € aus § 1 Abs. 1 ProdHaftG zu.

C. Nebeneinander von Produkt- und Produzentenhaftung

Der Anspruch aus § 1 Abs. 1 ProdHaftG steht zum möglichen Anspruch aus § 823 Abs. 1 in einem **Verhältnis freier Anspruchskonkurrenz** (vgl. § 15 Abs. 2 ProdHaftG). Es sind daher alle vertraglichen und außervertraglichen Anspruchsgrundlagen neben dem ProdHaftG anwendbar.[687]

434

---

686 EuGH NJW 2006, 825.
687 MünchKomm/Wagner § 15 ProdHaftG Rn. 4.

2. Teil: Allgemeines Schadensrecht

435 Das allgemeine Schadensrecht hat die Aufgabe, einen Schaden, für den eine Ersatzpflicht besteht, auszugleichen. Die §§ 249–253 regeln nicht den **Grund**, sondern nur **Art, Inhalt und Umfang** einer anderweitig angeordneten Schadensersatzpflicht. Sie stellen demzufolge keine eigenständigen Anspruchsgrundlagen dar, sondern ergänzen die Normen, die Schadensersatzansprüche vorsehen.

Anwendbar sind die §§ 249 ff. grundsätzlich auf alle Schadensersatzansprüche innerhalb und außerhalb des BGB, unabhängig davon, ob sie auf Vertrag, Gesetz oder Gefährdungshaftung beruhen. Für bestimmte Schadensersatznormen werden sie durch andere Vorschriften ergänzt bzw. modifiziert (z.B. §§ 842 ff. für den deliktischen Schadensersatzanspruch; §§ 10 ff. StVG für die Halter- und Fahrerhaftung).

Der **Zweck** der §§ 249 ff. besteht in erster Linie darin, dem Geschädigten einen Ausgleich für die entstandenen Nachteile zu verschaffen **(Ausgleichsfunktion)**. Einzelne Haftungstatbestände verfolgen darüber hinaus zusätzliche Funktionen: Beim Schmerzensgeld (§ 253 Abs. 2) ist neben der Ausgleichsfunktion der *Genugtuungsgedanke* zu berücksichtigen; der Entschädigungspflicht gemäß § 15 Abs. 2 AGG wegen Verstoßes gegen das Benachteiligungsverbot des § 7 Abs. 1 i.V.m. § 1 AGG soll u.a. abschreckende Wirkung zukommen (*Präventionsgedanke*).[688] Diese zusätzlichen Funktionen haben jedoch keine allgemeine Geltung für das Schadensrecht.[689]

Für die **Bemessung des Schadensersatzes** gilt gemäß §§ 249 ff. das **Prinzip der Totalreparation:** Der Schädiger hat grundsätzlich alle Schäden zu ersetzen, ohne dass es auf den Grad des Verschuldens oder einzelne Umstände der Schadenszurechnung oder die Vermögensverhältnisse der Beteiligten ankommt.[690]

Im Rahmen des allgemeinen Schadensrechts muss erörtert werden,

- ob aufseiten des Ersatzberechtigten ein **Schaden** vorliegt
  (vgl. dazu 1. Abschnitt, Rn. 436 ff.),

- ob der Ersatzpflichtige diesen Schaden **zurechenbar verursacht** hat
  (vgl. dazu 2. Abschnitt, Rn. 462 ff.) und

- wie der **Schaden gemäß §§ 249 ff. auszugleichen** ist
  (vgl. dazu 3. Abschn., Rn. 476 ff.).

1. Abschnitt: Schaden und Interesse; Umfang der Schadensersatzpflicht

Da im BGB der Begriff des Schadens zwar oftmals verwendet, aber nicht definiert wird, muss zunächst geklärt werden, wie dieser Begriff zu verstehen ist.

---

688 Bauer/Göpfert/Krieger § 15 Rn. 36.
689 Palandt/Grüneberg Vorbem. v. § 249 Rn. 4.
690 Jauernig/Teichmann Vor §§ 249–253 Rn. 2; vgl. zu den Grundlagen des Schadensersatzrechts Mohr Jura 2010, 168.

A. Schadensbegriff

Nach dem sogenannten **natürlichen Schadensbegriff** versteht man, entsprechend dem allgemeinen Sprachgebrauch, unter einem Schaden jede unfreiwillige Einbuße an materiellen oder immateriellen Gütern.[691]

436

Ob ein Schaden nach dem natürlichen Schadensbegriff vorliegt und wie hoch dieser ist, bestimmt sich nach der **Differenzhypothese** (auch Differenzmethode genannt). Danach besteht der Schaden in der Differenz zweier Güterlagen: Die tatsächliche Lage, die durch das schädigende Ereignis geschaffen wurde, ist zu vergleichen mit der – hypothetischen – Lage, die bestehen würde, wenn das schädigende Ereignis hinweggedacht wird.[692]

437

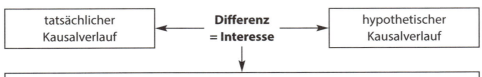

Welches Ereignis hinwegzudenken ist, ergibt sich aus dem Schutzzweck der jeweiligen anspruchsbegründenden Norm (z.B. bei § 280 Abs. 1: Pflichtverletzung, bei § 823 Abs. 1: Rechts- bzw. Rechtsgutverletzung).[693] Dieses Ereignis stellt gewissermaßen die „Weiche" zwischen den zu vergleichenden Kausalverläufen dar. Der hypothetische Kausalverlauf kann also je nach dem im Einzelfall geschützten Interesse unterschiedlich sein.[694]

Die Differenzhypothese, die sämtliche Vor- und Nachteile, die durch das schädigende Ereignis entstanden sind, bei der Schadensermittlung berücksichtigt, führt nicht immer zu angemessenen Ergebnissen. Deshalb wird der natürliche Schadensbegriff durch den sogenannten **normativen Schadensbegriff** korrigiert, bei dem nach wertenden Gesichtspunkten beurteilt wird, welche Vor- und Nachteile im Einzelnen zu berücksichtigen sind (vgl. unten Rn. 447 ff.), sodass im Ergebnis ein **dualistischer Schadensbegriff** gilt.[695]

B. Schadensarten

I. Vermögens- und Nichtvermögensschäden

Ein Vermögensschaden ist eine negative Vermögensdifferenz, die durch einen Gesamtvermögensvergleich zu ermitteln ist. Dabei ist Vermögen im schadensrechtlichen Sinn alles, was einen in Geld messbaren Vermögenswert besitzt.[696]

---

691 Wandt § 22 Rn. 4.
692 Jauernig/Teichmann Vor §§ 249–253 Rn. 5;
693 Brand § § 2 Rn. 8.
694 Rüßmann JuS-Lernbogen 5/2000 L 35.
695 BGH WM 80, 250.
696 MünchKomm/Oetker § 249 Rn. 28.

2. Teil Allgemeines Schadensrecht

Bei einem Nichtvermögensschaden handelt es sich demgegenüber um Einbußen, die sich nicht in Geld messen lassen, z.B. eine Beeinträchtigung des Ehrempfindens, des körperlichen Wohlbefindens oder der Möglichkeit der Freizeitgestaltung.[697]

Beachte: *Die Unterscheidung zwischen Vermögens- und Nichtvermögensschäden ist für die Frage der Ersatzfähigkeit des Schadens von großer Bedeutung: Während im Rahmen der Naturalrestitution gemäß § 249 jeder Schaden ersetzt wird, bestimmt § 253 Abs. 1, dass im Rahmen der Schadenskompensation gemäß §§ 251, 252 grundsätzlich nur ein Vermögensschaden ersatzfähig ist.*

II. Erfüllungs- und Vertrauensschaden (Positives und negatives Interesse)

Die Differenzierung zwischen Erfüllungs- und Vertrauensschaden ist bei vertraglichen und vertragsähnlichen Schuldverhältnissen maßgeblich.

1. Erfüllungsschaden (Positives Interesse)

438 Der Erfüllungsschaden wird auch positives Interesse genannt, weil er auf eine Erweiterung des bisherigen Rechtskreises um die geschuldete Leistung gerichtet ist.

In bestimmten Fällen wird auch vom **Äquivalenzinteresse** gesprochen, weil es auf die Gleichwertigkeit der vom Gegner geschuldeten Rechtskreiserweiterung mit der eigenen Gegenleistung des Geschädigten gerichtet ist.

439 Das positive Interesse ist zu ersetzen, wenn eine **gültige Verbindlichkeit nicht ordnungsgemäß erfüllt** wird und das Gesetz anordnet, dass der Gläubiger **Schadensersatz statt der Leistung** verlangen kann (z.B. § 280 Abs. 1, 3 i.V.m. §§ 281, 282, 283).

Der Schaden liegt im Ausgleich der geschuldeten Vertragserfüllung. Dieser Ausgleich geschieht durch eine Leistung, die an die Stelle der versprochenen Leistung tritt: **Der Geschädigte ist so zu stellen, wie er bei ordnungsgemäßer** (also mangelfreier, rechtzeitiger etc.) **Erfüllung stünde,** ihm ist also zu ersetzen, was ihm die ordnungsgemäße Erfüllung wert ist (subjektiver Wert).

Beispiel: Positives Interesse nach § 437 Nr. 3 i.V.m. §§ 280 Abs. 1, 3, 281 Abs. 1

Der verkaufte Pkw hat einen Mangel. Daher ist sein Wert geringer als der gezahlte Kaufpreis; der Käufer kann wegen des Mangels des Pkw nicht wie geplant mit Gewinn weiterverkaufen.
Der Käufer kann gemäß § 437 Nr. 3 i.V.m. §§ 280 Abs. 1, 3, 281 Abs. 1 **Schadensersatz statt der Leistung** verlangen; ihm sind der Minderwert des Pkw sowie der aus dem gescheiterten Weiterverkauf entgangene Gewinn zu ersetzen. Damit erhält der Käufer das, was ihm die Übereignung und Übergabe des mangelfreien Pkw wert ist.

440 Das positive Interesse kann auch zu ersetzen sein, wenn ein Verhalten des Ersatzpflichtigen dazu geführt hat, dass gar **keine gültige Verbindlichkeit zustande gekommen** ist. Es kommt in solchen Fällen darauf an, ob der zum Ersatz verpflichtende Umstand darin liegt, dass der Ersatzverpflichtete das **Zustandekommen der Verbindlichkeit wider Treu und Glauben verhindert** hat (dann Ersatz des positiven Interesses = Erfüllungsinteresse), **oder** ob er in der **Erweckung des unzutreffenden Anscheins liegt, es**

---

697 Brand § 2 Rn. 14.

166

werde eine gültige Verbindlichkeit entstehen (dann nur Ersatz des negativen Interesses = Vertrauensinteresse).[698]

Beispiel: Schadensersatz gemäß § 280 Abs. 1 i.V.m. §§ 311 Abs. 2, 241 Abs. 2 wegen treuwidriger Verhinderung eines wirksamen Vertragsschlusses

Das **positive Interesse kann umfassen:** den Minderwert der nicht ordnungsgemäßen Vertragsleistung; Gutachterkosten für die Feststellung des Minderwerts; die vom geschädigten Gläubiger bereits erbrachte Leistung als Mindestschaden; aus dem mangelhaft oder nicht erfüllten Vertrag entgangener Gewinn; durch die Nichterfüllung bedingte Aufwendungen (z.B. Mehrkosten eines Deckungskaufs); infolge der Nichterfüllung frustrierte Aufwendungen (z.B. Beurkundungskosten).

441

2. Der Vertrauensschaden (Negatives Interesse)

Der Vertrauensschaden wird auch negatives Interesse genannt, weil er auf die Unterlassung der Beeinträchtigung bereits vorhandenen Vermögens und bereits vorhandener Rechte und Rechtsgüter gerichtet ist.

442

Das negative Interesse ist in vertraglichen oder sonstigen Sonderbeziehungen zu ersetzen, wenn die zum Schadensersatz verpflichtende Handlung darin besteht, dass der Schädiger in seinem Verhandlungspartner das **Vertrauen auf das Zustandekommen einer Verbindlichkeit hervorgerufen** und dann enttäuscht hat (z.B. §§ 122 Abs. 1, 179 Abs. 2). Der Schaden liegt im Abschluss eines Vertrags, in dem später enttäuschten Vertrauen auf dessen Beständigkeit. **Der Geschädigte ist so zu stellen, als hätte er sich auf den Vertrag nicht eingelassen,** als wäre das später enttäuschte Vertrauen in ihm nicht erweckt worden.

443

Beispiel: Vertrauensinteresse, § 179 Abs. 2

Hat jemand als Vertreter ohne Vertretungsmacht gehandelt, ohne den Mangel der Vertretungsmacht zu kennen, und genehmigt der Vertretene das Vertretergeschäft nicht, so haftet der Vertreter gemäß **§ 179 Abs. 2** auf Ersatz des Schadens, den der andere Teil dadurch erleidet, dass er auf die Vertretungsmacht vertraut. Der im Fall des § 179 Abs. 2 zu ersetzende Schaden liegt also in der Verletzung des Vertrauens auf das Bestehen der Vertretungsmacht (negatives Interesse; Vertrauensinteresse). Demnach ist im Rahmen der Differenzhypothese **das Vertrauen** des Ersatzberechtigten in das Bestehen der Vertretungsmacht das hinwegzudenkende Ereignis. Ohne dieses Vertrauen hätte er etwa keine Aufwendungen für die Durchführung des Vertrags gemacht (frustrierte Aufwendungen) und hätte stattdessen einen anderen günstigen Vertrag abgeschlossen, dessen Gewinn ihm nun entgangen ist. Die Differenz zwischen dem tatsächlichen Kausalverlauf (Vertrauen) und dem hypothetischen Kausalverlauf (kein Vertrauen) kann also in unnützen Vertragskosten und dem entgangenen Gewinn aus einem anderen, unterlassenen Geschäft bestehen.

Das Vertrauensinteresse ist auch dann zu ersetzen, wenn bei wirksam zustande gekommener Verbindlichkeit der Schädiger den **Anschein einer ordnungsgemäßen Leistung hervorgerufen** und enttäuscht hat. Gemeint sind Fälle der **Verletzung einer Aufklärungspflicht** als Pflichtverletzung i.S.d. § 280 Abs. 1. Der Schädiger bewirkt durch Unterlassen einer Auskunft oder durch Erteilung einer unrichtigen Auskunft, dass der Geschädigte einen Vertrag überhaupt oder mit einem bestimmten Inhalt abschließt, weil der Geschädigte darauf vertraut, der Vertragsgegenstand entspreche seinen Erwar-

444

---

698 Wandt § 22 Rn. 5.

2. Teil	Allgemeines Schadensrecht

tungen. Schädigender – und bei der Interessenermittlung im Rahmen der Differenzhypothese hinwegzudenkender – Umstand ist das Hervorrufen von später enttäuschtem Vertrauen. **Der Geschädigte ist so zu stellen, als habe er nicht vertraut.**

Beispiel: Verschwiegene Überschuldung der GmbH bei der Veräußerung von GmbH-Anteilen[699]

445 **Das negative Interesse kann umfassen:** die Rückgängigmachung des Vertrags; eine überhöhte Leistung des Geschädigten; vergebliche Aufwendungen im Vertrauen auf die Vertragswirksamkeit (z.B. Transportkosten des Käufers); den Haftungsschaden aus der Inanspruchnahme durch Dritte (z.B. Abkäufer); Nachteile aufgrund des Nichtabschlusses eines anderen Geschäfts (z.B. entgangener Gewinn aus dem unterlassenen anderweitigen Geschäft, nicht aber entgangener Gewinn aus dem angefochtenen Geschäft).

446 Die **Höhe des zu ersetzenden negativen Interesses** ist durch das Gesetz in bestimmten Fällen auf die Höhe des positiven Interesses **beschränkt** (§§ 122 Abs. 1, 179 Abs. 2). Dahinter steht die Überlegung, dass man vernünftigerweise für einen Vertrag keine Aufwendungen (negatives Interesse) macht, die dasjenige übersteigen, was der Vertrag an Gewinn (positives Interesse) brächte.

C. Normativer Schaden und Vorteilsausgleichung

I. Normativer Schaden

447 Die Differenzhypothese berücksichtigt ohne Weiteres sämtliche Vor- und Nachteile, die durch ein schädigendes Ereignis entstehen, und führt daher in einigen Fällen zu Ergebnissen, die dem Gerechtigkeitsgefühl widersprechen. Um dem Verletzten nicht ohne Grund einen Vorteil zu verschaffen oder ihn zu benachteiligen, ist es geboten, bei der Schadensermittlung auch auf normative Gesichtspunkte abzustellen. D.h., es muss im Einzelfall wertend beurteilt werden, welche Vor- und Nachteile zu berücksichtigen sind.[700]

448 **Beispiel:**[701] K hatte über Jahre vorsätzlich Steuerhinterziehungen begangen, die im Rahmen von Erbstreitigkeiten gegen sie als Druckmittel verwendet wurden. Daraufhin beauftragte sie Rechtsanwalt B damit, für sie eine Selbstanzeige beim Finanzamt vorzubereiten. Es war vereinbart, dass die Selbstanzeige bis zu einer Freigabe durch K nicht in den Auslauf gehen sollte. Aufgrund eines Kanzleiversehens wurde die von B vorbereitete Selbstanzeige ohne Ermächtigung der K an das Finanzamt versandt. Nachdem sie Steuern i.H.v. 68.000 € nachgezahlt hat, verlangt sie von B Schadensersatz. Zu Recht?

Anspruch **aus § 280 Abs. 1**?

I. B hat durch das abredewidrige Versenden der Selbstanzeige ohne vorherige Freigabe durch K eine Pflichtverletzung in Bezug auf den mit K geschlossenen Anwaltsvertrag begangen, für die er sich nicht exkulpiert hat.

II. Als Rechtsfolge muss B der K den aus der Pdlichtverletzung entstandenen Schaden ersetzen. Ohne die Versendung der Selbstanzeige hätte das Finanzamt keine Kenntnis von der Steuerhinterziehung der K erlangt, sodass sie nicht mit Steuernachzahlungen belastet worden wäre. Infolge der Versendung der Selbstanzeige musste K eine Steuernachzahlung i.H.v. 68.000 € leisten. Nach der Differenzhypothese ist K somit durch die weisungswidrig erfolgte Übermittlung der Selbstanzeige ein Schaden i.H.v. 68.000 € entstanden.

---

699 BGH NJW 1980, 2408, 2410.

700 Brand § 2 Rn. 10.

701 BGH RÜ 2018, 69 ff.

Möglicherweise ist jedoch eine Korrektur dieses Ergebnisses wegen des Zwecks des Schadensersatzes oder der Haftungsnorm erforderlich (Grundsätze des normativen Schadens): Ein Geschädigter soll im Wege des Schadensersatzes nicht mehr erhalten als dasjenige, was er nach der materiellen Rechtslage hätte verlangen können. Der Verlust einer tatsächlichen oder rechtlichen Position, auf die er keinen Anspruch hat, ist daher kein erstattungsfähiger Nachteil. Demnach kann auch ein entgangener Steuervorteil grundsätzlich nur als Schaden im Rechtssinne geltend gemacht werden, wenn er rechtmäßig und nicht unter Verstoß gegen ein gesetzliches Verbot oder gegen die guten Sitten hätte erlangt werden können. Ein Steuernachteil ist folglich nur ersatzfähig, wenn er auf rechtlich zulässigem Wege vermeidbar war. Nach diesen normativen Grundsätzen ist der K aufgrund der versehentlichen Versendung der Selbstanzeige durch den B kein ersatzfähiger Schaden erwachsen, weil sie in Einklang mit dem materiellen Recht Steuernachzahlungen unterworfen wurde.[702]

Somit scheidet ein Anspruch aus § 280 Abs. 1 mangels ersatzfähigen Schadens aus.

Nach der **Lehre vom normativen Schaden**[703] wird der Schaden nicht wirtschaftlich als Differenz zweier Vermögenslagen verstanden, sondern er soll aus dem Normzweck entwickelt werden. Der Normzweck sei u.U. neben Ausgleich auch auf Sanktion gerichtet und könne es gebieten, dass der Schädiger auch dann Schadensersatz zu leisten hat, wenn sich rein rechnerisch aus dem Vergleich der tatsächlichen und der hypothetischen Vermögenslage kein Nachteil für den Geschädigten ergibt.[704] **Der normative Schaden ist also ein Posten, der rechtlich wie ein Schaden behandelt wird, ohne wirtschaftlich ein solcher zu sein.**[705]

449

Nach h.M. und Rspr. kommt dem normativen Schadensbegriff nur eine ergänzende Rolle für einzelne Sachlagen neben der generellen Methode der Schadensfeststellung nach der Differenzhypothese zu.[706] Gesetzlich vorgeschrieben ist eine solche Korrektur in § 843 Abs. 4 und in den Fällen des gesetzlichen Forderungsübergangs (z.B. § 6 EFZG, § 116 SGB X, § 86 Abs. 1 VVG).

Beispiel: S wird beim Spaziergang von Rennradfahrer R fahrlässig angefahren und verletzt. Seine private Krankenversicherung V ersetzt ihm seine Heilbehandlungskosten i.H.v. 500 €. Ansprüche S gegen R **aus § 823 Abs. 1**?

450

I. R hat S rechtswidrig und schuldhaft verletzt und muss ihm daher den durch die Körper- und Gesundheitsverletzung entstandenen Schaden ersetzen. Ohne die Kollision mit R wäre S nicht verletzt worden und es wären ihm keine Heilungskosten entstanden. Infolge der unfallbedingten Verletzungen sind S Heilungskosten i.H.v. 500 € entstanden. Diese sind ihm jedoch von seiner Krankenversicherung V erstattet worden, sodass nach der Differenzhypothese tatsächlich kein Schaden vorliegt.

II. Die Differenzhypothese berücksichtigt einschränkungslos alle Vor- und Nachteile und muss daher evtl. durch normative Gesichtspunkte korrigiert werden. Nach wertender Betrachtung dürfen nur solche Vorteile berücksichtigt werden, die dem jeweiligen Zweck des Anspruchs nicht entgegenstehen.

S hat seine private Krankenversicherung abgeschlossen, um sich selbst vor den Folgekosten von Krankheiten und Verletzungen zu schützen. Er wollte daher sich selbst und sein Vermögen absichern, nicht jedoch potentielle Schädiger von einer Ersatzpflicht freistellen. Infolgedessen ist es für S unzumutbar, die Leistung der privaten Krankenversicherung R zugute kommen zu lassen. Daher bleibt muss dieser Vorteil unberücksichtigt, sodass bzgl. der Heilbehandlungskosten nach normativen Gesichtspunkten ein Schaden besteht **(normativer Schaden)** und S ein Anspruch gegen R aus § 823 Abs. 1 zusteht.

---

702 BGH RÜ 2018, 69, 71.

703 Mertens, Der Begriff des Vermögensschadens im Bürgerlichen Recht, 1967, S. 50 ff.; Neuner AcP 133, 292.

704 Jauernig/Teichmann Vor §§ 249–253 Rn. 6.

705 Mohr Jura 2010, 645, 646.

706 Hk-BGB/Schulze Vor §§ 249–253 Rn. 7.

II. Vorteilsausgleichung

451 Nach dem Sinn des Schadensersatzes soll der Geschädigte den erlittenen Schaden ersetzt erhalten, aber nicht besser gestellt werden, als er ohne das Schadensereignis stehen würde. **Vorteile, die durch das Schadensereignis entstanden sind, müssen** daher **berücksichtigt werden.**

Es sind aber nicht alle durch das Schadensereignis bedingten Vorteile auf den Schadensersatzanspruch anzurechnen, sondern nur solche, die dem jeweiligen Zweck des Anspruchs nicht entgegenstehen. Die Anrechnung des Vorteils muss vielmehr **dem Geschädigten zumutbar** sein und darf **den Schädiger nicht unangemessen entlasten.** Letztlich folgt der Rechtsgedanke der Vorteilsausgleichung dem in § 242 festgelegten Grundsatz von Treu und Glauben.[707] Sofern ein Vorteil nicht angerechnet werden soll, spricht man von einem „normativen" Schaden.[708]

452 ■ Ein Schaden kann grundsätzlich nicht deshalb verneint werden, weil zugleich ein anderer **Schadensersatzanspruch gegen einen Dritten** besteht, durch dessen Realisierung der vom Schädiger schuldhaft verursachte Vermögensverlust ausgeglichen werden könnte. Dem Gläubiger muss es freistehen, sich den Schuldner auszuwählen, von dem er Ersatz fordert.

Wenn der Schaden insgesamt vom Schädiger ausgeglichen wird, muss der Geschädigte aber evtl. die aufgrund des Schadens bestehenden **Ansprüche gegen Dritte** an den Schädiger abtreten (z.B. § 255).

453 ■ Besteht **zwischen dem Geschädigten und einem Dritten** bereits **vor Schadenseintritt** eine **Vereinbarung,** aufgrund derer der Dritte verpflichtet ist, die Maßnahmen zu ergreifen, die ansonsten der Geschädigte für eine Schadensbeseitigung ergreifen müsste, liegt ein gemäß § 242 anzurechnender Vorteil vor, sodass der Geschädigte von vornherein keinen Schaden erleidet.

Beispiel:[709] K erteilte dem Architekten A den Auftrag, den Plan zur Errichtung einer Werkshalle zu erstellen. Anschließend ließ er diese entsprechend den von A hergestellten Plänen errichten. Nach Fertigstellung verpachtete K das Gebäude an D und traf mit diesem die Abrede, dass D Schäden an der Halle auf eigene Kosten ausbessern muss. Aufgrund der fehlerhaften Planung des A war alsbald eine Sanierung des Hallenfußbodens erforderlich. Deren Kosten wurden von D getragen.

Der BGH hat einen eigenen Schaden aufseiten des K verneint, da sich unter Berücksichtigung der bereits zum Zeitpunkt des schädigenden Ereignisses bestehenden Abrede im Pachtvertrag bei K hinsichtlich der Sanierungskosten von vornherein keine Vermögenseinbuße verwirklicht habe.[710]

Jedoch kann K nach den Grundsätzen der Drittschadensliquidation den Schaden geltend machen, den D erlitten hat. Denn der Schaden ist nur „zufällig" aufgrund des vorher zwischen K und D abgeschlossenen Vertrags nicht bei K, sondern bei D eingetreten.[711]

Wird die **Abrede zwischen dem Geschädigten und dem Dritten erst nach Entstehung des Schadens** vereinbart, geht es lediglich um eine nachträgliche Beseitigung eines bereits eingetretenen Schadens, die nicht zugunsten des Schädigers berücksichtigt wird.[712]

---

707 BGHZ 49, 56, 61, 62; 77, 151, 153; 81, 271, 275; 109, 380, 392; 136, 532, 53; BGH NJW 2006, 499.

708 BGH RÜ 2017, 143, 145; Mohr Jura 2010, 645, 646.

709 BGH NJW 2016, 1089 ff. = RÜ 2016, 341 ff.

710 BGH NJW 2016, 1089, 1090 = RÜ 2016, 341, 342.

711 BGH NJW 2016, 1089, 1091 = RÜ 2016, 341, 343.

712 Vgl. dazu AS-Skript Schuldrecht AT 2 (2018) Rn. 348 f.

Schaden und Interesse; Umfang der Schadensersatzpflicht | 1. Abschnitt

■ **Ersparte Eigenaufwendungen** werden als Vorteil angerechnet. **454**

- ■ So erspart der Geschädigte bei der Anmietung eines Ersatzfahrzeugs Eigenaufwendungen, insbesondere die Abnutzung des eigenen Fahrzeugs. Diese Eigenersparnisse muss er sich anrechnen lassen.

- ■ Werden für eine Heilbehandlung Krankenhauskosten verlangt, sind die ersparten häuslichen Verpflegungskosten anzurechnen.

■ Entstehen dem Verletzten **aus eigener Tätigkeit Vorteile**, so mindern diese die Ersatzpflicht des Schädigers, soweit der Geschädigte pflichtgemäße Maßnahmen zur Schadensminderung i.S.d. § 254 Abs. 2 S. 1 ergreift. Der Geschädigte braucht sich aber nicht alle Vorteile aus eigener Tätigkeit anrechnen zu lassen; der Schädiger würde einen ungerechtfertigten Vorteil erlangen, wenn er durch überpflichtgemäße Anstrengungen des Geschädigten entlastet würde. **455**

Ein Fahrschullehrer kann daher Ausgleich für den durch die Beschädigung des Fahrschulwagens entgangenen Gewinn verlangen, wenn er über die durch die Schadensminderungspflicht gezogene Opfergrenze hinaus den Ausfall durch Überstunden wettmacht.[713]

■ Dem Schädiger ist es **grundsätzlich verwehrt, sich auf Vorteile zu berufen, die Dritte infolge der schädigenden Handlung erlangt haben.**[714] **456**

Ausnahmen von diesem Grundsatz hat der BGH insbesondere im Zusammenhang mit der Übertragung von Vermögenswerten an Familienangehörige zugelassen. Gewerbetreibende sind oft bereit, Familienangehörige ohne gleichwertige Gegenleistung an ihrem Unternehmen zu beteiligen, insbesondere dann, wenn hiermit eine steuerliche Entlastung der Familie verbunden ist. In einer solchen Vermögensverschiebung kann jedenfalls dann kein Schaden im Rechtssinn gesehen werden, wenn sie – etwa im Interesse der Steuerersparnis – gewollt und gewünscht ist.[715]

■ Wird eine beschädigte Sache im Wege der Naturalrestitution durch eine neue ersetzt, so kann die neue Sache im Verhältnis zu der beschädigten Sache (im unbeschädigten Zustand) höherwertig sein. Es ist dann nach dem Grundsatz **„neu für alt"** von den zu ersetzenden Herstellungskosten ein Abzug zu machen, der sich nach der Wertsteigerung wegen der Neuheit der Sache bemisst.[716] **457**

Beachte: Ausnahmsweise ist ein Vorteilsausgleich unter dem Gesichtspunkt „neu für alt" dann nicht zu machen, wenn dies für den Geschädigten unzumutbar ist (§ 242), etwa weil ihm mangels eigener Mittel die Ersatzbeschaffung im Falle eines Abzugs nicht möglich wäre.[717]

■ Bei Körper- oder Gesundheitsverletzung ist als Ausgleich für dauernde Nachteile dem Geschädigten Schadensersatz durch Entrichtung einer Geldrente zu leisten, § 843 Abs. 1. **Nach § 843 Abs. 4** schließen andere **Unterhaltspflichtige** den Anspruch des Verletzten gegen den Schädiger nicht aus, und zwar auch dann nicht, wenn der Unterhaltspflichtige bereits geleistet hat.[718] **458**

---

713 BGHZ 55, 329.
714 MünchKomm/Oetker § 249 Rn. 232.
715 BGH NJW 2015, 1373, 1374 = RÜ 2015, 282, 283 f.; vgl. dazu auch BGH RÜ 2016, 280 ff.
716 BGH NJW 1988, 1835; 1992, 2884; BGHZ 30, 29; 55, 294, 302; BGH WM 1997, 1813.
717 Brox/Walker SchuldR AT § 31 Rn. 32; Larenz I § 29 II a.
718 BGHZ 54, 269, 274.

171

Hierin kommt der **allgemeine Rechtsgedanke zum Ausdruck, dass auf den Schaden keine Leistungen anderer anzurechnen sind, die ihrer Natur nach dem Schädiger nicht zugute kommen sollen.**[719]

Beispiel: S hat schuldhaft das minderjährige Kind G verletzt. Die Eltern haben inzwischen die Arztkosten bezahlt. Dennoch hat G gegen S einen Anspruch auf Ersatz der Heilungskosten nach § 823 Abs. 1 i.V.m. § 249 Abs. 2 S. 1.

III. Fehlgeschlagene Aufwendungen (Frustrationsschaden)

459 Fraglich ist, inwieweit Aufwendungen des Geschädigten, die infolge des schädigenden Ereignisses nutzlos geworden und damit fehlgeschlagen sind, überhaupt einen ersatzfähigen Schaden darstellen.

Beispiel:[720] X ist Hobbyrennfahrer und hat vor der Rennsaison 2018 in seinen Rennwagen 30.000 € investiert. Er war in der Saison 2018 für sechs Rennen gemeldet, konnte aber nur an vier Rennen teilnehmen, da er die letzten beiden Rennen verletzungsbedingt auslassen musste. Die Verletzungen hatte ihm U bei einem Unfall zugefügt, den allein U verursacht und verschuldet hatte. X verlangt von U Ersatz in Höhe eines Drittels der Investitionen, also i.H.v. 10.000 €.

Problematisch ist in diesen Fallkonstellationen, dass die Aufwendungen auch ohne das schädigende Ereignis getätigt worden wären, sodass zwischen der tatsächlichen Lage, die durch das schädigende Ereignis geschaffen wurde, und der hypothetischen Lage, die sich ohne das schädigende Ereignis ergeben würde, keine Differenz besteht und folglich nach der Differenzhypothese eigentlich kein Schaden vorliegt.

460 ■ Nach der sogenannten **Frustrationstheorie** stellen Aufwendungen des Geschädigten unabhängig vom maßgeblichen Haftungsgrund immer einen Schaden dar, wenn sie infolge des schädigenden Ereignisses fehlschlagen.[721]

Folglich kann X im obigen Beispiel nach der Frustrationstheorie die anteiligen Investitionen i.H.v. 10.000 € gemäß §§ 7, 18 StVG sowie § 823 Abs. 1 von U ersetzt verlangen.

461 ■ Die **h.Rspr.**[722] und **h.Lit.**[723] lehnen diese Auffassung ab: sie stehe zum einen mit der Regelung des § 284 (Ersatz von Aufwendungen) nicht in Einklang, zum anderen drohe eine Aushöhlung des § 253 Abs. 1[724] und zudem würde eine generelle Ersatzfähigkeit fehlgeschlagener Aufwendungen den Haftungsumfang ausufern lassen (z.B. könnte der Geschädigte bei einem Krankenhausaufenthalt wegen Unfallverletzung nach der Frustrationstheorie die nutzlos aufgewandten Kosten für die Wohnungsmiete ersetzt verlangen).[725]

Die h.M. beurteilt die Schadensersatzfähigkeit von fehlgeschlagenen Aufwendungen nach der jeweiligen Haftungsgrundlage. Danach sind fehlgeschlagene Aufwendungen im Deliktsrecht zu ersetzen, wenn der Deliktstatbestand gerade das Vertrauen schützt, das Grundlage für die Aufwendung gewesen ist (z.B. § 823 Abs. 2

---

719 BGH NJW 1963, 1051, 1052; OLG Frankfurt VersR 1995, 1450.
720 OLG Hamm NJW 1998, 2292.
721 Esser/Schmidt/Weyers I/2 § 31 III m.w.N.
722 BGH NJW 1971, 796; 1991, 2277; 2000, 2342.
723 Palandt/Grüneberg Vorb. v. § 249 Rn. 19 m.w.N.
724 Wandt § 22 Rn. 20.
725 Hk-BGB/Schulze § 253 Rn. 10.

i.V.m. § 263 StGB). Entsprechendes gilt für den Vertrauensschaden bei einer vertraglichen Haftung oder bei einer Haftung aus c.i.c.[726]

Im obigen Beispiel kann X nach der Entscheidung des OLG Hamm die anteiligen Investitionen für den Rennwagen zum einen deswegen nicht ersetzt verlangen, weil ein anderer geeigneter Fahrer mit dem Rennwagen des X die Rennen hätte bestreiten können, und zum anderen, weil der objektive Gebrauchswert des Rennwagens mit der Verletzung des X nicht endgültig weggefallen ist.[727]

2. Abschnitt: Verursachung und Zurechnung des Schadens (haftungsausfüllende Kausalität)

Der Schädiger hat diejenigen Schäden zu ersetzen, die er zurechenbar verursacht hat. Der erforderliche Zusammenhang zwischen dem Verhalten des Schädigers und der eingetretenen Rechts(gut)verletzung **(haftungsbegründende Kausalität)** ist eine Voraussetzung der anspruchsbegründenden Norm und wurde daher im Zusammenhang mit den Anspruchsgrundlagen erörtert (vgl. oben 1. Teil, 1. Abschnitt, Rn. 166). Die für das Schadensersatzrecht maßgebliche **haftungsausfüllende Kausalität** betrifft den Zusammenhang zwischen dem Haftungsgrund (Rechts(gut)verletzung) und dem eingetretenen Schaden.[728]

462

A. Prüfung der haftungsausfüllenden Kausalität

Auch die haftungsausfüllende Kausalität ist nach h.M. aufgrund der **Äquivalenz- und Adäquanztheorie** unter ergänzender Berücksichtigung des **Schutzzwecks der jeweiligen Haftungsnorm** festzustellen.[729] Es besteht also eine Parallele zu der Zurechnung beim haftungsbegründenden Tatbestand.

463

Für den Begriff „Schutzzweck der Norm" werden auch hier synonym die Begriffe **„Rechtswidrigkeitszusammenhang"** oder **„Zurechnungszusammenhang"** verwendet.[730]

Beispiel:[731] Zuschauer Z wirft während eines Fußballspiels einen gezündeten Sprengkörper auf einen anderen Teil der Tribüne und der ausrichtende Fußballverein wird deswegen vom DFB zu einer Geldstrafe verurteilt. Besteht in Höhe der Geldstrafe ein Schadensersatzanspruch des Vereins gegen den Z aus § 280 Abs. 1?

Z hat mit dem Verein durch den Zuschauervertrag ein wirksames Schuldverhältnis begründet und er hat seine allgemeine Nebenpflicht aus § 241 Abs. 2 zur Rücksichtnahme auf die Interessen des Vereins durch das Zünden des Sprengkörpers verletzt.

Ohne den von Z verursachten Vorfall hätte der DFB den Verein nicht zu der Geldstrafe verurteilt und es ist auch nicht ganz unwahrscheinlich, dass einem Fußballverein vom DFB wegen eines Pyrotechnikvorfalls eine Verbandsstrafe auferlegt wird. Folglich war die Pflichtverletzung des Z äquivalent und adäquat kausal für den Schaden des Vereins.

Fraglich ist, ob die Rücksichtnahmepflicht des Z aus dem Zuschauervertrag auch den Schutzzweck hatte, den Verein vor möglichen Strafen des DFB zu bewahren. Dazu ist erforderlich, dass der geltend gemachte Schaden in einem inneren Zusammenhang mit der durch den Schädiger geschaffenen Gefahrenlage steht. Ein „äußerlicher", gleichsam „zufälliger" Zusammenhang genügt dagegen nicht.[732] Die

---

726 Palandt/Grüneberg Vorb. v. § 249 Rn. 19.
727 OLG Hamm NJW 1998, 2292, 2293.
728 Brox/Walker SchuldR AT § 30 Rn. 5, 6.
729 Hk-BGB/Schulze Vor §§ 249–253 Rn. 14.
730 Vgl. MünchKomm/Oetker § 249 Rn. 120.
731 BGH RÜ 2017, 69 ff.
732 BGH RÜ 2017, 69, 70.

2. Teil Allgemeines Schadensrecht

Verurteilung durch das Sportgericht des DFB ist auf Grundlage der Rechts- und Verfahrensordnung des DFB erfolgt. Hiernach sind Vereine u.a. für das Verhalten der Zuschauer verantwortlich; der gastgebende Verein und der Gastverein haften im Stadionbereich vor, während und nach dem Spiel für Zwischenfälle jeglicher Art. Daher beruht die ausgesprochene Strafe direkt auf der Störung durch Z. Sie ist nicht nur „zufällig" aus Anlass der Störung verhängt worden, sondern die Störung durch Z ist ihr materieller Grund.[733] Infolgedessen steht die vom DFB verhängte Verbandsstrafe im inneren Zusammenhang mit der von Z verletzten Verhaltenspflicht, sodass der erforderliche Zurechnungszusammenhang gegeben ist und daher ein Schadensersatzanspruch aus § 280 Abs. 1 besteht.

Fall 30: Rückstufungsschaden

Der Pkw der K wurde bei einem Verkehrsunfall beschädigt. Die B ist als Haftpflichtversicherer des Unfallgegners U dem Grunde nach voll einstandspflichtig.

B regulierte den von K geltend gemachten Sachschaden von insgesamt 10.408,52 € auf der Basis einer 75%-igen Haftung. Nach der Inanspruchnahme ihrer Vollkaskoversicherung wegen des verbleibenden Schadens hat K die Feststellung begehrt, dass B verpflichtet ist, ihr zu einem Anteil von 75% den Schaden zu ersetzen, der ihr aufgrund der Inanspruchnahme ihrer Vollkaskoversicherung im Zusammenhang mit dem Schadensereignis und der damit verbundenen Prämienerhöhung im Versicherungsbeitrag entstanden ist oder noch entstehen wird (Rückstufungsschaden).

Ist B verpflichtet, der K 75% ihres Rückstufungsschadens zu ersetzen? Dabei ist davon auszugehen, dass der Haftungsanteil des U 75% beträgt. (nach BGH RÜ 2018, 219 ff.)

K könnte ein Schadensersatzanspruch gegen B i.H.v. 75% ihres Rückstufungsschadens **aus § 115 Abs. 1 S. 1 Nr. 1 VVG i.V.m. §§ 7 Abs. 1, 18 Abs. 1 StVG sowie § 823 Abs. 1, Abs. 2 i.V.m. §§ 1 ff. StVO** zustehen.

Gemäß § 115 Abs. 1 S. 1 Nr. 1 VVG haftet die Kfz-Haftpflichtversicherung B im gleichen Maße wie der Kfz-Halter U.

I. U haftet wegen des von ihm verursachten Unfalls gegenüber K aus §§ 7 Abs. 1, 18 Abs. 1 StVG sowie aus §§ 823 Abs. 1, Abs. 2 i.V.m. §§ 1 ff. StVO.

II. Als **Rechtsfolge** muss B der K den aus der Beschädigung des Kfz entstandenen Schaden gemäß §§ 10 ff. StVG i.V.m. §§ 249 ff. ersetzen.

1. Dazu muss aufseiten der K durch den Unfall ein **Schaden** entstanden sein.

   a) Infolge des Unfalls hat K ihre Kfz-Vollkaskoversicherung auf Ersatz des von der B nicht regulierten Schadens aus dem Unfall i.H.v. 2.602,13 € (= 25% von 10.408,52 €) in Anspruch genommen, was ohne die unfallbedingte Beschädigung nicht erforderlich gewesen wäre, sodass nach der maßgeblichen Differenzhypothese ein Schaden i.H.v. 2.602,13 € besteht.

   b) Ohne Unfall wäre am Kfz der K kein Sachschaden entstanden und sie hätte ihre Kfz-Vollkaskoversicherung nicht i.H.v. 2.602,13 € in Anspruch nehmen müssen, sodass die Beschädigung des Kfz **äquivalent kausal** für den Rückstufungsschaden der K gewesen ist.

---

733 BGH RÜ 2017, 69, 70.

174

	Verursachung und Zurechnung des Schadens (haftungsausfüllende Kausalität)	**2. Abschnitt**

c) Es liegt auch nicht außerhalb der normalen Lebenserfahrung, dass die Kfz-Haftpflichtversicherung des Unfallgegners wegen Mitverschuldens des Anspruchstellers nicht den gesamten Sachschaden am Kfz ersetzt und dieser daher seine eigene Kfz-Vollkaskoversicherung auf Ersatz des restlichen Schadens in Anspruch nehmen muss. Daher war die Beschädigung des Kfz **an sich auch adäquat kausal** für den Rückstufungsschaden der K.

464

Man könnte erwägen, dass der Rückstufungsschaden in der Vollkaskoversicherung bei anteiligem Mitverschulden des Geschädigten keine adäquate Folge des Unfalls ist, da in diesem Falle der Prämienschaden allein infolge der Regulierung der durch den Geschädigten selbst zu tragenden Schäden eintritt.[734]

Dem hält der BGH entgegen, dass die Rückstufung in der Vollkaskoversicherung nach st.Rspr. eine Folge des unfallbedingten Fahrzeugschadens ist, für die der Schädiger auch bei nur anteiliger Schadensverursachung hafte. Da eine Mitursächlichkeit einer Alleinursächlichkeit in vollem Umfang gleichstehe, gelte dies auch dann, wenn der Rückstufungsschaden infolge der Regulierung des vom Geschädigten selbst zu tragenden Schadensanteils eintrete.[735]

Für die Ersatzfähigkeit des Rückstufungsschadens sei es unerheblich, ob der Geschädigte die Regulierung des Haftpflichtversicherers seines Unfallgegners für dessen Haftungsanteil abwarte und sich erst dann an seinen Kaskoversicherer wende oder ob er dies sogleich hinsichtlich des Gesamtschadens tue und danach der Schaden quotenmäßig ausgeglichen werde.

Die Ersatzfähigkeit des Rückstufungsschadens kann nach Einschätzung des BGH auch nicht mit der Begründung verneint werden, dass dieser nur im Hinblick auf den eigenen Haftungsanteil der Geschädigten eingetreten sei. Der Nachteil der effektiven Prämienerhöhung trete allein dadurch ein, dass Versicherungsleistungen in der Kaskoversicherung in Anspruch genommen würden. Komme es hierzu durch ein Ereignis, das teils vom Schädiger, teils vom Versicherungsnehmer zu vertreten sei, so sei der Schaden wie jeder andere nach den hierfür geltenden Regeln zu teilen.[736]

Somit war die Beschädigung des Kfz adäquat kausal für den Rückstufungsschaden der K.

2. Der **Schadensausgleich** erfolgt gemäß §§ 10 ff. StVG i.V.m. §§ 249 ff.

K steht gegen B ein Schadensersatzanspruch i.H.v. 75% ihres Rückstufungsschadens aus § 115 Abs. 1 S. 1 Nr. 1 VVG i.V.m. §§ 7 Abs. 1, 18 Abs. 1 StVG sowie § 823 Abs. 1, Abs. 2 i.V.m. §§ 1 ff. StVO zu.

---

734 BGH RÜ 2018, 219, 220.
735 BGH RÜ 2018, 219, 220.
736 BGH RÜ 2018, 219, 220.

B. Einzelprobleme der Schadenszurechnung

I. Zurechnung psychischer Folgeschäden

1. Begriff

465 Ein psychischer Folgeschaden liegt vor, wenn sich der psychische Schaden aus einer körperlichen Primärverletzung entwickelt hat. D.h., der Geschädigte hat primär eine Körper-/Gesundheitsverletzung erlitten und als Auswirkung dieser Verletzungshandlung entstehen nichtorganische psychosomatische und funktionelle Beschwerden.

Beispiel:[737] S hat G bei einem Unfall, den er schuldhaft verursacht hat, leicht verletzt. Die Verletzungen sind ausgeheilt und die dadurch entstandenen Kosten hat S bezahlt. Es hat sich jedoch bei G aufgrund psychischer Fehlverarbeitung des Unfalls eine zunehmende Schmerzreaktion im Kopf und im Bereich der Wirbelsäule entwickelt. Zu diesen psychosomatischen Beschwerden wäre es ohne den Unfall nicht gekommen. Sie beruhen aber letztlich auf einer konstitutiven Schwäche des G, die ihren Grund in dessen Persönlichkeit hat. G wurde frühzeitig dienstunfähig geschrieben und in den Ruhestand versetzt.

Voraussetzungen Haftungsbegründender Tatbestand	Rechtsfolgen Haftungsausfüllender Tatbestand
Rechtsgutverletzung Primäre Folge der Verletzungs- handlung ist eine ⟶ **Körperverletzung** ⤏	Zu ersetzen ist der durch die Rechtsgutverletzung verursachte Schaden. ■ Zu ersetzen ist der zur Heilung der Körperverletzung erforderliche Geldbetrag, § 249 Abs. 2 S. 1. ■ Als Folgewirkung der Körperverletzung ist beim Verletzten ein **psychischer Folgeschaden** eingetreten. Fraglich ist, ob der Schädiger auch für diese Folgewirkung des Unfalls einzustehen hat.

Hat jemand schuldhaft die Körper- oder Gesundheitsverletzung eines anderen verursacht, so erstreckt sich die Haftung **grundsätzlich auch auf** die daraus resultierenden **Folgeschäden**.[738] Das gilt gleichviel, ob es sich dabei um organisch oder psychisch bedingte Folgewirkungen handelt.[739]

2. Besonderheiten

Bei psychischen Folgeschäden sind allerdings folgende Besonderheiten zu beachten:

a) Kausalität der Verletzungshandlung für psychische Folgeschäden

466 Die Schadensersatzpflicht für psychische Auswirkungen setzt nicht voraus, dass sie eine organische Ursache hat. Entscheidend ist die **Verknüpfung mit der Verletzungshandlung**. Es wird auch keine Ursächlichkeit im naturwissenschaftlichen Sinne in der Weise gefordert, dass sie sich mit Sicherheit feststellen lassen muss. Es genügt vielmehr die

---

737 Nach BGHZ 132, 341 ff.

738 BGHZ 132, 341, 343.

739 BGHZ 132, 341, 344; BGH MDR 2000, 267 m.w.N.

hinreichende Gewissheit, dass die psychisch bedingten Ausfälle ohne den Unfall nicht aufgetreten wären. Nicht erforderlich ist, dass die aus der Verletzungshandlung resultierenden (haftungsausfüllenden) Folgeschäden für den Schädiger vorhersehbar waren.[740]

b) Zurechenbarkeit trotz Anlageschaden

Die Zurechnung psychischer Folgeschäden scheitert nicht daran, dass sie auf einer konstitutiven Schwäche des Verletzten beruhen. Der Schädiger kann sich nicht darauf berufen, dass der Schaden nur deshalb eingetreten sei oder ein besonderes Ausmaß erlangt habe, weil der Verletzte infolge körperlicher Anomalien oder Dispositionen besonders anfällig gewesen sei. Wer einen gesundheitlich geschwächten Menschen verletzt, kann nicht verlangen, so gestellt zu werden, als ob der Betroffene gesund gewesen wäre.[741]

467

Der Schädiger muss daher auch dann für Unfallfolgen aufkommen, wenn diese nur deshalb eingetreten sind, weil der Verletzte aufgrund seiner besonderen Konstitution und seiner Vorschädigungen für die jetzt eingetretenen Beschwerden besonders anfällig war. Daran ändert sich grundsätzlich selbst dann nichts, wenn das jetzige Beschwerdebild in einer psychischen Fehlverarbeitung der Unfallfolgen seine Ursache hat.[742]

Der Haftung für Anlageschäden sind allerdings **Grenzen** gesetzt:

- Eine Ersatzpflicht tritt nicht ein, wenn bei degenerativen Vorschädigungen ein Unfall nur **zufälliger Auslöser** der auf die Vorschäden zurückzuführenden Beschwerden ist, die ohne den Unfall alsbald durch ein beliebiges Alltagsereignis ausgelöst worden wären.[743]

468

- Abgelehnt wird eine Haftung für **Renten- und Begehrensneurosen**, in denen der Geschädigte den Unfall in dem neurotischen Streben nach Versorgung und Sicherheit lediglich zum Anlass nimmt, den Schwierigkeiten und Belastungen des Erwerbslebens auszuweichen.[744]

- Die Zurechnung psychischer Folgeschäden kann auch in denjenigen Fällen ausgeschlossen sein, in denen das schädigende Ereignis im Sinne einer **Bagatelle** ganz geringfügig ist. Abzustellen ist auf die Primärverletzung. Eine Entschädigung kann versagt werden bei geringfügigen Verletzungen des Körpers oder der Gesundheit, die üblicherweise den Verletzten nicht nachhaltig beeindrucken, weil er schon aufgrund des Zusammenlebens mit anderen Menschen daran gewöhnt ist, vergleichbaren Störungen seiner Befindlichkeit ausgesetzt zu sein.[745]

Ausnahmsweise kann aber auch bei einem Bagatellschaden die Zurechnung eines psychischen Folgeschadens gerechtfertigt sein, wenn das schädigende Ereignis gerade eine spezielle Schadensanlage des Geschädigten getroffen hat und nicht nur dessen allgemeine Anfälligkeit für neurotische Fehlentwicklungen. Dies folgt aus der grundsätzlichen Gleichstellung der psychischen mit den physischen Schäden, bei

---

740 BGHZ 132, 341, 344; 137, 142, 145.
741 BGHZ 20, 137, 139; 132, 341, 345; 137, 143, 145.
742 BGHZ 132, 341, 345 f.; BGH VersR 1999, 862 m.w.N.
743 OLG Hamm MDR 2002, 334.
744 BGHZ 20, 137; 132, 341, 346; 137, 142, 148; BGH MDR 2000, 267, 268.
745 BGH VersR 1992, 504, 505 zu § 847 a.F.; BGHZ 137, 142, 147 und BGH MDR 2000, 267, 268 zu psychischen Folgeschäden.

2. Teil   Allgemeines Schadensrecht

denen der Schädiger ebenfalls eine besondere Schadensanlage des Geschädigten hinnehmen muss.[746]

Steht im obigen Beispiel G gegen S ein Anspruch auf Ersatz des Verdienstausfalls aus § 823 Abs. 1 zu? Der Verdienstausfall beruht zwar nicht unmittelbar auf der unfallbedingten Körperverletzung, sondern ist eine Folge der nach dem Unfall aufgetretenen psychischen Störungen. Der Schädiger muss jedoch für die konkreten Folgen seiner Verletzungshandlung einstehen – grundsätzlich auch für diejenigen, die nur wegen der konstitutiven Schwäche des Betroffenen entstanden sind. Der Unfall war weder zufälliger Auslöser noch liegt eine Renten- und Begehrensneurose vor noch handelt sich bei Primärverletzung um eine ganz geringfügige Bagatelle. Folglich ist keine der Ausnahmen einschlägig, sodass S für die psychosomatischen Beschwerden des G einstehen und den Verdienstausfall ersetzen muss.[747]

II. Hypothetische oder überholende Kausalität

469   Bei der sogenannten hypothetischen oder überholenden Kausalität geht es um die Frage, ob sich der Schädiger darauf berufen kann, dass der von ihm verursachte Schaden aufgrund eines anderen Ereignisses ohnehin eingetreten wäre.

Dogmatisch handelt es sich bei der hypothetischen oder überholenden Kausalität nicht um eine Frage der Kausalität, sondern der Schadenszurechnung.[748]

470   Eine generelle gesetzliche Regelung des Problems fehlt, es existieren lediglich vereinzelte Normen, die eine Berücksichtigung hypothetischer Ursachen vorsehen – z.B. §§ 252 S. 2, 848. [749] In Rspr. und Lit. hat sich bislang keine einheitliche Lösung durchgesetzt. Es besteht jedoch zumindest bei zwei Fallgruppen Einigkeit:

471   ■ **Anlagefälle**

In den sogenannten Anlagefällen ist eine anderweitige Schädigung des angegriffenen Objekts aufgrund einer im Zeitpunkt der Verletzung bereits vorhandenen Schadensanlage mit Sicherheit zu erwarten.

Beispiel: Infolge unsachgemäßer Baggerarbeiten stürzt ein Haus ein. Dieses Haus wäre auch ohne die Baggerarbeiten infolge von bereits vorhandenen, im Kriege durch Fliegerbomben hervorgerufenen Schäden, wenn auch zeitlich später, eingestürzt.[750]

Da in diesen Fällen die tatsächlich wirksam gewordene Schadensursache bereits auf ein bereits im Wert gemindertes Schadensobjekt trifft, kann dem Geschädigten kein voller Schadensersatzanspruch zustehen. Vielmehr muss der Schädiger nur insoweit Ersatz leisten, als dem Geschädigten durch die vorzeitige Verwirklichung der Schadensanlage ein Verlust erwachsen ist – sogenannter **Verfrühungseffekt –**.[751]

472   ■ **Hypothetische Verantwortlichkeit eines Dritten**

Die Ersatzpflicht des Schädigers erlischt nicht, wenn ein Dritter eine Reserveursache gesetzt hat, durch die ein mit dem Erstschaden deckungsgleicher Zweitschaden eintritt, und der Geschädigte hypothetisch von ihm Ersatz erlangt hätte.[752]

---

746   BGHZ 137, 142, 148.
747   nach BGHZ 132, 341 ff.
748   Palandt/Grüneberg Vorb. v. § 249 Rn. 55.
749   Palandt/Grüneberg Vorb. v. § 249 Rn. 56.
750   Nach BGH MDR 1952, 214, 215.
751   BeckOK/Flume § 249 Rn. 325.
752   BGH NJW 1958, 705; Palandt/Grüneberg Vorbem. v. § 249 Rn. 100 m.w.N.

Verursachung und Zurechnung des Schadens (haftungsausfüllende Kausalität) 2. Abschnitt

Beispiel: Der Wagen des E wird infolge eines allein von S verschuldeten Unfalls so weitgehend zerstört, dass eine Reparatur ausscheidet. E lässt den Wagen, an dem er sehr hängt, abschleppen und stellt ihn in seine Garage. In der darauf folgenden Nacht setzt B die Garage schuldhaft in Brand. Das Auto brennt vollständig aus.

E hat einen Schadensersatzanspruch gegen S wegen der Eigentumsverletzung am Kfz. B haftet mangels kausaler Schädigung nicht. Sein Handeln kann S nicht zugute kommen, da E ansonsten ohne Schadensersatz bliebe.

Maßgeblich ist bei dieser Fallkonstellation, dass der Anspruch gegen den Schädiger bereits entstanden war und er nach der Wertung des Gesetzes für den von ihm verursachten Schaden einzustehen hat.

Bei anderen Reserveursachen – Naturereignisse, Selbstschädigung des Geschä- 473
digten – besteht keine Einigkeit.

Beispiel: Der Wagen des E wird infolge eines allein von S verschuldeten Unfalls beschädigt. E lässt den beschädigten Wagen abschleppen und stellt ihn in seine Garage. In der darauf folgenden Nacht setzt ein Blitz die Garage in Brand. Das Auto brennt vollständig aus.

- Nach **h.Lit.**[753] **und Rspr.**[754] muss zwischen unmittelbaren Objektschäden – also dem am verletzten Rechtsgut selbst eingetretenen Schaden – und mittelbaren Vermögensfolgeschäden differenziert werden:

  - bei unmittelbaren Objektschäden ist die Reserveursache unerheblich, da der Schadensersatzanspruch im Zeitpunkt des schädigenden Ereignisses entstehe und nicht nachträglich entfallen könne;

  - bei Vermögensfolgeschäden (z.B. entgangenen Nutzungen, Verlust laufender Einkünfte und entgangenem Gewinn) ist demgegenüber das hypothetische Ereignis zu berücksichtigen, da es nicht um einen abgeschlossenen Schaden, sondern um Nachteile gehe, die sich erst im Lauf der Zeit entwickeln. Daher brauche der Schädiger nur für den bis zum Zeitpunkt des Eintritts der Reserveursache entstehenden Schaden aufzukommen.[755]

- Nach **a.A.** sollen diese hypothetische Ursachen grundsätzlich beachtlich sein, da die von der h.M. vorgenommene Differenzierung im Gesetz keine Grundlage finde und der Geschädigte nur insoweit anspruchsberechtigt sei, als er durch die Schädigung auch wirklich eine Schlechterstellung erfahren habe.[756]

III. Rechtmäßiges Alternativverhalten

Eine besondere Fallgruppe bilden die Fälle des **rechtmäßigen Alternativverhaltens:** 474
Der Schädiger beruft sich darauf, dass der eingetretene Schaden auch bei rechtmäßigem Verhalten entstanden wäre.

Die Beachtlichkeit des rechtmäßigen Alternativverhaltens ist umstritten: 475

---

753 Jauernig/Teichmann Vor §§ 249-253 Rn. 43; Palandt/Grüneberg Vorb. v. § 249 Rn. 60 ff.; Wandt § 24 Rn. 7 ff.
754 BGHZ 125, 56, 61.
755 BGH NJW 2016, 3785 ff.; Wandt § 24 Rn. 8.
756 MünchKomm/Oetker § 249 Rn. 211, 212; Musielak JA 2013, 241, 247.

179

| 2. Teil | Allgemeines Schadensrecht |

- Ein Teil des Schrifttums lässt die Berufung auf das rechtmäßige Alternativverhalten generell zu,[757] andere lehnen sie allgemein ab.[758]

- BGH und h.Lit. sind der Ansicht, dass der Schutzzweck der jeweils verletzten Norm darüber entscheidet, ob und inwieweit der Einwand des rechtmäßigen Alternativverhaltens im Einzelfall erheblich ist.[759] Schäden, die auch bei rechtmäßigem Verhalten entstanden wären, werden vom Schutzzweck der Norm i.d.R. nicht erfasst.[760]

So ist z.B. im Arztrecht der Einwand, der Patient würde bei ordnungsgemäßer Aufklärung über die Risiken des Eingriffs seine Einwilligung erteilt haben, von der Rspr. anerkannt.[761] Ferner kann der vertragsbrüchige Arbeitnehmer sich darauf berufen, dass die geltend gemachten Inseratskosten bei ordnungsgemäßer Kündigung ebenso entstanden wären.[762]

Ausnahmsweise kann sich aus dem Schutzzweck der Norm ergeben, dass die Berufung auf rechtmäßiges Alternativverhalten ausgeschlossen ist.[763]

Z.B. ist der Einwand rechtmäßigen Alternativverhaltens, der darauf zielt, der Patient sei mit der Vornahme des Eingriffs durch einen anderen Operateur einverstanden gewesen, nach Ansicht des BGH nicht erheblich, weil dies dem Schutzzweck des Einwilligungserfordernisses bei ärztlichen Eingriffen widerspricht.[764] Dieses werde aus dem Recht auf körperliche Unversehrtheit (Art. 2 Abs. 2 GG) und dem Selbstbestimmungsrecht des Patienten hergeleitet. Könnte sich ein Arzt, der ohne eine auf seine Person bezogene Einwilligung des Patienten operiert hat, darauf berufen, dass der Patient mit der Vornahme des Eingriffs durch einen anderen Operateur einverstanden gewesen sei, mit diesem Einwand einer Haftung entziehen, bliebe der rechtswidrige Eingriff in die körperliche Integrität des Patienten sanktionslos. Zudem wäre das Vertrauen, das Patienten in die ärztliche Zuverlässigkeit und Integrität setzen müssen, wenn sie ihre absolut geschützten Rechtsgüter im Verlaufe einer ärztlichen Behandlung zur Disposition stellen, nicht wirksam geschützt.[765]

3. Abschnitt: Schadensausgleich nach §§ 249–253

476 Im 1. und 2. Abschnitt ist die Ermittlung des zurechenbaren Schadens behandelt worden. In diesem Abschnitt geht es um die **Ersatzfähigkeit des entstandenen Schadens**.

A. Grundsätze des Schadensersatzrechts

Das Schadensersatzrecht des BGB geht von drei wesentlichen Grundsätzen aus, die in einer Wechselbeziehung zueinander stehen:[766]

I. Grundsatz der Totalreparation

477 Nach dem Grundsatz der Totalreparation ist der Schädiger verpflichtet, den gesamten ihm zurechenbaren Schaden zu ersetzen.[767]

---

757 So z.B. MünchKomm/Oetker § 249 Rn. 217; Palandt/Grüneberg Vorbem. v. § 249 Rn. 105.

758 So z.B. Niederländer JZ 1959, 621.

759 BGHZ 96, 157, 173 im Anschl. an BAG NJW 1984, 2846, 2847; Fikentscher/Heinemann Rn. 702; Staudinger/Schiemann § 249 Rn. 105.

760 BGH NJW 2000, 661.

761 BGH NJW 1992, 2342; 1980, 1333, 1334.

762 BAG NJW 1984, 2846.

763 Palandt/Grüneberg Vorbem. v. § 249 Rn. 106.

764 BGH RÜ 2016, 765 ff.

765 BGH RÜ 2016, 765 ff.

766 Wandt § 23 Rn. 2.

767 Fuchs/Pauker/Baumgärtner Kap. 12 C. I.

Eine Ausnahme vom Prinzip der Totalreparation findet sich in den meisten Fällen der Gefährdungshaftung, bei denen bestimmte Haftungshöchstgrenzen normiert sind (vgl. § 10 ProdHaftG, §§ 12 ff. StVG).

II. Grundsatz der Wirtschaftlichkeit

Nach dem Grundsatz der Wirtschaftlichkeit (Wirtschaftlichkeitspostulat) muss der Geschädigte den wirtschaftlich vernünftigsten Weg der Schadensbeseitigung wählen.[768] Dies folgt aus dem Wortlaut „erforderlich" in § 249 Abs. 2 S. 1 sowie der Obliegenheit zur Schadensminderung aus § 254 Abs. 2 S. 1 a.E.[769]

478

III. Bereicherungsverbot

Nach dem Bereicherungsverbot darf der Geschädigte durch das schädigende Ereignis und den infolgedessen geleisteten Schadensersatz nicht besser stehen als ohne das schädigende Ereignis.[770] Danach ist eine mehrfache Schadensliquidation verboten und der zu ersetzende Schaden hat eine wirtschaftliche Deckelungsgrenze.[771]

479

B. Arten des Schadensausgleichs

Das Gesetz unterscheidet zwei **Arten** des Schadensausgleichs:

- **Naturalrestitution (Integritätsinteresse)**

  - § 249 Abs. 1: Schadensersatz durch Herstellung;

  - § 249 Abs. 2: Schadensersatz durch Zahlung der zur Herstellung erforderlichen Kosten;

- Ausgleich des (Gesamt-)Vermögensschadens durch Geldentschädigung (§ 251) = **Schadenskompensation (Wertinteresse)**.

Der zu ersetzende Schaden ergibt sich in beiden Fällen nach der **Differenzhypothese**. Dabei kommt es entscheidend darauf an, welche **Positionen** im Rahmen der zu vergleichenden Kausalverläufe gegenübergestellt werden. Die zu vergleichenden Positionen sind bei der Naturalrestitution (§ 249) anders als bei der Schadenskompensation (§ 251).

480

- Die **Naturalrestitution** (§ 249) schützt das Integritätsinteresse – also das Interesse des Geschädigten an der konkreten Zusammensetzung seines Güterstands. Sie hat zum Ziel, **im Hinblick auf das geschädigte Rechtsgut oder Recht den tatsächlichen Zustand** herzustellen, der (wirtschaftlich gesehen) der ohne das Schadensereignis bestehenden Lage entspricht. Zu vergleichen ist im Rahmen der Differenzhypothese die konkrete Zusammensetzung des Vermögens des Geschädigten aufgrund des tatsächlichen Kausalverlaufs mit derjenigen aufgrund des hypothetischen Kausalverlaufs.

481

---

768 BGH NJW 2013, 1149; Wandt § 23 Rn. 2.
769 Spancken/Schneidenbach JuS 2012, 298, 299.
770 BGH NJW 1997, 1008, 1012.
771 Spancken/Schneidenbach JuS 2012, 298, 299.

482 ■ Die **Schadenskompensation** (§ 251) schützt das Wert- oder Summeninteresse als das Interesse des Geschädigten an der Erhaltung seines Vermögens dem Werte (nicht: der konkreten Zusammensetzung) nach. Sie hat zum Ziel, eine durch das Schadensereignis eingetretene Einbuße am Vermögen insgesamt auszugleichen. Die Schadenskompensation setzt daher – anders als die Naturalrestitution, bei der materielle und immaterielle Schäden erfasst sind – einen **Vermögensschaden** voraus. Der Vermögensschaden ergibt sich aus einem **rechnerischen Vergleich** der bestehenden mit der hypothetischen **Vermögenslage insgesamt**. Schadenskompensation für immaterielle Schäden – das sind solche Schäden, die sich nicht in einer Vermögensminderung zeigen, z.B. Schmerzen oder Ehrverletzungen – kann gemäß § 253 Abs. 1 nur in den durch das Gesetz bestimmten Fällen gefordert werden.

483 *Beachte*: Unter den beiden Schadensarten hat die *Naturalrestitution den Vorrang*. Die Schadenskompensation greift nur ein, wenn die Voraussetzungen des § 251 vorliegen.[772]

I. Naturalrestitution, §§ 249, 250

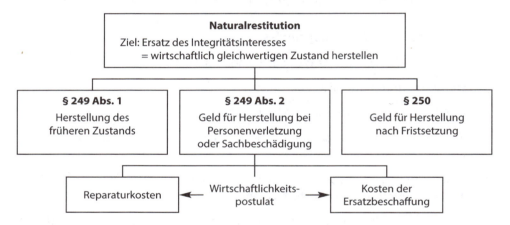

1. Herstellung des früheren Zustands, § 249 Abs. 1

484 Nach § 249 Abs. 1 muss der Schadensersatzpflichtige selbst den tatsächlichen Zustand herstellen, der bestehen würde, wenn das Schadensereignis nicht eingetreten wäre.

Beispiele:

Bei einer Sachbeschädigung kann der Geschädigte verlangen, dass der Schädiger die beschädigte Sache repariert oder reparieren lässt.

Der Eigentümer hat gegen denjenigen, der eine Sache unerlaubt an sich genommen hat, einen Herausgabeanspruch nach § 823 Abs. 1 i.V.m. § 249 Abs. 1. Daneben besteht ein Herausgabeanspruch nach § 985. Da der Anspruch aus § 823 Abs. 1 i.V.m. § 249 Abs. 1 selbstständig abgetreten werden kann, hat er damit eine eigenständige Bedeutung neben § 985; denn der Anspruch auf Herausgabe aus § 985 kann vom Eigentum nicht losgelöst werden, zulässig ist nur eine Einziehungsermächtigung nach § 185.

---

772 Vgl. Grundfälle zum Schadensrecht Armbrüster JuS 2007, 411, 508, 605 sowie Mohr Jura 2010, 645, 808.

Schadensausgleich nach §§ 249–253 | **3. Abschnitt**

2. Geld für Herstellung, § 249 Abs. 2

Ist wegen Verletzung einer Person oder wegen Beschädigung einer Sache Schadensersatz zu leisten, so kann der Gläubiger den für die Herstellung erforderlichen Geldbetrag fordern. Es handelt sich um einen Fall der Ersetzungsbefugnis des Gläubigers.

485

Der Regelungszweck des § 249 Abs. 2 besteht darin, es dem Geschädigten zu ersparen, das verletzte Rechtsgut dem Schädiger zur Wiederherstellung nach § 249 Abs. 1 anvertrauen zu müssen.[773]

a) § 249 Abs. 2 bei Sachbeschädigung

Gemäß § 249 Abs. 2 kann der Geschädigte wegen Beschädigung einer Sache statt der Herstellung (§ 249 Abs. 1) den dazu erforderlichen Geldbetrag verlangen.

aa) Reparaturaufwand oder Wiederbeschaffungsaufwand? Wirtschaftlichkeitspostulat

Bei dem Vorgehen nach § 249 Abs. 2 – Geld für Herstellung – stehen dem Geschädigten zwei Wege zur Verfügung: Er kann

486

- auf der Basis der Reparaturkosten abrechnen und den **Reparaturaufwand** (= Reparaturkosten zzgl. Minderwert) verlangen oder

- er kann sich eine (gleichwertige) Sache anschaffen und den **Wiederbeschaffungsaufwand** (= Wiederbeschaffungswert abzgl. Restwert der geschädigten Sache) verlangen.

Auch die letztgenannte Art der Schadensbeseitigung ist nach gefestigter Rspr. des BGH eine Form der Naturalrestitution, und zwar unabhängig davon, ob es sich um vertretbare oder unvertretbare Sachen handelt. „Denn das Ziel der Restitution beschränkt sich nicht auf eine (Wieder-)Herstellung der beschädigten Sache; es besteht in umfassender Weise gemäß § 249 S. 2 darin, den Zustand herzustellen, der, wirtschaftlich gesehen, der ohne das Schadensereignis bestehenden Lage entspricht."[774]

487

Nach h.Lit. ist zwischen vertretbaren und unvertretbaren Sachen zu differenzieren: Bei vertretbaren Sachen (z.B. neuwertige Serienprodukte) ist die Wiederbeschaffung eine Form der Naturalrestitution, bei unvertretbaren Sachen ist die Wiederherstellung wegen Unmöglichkeit ausgeschlossen, sodass es sich bei der Wiederbeschaffung um Schadenskompensation gemäß § 251 Abs. 1 Alt. 1 handelt.[775]

488

Beispiel: Ist ein Kfz durch einen Unfall derart beschädigt worden, dass eine Reparatur technisch nicht möglich ist, sogenannter **technischer Totalschaden**, so erhält der Geschädigte unstreitig den Betrag, den er für die Beschaffung eines vergleichbaren Fahrzeugs aufwenden muss (sogenannter Wiederbeschaffungswert). Hat der Unfallwagen noch einen Restwert, so muss der Geschädigte ihn dem Schädiger herausgeben oder sich den Wert anrechnen lassen.[776] Der Geschädigte erhält in diesem Fall den Wiederbeschaffungsaufwand ersetzt (= Differenz zwischen Wiederbeschaffungswert und Restwert). Nach h.Rspr. handelt es sich beim technischen Totalschaden um Naturalrestitution gemäß § 249 Abs. 2,

---

773 Wandt § 23 Rn. 9.

774 BGHZ 115, 364, 368 zu § 249 BGB a.F.; vgl. ferner BGHZ 115, 375, 378; BGH NJW 1992, 1618, 1619.

775 Hk-BGB/Schulze § 249 Rn. 10, 11; Staudinger/Schiemann § 251 Rn. 43; Soergel/Mertens § 249 Rn. 3 mit Fn. 4.

776 Palandt/Grüneberg § 249 Rn. 19 m.w.N.

183

2. Teil — Allgemeines Schadensrecht

während die Lit. den Fall wegen Unmöglichkeit der Wiederherstellung der unvertretbaren Sache Gebrauchtwagen als Schadenskompensation gemäß § 251 Abs. 1 Alt. 1 einordnet.[777]

489 Bei unterschiedlicher Höhe des Reparaturaufwands und des Wiederbeschaffungsaufwands sind dem Geschädigten bei der Wahl der einen oder der anderen Art der Schadensbeseitigung aufgrund des Wirtschaftlichkeitspostulats Grenzen gesetzt: Unter den mehreren zum Schadensausgleich führenden Möglichkeiten der Naturalrestitution hat der Geschädigte grundsätzlich diejenige zu wählen, die den geringsten Aufwand erfordert.

490 Die Frage, ob der Geschädigte den Reparaturaufwand oder den Wiederbeschaffungsaufwand verlangen kann, ist insbesondere bei dem Massenphänomen der Kfz-Schäden als Folge von Kfz-Unfällen in der Praxis bedeutsam geworden:

(1) Schadensregulierung auf Neuwertbasis

491 Nach st.Rspr. des BGH kann bei einer erheblichen Beschädigung eines fabrikneuen Pkw Schadensersatz auf Neuwagenbasis verlangt werden (sogenannte **„Abrechnung auf Neuwagenbasis"** oder **„unechter Totalschaden"**).[778]

Dogmatische Einordnung der Abrechnung auf Neuwagenbasis: nach BGH Naturalrestitution gemäß § 249 Abs. 2,[779] nach h.Lit. Schadenskompensation gemäß § 251 Abs. 1 Alt. 2 („ungenügend").[780]

492 ■ **Voraussetzung** ist nach BGH, dass das beschädigte Kfz noch den sogenannten „Schmelz der Neuwertigkeit" aufweist – also die **Neuwertigkeit** des beschädigten Fahrzeugs sowie dessen **erhebliche Beschädigung**.[781]

■ Die Kriterien für die Bestimmung der Neuwertigkeit eines Kfz werden nicht einheitlich bestimmt. Im Wesentlichen sind die Faktoren Laufleistung und Zulassungsdauer maßgebend.

Allgemein wird hinsichtlich der **Laufleistung** die Grenze für die Neuwertigkeit **bei 1.000 km** gezogen. Dabei handelt es sich aber nicht um eine starre Grenze, sondern um eine „Faustregel". Eine geringfügige Überschreitung der 1.000 km-Marke steht einer Einstufung eines Fahrzeugs als neuwertig nicht entgegen. In besonderen Fällen soll eine Abrechnung auf Neuwagenbasis sogar bis zu einer Fahrleistung von 3.000 km in Betracht kommen, z.B. bei extrem kurzer Gebrauchsdauer oder verbleibendem Sicherheitsrisiko.[782] Hinsichtlich der **Zulassungsdauer** (nicht Nutzungsdauer) wird die Grenze **grundsätzlich bei einem Monat** gezogen; aber auch hier ist eine kurzfristige Überschreitung für sich genommen kein ausreichender Grund, die Neuwertigkeit zu verneinen.

■ Bei dem **Ausmaß der Beschädigung** ist weniger auf den Betrag der Reparaturkosten abzustellen, als auf **Art und Umfang der Beschädigung**. Ein erheblicher Schaden ist nur dann anzunehmen, wenn am Kfz Richtarbeiten vorzunehmen oder tragende Teile betroffen sind oder wenn der Schaden auch durch eine fachgerechte Reparatur nicht vollwertig beseitigt werden kann.[783]

---

777 Hk-BGB/Schulze § 249 Rn. 11, § 251 Rn. 2.
778 BGH MDR 1982, 433; BGH NJW 2009, 3022.
779 BGH NJW 1982, 433.
780 MünchKomm/Oetker § 251 Rn. 26; Palandt/Grüneberg § 251 Rn. 4.
781 BeckOK/Flume § 249 Rn. 239 f.
782 MünchKomm/Oetker § 251 Rn. 29.
783 Vgl. dazu BGH NJW 2009, 3022.

■ **Umstritten** ist, ob die Abrechnung auf Neuwagenbasis die **tatsächliche Anschaffung eines Neufahrzeugs voraussetzt:**   **493**

■ Nach einer Auffassung ist der Kauf eines Ersatzfahrzeugs nicht erforderlich, sodass ein Anspruch des Geschädigten auf Ersatz fiktiver Neuanschaffungskosten besteht. Die Neupreisentschädigung erfolge, weil bei erheblicher Beschädigung eines Neuwagens nur auf diese Weise alle vermögenswerten Nachteile ausgeglichen werden können. Nach der Konzeption des § 249 Abs. 2 S. 1 könne der Geschädigte dann frei darüber entscheiden, wie er mit der Ersatzleistung verfahre.[784]

■ Demgegenüber gesteht eine andere Ansicht, der sich der BGH mittlerweile angeschlossen hat, dem Geschädigten den Ersatz der Neuanschaffungskosten nur zu, wenn er tatsächlich ein fabrikneues Fahrzeug erworben hat. Denn der Grund für die Zubilligung der Neuanschaffungskosten sei das besondere Interesse des Geschädigten an der Nutzung eines Neufahrzeugs, welches er durch die tatsächliche Neuanschaffung nachweisen muss.[785]

■ Bei **Nutzfahrzeugen** scheidet eine Abrechnung auf Neuwagenbasis aus.   **494**

Die Rechtsprechung zur Abrechnung auf Neuwagenbasis wurde auch auf andere Sachen übertragen, z.B. Motorräder,[786] Fahrräder[787] oder Wohnwagen.[788]

(2) Grenze für die Abrechnung auf Reparaturkostenbasis

Die Reparaturkosten für ein verunfalltes Kfz liegen in der Praxis häufig höher als die Kosten für die Ersatzbeschaffung eines vergleichbaren Fahrzeugs.   **495**

Es ist jedoch anerkannt, dass der Geschädigte ein besonders schutzwürdiges **Integritätsinteresse** an dem Erhalt des ihm vertrauten Fahrzeugs hat. Denn er weiß, wie dieses Kfz eingefahren, gewartet und sonst behandelt worden ist, ob und welche Mängel bei dem Fahrzeug aufgetreten und wie sie behoben worden sind; bei Anschaffung eines Ersatzfahrzeugs sind ihm diese Umstände zumeist unbekannt.[789] Daher wird dem Geschädigten bei einem Kfz-Schaden zugebilligt, dass er seinen Wagen reparieren lässt, auch wenn die Kosten höher liegen als beim Kauf eines gebrauchten Ersatzfahrzeugs (sogenannter **Integritätszuschlag**).[790] Es müssen dazu folgende Voraussetzungen – kumulativ – vorliegen:

■ Der **Reparaturaufwand darf nicht höher liegen als 130% des reinen Wiederbeschaffungswerts** (= ohne Abzug des Restwerts) – Toleranzgrenze –.[791] Diese Toleranzgrenze gilt grundsätzlich auch für gewerblich genutzte Kfz.[792]   **496**

---

784 KG VersR 1991, 553; NJW-RR 1987, 16, 17.

785 BGH NJW 2009, 3022 = RÜ 2009, 614 m.w.N.

786 OLG Nürnberg NJW 1972, 2042; OLG Frankfurt VersR 1980, 235.

787 LG Frankenthal NJW-RR 1991, 352.

788 OLG Hamm NJW-RR 1989, 1433; OLG Köln DAR 1989, 228.

789 BGH NJW 2005, 1108 = RÜ 2005, 233.

790 Wandt § 23 Rn. 20.

791 BGHZ 115, 364, 371 ff.; BGH MDR 1999, 293 ff.; vgl. zur Richtigkeit der § 130%-Grenze Ort/Korch VersR 2016, 1027, 1029, die eine empirische Untersuchung durchgeführt haben; kritisch Korch JuS 2017, 10 ff.

792 BGH MDR 1999, 293.

497	Nach Auffassung des BGH ist es vertretbar, bei dem Massenphänomen der Kfz-Unfälle im Interesse einer einfachen und praktikablen Handhabung der Schadensregulierung auf eine Einstellung des häufig nur schwer zu ermittelnden und mit vielen Unsicherheiten behafteten Restwerts in die Vergleichsrechnung als besonders ausgewiesenen Rechnungsposten zu verzichten und für den prozentualen Zuschlag zur Ermittlung der Wirtschaftlichkeitsgrenze allein auf den Wiederbeschaffungswert des Fahrzeugs abzustellen.[793]
498	Für die Berechnung der 130% ist grundsätzlich die gutachterliche Schätzung maßgebend, sodass Ersatz der Reparaturkosten ausscheidet, wenn die 130%-Grenze nach dem Sachverständigengutachten überschritten wird.
499	Wenn es dem Geschädigten jedoch gelingt, eine fachgerechte und den Vorgaben des Sachverständigen entsprechende Reparatur durchzuführen, deren Kosten den Wiederbeschaffungswert nicht übersteigen, kann ihm nach Auffassung des BGH eine Abrechnung der konkret angefallenen Reparaturkosten nicht verwehrt werden, da das Wirtschaftlichkeitspostulat in einem solchen Fall nicht verletzt wird.[794]
500	Das Prognoserisiko liegt beim Schädiger: Verlässt sich der Geschädigte auf ein Sachverständigengutachten, welches fälschlicherweise die Einhaltung der Toleranzgrenze von 130% bejaht, übersteigen dann jedoch die konkreten Reparaturkosten 130% des Wiederbeschaffungswerts, muss der Schädiger diese Reparaturkosten zahlen.[795]
501	Lässt der Geschädigte die Reparatur in einer Werkstatt durchführen, so zählen zu den Reparaturkosten auch die Mehrkosten, die ohne eigene Schuld des Geschädigten die von diesem beauftragte Werkstatt infolge unsachgemäßer Maßnahmen verursacht hat. Der Schädiger trägt also auch das Werkstattrisiko.[796] Andererseits muss sich der Geschädigte einen Werksangehörigenrabatt anrechnen lassen, den er aufgrund einer Betriebsvereinbarung auf die Werkstattrechnung erhält, da er sich an dem Schadensereignis nicht bereichern soll.[797]
502	■ Der Geschädigte **muss das Kfz reparieren oder reparieren lassen, um es selbst weiter zu benutzen.**
503	Die Reparatur muss nach Auffassung des BGH **fachgerecht und vollständig** sein, d.h., sie muss in einem Umfang durchgeführt werden, wie ihn der Sachverständige zur Grundlage seiner Kostenschätzung gemacht hat.[798]
504	Stellt der Geschädigte durch eine **Teilreparatur** lediglich die Fahrbereitschaft seines Fahrzeugs wieder her, so ist der Ersatzanspruch **auf den Wiederbeschaffungsaufwand beschränkt.**[799] Der Geschädigte bekundet durch eine solche die Fahrbereitschaft wiederherstellende Teilreparatur nämlich lediglich sein Interesse an der Mobilität seines Fahrzeugs; dieses Interesse könnte jedoch in vergleichbarer Weise durch eine Ersatzbeschaffung befriedigt werden. Für den Ersatz eines Reparaturaufwands, der über dem Wiederbeschaffungswert liegt, muss der Geschädigte jedoch sein besonderes Integritätsinteresse an dem Erhalt des ihm vertrauten Fahrzeugs bekunden.[800]
505	■ Der Geschädigte muss das Kfz **nach der Reparatur für einen längeren Zeitraum weiternutzen,** um sein für den Zuschlag von bis zu 30% ausschlaggebendes Integritätsinteresse hinreichend zum Ausdruck zu bringen.[801]

---

793 BGHZ 115, 364, 371 ff.; krit. zur Nichtberücksichtigung des Restwerts Korch JuS 2017, 10 ff.
794 BGH NJW 2011, 669 = RÜ 2011, 137.
795 OLG Frankfurt OLG Report 2001, 46.
796 BGHZ 115, 364, 370 m.w.N.
797 BGH RÜ 2012, 1.
798 BGH NJW 2005, 1108 = RÜ 2005, 233; BGH NJW 2015, 2958.
799 BGH NJW 2005, 1110 = RÜ 2005, 233.
800 BGH NJW 2007, 2917.
801 BGH NJW 2008, 437 = RÜ 2008, 162.

Schadensausgleich nach §§ 249–253 | **3. Abschnitt**

Nach der Rspr. des BGH reicht im Regelfall eine **Weiternutzung über einen Zeitraum von sechs Monaten**, wenn nicht besondere Umstände eine andere Beurteilung rechtfertigen.

Beachte: Der Anspruch auf Ersatz der Reparaturkosten wird jedoch nicht erst nach Ablauf der Sechsmonatsfrist fällig, sondern die Fälligkeit tritt i.d.R. sofort im Zeitpunkt der Rechtsverletzung ein.[802]

(a) Reparaturaufwand zwischen Wiederbeschaffungswert und 130%

Fall 31: Reparatur oder Ersatzbeschaffung? Wirtschaftlichkeitspostulat

Bei einem Verkehrsunfall hat S als Halter und Fahrer eines Pkw schuldhaft den zum Betrieb des G gehörenden Lkw des G beschädigt. Für den Fahrer des G war der Unfall nicht zu vermeiden.

Laut eines von G eingeholten Sachverständigengutachtens belaufen sich die Kosten einer fachgerechten Reparatur auf 17.500 €, wobei ein Minderwert von 1.000 € verbleibt. G verlangt von S 18.500 €, da er den Lkw fachgerecht reparieren lassen möchte, um ihn weiter zu benutzen. S verweigert die Zahlung unter Hinweis darauf, dass auf dem Gebrauchtwagenmarkt ein dem verunfallten Fahrzeug gleichwertiges Fahrzeug für 14.500 € zu haben sei und dass außerdem das dann bei G verbleibende Fahrzeug einen Restwert von 1.500 € habe.

I. Die **Voraussetzungen** („haftungsbegründender Tatbestand") für eine Haftung des S aus § 823 Abs. 1 und §§ 7, 18 StVG sind gegeben.

II. Als **Rechtsfolge** („haftungsausfüllender Tatbestand") kann der Geschädigte nach **506**
§ 249 Abs. 2 als Naturalrestitution entweder den **Reparaturaufwand** oder den **Wiederbeschaffungsaufwand** ersetzt verlangen.

- **Reparaturaufwand** = Summe aus Reparaturkosten und Minderwert

- **Wiederbeschaffungsaufwand** = Wiederbeschaffungswert abzüglich Restwert

Reparaturaufwand		Wiederbeschaffungsaufwand	
= Reparaturkosten	17.500 €	= Wiederbeschaffungswert	14.500 €
zzgl. Minderwert	1.000 €	abzgl. Restwert	1.500 €
	18.500 €		13.000 €

Der Geschädigte hat dabei grundsätzlich diejenige Ersatzmöglichkeit zu wählen, die den geringsten Aufwand erfordert – sogenanntes **Wirtschaftlichkeitspostulat** –. Demnach könnte G nur 13.000 € verlangen.

Der Geschädigte hat jedoch ein besonders schutzwürdiges Interesse am Erhalt sei- **507**
nes ihm vertrauten Fahrzeugs. Daher kann er unter bestimmten Voraussetzungen Ersatz des Reparaturaufwands auch dann verlangen, wenn dadurch höhere Kosten anfallen als beim Kauf eines gebrauchten Ersatzfahrzeugs: Der Reparaturaufwand darf

---

802 BGH NJW 2009, 910 = RÜ 2009, 69.

187

| | 2. Teil | Allgemeines Schadensrecht |

nicht höher liegen als 130% des reinen Wiederbeschaffungswerts und der Geschädigte muss den Wagen vollständig und fachgerecht reparieren lassen, um ihn selbst – grundsätzlich mindestens sechs Monate – weiter zu benutzen.

Nach diesen Grundsätzen kann G einen Reparaturaufwand bis zu 18.850 € (= 130% von 14.500 €) ersetzt verlangen. Also liegt der vom Sachverständigen ermittelte Reparaturaufwand von 18.500 € innerhalb der Toleranzgrenze von 130% und G möchte den Lkw auch reparieren lassen, um ihn weiter zu benutzen.

Folglich kann G von S Zahlung i.H.v. 18.500 € verlangen kann.

Beachte:

508
■ *Wenn die o.g. Voraussetzungen für die Geltendmachung des Reparaturaufwands vorliegen (u.a. also die Reparatur im Standard einer Werkstattreparatur durchgeführt wird), die Reparaturrechnung aber niedriger ist als die Berechnung im Schadensgutachten, kann grundsätzlich Schadensersatz auf Gutachtenbasis verlangt werden.[803]*

■ *Hat der Geschädigte seinen Fahrzeugschaden zunächst fiktiv auf der Grundlage des vom Sachverständigen ermittelten Wiederbeschaffungsaufwands abgerechnet, so ist er an diese Art der Abrechnung nicht gebunden. Er kann daher, wenn die o.g. Voraussetzungen für die Geltendmachung des Reparaturaufwands gegeben sind, die höheren Kosten für eine nunmehr tatsächlich durchgeführte Reparatur nachfordern, es sei denn, er hat auf eine solche Nachforderung eindeutig verzichtet.[804]*

(b) Reparaturaufwand über 130% des Wiederbeschaffungswerts, sogenannter wirtschaftlicher Totalschaden

509
Fall 32: Zu hohe Reparaturkosten

Durch einen von S verschuldeten Unfall wurde der Pkw des G schwer beschädigt. G ließ den Wagen fachgerecht reparieren, um ihn weiter zu benutzen. Die Reparaturkosten betragen 17.000 €. Ein Sachverständigengutachten beziffert den Wiederbeschaffungswert auf 10.500 € und den Restwert auf 2.000 €. G ist der Ansicht, dass ihm S 130% des Wiederbeschaffungswerts, mithin 13.650 € zahlen muss, den darüber hinausschießenden Betrag der Reparaturkosten will G aus eigener Tasche zahlen.

I. Die **Voraussetzungen** („haftungsbegründender Tatbestand") für eine Haftung des S aus § 823 Abs. 1 und §§ 7, 18 StVG sind gegeben.

II. Als **Rechtsfolge** („haftungsausfüllender Tatbestand") kann der Geschädigte nach **§ 249 Abs. 2** als Naturalrestitution entweder den **Reparaturaufwand** oder den **Wiederbeschaffungsaufwand** ersetzt verlangen.

---

803 SchlH OLG OLG Report 2000, 371.
804 BGH NJW 2007, 67; RÜ 2012, 1.

Reparaturaufwand		Wiederbeschaffungsaufwand	
= Reparaturkosten	17.000 €	= Wiederbeschaffungswert	10.500 €
zzgl. Minderwert	–	abzgl. Restwert	2.000 €
	17.000 €		8.500 €

Toleranzgrenze = 130% von 10.500 € = 13.650 €

Der Reparaturkostenaufwand i.H.v. 17.000 € übersteigt die Toleranzgrenze von 130% des Wiederbeschaffungswerts um 3.350 €.

In diesem Fall war daher die Reparatur wirtschaftlich nicht sinnvoll (sogenannter **wirtschaftlicher Totalschaden**), sodass dem Geschädigten ein die Wiederbeschaffungskosten übersteigender „Integritätszuschlag" nicht zusteht. Die Reparaturkosten können nicht in einen vom Schädiger auszugleichenden wirtschaftlich vernünftigen Teil (130% des Wiederbeschaffungswerts) und einen vom Geschädigten selbst zu tragenden wirtschaftlich unvernünftigen Teil (den über 130% des Wiederbeschaffungswerts hinausgehenden Teil) aufgespalten werden. Der Geschädigte erhält **nur den Wiederbeschaffungsaufwand**.[805]

S braucht daher dem G nur 8.500 € zu zahlen.

510 Dogmatische Einordnung des wirtschaftlichen Totalschadens: nach BGH Naturalrestitution gemäß § 249 Abs. 2, nach der h.Lit. Schadenskompensation gemäß § 251 Abs. 2.[806]

---

511 **Exkurs:** „Restwertermittlung"

Der Geschädigte verletzt grundsätzlich seine aus § 254 Abs. 2 folgende Obliegenheit zur Schadensminderung bzgl. der Höhe des Restwerts des Unfallfahrzeugs nicht, wenn er es zu einem Preis verkauft, den ein von ihm eingeschalteter Sachverständiger in einem Gutachten, das eine korrekte Wertermittlung erkennen lässt, als Wert auf dem allgemeinen regionalen Markt ermittelt hat, es sei denn, dass er mühelos einen höheren Gewinn zu erzielen vermag oder dass der Schädiger ihm eine ohne Weiteres zugängliche günstigere Verwertungsmöglichkeit nachweist.[807] Der Geschädigte ist nicht verpflichtet, einen Sondermarkt für Restwertaufkäufer im Internet in Anspruch zu nehmen und kann vom Schädiger auch nicht auf einen höheren Restwerterlös verwiesen werden, der auf einem solchen speziellen Sondermarkt erzielt werden könnte.[808]

Grund für die Annahme des BGH, bei der Ermittlung des Restwerts sei grundsätzlich entscheidend auf den regionalen Markt abzustellen, ist die Erwägung, dass es einem Geschädigten möglich sein müsse, das Fahrzeug in einer ihm vertrauten Vertragswerkstatt oder einem angesehenen Gebrauchtwagenhändler bei dem Erwerb eines Ersatzwagens in Zahlung zu geben.[809] Das für den Kauf eines Ersatzfahrzeugs unter Inzahlunggabe des Unfallwagens notwendige persönliche Vertrauen werde der Geschädigte aber typischerweise nur ortsansässigen Vertragswerkstätten und Gebrauchtwagenhändlern, die er kennt oder über die er ggf. unschwer Erkundigungen einholen kann, entgegenbringen, nicht aber erst über das Internet gefundenen, jedenfalls ohne weitere Nachforschungen häufig nicht ausschließbar unseriösen Händlern und Aufkäufern.[810] Der Gesetzgeber habe dem Geschädigten gemäß § 249 Abs. 2 die Möglichkeit eingeräumt, die Behebung des Schadens gerade unabhängig vom Schädiger in

---

805 BGHZ 115, 375, 381; zust. Lange JZ 1992, 482.
806 Palandt/Grüneberg § 251 Rn. 7.
807 BGH NJW 2006, 2320; NJW 2010, 2722 = RÜ 2011, 477.
808 BGH NJW 2005, 3134; NJW 2009, 1265.
809 BGH RÜ 2017, 75, 77.
810 BGH RÜ 2017, 75, 77.

2. Teil Allgemeines Schadensrecht

die eigenen Hände zu nehmen und in eigener Regie durchzuführen. Diese gesetzgeberische Wertung wäre unterlaufen, sähe man den Geschädigten schadensrechtlich grundsätzlich als verpflichtet an, vor der von ihm beabsichtigten Schadensbehebung Alternativvorschläge des Schädigers einzuholen und diesen ggf. zu folgen.[811]

Auch wenn der Geschädigte sein unfallbeschädigtes, aber fahrtaugliches und verkehrstüchtiges Fahrzeug nach einem wirtschaftlichen Totalschaden weiterbenutzt, muss er sich von den fiktiven Wiederbeschaffungskosten nur den vom Sachverständigen ermittelten Restwert abziehen lassen und ist nicht an ein Angebot eines Restwerthändlers außerhalb des ihm zugänglichen allgemeinen regionalen Markts gebunden, das vom Versicherer des Schädigers über das Internet recherchiert worden ist.[812]

(c) Reparaturaufwand zwischen Wiederbeschaffungsaufwand und Wiederbeschaffungswert

> **Fall 33: Teure Reparatur**
>
> K begehrt Ersatz seines Sachschadens aus einem Verkehrsunfall vom 16.12.2018, für den die B als Kfz-Haftpflichtversicherung des Unfallverursachers U dem Grunde nach in vollem Umfang einzustehen hat. Der Sachverständige kam im Gutachten zu folgenden Einschätzungen:
>
> | | | | |
> |---|---|---|---|
> | – Reparaturkosten | 8.879 € | – merkantiler Minderwert | 500 € |
> | – Wiederbeschaffungswert | 10.650 € | – Restwert | 3.000 € |
>
> K ließ den Wagen in einer Fachwerkstatt reparieren und holte das fachgerecht instand gesetzte Fahrzeug am 09.01.2019 ab. Die Rechnung der Fachwerkstatt vom 12.01.2019 belief sich auf 9.262,45 €.
>
> Am 13.01.2019 veräußerte K das Fahrzeug an die Werkstatt und kaufte bei diesem Betrieb einen anderen Wagen. Die Entscheidung für den Erwerb eines Neufahrzeugs hatte er während der Reparatur getroffen.
> K verlangt von der B Ersatz der tatsächlichen Reparaturkosten i.H.v. 9.262,45 € und den merkantilen Minderwert i.H.v. 500 €. B ist demgegenüber nur zur Zahlung von 7.650 € bereit, da der Anspruch des K auf den Wiederbeschaffungsaufwand begrenzt sei, weil er den beschädigten Wagen nach der Reparatur nicht weiter genutzt habe. (nach BGH NJW 2007, 588)

512   I. Die B ist als Kfz-Haftpflichtversicherung des U gemäß § 115 Abs. 1 S. 1 Nr. 1 VVG verpflichtet, für dessen Haftung aus §§ 7, 18 StVG sowie § 823 Abs. 1, Abs. 2 i.V.m. §§ 1 ff. StVO aufzukommen.

   II. Fraglich ist allein die **Schadensberechnung**.

   Dem Geschädigten stehen nach st. Rspr. für die Berechnung seines Kfz-Schadens im Allgemeinen zwei Wege der Naturalrestitution zur Verfügung: die Reparatur des Unfallfahrzeugs oder die Anschaffung eines „gleichwertigen" Ersatzfahrzeugs.[813]

513   Möglicherweise kann K seinen Schaden nur i.H.d. Wiederbeschaffungsaufwands (= Wiederbeschaffungswert abzgl. des Restwerts), also 7.650 € und nicht i.H.d. tatsäch-

---

811 BGH RÜ 2017, 75, 77.
812 BGH NJW 2007, 1674; NJW 2007, 2918.
813 BGHZ 162, 161 ff.

lichen Kosten einer fachgerechten Reparatur abrechnen, weil er das Fahrzeug nach der Reparatur nicht weiter genutzt und somit sein Integritätsinteresse an dem Erhalt dieses Fahrzeugs nicht ausreichend bekundet hat.

Der BGH hat jedoch klargestellt, dass der Geschädigte, der sein Fahrzeug tatsächlich reparieren lässt, grundsätzlich Ersatz der **konkret entstandenen Reparaturkosten** verlangen kann, **wenn diese den Wiederbeschaffungswert nicht übersteigen**.[814] Auf die Bekundung des Integritätsinteresses durch eine Weiternutzung des Fahrzeugs komme es nur an, wenn der Reparaturaufwand den Wiederbeschaffungswert übersteige (vgl. oben Fall 32). Insofern sei es auch unerheblich, ob und wann der Geschädigte nach erfolgter Reparatur ein anderes Fahrzeug anschaffe. Denn die Anschaffung eines anderen Fahrzeugs **nach** erfolgter Reparatur sei keine Ersatzbeschaffung anstelle einer Reparatur und daher für die Frage der Ersatzfähigkeit der entstandenen Reparaturkosten völlig unbeachtlich.[815]

Infolgedessen kann K von B Ersatz der konkreten Reparaturkosten gemäß § 249 Abs. 2 S. 1 i.H.v. 9.262,45 € sowie des merkantilen Minderwerts i.H.v. 500 € gemäß § 251 Abs. 1 Alt. 2 verlangen.

(d) Zusammenfassung der Ersatzfähigkeit des Reparaturaufwands[816]

- Liegt der Reparaturaufwand zwischen 100% und 130% des Wiederbeschaffungswerts, kann der Geschädigte den Reparaturaufwand ersetzt verlangen, wenn er das Fahrzeug vollständig und fachgerecht reparieren lässt, um es selber weiter zu benutzen, und es tatsächlich auch mindestens sechs Monate weiternutzt.

- Liegt der Reparaturaufwand über 130% des Wiederbeschaffungswerts (wirtschaftlicher Totalschaden), kann der Geschädigte nur den Wiederbeschaffungsaufwand ersetzt verlangen.

- Liegt der Reparaturaufwand zwischen Wiederbeschaffungsaufwand und Wiederbeschaffungswert, kann der Geschädigte den konkreten Reparaturaufwand immer ersetzt verlangen, ohne dass es auf die Weiterbenutzung des Fahrzeugs durch den Geschädigten oder den Restwert ankommt.

- Liegt der Reparaturaufwand unterhalb des Wiederbeschaffungsaufwands, so kann der Geschädigte den konkreten Reparaturaufwand vom Schädiger ersetzt verlangen.

---

814 BGH NJW 2007, 588, 589.
815 BGH NJW 2007, 588, 589.
816 Vgl. dazu Wellner NJW 2012, 7; Hirsch JuS 2009, 299 ff. sowie Lemcke/Heß/Burmann NJW-Spezial 2015, 5855.

| 2. Teil | Allgemeines Schadensrecht |

bb) Dispositionsfreiheit des Geschädigten – fiktive Reparaturkosten

(1) Grundsatz

515   Die Rspr.[817] und h.M.[818] gesteht dem Geschädigten bei der Abrechnung reiner Sachschäden im Rahmen des § 249 Abs. 2 S. 1 aufgrund seiner Dispositionsfreiheit grundsätzlich eine **fiktive Schadensabrechnung** zu. Ob und in welchem Umfang eine Reparatur erfolge, sei allein Sache des Geschädigten. Daher stehe es dem Geschädigten frei, die beschädigte Sache reparieren zu lassen, oder die Beschädigung hinzunehmen und den für die Reparatur erforderlichen Geldbetrag anderweitig zu verwenden.

Nach a.A.[819] würde der Geschädigte, der die Reparatur selbst vornimmt, über Gebühr bereichert, wenn er seine Arbeit wie eine Fachwerkstatt abrechnen könne, also auch den Gewinnanteil der Fachwerkstatt für sich beanspruchen könne. Der Schadensersatzanspruch sei daher um den fiktiven Unternehmergewinn zu kürzen. Dies entspräche auch der Wertung des § 249 Abs. 2 S. 2. Ferner sei die Rspr. auch aus systematischen Gründen abzulehnen, da es Geldersatz zur freien Verfügung nur nach § 251 gebe.

516   Daher kann der Geschädigte bei einem Kfz-Unfall, bei dem der Reparaturaufwand geringer ist als der Wiederbeschaffungsaufwand, die **fiktiven Reparaturkosten** ersetzt verlangen, allerdings ohne Umsatzsteuer, vgl. § 249 Abs. 2 S. 2.

517   Dabei darf der Geschädigte seiner fiktiven Schadensberechnung grundsätzlich die üblichen Stundensätze einer markengebundenen Fachwerkstatt zugrundelegen, die ein von ihm eingeschalteter Sachverständiger auf dem allgemeinen regionalen Markt ermittelt hat. Will der Schädiger den Geschädigten unter dem Gesichtspunkt der Obliegenheit zur Schadensminderung i.S.v. § 254 Abs. 2 auf eine günstigere Reparaturmöglichkeit in einer mühelos und ohne Weiteres zugänglichen „freien Fachwerkstatt" verweisen, muss der Schädiger darlegen und ggf. beweisen, dass eine Reparatur in dieser Werkstatt vom Qualitätsstandard her der Reparatur in einer markengebundenen Werkstatt entspricht.[820] Auch wenn dieser Nachweis dem Schädiger gelungen ist, kann es dem Betroffenen gleichwohl unzumutbar sein, eine Reparaturmöglichkeit in dieser Werkstatt in Anspruch zu nehmen. Dies gilt nach der Rspr. des BGH insbesondere bei Kfz bis zum Alter von drei Jahren, aber auch bei älteren Kfz kann die Reparatur in einer freien Fachwerkstatt für den Geschädigten unzumutbar sein – z.B., wenn er darlegen kann, dass er sein Fahrzeug bislang immer in der markengebundenen Fachwerkstatt hat warten und reparieren lassen.[821] Der Verweis auf eine günstigere Reparaturmöglichkeit kann nach Auffassung des BGH auch noch Im Rechtsstreit erfolgen, soweit dem nicht prozessuale Gründe, wie die Verspätungsvorschriften entgegenstehen.[822]

Fall 34: Kombinierte Schadensabrechnung

K nimmt B als Haftpflichtversicher ihres Unfallgegners U auf Ersatz restlichen Sachschadens aus einem Verkehrsunfall vom 22.07.2018 in Anspruch. Die volle Haftung des B für den Unfallschaden steht dem Grunde nach außer Streit.

Ein Privatsachverständiger ermittelte die Kosten für die Reparatur des Unfallschadens am Fahrzeug der K mit netto 4.427,07 €. Die K rechnete auf Gutachtenbasis mit

---

817   BGH NJW 1989, 3009; 1997, 520.

818   Hk-BGB/Schulz, § 249 Rn. 3; MünchKomm/Oetker § 249 Rn. 367 ff.; Palandt/ Grüneberg § 249 Rn. 14.

819   Jauernig/Teichmann § 249 Rn. 10; Staudinger/Schiemann § 249 Rn. 227 m.w.N.; Schiemann/Herzig VersR 2006, 160.

820   BGH NJW 2015, 2110 = RÜ 2015, 549, 550; RÜ 2017, 292; Rü 2019, 89 ff.

821   BGH NJW 2010, 606 = RÜ 2010, 78: VW-Urteil; BGH NJW 2010, 2118: BMW-Urteil.

822   BGH NJW 2013, 2817, 2818; NJW 2014, 3236, 3237.

Schadensausgleich nach §§ 249–253 — 3. Abschnitt

> dem B ab, der den ermittelten Betrag erstattete. Die Reparatur ließ K von ihrem Lebensgefährten, einem gelernten Kfz-Mechatroniker vornehmen. Die Ordnungsgemäßheit der Reparatur ließ sie sich von dem Sachverständigen bestätigen, der für die Erstellung der Reparaturbestätigung 61,88 € in Rechnung stellte.
>
> B weigert sich, der K die Kosten der Reparaturbestätigung zu ersetzen, da es sich um eine unzulässige Kombination fiktiver und konkreter Schadensabrechnung handele.
>
> Steht K gegen B ein Anspruch auf Ersatz der Kosten der Reparaturbestätigung i.H.v. 61,88 € zu? (nach BGH RÜ 2017, 415 ff.)

I. B muss als Haftpflichtversicherer des U gemäß § 115 Abs. 1 S. 1 Nr. 1 VVG für dessen Haftung aus §§ 7 Abs. 1, 18 Abs. 1 StVG sowie § 823 Abs. 1, Abs. 2 i.V.m. §§ 1 ff. StVO aufkommen.

II. Als **Rechtsfolge** muss B der K den aus der Beschädigung des Kfz entstandenen Schaden gemäß §§ 10 ff. StVG i.V.m. §§ 249 ff. ersetzen.

   1. Infolge des Unfalls musste K ihr Kfz reparieren lassen, was ohne die unfallbedingte Beschädigung nicht erforderlich gewesen wäre, sodass der durch die Eigentumsverletzung äquivalent und adäquat kausal verursachte **Schaden** nach der maßgeblichen Differenzhypothese in den Reparaturkosten besteht.

   2. Der **Schadensausgleich** erfolgt gemäß §§ 10 ff. StVG i.V.m. §§ 249 ff.

      a) Durch die Reparatur des Kfz wird dieses in einen Zustand versetzt, der dem ursprünglichen zumindest vergleichbar ist, sodass die **Reparaturkosten** einen ersatzfähigen Schaden i.S.v. § 249 Abs. 2 S. 1 darstellen. Aufgrund ihrer Dispositionsfreiheit darf K bei einer Kfz-Reparatur eine fiktive Schadensabrechnung vornehmen. Die Umsatzsteuer wird dem Geschädigten bei einer fiktiven Abrechnung der Reparaturkosten gemäß § 249 Abs. 2 S. 2 allerdings nicht ersetzt.

      Demnach konnte K die vom Sachverständigen ermittelten Nettoreparaturkosten i.H.v. 4.427,07 € gegenüber B fiktiv abrechnen.

      b) Möglicherweise kann K neben den fiktiven Nettoreparaturkosten auch noch die **Kosten der Reparaturbestätigung** i.H.v. 61,88 € von B ersetzt verlangen.

      Entscheidet sich der Geschädigte für die fiktive Schadensabrechnung, sind die im Rahmen einer tatsächlich erfolgten Reparatur angefallenen Kosten nicht (zusätzlich) ersatzfähig. Der Geschädigte muss sich vielmehr an der gewählten Art der Schadensabrechnung festhalten lassen; **eine Kombination von fiktiver und konkreter Schadensabrechnung ist insoweit unzulässig.**[823] Übersteigen die konkreten Kosten der – ggf. nachträglich – tatsächlich vorgenommenen Reparatur einschließlich der Nebenkosten wie tatsächlich angefallener Umsatzsteuer den aufgrund der fiktiven Schadensabrechnung zustehenden Betrag, bleibt es dem Geschädigten – im Rahmen der rechtlichen Voraussetzungen für eine solche Schadensabrechnung und der Verjährung – im Übrigen

518

---

823 BGH RÜ 2017, 415, 416.

2. Teil Allgemeines Schadensrecht

unbenommen, zu einer konkreten Berechnung auf der Grundlage der tatsächlich aufgewendeten Reparaturkosten überzugehen.[824]

Infolgedessen hat K keinen Anspruch auf Ersatz der im Rahmen der konkret durchgeführten Reparatur angefallenen Kosten für die Reparaturbestätigung.

Nach Ansicht des BGH führt auch der Umstand, dass K dem B durch ihre Entscheidung für eine fiktive Schadensberechnung den Ersatz von Umsatzsteuer erspart hat, die bei einer konkreten Berechnungsweise auf die tatsächlich durchgeführte Reparatur angefallen wäre, an dieser Beurteilung nichts. Die Nichtersatzfähigkeit tatsächlich nicht angefallener Umsatzsteuer sei vielmehr direkte Folge der gesetzlichen Regelung des § 249 Abs. 2 S. 2 und der darin liegenden Begrenzung der Dispositionsfreiheit des Geschädigten.[825]

Somit kann K die im Rahmen der konkret durchgeführten Reparatur angefallenen Kosten der Reparaturbestätigung i.H.v. 61,88 € nicht neben den fiktiven Nettoreparaturkosten von B ersetzt verlangen.

---

(2) Ausnahmen

Von dem Grundsatz der Dispositionsfreiheit werden Ausnahmen gemacht:

519 ■ Zum einen können **Personenschäden** nur konkret abgerechnet werden. Der Ersatz fiktiver Heilbehandlungskosten wäre in Wahrheit eine Entschädigung für eine fortdauernde Beeinträchtigung der Gesundheit und unterliefe daher die Regelung des § 253 Abs. 1.[826]

520 ■ Zum anderen ist auch bei der Abrechnung von **Sachfolgeschäden** – z.B. Sachverständigenkosten oder den Kosten für die Miete einer Ersatzsache – nach der Rspr. auf den Betrag einer tatsächlich durchgeführten Wiederherstellung abzustellen.

521 ■ Ferner kann nach § 249 Abs. 2 S. 2 **fiktive Umsatzsteuer** nicht verlangt werden. Dies gilt sowohl für die Abrechnung fiktiver Reparaturkosten als auch für die Abrechnung fiktiver Wiederbeschaffungskosten.[827] Mit dieser Regelung will der Gesetzgeber eine „Überkompensation" verhindern.[828]

522 Wählt der Geschädigte den Weg der abstrakten Schadensabrechnung, ist die im Rahmen einer Ersatzbeschaffung angefallene Umsatzsteuer nicht ersatzfähig, auch nicht in Höhe des im Schadensgutachten zugrunde gelegten Umsatzsteueranteils. Eine Kombination von fiktiver und konkreter Schadensabrechnung ist auch insoweit unzulässig.[829]

523 Umstritten und bislang nicht höchstrichterlich entschieden ist, ob die bei tatsächlich durchgeführter Teil- oder Billigreparatur konkret angefallene Mehrwertsteuer kumulativ mit den fiktiven Netto-

---

824 BGH RÜ 2017, 415, 416.
825 BGH RÜ 2017, 415, 416.
826 BGHZ 97, 14, 19; Wandt § 23 Rn. 13.
827 BGH NJW 2017, 1310.
828 BT-Drs. 14/7752, S. 13.
829 BGH RÜ 2019, 86 ff.

194

Reparaturkosten des Gutachtens erstattungsfähig ist. Dies könnte eine unzulässige Vermischung fiktiver und konkreter Abrechnung darstellen. Der Geschädigte darf zwar den zur Wiederherstellung erforderlichen Geldbetrag auf Grundlage der tatsächlichen oder der fiktiven Kosten abrechnen. Er darf aber nicht beide Abrechnungsmodi mischen, sondern muss sich zwischen der Abrechnung der tatsächlichen oder fiktiven Kosten entscheiden.[830]

- In der Instanzrechtsprechung[831] und der h.Lit.[832] wird die Erstattungsfähigkeit der Umsatzsteuer neben den fiktiv abgerechneten Netto-Reparaturkosten befürwortet. Dies ergebe sich aus dem Sinn und Zweck des § 249 Abs. 2 S. 2.

- Demgegenüber wird in der Lit. auch die Auffassung vertreten, dass auch mit Blick auf die Umsatzsteuer, die bei Teilreparaturen anfällt, das Verbot der Kombination von fiktiver und konkreter Abrechnung gelte.[833]

Umstritten ist, ob § 249 Abs. 2 S. 2 auch beim wirtschaftlichen Totalschaden Anwendung findet. 524

Beispiel: Bei einem von B verursachten Unfall entstand am Kfz des K ein wirtschaftlicher Totalschaden. K, der sich bislang noch kein Ersatzfahrzeug angeschafft hat, verlangt von B den Bruttowiederbeschaffungswert.

Der Geschädigte erhält im Falle eines wirtschaftlichen Totalschadens den Wiederbeschaffungsaufwand ersetzt (s.o. Fall 32). Fraglich ist, ob dabei der Brutto- oder der Nettowiederbeschaffungsaufwand zugrunde zu legen ist.

Gemäß § 249 Abs. 2 S. 2 schließt bei Beschädigung einer Sache der nach § 249 Abs. 2 S. 1 zur Wiederherstellung erforderliche Geldbetrag die Umsatzsteuer nur mit ein, wenn und soweit sie angefallen ist. Diese Regelung gilt jedoch nur bei der Naturalrestitution und nicht bei der Schadenskompensation. Ob der § 249 Abs. 2 S. 2 im Fall des wirtschaftlichen Totalschadens anwendbar ist, hängt daher von dessen dogmatischer Einordnung ab.

- Nach h.Lit. handelt es sich beim wirtschaftlichen Totalschaden um Schadenskompensation nach § 251 Abs. 2, da die Naturalrestitution in diesem Fall wegen der hohen Wiederherstellungskosten unverhältnismäßig sei.[834] Demnach findet § 249 Abs. 2 S. 2 keine Anwendung und es ist nach dieser Ansicht der Bruttowiederbeschaffungsaufwand zugrunde zu legen.[835]

- Nach st.Rspr. des BGH[836] handelt es sich bei der Schadensregulierung eines wirtschaftlichen Totalschadens um Naturalrestitution gemäß § 249 Abs. 2 S. 1, da auch die Beschaffung eines gleichwertigen Ersatzfahrzeugs der Wiederherstellung eines wirtschaftlich gleichwertigen Zustands diene und dies das Ziel der Naturalrestitution sei. Folglich findet § 249 Abs. 2 S. 2 Anwendung und es ist lediglich der Nettowiederbeschaffungsaufwand zu ersetzen.

- Schließlich können nach der Rspr. des BGH bei Kfz-Schäden **fiktive Reparaturkosten, die über dem Wiederbeschaffungsaufwand liegen**, nur dann **bis zur Höhe des Wiederbeschaffungswerts** – also ohne Abzug des Restwerts – ersetzt verlangt werden, wenn der Geschädigte sein Fahrzeug **mindestens sechs Monate tatsächlich weiter nutzt**, sei es auch in beschädigtem (unrepariertem), aber noch verkehrstauglichem Zustand.[837]

---

830 BeckOK/Flume § 249 Rn. 201.
831 LG Hagen, Urt. v. 02.07.2009 – 10 O 24/09 – Juris [Tz. 6 ff.]; LG Bückeburg, Urt. v. 29.09.2011 – 1 O 86/11 – Juris [Tz. 33]; LG Bremen , Urt. v. 24.05.2012 – 7 S 277/11 – Juris [Tz. 29]; LG Düsseldorf, Urteil vom 13.12.2012 – 21 S 349/11 – juris [Tz. 26].
832 BeckOK/Flume § 249 Rn. 201; Palandt-Grüneberg § 249 Rn. 27.
833 Burmann/Jahnke § 249 Rn. 311.
834 Medicus/Petersen BR Rn. 819; MünchKomm/Oetker § 251 Rn. 41 ff.; Palandt/Grüneberg § 249 Rn. 27, § 251 Rn. 7.
835 Heß/Burmann NJW-Spezial 2004, 111.
836 BGHZ 115, 364, 368 m.w.N.
837 BGH NJW 2011, 667 m.w.N.

2. Teil	Allgemeines Schadensrecht

Bei der Weiternutzung des Kfz durch den Geschädigten stelle der Restwert des Fahrzeugs nur einen hypothetischen Rechnungsposten dar, der sich nicht in der Schadensbilanz niederschlagen dürfe, und durch eine mindestens sechsmonatige Weiternutzung bekunde der Geschädigte sein ernsthaftes Interesse an der Weiternutzung, das einem Abzug des Restwerts entgegenstehe.[838]

Veräußert der Geschädigte das Kfz innerhalb von sechs Monaten nach dem Unfall, gibt er sein Integritätsinteresse auf und realisiert durch den Verkauf den Restwert des Kfz, den er sich grundsätzlich anrechnen lassen muss, da er an dem Schadensfall nicht verdienen darf (vgl. dazu unten Fall 35).[839]

525 ■ Zudem kann der Geschädigte keine fiktive Abrechnung bei Kfz-Schäden verlangen, wenn er die **Reparatur sach- und fachgerecht zu niedrigeren Bruttokosten hat durchführen lassen**.[840]

Selbstverständlich sei auf der Grundlage einer preiswerteren Reparaturmöglichkeit abzurechnen, wenn ein Verweis der Schädigerseite darauf nicht einmal erforderlich sei, weil der Geschädigte die Möglichkeit einer vollständigen und fachgerechten, aber preiswerteren Reparatur selbst dargelegt und sogar wahrgenommen habe. Eine abweichende Betrachtung würde dazu führen, dass der Geschädigte an dem Schadensfall verdiene, was dem Bereicherungsverbot widerspräche.[841]

cc) Voraussetzung des § 249 Abs. 2: Möglichkeit der Herstellung

526 Voraussetzung für einen Anspruch auf Naturalrestitution ist, dass eine **Wiederherstellung grundsätzlich möglich** ist (Umkehrschluss aus § 251 Abs. 1 Alt. 1). Die Möglichkeit der Wiederherstellung und damit auch einen Ersatzanspruch nach § 249 Abs. 2 verneint der BGH in den Fällen, in denen der Geschädigte die beschädigte Sache veräußert, ohne gleichzeitig den Ersatzanspruch an den Erwerber abzutreten. Eine Ausnahme besteht bei Kraftfahrzeugen.

Fall 35: Fiktive Reparaturkosten bei Inzahlunggabe

S muss dem G den durch einen Verkehrsunfall entstandenen Schaden ersetzen. Laut Sachverständigengutachten betragen die Reparaturkosten (ohne Umsatzsteuer) 8.500 €, der verbleibende Minderwert 1.000 €, der Wiederbeschaffungswert 12.900 € und der Restwert 4.275 €. Die Gutachterkosten belaufen sich auf 673 €. G will den Wagen unrepariert in Zahlung geben. Beim Kauf eines Neuwagens gelingt es dem G durch geschickte Verhandlungsführung, dass er von dem Verkäufer für den Unfallwagen eine Gutschrift i.H.v. 5.000 € erhält. (Fall nach OLG Köln NJW-RR 1993, 1437)

---

527 I. Bei einem **Sachschaden** kann der Geschädigte aufgrund seiner Dispositionsfreiheit die durch einen Sachverständigen zu ermittelnden Kosten der Wiederherstellung gemäß § 249 Abs. 2 als sogenannte **fiktive Reparaturkosten** ersetzt verlangen, auch wenn er auf die Schadensbeseitigung verzichtet. Bei **Kfz-Schäden** verliert der Geschädigte den Anspruch auf Ersatz **fiktiver Reparaturkosten nicht dadurch, dass er das Fahrzeug unrepariert in Zahlung gibt**.[842]

---

838 BGH NJW 2006, 2179 = RÜ 2006, 401; NJW 2008, 1941.
839 BGH NJW 2006, 2179 = RÜ 2006, 401; NJW 2008, 1941.
840 BGH NJW 2014, 535, 536 = RÜ 2014, 137, 139.
841 BGH NJW 2014, 535, 536 = RÜ 2014, 137, 139.
842 BGHZ 66, 239, 241 ff.; NJW 1992, 903; MünchKomm/Oetker § 249 Rn. 367 m.w.N.; a.A. LG Hannover NJW-RR 1999, 251.

Schadensausgleich nach §§ 249–253 **3. Abschnitt**

II. Will der Geschädigte das verunfallte Kfz nicht selber weiter nutzen, so ist die Ersatz- **528**
fähigkeit fiktiver Reparaturkosten der Höhe nach durch die Kosten der Ersatzbeschaffung begrenzt; d.h., die obere Grenze wird durch den **Wiederbeschaffungsauf-**
wand (Wiederbeschaffungswert abzgl. Restwert) gezogen, um zu verhindern, dass
sich der Geschädigte an dem Schadensfall bereichert (s.o. Rn. 512 f.).

12.900 €	Wiederbeschaffungswert
– 4.275 €	Restwert
8.625 €	Wiederbeschaffungsaufwand

III. Erzielt der Geschädigte für das Unfallfahrzeug ohne besondere Anstrengungen einen Erlös, der den vom Sachverständigen geschätzten Betrag übersteigt, muss er
sich diesen anrechnen lassen, da er an dem Schadensfall nicht verdienen soll.[843]

Erzielt der Geschädigte demgegenüber für seinen Unfallwagen aus Gründen, die mit
dem Zustand des Fahrzeugs nichts zu tun haben, einen überdurchschnittlichen Erlös, wie hier durch eine besonders geschickte Verhandlungsführung bei Inzahlunggabe beim Erwerb eines Neuwagens, so steht dieser „verdeckte Rabatt" nicht dem
Schädiger, sondern dem Geschädigten zu. Eine über den tatsächlichen Restwert des
Fahrzeugs hinausgehende Gutschrift bleibt daher bei der Bestimmung des Restwerts außer Betracht.[844]

G kann somit von S Zahlung i.H.v. 8.625 € verlangen.

Schadensersatz bei Kfz-Schäden
§ 249 Abs. 2: erforderlicher Geldbetrag

Reparaturaufwand	Wiederbeschaffungsaufwand
= Reparaturkosten zzgl. Minderwert	= Wiederbeschaffungswert abzgl. Restwert

Bei Reparatur, wenn ■ Rep.-Aufwand nicht höher als 130% des reinen Wiederbeschaffungswerts (ohne Abzug des Restwerts) ■ und wenn im Standard einer Werkstattreparatur ■ und wenn alsbald repariert, um es selbst mindestens sechs Monate zu benutzen.	1. Bei Wiederbeschaffung 2. Ohne Wiederbeschaffung und ohne Reparatur als obere Grenze der Rep.-Kosten (fiktive Rep.-Kosten) 3. Bei Reparatur Obergrenze, wenn ■ Rep.-Aufwand höher als 130 % des reinen Wiederbeschaffungswerts (ohne Abzug des Restwerts) ■ oder wenn nicht im Standard einer Werkstattreparatur ■ oder repariert, um nicht selbst zu benutzen.

---

843 BGH NJW 2010, 2724, 2725.
844 BGH NJW 1992, 903; OLG Köln NJW-RR 1993, 1437; Vuia NJW 2013, 1197 ff.

dd) Ersatzfähigkeit von Sachverständigenkosten

529 Das Sachverständigengutachten dient der Schadensermittlung, sodass die Sachverständigenkosten grundsätzlich gemäß § 249 Abs. 2 S. 1 ersatzfähig sind.[845]

Dies gilt gemäß § 249 Abs. 2 S. 1 jedoch nur, wenn eine vorherige Begutachtung zur Geltendmachung des Ersatzanspruchs und zur tatsächlichen Wiederherstellung erforderlich und zweckmäßig ist.[846] Dabei kommt es darauf an, ob ein verständig und wirtschaftlich denkender Geschädigter nach seinen Erkenntnissen und Möglichkeiten die Einschaltung eines Sachverständigen für geboten erachten durfte. Nach der Rspr. darf der Geschädigte bei Kfz-Unfällen einen Sachverständigen heranziehen, solange es sich nicht um einen Bagatellschaden handelt. Die Bagatellschwelle wird durch die Höhe der Reparaturkosten bestimmt. Nach BGH verläuft die Grenze bei 700 €.[847]

Ein Gutachter, der dem Geschädigten eines Verkehrsunfalls die Erstellung eines Gutachtens zu den Schäden am Unfallfahrzeug zu einem Honorar anbietet, das deutlich über dem ortsüblichen Honorar liegt, muss diesen über das Risiko aufklären, dass der gegnerische Kfz-Haftpflichtversicherer das Honorar nicht in vollem Umfang erstattet.[848]

b) § 249 Abs. 2 bei Personenschäden

530 ■ Grundsätzlich ist der deliktische Ersatzanspruch – von Ausnahmen abgesehen (vgl. §§ 844, 845) – auf einen Ausgleich der dem Verletzten selbst entstandenen Schäden beschränkt.

Die **Kosten der Krankenhausbesuche** „nächster" – nicht lediglich naher – Angehöriger des Verletzten sind allerdings nach der Rspr. des BGH ausnahmsweise als eigener Schaden des Verletzten erstattungsfähig, wenn und soweit die Besuche **für die Gesundung des Verletzten nach seiner Befindlichkeit notwendig** sind.[849]

In diesem Fall sind die mit den Besuchen zwangsläufig verbundenen Aufwendungen, insbesondere die Fahrtkosten der wirtschaftlichsten Beförderungsart einschließlich evtl. notwendiger Übernachtungskosten und erhöhtem Verpflegungsaufwand, zu ersetzen. Ein Verdienstausfall des Angehörigen ist nur dann zu ersetzen, wenn er nicht durch Vor- oder Nacharbeit aufgefangen werden kann. Im Übrigen sind Einkommensnachteile nicht erstattungsfähig.[850]

531 ■ Anders als bei der Sachbeschädigung wird ein Ersatz **fiktiver Heilungskosten** – etwa wenn ein Verletzter die Verletzung ohne Inanspruchnahme einer an sich notwendigen Arzt- oder Krankenhausbehandlung auskuriert – allgemein abgelehnt, da bei Personenschäden dem Verletzten wegen der Wertung des § 253 Abs. 1 die Dispositionsfreiheit fehlt (s.o. Rn. 519).[851]

---

845 BGH NJW 2007, 1450; NJW 2016, 3363.
846 BGH NJW 2014, 3151.
847 BGH NJW 2005, 356.
848 BGH RÜ 2018, 480 ff.
849 Vgl. dazu Heß/Burmann NJW-Spezial 2006, 207.
850 BGH NJW 1991, 2340; dazu Grunsky JuS 1991, 907 sowie Völcker JuS 1992, 176.
851 BGHZ 97, 14; Staudinger/Schiemann § 249 Rn. 237; MünchKomm/Oetker § 249 Rn. 357 f.

3. Geld für Herstellung nach Fristsetzung, § 250

In anderen Fällen als der Körperverletzung oder Sachbeschädigung kann der Geschädigte den für die Herstellung erforderlichen Geldbetrag erst dann verlangen, wenn die Herstellung „in Natur" trotz Fristsetzung nicht erfolgt ist.

532

Beispiel: G hat von S wegen dessen fortwirkenden ehrverletzenden Äußerungen Widerruf verlangt (§ 249 Abs. 1) und hierzu eine Frist gesetzt mit der Bestimmung, dass er nach Ablauf der Frist die Herstellung ablehne. Nach Fristablauf gibt G selbst ein Zeitungsinserat zur Richtigstellung auf. Die hierzu erforderlichen Inseratskosten kann G von S nach § 250 S. 2 ersetzt verlangen.

II. Die Abgrenzung der Naturalrestitution von der Schadenskompensation

Bei der Schadenskompensation (§ 251) geht der Ersatzanspruch des Geschädigten nicht mehr auf Herstellung (§ 249), sondern allein auf Wertausgleich des Verlustes in der Vermögensbilanz (Kompensation, § 251).

533

Die **Naturalrestitution hat** in beiden Formen – Herstellung in Natur, § 249 Abs. 1, und Geld für Herstellung, § 249 Abs. 2 – **Vorrang vor der Schadenskompensation**. Der Schädiger kann dem Geschädigten die Herstellung (Naturalrestitution) nur dann verweigern und ihn auf Entschädigung in Geld für den erlittenen Wertverlust (= Wertausgleich des Verlustes in der Vermögensbilanz) verweisen, wenn und soweit die Herstellung nicht möglich oder zur Entschädigung nicht genügend ist (§ 251 Abs. 1) oder unverhältnismäßige Aufwendungen erfordert (§ 251 Abs. 2 S. 1).[852]

Dabei trägt der Schädiger nach allgemeinen Grundsätzen die Darlegungs- und Beweislast für das Vorliegen der Unmöglichkeit bzw. der Unverhältnismäßigkeit der Naturalrestitution.[853]

1. Unmöglichkeit der Herstellung, § 251 Abs. 1 Alt. 1

Der Anspruch auf Zahlung des zur Herstellung der beschädigten Sache erforderlichen Geldbetrags (§ 249 Abs. 2) stellt nur eine besondere Form des Naturalersatzanspruchs nach § 249 Abs. 1 dar. Er setzt daher wie dieser voraus, dass die Naturalrestitution noch möglich ist.[854]

534

Der maßgebliche Zeitpunkt ist die letzte Tatsachenverhandlung über den Anspruch.[855]

Beispiel: Wegen der Beschädigung einer Dunstabzugshaube in der Küche eines Lokals wird der Schadensersatzanspruch auf Ersatz der – fiktiven – Reparaturkosten eingeklagt. Vor der letzten Tatsachenverhandlung wird die Dunstabzugshaube ausgebaut und verschrottet, weil das Lokal inzwischen anderweitig genutzt wird. Da hierdurch die Herstellung unmöglich geworden ist, ist der zunächst entstandene Anspruch auf Herstellung (§ 249) erloschen. Es kann jetzt nur noch ein Anspruch auf Schadenskompensation gemäß § 251 Abs. 1 in Betracht kommen, wenn dem Kläger ein Vermögensschaden entstanden ist.[856]

---

852 BGHZ 115, 364, 367.

853 BGH NJW 2009, 1066, 1067 m.w.N.

854 BGHZ 81, 385, 388; 102, 322, 325; 147, 320, 322; vgl. dazu Staudinger/Schiemann § 249 Rn. 219 m.w.N.; einschränkend MünchKomm/Oetker § 249 Rn. 375 wonach der Geldersatzanspruch ausnahmsweise bestehen bleibt, wenn die Naturalrestitution nur innerhalb einer bestimmten Zeit möglich war, der Schädiger innerhalb dieser Zeit den Geldersatz aber nicht geleistet hat, obwohl er sich in Verzug befand.

855 BGHZ 81, 385, 389.

856 Nach BGH NJW 1985, 2413.

2. Teil — Allgemeines Schadensrecht

535 Nach der Rspr. des BGH führt auch die **Veräußerung der beschädigten Sache vor der Reparatur** grundsätzlich zum Untergang des Anspruchs auf Ersatz der Reparaturkosten.

Dies beruht auf der Überlegung, dass der durch § 249 bezweckte Rechtsgüterstand nach Veräußerung der Sache nicht mehr erreicht werden kann, weil die Integrität der Rechtsgüter des Geschädigten nicht mehr wiederhergestellt werden kann, wenn der Geschädigte den beschädigten Gegenstand veräußert, weiterhin aber Schadensersatz begehrt. Die Ersatzleistung kann dann nicht mehr dem Herstellerinteresse dienen, sondern nur noch den rechnerischen Schaden im Vermögen ausgleichen.[857]

Dem Geschädigten verbleibt dann nur der Anspruch auf einen Ausgleich der Minderung seines Vermögens („Kompensation") nach § 251.

Beispiel:[858] V ist Eigentümer eines Hausgrundstücks. Nachbar S verursacht durch schuldhaftes Verhalten Schäden am Haus des V. Die Reparaturkosten belaufen sich auf 100.000 €, die Wertminderung durch die Beschädigung beträgt 60.000 €. V verklagt S auf Zahlung von Schadensersatz i.H.v. 100.000 €. Noch vor der letzten mündlichen Verhandlung veräußert V das nach wie vor beschädigte Grundstück an K, dieser wird als Eigentümer des Grundstücks eingetragen. Welche Ansprüche hat V gegen S?

S haftet dem V aus § 823 Abs. 1 auf Ersatz des durch die Eigentumsverletzung entstandenen Schadens.

I. Das geschützte Erhaltungsinteresse umfasst die Wiederherstellung des geschädigten Rechts, hier durch Zahlung des zur Wiederherstellung erforderlichen Geldbetrags gemäß § 249 Abs. 2 S. 1. Daher könnte V gemäß § 249 Abs. 2 S. 1 grundsätzlich die Reparaturkosten i.H.v. 100.000 € ersetzt verlangen.

II. Nach **§ 251 Abs. 1 Alt. 1** tritt an die Stelle der Naturalrestitution nach § 249 die **Schadenskompensation**, wenn die **Herstellung nicht möglich** ist. Es ist dann auf das **Wertinteresse** abzustellen: Der Schaden ist die Differenz zwischen der hypothetischen Vermögenslage und der tatsächlichen Vermögenslage. Der Vermögensschaden beträgt hier nur 60.000 €.

Die Unmöglichkeit der Herstellung könnte dadurch eingetreten sein, dass der Geschädigte das Haus an einen Dritten veräußerte.

- **Nach der Rspr.** wird grundsätzlich die Herstellung in Natur unmöglich, wenn der Geschädigte den beschädigten Gegenstand veräußert hat. Es geht dann der Anspruch aus § 249 Abs. 2 unter.[859] Bei der Beschädigung eines Hauses geht daher der Herstellungsanspruch aus § 249 Abs. 2 S. 1 grundsätzlich in dem Zeitpunkt unter, in dem das Eigentum von dem Geschädigten auf den Erwerber übergeht.

- Ein **Teil des Schrifttums** will in allen Fällen, in denen die Sache unrepariert veräußert wird (auch beim Kfz), den Anspruch aus § 251 Abs. 1 herleiten.[860] Andere wollen immer bei der Veräußerung einer beschädigten Sache – auch eines Hausgrundstücks – die Abrechnung auf Reparaturkostenbasis nach § 249 Abs. 2 S. 1 vornehmen.[861]

Folgt man der Ansicht des BGH, ist mit dem Übergang des Eigentums am Hausgrundstück von V auf K der Herstellungsanspruch des V gegen S aus § 249 Abs. 2 S. 1 erloschen und V kann gegenüber S gemäß § 251 Abs. 1 nur den Vermögensschaden i.H.v. 60.000 € geltend machen.

536 Eine Ausnahme von dem oben dargestellten Grundsatz macht der BGH für den Fall, in dem mit der Veräußerung der Sache der **Schadensersatzanspruch abgetreten** wird. Es kann dann allerdings nicht mehr der ursprünglich Geschädigte, wohl aber sein Rechtsnachfolger die Verfolgung des Herstellungsinteresses betreiben.

---

857 BGHZ 147, 320, 323.
858 Fall vereinfacht nach BGHZ 81, 385.
859 BGHZ 81, 385, 390 ff.; 147, 320, 322; BGH MDR 1993, 537, 538; NJW 1998, 2905.
860 So z.B. Esser/Schmidt/Weyers I/2 § 32 I 2 a.
861 So z.B. Staudinger/Schiemann § 249 Rn. 222.

Schadensausgleich nach §§ 249–253 | **3. Abschnitt**

Abwandlung des Beispiels: Gleichzeitig mit der Auflassung hat V seinen Herstellungsanspruch gegen S an K abgetreten: K verlangt von S Schadensersatz i.H.v. 100.000 €.

K kann gegen S einen Anspruch auf Zahlung von 100.000 € aus abgetretenem Recht aus § 823 Abs. 1 i.V.m. § 398 S. 2 haben.

I. In der Person des ursprünglichen Eigentümers V ist der auf Herstellung gemäß § 249 Abs. 2 S. 1 gerichtete Schadensersatzanspruch i.H.v. 100.000 € entstanden.

II. V hat die Abtretung dieses Anspruchs an K erklärt, § 398.

Die Abtretung ist aber ins Leere gegangen, wenn der Herstellungsanspruch mit der Veräußerung der Sache erloschen ist.

Grundsätzlich ist der Anspruch nach § 249 zu versagen, wenn die beschädigte Sache veräußert worden ist (s.o. Rn. 535). Anders ist es hingegen, wenn mit der Veräußerung der Sache der Schadensersatzanspruch abgetreten wird. Dann bleibt die Verfolgung des Herstellungsanspruchs durch den Zessionar möglich. Der Umstand der Rechtsnachfolge lässt das Herstellungsinteresse nicht entfallen und steht einer Fortgeltung des § 249 nicht entgegen. Das gilt jedenfalls dann, wenn die Abtretung des Schadensersatzanspruchs nicht später wirksam wird als die Eigentumsübertragung der geschädigten Sache.[862]

Zur Begründung führt der BGH den Fall der Gesamtrechtsnachfolge an: Es unterliege keinem Zweifel, dass der Gesamtrechtsnachfolger den in der Person des Rechtsvorgängers entstandenen, auf Herstellung gerichteten Schadensersatzanspruch aus § 249 weiterhin geltend machen könne. Es gebe keinen für die Bewertung beachtlichen Grund, den Fall der Einzelrechtsnachfolge hinsichtlich Eigentum und Forderungsinhaberschaft anders zu behandeln.[863]

K kann somit von S Zahlung von 100.000 € verlangen.

Beachte: Bei einem Schadensersatzanspruch statt der Leistung ist der Anspruch auf Erfüllung ausgeschlossen, vgl. § 281 Abs. 4. Infolgedessen ist die Naturalrestitution wegen Unmöglichkeit ausgeschlossen und der Schadensausgleich erfolgt gemäß § 251 Abs. 1 Alt. 1 nach der Schadenskompensation. [864] **537**

2. Herstellung zur Entschädigung nicht genügend, § 251 Abs. 1 Alt. 2

§ 251 Abs. 1 Alt. 2 ist anwendbar, wenn eine Reparatur dem Geschädigten wegen des Schadensumfangs **nicht zugemutet** werden kann oder „soweit" trotz der Reparatur ein **technischer oder merkantiler Minderwert**[865] verbleibt. Je nach Lage des Falls kann die Schadenskompensation gemäß § 251 Abs. 1 Alt. 2 neben den Anspruch auf Naturalrestitution gemäß § 249 Abs. 2 S. 1 treten („soweit") oder ihn ganz ersetzen.[866] **538**

3. Unverhältnismäßige Aufwendungen, § 251 Abs. 2

Nach **§ 251 Abs. 2 S. 1** ist der Schadensersatz nicht in der Art der Naturalrestitution, sondern durch Schadenskompensation zu leisten, wenn die **Herstellung nur mit unverhältnismäßigen Aufwendungen möglich** ist. **539**

Der von der Rspr. bei Kfz-Schäden entwickelte 30%-ige Integritätszuschlag darf bei anderen Schäden nicht schematisch angewandt werden. Erforderlich ist vielmehr eine **540**

---

862 BGHZ 147, 320, 323 f. = RÜ 2001, 341 unter Abkehr seiner bisherigen Rspr. in BGHZ 81, 385, 392; geänderte Rspr. bestätigt durch BGH WM 2002, 757 = RÜ 2002, 106.

863 BGHZ 147, 320, 324.

864 BGH WM 2016, 1748, Rn. 21; Hk-BGB/Schulze § 251 Rn. 2; Palandt/Grüneberg § 251 Rn. 3.

865 Vgl. zum merkantilen Minderwert Vuia NJW 2012, 3057 ff.

866 BGH NJW 2005, 277 zum merkantilen Minderwert bei älterem Fahrzeug.

2. Teil Allgemeines Schadensrecht

sorgfältige Abwägung der beiderseitigen Interessen, bei der auch der Grad des Verschuldens und immaterielle Interessen zu berücksichtigen sind.[867]

541 Auch die Grenze der **Ersatzfähigkeit von Mietwagenkosten** bestimmt sich nach § 251 Abs. 2. Mietwagenkosten gehören regelmäßig zu dem Herstellungsaufwand, den der Schädiger nach **§ 249 Abs. 2 S. 1** zu ersetzen hat, unabhängig davon, ob das geschädigte Kfz privat oder gewerblich genutzt wird.[868] Zur Herstellung erforderlich sind nur die Aufwendungen, die ein verständiger, wirtschaftlich denkender Mensch in der Lage des Geschädigten für zweckmäßig und notwendig halten darf.

Die Grenze, bis zu der in solchen Fällen Naturalrestitution durch Anmietung eines Ersatzwagens verlangt werden kann, wird durch § 251 Abs. 2 S. 1 bestimmt. Eine die Naturalrestitution ausschließende Unverhältnismäßigkeit der Herstellungskosten liegt nicht schon dann vor, wenn diese Kosten den bei einer Schadenskompensation zu ersetzenden Geldbetrag – wenn auch erheblich – übersteigen. Die Grenze des § 251 Abs. 2 S. 1 wird erst dann überschritten, wenn die **Herstellung für einen wirtschaftlich denkenden Geschädigten unternehmerisch unvertretbar** ist.

Beispiel:[869] Der Geschädigte macht nach einem unfallbedingten Ausfall seines Pkw bei dem allein verantwortlichen S Kosten für die Anmietung eines Ersatzwagens für 16 Tage geltend, insgesamt 1.250 €. Die Gesamtfahrleistung betrug 178 km. Wäre dieser geringe Fahrbedarf durch Taxifahrten abgedeckt worden, so hätten jedenfalls weniger als 250 € aufgewendet werden müssen.
Um 1.000 € höhere Mietwagenkosten sind im Vergleich zu Taxikosten unverhältnismäßig. G kann daher entweder nur fiktive Taxikosten i.H.v. 250 € geltend machen oder Nutzungsentschädigung nach dem entsprechenden Tagessatz (unabhängig von dem Umfang der sonst erfolgten Nutzung) verlangen (vgl. dazu noch unten Rn. 552 ff.)

Trotz geringer Fahrleistung kann sich die Erforderlichkeit der Anmietung eines Ersatzfahrzeugs im Einzelfall daraus ergeben, dass der Geschädigte auf die ständige Verfügbarkeit eines Kfz angewiesen ist.[870]

542 Dem Geschädigten, der einen Mietwagen in Anspruch nimmt, werden die ersparten Kosten des eigenen Fahrzeugs im Wege des **Vorteilsausgleichs** von den Mietwagenkosten abgezogen (ca. 10% der Mietwagenkosten).

Einen derartigen Abzug kann der Geschädigte nach einer im Vordringen befindlichen Auffassung, der sich nunmehr auch der BGH angeschlossen hat, dadurch vermeiden, dass er ein klassenniedrigeres Fahrzeug anmietet.[871] Da der Betroffene grundsätzlich dazu berechtigt sei, ein gleichwertiges Fahrzeug anzumieten, widerspräche ein Ersparnisabzug der Billigkeit, wenn der Geschädigte gleichwohl ein einfacheres Fahrzeug anmiete, weil dann der Schädiger in doppelter Weise entlastet würde.[872]

Fall 36: Ersatztaxi

Der Taxiunternehmer G mietet während der Reparaturzeit seines unfallgeschädigten Taxifahrzeugs ein Ersatztaxi an und verlangt von dem für den Unfall allein verantwortlichen S Ersatz der Mietwagenkosten. S weist nach, dass die angefallenen Miet-

---

867 Hk-BGB/Schulze § 251 Rn. 4; Palandt/Grüneberg § 251 Rn. 7.
868 BGH VersR 1994, 64; BGHZ 132, 373, 375 f.
869 Nach OLG Hamm OLG Report 2002, 5.
870 BGH NJW 2013, 1149.
871 BGH NJW 2013, 1870, 1872 m.w.N.
872 OLG Stuttgart NJW-RR 2009, 1450; Palandt/Grüneberg § 249 Rn. 36.

Schadensausgleich nach §§ 249–253 **3. Abschnitt**

kosten doppelt so hoch sind wie der Gewinnausfall, der bei G entstanden wäre, wenn G kein Ersatztaxi angemietet hätte. S will daher nur die Hälfte der Mietwagenkosten zahlen. (Fall nach BGH VersR 1994, 64)

I. Die Haftung des S ergibt sich dem Grunde nach aus §§ 7, 18 StVG sowie § 823 Abs. 1, Abs. 2 i.V.m. §§ 1 ff. StVO.

II. Fraglich ist allein, ob G die kompletten Mietwagenkosten von S ersetzt verlangen kann.

1. Grundsätzlich sind die Mietwagenkosten gemäß § 249 Abs. 2 S. 1 im Wege der Naturalrestitution ersatzfähig.

2. Der Ersatz der kompletten Mietwagenkosten könnte jedoch wegen unverhältnismäßiger Höhe gemäß § 251 Abs. 2 ausgeschlossen sein. **543**

Eine Unverhältnismäßigkeit liegt nicht schon dann vor, wenn die Herstellungskosten den bei einer Schadenskompensation zu ersetzenden Geldbetrag – wenn auch erheblich – übersteigen, hier also, wenn die Kosten für einen Mietwagen erheblich höher sind als der ansonsten drohende Gewinnausfall. Unverhältnismäßigkeit i.S.v. § 251 Abs. 2 ist vielmehr erst dann gegeben, wenn die Herstellung (hier: Anmietung des Ersatztaxis) für einen wirtschaftlich denkenden Menschen unternehmerisch unvertretbar ist.

Es erscheint aus dem Blickwinkel eines verständigen Kaufmanns nicht unvertretbar, „einige Wochen lang Mietkosten hinzunehmen, die den mit der Mietsache zu erwirtschaftenden Ertrag voraussichtlich erheblich übersteigen werden, wenn er dadurch seinen Betrieb ungestört aufrechterhalten, den Goodwill sichern, sich seine Stammkundschaft erhalten, am Markt und in der Organisation der Funkzentrale präsent bleiben kann etc."[873]

Daher ist die Grenze i.S.v. § 251 Abs. 2 S. 1 noch nicht überschritten und G kann von S Ersatz der kompletten Mietwagenkosten verlangen. Er muss sich jedoch im Wege der Vorteilsausgleichung anrechnen lassen, dass er während dieser Zeit sein eigenes Kfz nicht abnutzt.

Exkurs: „Unfallersatztarif" **544**

Mietwagenunternehmer bieten dem Geschädigten, der nach einem Unfall ein Ersatzfahrzeug benötigt, oftmals einen sogenannten „Unfallersatztarif" an, der den „Normaltarif", den Selbstzahler zu entrichten haben, erheblich übersteigt (durchschnittlich liegt der Unfallersatztarif um mindestens 100% über dem örtlichen Normaltarif).[874]

Der BGH hat 1996 entschieden, dass der Geschädigte nicht allein deshalb gegen seine Schadensgeringhaltungspflicht verstoße, weil er ein Kfz zu einem Unfallersatztarif anmiete, der gegenüber einem Normaltarif teurer ist, solange ihm dies nicht ohne Weiteres erkennbar sei.[875]

---

873 BGH VersR 1994, 64, 66; LG Saarbrücken NJW 2012, 2978 ff.
874 BGH NJW 2006, 2618.
875 BGHZ 132, 373.

203

2. Teil | Allgemeines Schadensrecht

Seit Ende 2004 hat der BGH in einer Vielzahl von Entscheidungen[876] klargestellt, dass dieser Grundsatz keine uneingeschränkte Geltung beanspruchen kann:

- Ein „Unfallersatztarif" sei nur insoweit ein „erforderlicher" Aufwand zur Schadensbeseitigung gemäß § 249 Abs. 2, als die Besonderheiten dieses Tarifs mit Rücksicht auf die Unfallsituation (etwa die Vorfinanzierung, das Risiko eines Ausfalls mit der Ersatzforderung wegen falscher Bewertung der Anteile am Unfallgeschehen durch den Kunden oder den Kfz-Vermieter) einen gegenüber dem „Normaltarif" höheren Preis aus betriebswirtschaftlicher Sicht rechtfertigen, weil sie auf Leistungen des Vermieters beruhen, die durch die besondere Unfallsituation veranlasst und infolgedessen zur Schadensbehebung erforderlich seien (*objektive Erforderlichkeit*).

- Ist der Unfallersatztarif nach diesen Grundsätzen objektiv nicht erforderlich, kann der Geschädigte den übersteigenden Betrag nur ersetzt verlangen, wenn ihm ein günstigerer Normaltarif nicht ohne Weiteres zugänglich war (*subjektive Erforderlichkeit*). Hierfür muss der Geschädigte darlegen und ggf. beweisen, dass ihm unter Berücksichtigung seiner individuellen Erkenntnis- und Einflussmöglichkeiten sowie der gerade für ihn bestehenden Schwierigkeiten unter zumutbaren Anstrengungen auf dem in seiner Lage zeitlich und örtlich relevanten Markt kein wesentlich günstigerer Tarif zugänglich war. Dabei können sich insbesondere wegen der Höhe des Tarifs Nachfrage- und Erkundigungspflichten seitens des Geschädigten ergeben.

Wegen dieser Abwicklungsprobleme bzgl. der Unfallersatztarife besteht nach neuerer Rspr. des BGH[877] eine Aufklärungspflicht des Vermieters: Er muss den Mieter deutlich und unmissverständlich darauf hinweisen, dass die (gegnerische) Haftpflichtversicherung den angebotenen Tarif möglicherweise nicht in vollem Umfang erstattet. Bei Verletzung dieser Aufklärungspflicht haftet der Vermieter auf Schadensersatz aus c.i.c. gemäß §§ 280 Abs. 1, 311 Abs. 2, 241 Abs. 2.

---

545 Nach **§ 251 Abs. 2 S. 2** sind die aus der **Heilbehandlung eines Tieres** entstandenen Aufwendungen nicht bereits dann unverhältnismäßig, wenn sie dessen Wert erheblich übersteigen. Zu berücksichtigen ist hier auch der besondere immaterielle Wert, den ein Tier für den Geschädigten haben kann. In die Verhältnismäßigkeitsprüfung müssen daher auch immaterielle Interessen des Geschädigten eingehen.[878]

> **Fall 37: Tierisch teure Behandlung**
>
> K hat einen jungen Jack-Russel-Mischling als Familienhund angeschafft. Die Haltung des Tieres (Tierarzt, Steuer, Futter, Versicherung) kostet jährlich ca. 1.000 €.
>
> F, die Ehefrau des K, ging mit dem nicht angeleinten Jack-Russel-Mischling spazieren und passierte dabei das Grundstück des B, auf dem sich dessen ebenfalls nicht angeleinter Wolfshund befand. Nachdem die Hunde sich am Gartenzaun begegnet waren, sprang der Wolfshund über den Zaun und fügte dem Jack-Russel-Mischling erhebliche Verletzungen zu. Die tierärztliche Behandlung kostete 4.200 €. Ob die Beißerei zwischen den Hunden verhindert worden wäre, wenn zumindest der Jack-Russel-Mischling angeleint gewesen wäre, steht nicht fest.

---

876 BGH NJW 2005, 51; NJW 2005, 135; NJW 2007, 1449 m.w.N.; NJW 2008, 2910; NJW 2009, 58; dazu RÜ 2009, 1 ff.; vgl. dazu auch Herrler JuS 2007, 103 ff.; Wagner NJW 2007, 2149 ff. sowie Vuia NJW 2008, 2369 ff.

877 BGH NJW 2007, 1447; NJW 2007, 2181; NJW 2007, 2759; vgl. dazu Herrler VersR 2007, 582 ff.

878 Soergel/Mertens § 251 Rn. 11.

	Schadensausgleich nach §§ 249–253	**3. Abschnitt**

K begehrt von B Ersatz der Heilbehandlungskosten i.H.v. 4.200 €. Dieser sei für die Verletzung des Hundes verantwortlich, da er entweder seinen Wolfshund hätte ausreichend beaufsichtigen oder sein Grundstück entsprechend absichern müssen.

B weigert sich, K die Tierarztkosten in voller Höhe zu ersetzen. Zum einen müsse sich K die von seinem Hund ausgehende Tiergefahr anrechnen lassen. Zum anderen seien die von K verlangten Behandlungskosten unverhältnismäßig hoch. Er ist der Ansicht, der dreifache Betrag der jährlichen Kosten für der Tierhaltung sei im Hinblick auf Heilbehandlungskosten eines verletzten Tieres die Grenze der Verhältnismäßigkeit. Daher ist er nur bereit, K einen Betrag von 3.000 € zu ersetzen.

Kann K von B Ersatz der tierärztlichen Behandlungskosten i.H.v. 4.200 € verlangen? (nach BGH NJW 2016, 1589 ff. = RÜ 2016, 75 ff.)

A. K könnte gegen B ein Anspruch i.H.v. 4.200 € **gemäß § 833 S. 1** zustehen.

   I. Dazu müssen die **Voraussetzungen** des haftungsbegründenden Tatbestands vorliegen.

   Der Wolfshund des B hat den Jack-Russel-Mischling des K gebissen und dadurch erheblich verletzt. Infolgedessen ist eine Sachbeschädigung, vgl. § 90a S. 3, durch ein Tier, dessen Halter der B ist, gegeben. Der Wolfshund ist ein Haustier, das nicht dem Beruf, der Erwerbstätigkeit oder dem Unterhalt des Tierhalters B zu dienen bestimmt ist, sodass es sich um ein Luxustier handelt und daher kein Verschulden des Halters erforderlich ist.

   II. Als **Rechtsfolge** („haftungsausfüllender Tatbestand") hat B dem K gemäß § 249 Abs. 2 S. 1 die durch die Verletzung des Jack-Russel-Mischlings verursachten tierärztlichen Heilbehandlungskosten i.H.v. 4.200 € ersetzen.

   1. Die Heilbehandlungskosten i.H.v. 4.200 € dürften den Wert des Hundes allerdings bei Weitem übersteigen, sodass der Anspruch **gemäß § 251 Abs. 2 S. 1 wegen Unverhältnismäßigkeit ausgeschlossen** sein könnte. Gemäß § 251 Abs. 2 S. 2 sind die aus der Heilbehandlung eines verletzten Tieres entstandenen Aufwendungen jedoch nicht bereits dann unverhältnismäßig, wenn sie dessen Wert erheblich übersteigen.

   546

   Das bedeutet nach Ansicht des BGH nicht, dass eine Verpflichtung zum Schadensersatz in unbegrenzter Höhe besteht. Aber unter der Voraussetzung, dass eine Heilbehandlung tatsächlich durchgeführt wurde, verlange § 251 Abs. 2 S. 2, dass dem Interesse des Schädigers, nicht mit den Behandlungskosten belastet zu werden, bei der Verhältnismäßigkeitsprüfung **nicht nur der Wert des Tieres** gegenüber gestellt werde, **sondern auch das aus der Verantwortung für das Tier folgende immaterielle Interesse an der Wiederherstellung seiner Gesundheit und seiner körperlichen Integrität**. Daher könnten bei Tieren mit einem geringen materiellen Wert Behandlungskosten auch dann ersatzfähig sein, wenn sie ein Vielfaches dieses Wertes ausmachten.[879]

---

879 BGH NJW 2016, 1589, 1590 = RÜ 2016, 75, 76.

205

2. Teil	Allgemeines Schadensrecht

Ausgehend von diesen Grundsätzen hat der BGH die Verhältnismäßigkeitsgrenze bei dem **dreifachen Betrag der jährlichen Kosten der Tierhaltung** gezogen. Die Kosten für die Haltung des Hundes stünden zwar in keinem direkten Bezug zu der Frage, ob die Anforderungen für die Heilbehandlung des Tieres angemessen seien. Dennoch handele es sich nicht um ein sachfremdes Kriterium. Dadurch dass der Tierhalter die nicht nur geringfügigen „Unterhaltungskosten" freiwillig aufbringe, zeige er, was ihm die Haltung des Tieres mindestens wert sei.[880]

Daher kann K die als verhältnismäßig erachteten Behandlungskosten i.H.v. 3.000 € ersetzt verlangen.

2. Der Anspruch könnte **gemäß § 254 Abs. 1 wegen Mitverschuldens zu kürzen** sein.

547

Dass die Beißerei verhindert worden wäre, wenn der Jack-Russel-Mischling angeleint gewesen wäre, steht nicht fest, sodass eine Kürzung des aus diesem Grund ausscheidet. Allerdings ist gegenüber dem Anspruch aus Gefährdungshaftung gemäß § 254 anspruchsmindernd zu berücksichtigen, dass auch von dem Jack-Russel-Mischling eine **Tiergefahr** ausgeht.

Somit steht K gegen B ein um die Tiergefahr der Jack-Russel-Mischlings gekürzter Anspruch auf Ersatz der als verhältnismäßig erachteten Heilbehandlungskosten i.H.v. 3.000 € aus § 833 S. 1 zu.

B. K könnte gegen B ein Anspruch i.H.v. 4.200 € **gemäß § 823 Abs. 1** zustehen.

I. Dazu müssen die **Voraussetzungen** des haftungsbegründenden Tatbestands vorliegen.

B hat es unterlassen, den Wolfshund ausreichend zu beaufsichtigen oder für eine sichere Einzäunung seines Grundstücks zu sorgen. Eine Rechtspflicht zum Handeln ergab sich für B aufgrund der Gefährlichkeit des Hundes aus einer allgemeinen Verkehrssicherungspflicht. Aufgrund der fehlenden Absicherung konnte der Wolfshund des B über den Gartenzaun springen und den Jack-Russel-Mischling des K angreifen und verletzen, sodass B dem K rechtswidrig und schuldhaft eine Eigentumsverletzung durch sein Verhalten zugefügt hat.

II. Als **Rechtsfolge** („haftungsausfüllender Tatbestand") muss B dem K gemäß §§ 249 Abs. 2, 251 Abs. 2 S. 2 die als verhältnismäßig erachteten Heilbehandlungskosten i.H.v. 3.000 € ersetzen.

548

Auch dieser Anspruch könnte wegen der von dem Jack-Russel-Mischling ausgehenden Tiergefahr gemäß § 254 Abs. 1 zu kürzen sein.

Der Berücksichtigung dieser Tiergefahr könnte § 840 Abs. 3 entgegenstehen, wonach der Tiergefahr gegenüber der Verschuldenshaftung aus § 823 keine Bedeutung zukommt. Wendet man den Rechtsgedanken dieser Vorschrift auch im Rah-

---

880 BGH NJW 2016, 1589, 1590 = RÜ 2016, 75, 77.

men des Mitverschuldens an, so ist der Ersatzanspruch des Tierhalters nicht wegen erhöhter Tiergefahr zu mindern , wenn der Anspruchsgegner wegen nachgewiesenen Verschuldens haftet.[881]

Dem könnte man entgegenhalten, dass es dann zu Wertungswidersprüchen zwischen konkurrierenden Ansprüchen aus Gefährdungs- und Verschuldenshaftung kommt, und daher die Tiergefahr, die vom Tier des Geschädigten ausgeht, auch im Rahmen des § 823 Abs. 1 anspruchsmindernd zu berücksichtigen sei.[882]

Nach Auffassung des BGH muss sich K die von seinem Hund ausgehende Tiergefahr wegen der Wertung des § 840 Abs. 3 nicht anspruchsmindernd anrechnen lassen.[883]

Somit steht K gegen B ein ungekürzter Anspruch auf Ersatz der als verhältnismäßig erachteten Behandlungskosten i.H.v. 3.000 € aus § 823 Abs. 1 zu.

III. Schadenskompensation, § 251

549 Bei der Schadenskompensation geht der Ersatzanspruch des Geschädigten nicht auf Herstellung (Naturalrestitution), sondern auf **Wertausgleich** des Verlustes in der Vermögensbilanz (Kompensation).

Der Schaden besteht in der Verminderung von Aktiv- oder der Vermehrung von Passivposten in einem **rechnerischen Vergleich**, der durch das schädigende Ereignis eingetretenen Vermögenslage mit derjenigen, die sich ohne das Ereignis ergeben hätte.[884] Die hypothetische Vermögenslage ist mit der tatsächlichen Vermögenslage zu vergleichen. Die Differenz der Vermögenslagen ist der Schaden.

550 Die Schadenskompensation nach § 251 setzt – mit Ausnahme des § 253 Abs. 2 (s. dazu unten Rn. 588 ff.) – einen **ersatzfähigen Vermögensschaden** voraus.

- Wegen eines Schadens, der nicht **Vermögensschaden** ist, kann nach § 253 Abs. 1 Entschädigung in Geld (als Schadenskompensation!) nur in den im Gesetz bestimmten Fällen gefordert werden.

- Für die Frage, ob ein **ersatzfähiger Vermögensschaden** vorliegt, ist der **Schutzzweck der Norm** zu beachten: Der Grundsatz, dass derjenige, der pflichtwidrig ein schädigendes Ereignis verursacht, dem Geschädigten für alle dadurch ausgelösten Schadensfolgen haftet, gilt nicht ohne Einschränkung. Es ist anerkannt, dass der Verstoß gegen eine Rechtspflicht nur zum Ersatz des Schadens verpflichtet, dessen Eintritt die Pflicht verhindern sollte. Dies gilt nicht nur für den Bereich des Deliktsrechts, sondern auch im Vertragsrecht und für vorvertragliche Schuldverhältnisse. Der Scha-

---

881 MünchKomm/Wagner § 840 Rn. 19.
882 Vgl. Mäsch JuS 2016, 650, 653.
883 BGH NJW 2016, 1589, 1591 = RÜ 2016, 75, 77; bestätigt von BGH NJW 2016, 2737, 2738 = RÜ 2016, 559, 561.
884 BGH GSZ BGHZ 98, 212, 217; BGH NJW 1994, 788, 792.

2. Teil Allgemeines Schadensrecht

den muss nach Art und Entstehungsweise aus dem Bereich der Gefahren stammen, zu deren Abwendung die verletzte Pflicht bestimmt war.[885]

551 Die Frage, ob ein ersatzfähiger Vermögensschaden angenommen werden kann, stellt sich insbesondere bei folgenden Fallgruppen:

1. Entgangene Nutzungen einer Sache

Stellt es einen ersatzfähigen Vermögensschaden dar, wenn der Eigentümer einer von ihm selbst genutzten Sache diese vorübergehend nicht nutzen kann, ohne dass ihm hierdurch zusätzliche Kosten entstehen oder Einnahmen entgehen?[886]

a) Nutzungsausfall als ersatzfähiger Vermögensschaden

552 Nach der Rspr. und h.M. kann der Verlust von Gebrauchsvorteilen einer Sache als ersatzfähiger Vermögensschaden in Betracht kommen. Zunächst wurde dies beim Nutzungsausfall eines Kfz anerkannt,[887] dann aber auch auf andere Gebrauchsgegenstände ausgedehnt. Nach einem Beschluss des Großen Zivilsenats des BGH ist ein **Nutzungsausfall dann als zu ersetzender Vermögensschaden anzusehen, wenn es sich um einen Gegenstand handelt, auf dessen ständige Verfügbarkeit der Berechtigte für die eigenwirtschaftliche Lebenshaltung typischerweise angewiesen ist.**[888]

Das Schrifttum lehnt überwiegend einen Vermögensschaden ab und bewertet den Ausfall als bloße Schadensquelle, aus der bei eigenwirtschaftlicher Verwendungsplanung nur eine nicht zu ersetzende immaterielle Einbuße erwachsen könnte.[889]

aa) Die Rspr. bejaht einen ersatzfähigen Vermögensschaden bei

553 ■ **Kraftfahrzeugen,**
da der Gebrauch eines **privat genutzten Kfz** innerhalb und außerhalb eines Erwerbslebens geeignet ist, Zeit und Kraft zu sparen, sodass die durch die Verfügbarkeit gewonnenen Vorteile Geldwert besitzen.[890] Der Schädiger hat folglich Nutzungsersatz für den Zeitraum zu leisten, der zur Wiederherstellung des vor dem Unfall bestehenden Zustands erforderlich ist – also i.d.R. für die Dauer der Reparatur bzw. bis zur Beschaffung eines Ersatzfahrzeugs.[891] Auch der vorübergehende Entzug der Gebrauchsmöglichkeit eines Motorrads, das dem Geschädigten als einziges Kraftfahrzeug zur Verfügung steht und nicht reinen Freizeitzwecken dient, stellt einen Vermögensschaden dar und kann einen Anspruch auf Nutzungsaufallentschädigung begründen.[892]

Die Nutzungsentschädigung für **privat genutzte** Fahrzeuge wird i.d.R. abstrakt anhand von Tabellen ermittelt.[893] Eine abstrakte Nutzungsausfallentschädigung ist jedoch mangels einer fühlbaren

---

885 BGHZ 116, 209, 212 m.w.N.

886 S. dazu Medicus NJW 2000, 2921, 2923 f.; Benecke/Pils JA 2007, 241.

887 BGH NJW 1964, 542.

888 BGH GSZ BGHZ 98, 212, 215; BGH NJW 1994, 442 m.w.N.

889 Vgl. die Übersicht zum Schrifttum bei BGH GSZ BGHZ 98, 212, 215

890 BGHZ 66, 239, 249; 98, 212, 216; Palandt/Grüneberg Vorbem. v. § 249 Rn. 20.

891 Vgl. aber BGH NJW 2009, 1663 zur Nutzungsausfallentschädigung für über den vom Sachverständigen veranschlagten Zeitraum hinaus.

892 BGH RÜ 2018, 285 ff.

893 Tabellen von Sanden/Danner/Küppersbusch kostenpflichtig abrufbar u.a bei beck-online.

208

vermögenserheblichen Entbehrung zu versagen, wenn dem Geschädigten ein zweites Fahrzeug zur Verfügung steht, das er in zumutbarer Weise nutzen kann.[894]

Bei dem Ausfall eines **gewerblich genutzten** Kfz kann der Schaden grundsätzlich nicht abstrakt berechnet werden; er bemisst sich i.d.R. nach dem entgangenen Gewinn (§ 252), den Vorhaltekosten eines Reservefahrzeugs oder der Miete eines Ersatzfahrzeugs.[895] Wenn aber kein konkret bezifferbarer Verdienstentgang vorliegt, kann der Geschädigte eine Nutzungsentschädigung verlangen, wenn ein fühlbarer wirtschaftlicher Nachteil für ihn eingetreten ist.[896] Auch beim Ausfall eines **Behördenfahrzeugs** scheidet nach h.M. eine abstrakte Nutzungsentschädigung aus.[897]

■ **Vereitelung eines vertraglich eingeräumten Nutzungsrechts**　　　　554
Bei Vorenthaltung einer vertraglich eingeräumten, zeitlich begrenzten Gebrauchsmöglichkeit durch den Vertragspartner hat das Gebrauchsrecht einen selbstständigen Vermögenswert. Die Beeinträchtigung führt zu einem ersatzfähigen Vermögensschaden, der aufgrund einer abstrakten Schadensberechnung auszugleichen ist.

Z.B. wenn die geschiedene Ehefrau ihrem ehemaligen Mann vertraglich eine zeitlich begrenzte Nutzung eines Ferienhauses einräumt und ihm dann die Nutzung vorenthält,[898]

■ **Wohnraum:** Kann der Eigentümer ein von ihm selbst benutztes Haus vorübergehend　　　555
nicht mehr nutzen, steht ihm ein Anspruch auf Schadensersatz zu, da der Wohnraum ein Wirtschaftsgut von allgemeiner, zentraler Bedeutung für die Lebensführung ist, sodass der diesbzgl. Nutzungsausfall einen Vermögensschaden darstellt.[899]

■ **Fahrrad:** Im Falle des Verlustes oder der Beschädigung eines Fahrrads gibt die Rspr.　　　556
dem Geschädigten für die Zeit bis zur Wiederbeschaffung bzw. Reparatur einen Nutzungsentschädigungsanspruch. Die Höhe richtet sich nach dem Betrag, den die Anmietung eines Fahrrads gekostet hätte.[900]

■ **Ausfall eines Internetzugangs:** Nach Auffassung der Rspr. ist auch die Nutzbarkeit　　　557
des Internets ein Wirtschaftsgut, dessen ständige Verfügbarkeit seit längerer Zeit auch im privaten Bereich für die eigenwirtschaftliche Lebenshaltung typischerweise von zentraler Bedeutung ist und bei dem sich eine Funktionsstörung als solche auf die materiale Grundlage der Lebenshaltung signifikant auswirkt.[901]

Das Internet stelle weltweit umfassende Informationen zur Verfügung. Dabei ersetze das Internet wegen der leichten Verfügbarkeit der Informationen immer mehr andere Medien, wie zum Beispiel Lexika, Zeitschriften oder Fernsehen. Darüber hinaus ermögliche es den weltweiten Austausch zwischen seinen Nutzern, etwa über E-Mails, Foren, Blogs und soziale Netzwerke. Zudem werde es zunehmend zur Anbahnung und zum Abschluss von Verträgen, zur Abwicklung von Rechtsgeschäften und zur Erfüllung öffentlich-rechtlicher Pflichten genutzt. Damit habe sich das Internet zu einem die Lebensgestaltung eines Großteils der Bevölkerung entscheidend mitprägenden Medium entwickelt, dessen Ausfall sich signifikant im Alltag bemerkbar mache. Die Unterbrechung des Internetzugangs habe typischerweise Auswirkungen, die in ihrer Intensität mit dem Fortfall der Möglichkeit, ein Kraftfahrzeug zu nutzen, ohne Weiteres vergleichbar seien.[902]

894　BGH VersR 1976, 170; vgl. OLG Düsseldorf NJW 2008, 1964: Bei Beschädigung eines Motorrades kann Geschädigter mangels vergleichbaren Nutzungswerts nicht auf Nutzung seines Pkw verwiesen werden.

895　BGHZ 70, 199, 203; BGH RÜ 2019, 153 ff.

896　BGHZ 66, 239, 249; OLG Stuttgart NJW 2007, 1696: abstrakte Nutzungsentschädigung, wenn Geschädigter sich nach dem Unfall überobligatorisch behilft; OLG Naumburg NJW 2008, 2511: abstrakte Nutzungsentschädigung, wenn Geschädigter auf wesentlich kostenintensivere Anmietung eines Ersatzfahrzeugs verzichtet.

897　OLG Hamm NJW-RR 2004, 1094 = RÜ 2004, 532; Palandt/Grüneberg Vorbem. v. § 249 Rn. 24 m.w.N.

898　BGHZ 101, 325

899　BGH GSZ BGHZ 98, 212 = NJW 1987, 50; BGH NJW 1987, 771, 772; BGHZ 117, 260, 262; Mohr Jura 2010, 808, 810.

900　KG NJW-RR 1993, 1438; AG Frankfurt NJW-RR 1990, 1308; AG Paderborn zfs 1999, 195.

901　BGH NJW 2012, 1072, 1074 = RÜ 2013, 209, 211.

902　BGH NJW 2012, 1072, 1074 = RÜ 2013, 209, 211.

| 2. Teil | Allgemeines Schadensrecht |

bb) Nach der Rspr. kein Schadensersatz wegen Nutzungsausfalls bei

558 ■ **Privatflugzeug**, wenn der Geschädigte nicht substantiiert darlegt, dass er in seiner Lebensführung in besonderem Maße auf die Nutzbarkeit des Flugzeugs angewiesen ist und sie ein zentraler Posten seiner Wirtschaftsführung ist.[903]

559 ■ **Privat genutztes Motorsportboot:** Der zeitweilige Verlust der Nutzungsmöglichkeit stellt nur eine individuelle Genussschmälerung dar und keinen vermögensrechtlichen Schaden.[904]

560 ■ **Privat genutztes Wohnmobil:** Zumindest wenn dem Geschädigten ein Pkw zur Verfügung steht, ist die Benutzbarkeit eines Wohnmobils zwar ein die Lebensqualität erhöhender Vorteil, stellt jedoch keinen ersatzfähigen materiellen Wert dar.[905]

b) Einschränkung der Ersatzfähigkeit des Nutzungsausfalls

561 Für die Fälle, in denen nach der Rspr. grundsätzlich der Nutzungsausfall als Vermögensschaden angesehen wird, ist weiter anerkannt, dass für den vorübergehenden Verlust der Gebrauchsfähigkeit der Ersatzpflichtige keine Entschädigung zu leisten braucht, wenn der Geschädigte die Sache in der Reparaturzeit nicht hätte nutzen können. **Der vorübergehende Verlust der Nutzungsmöglichkeit ist für den Geschädigten nur dann ein ersatzfähiger Vermögensschaden, wenn er für ihn fühlbar ist.** Dieser Gesichtspunkt schließt einen Anspruch auf Nutzungsausfall auch aus, wenn der Geschädigte aus unfallbedingten Gründen an der Nutzung gehindert war.[906]

2. Verlust der Arbeitskraft

> **Fall 38: Schriftsteller im Krankenhaus**
>
> Der selbstständige Schriftsteller G wurde durch Fahrlässigkeit des S verletzt. Während der Heilungsdauer von vier Wochen konnte G nicht seinem Beruf nachgehen. S hat die durch die Behandlung entstandenen Kosten erstattet. G verlangt darüber hinaus Ersatz für den Ausfall seiner Arbeitskraft.

562 I. Die Haftung des S ergibt sich aus § 823 Abs. 1, Abs. 2 i.V.m. § 229 StGB.

II. Fraglich ist allein, ob G von S Ersatz für den Ausfall seiner Arbeitskraft verlangen kann.

Nach st.Rspr. stellt nicht bereits der Wegfall der Arbeitskraft als solcher, sondern **erst die negative Auswirkung des Ausfalls der Arbeitsleistung im Vermögen des Verletzten einen Schaden** dar. Der Unternehmer kann einen Schaden nicht abstrakt i.H.d. Gehalts einer gleichwertigen Ersatzkraft geltend machen. Es kommt vielmehr darauf an, ob sich die Beeinträchtigung der Erwerbsfähigkeit als konkreter Verlust in der Vermögensbilanz ausgewirkt hat.[907]

---

903 OLG Oldenburg NJW-RR 1993, 1437, 1438; AG Rendsburg VersR 2000, 67; a.A. OLG Karlsruhe MDR 1983, 575.

904 BGHZ 89, 60, 64; a.A. Jahr JZ 1984, 573.

905 BGH RÜ 2008, 562; a.A. OLG Düsseldorf JP 2001, 191, da die Abgrenzung zwischen Wohnmobil und Kfz fließend sei.

906 BGH NJW 1968, 1778; 1985, 2471; KG NJW-RR 1993, 1438.

907 BGHZ 54, 45, 53; BGH NJW-RR 1992, 852; BGHZ 106, 28, 31 f.; BGH NJW 2001, 1640, 1641.

Nach a.A. ist die Arbeitskraft als solche ein vermögenswertes Gut, unabhängig davon, ob der Geschädigte sie zum Gelderwerb nutzen wollte.[908]

Bei einem **Selbstständigen** kann sich ein konkreter Vermögensschaden im Verlust bisheriger Einnahmen oder zu erwartender Gewinne zeigen. Dabei kann sich der Geschädigte der Beweiserleichterung des § 252 oder des § 287 ZPO bedienen. Der Schaden muss aber konkret dargetan werden. Eine abstrakte Berechnung ohne Berücksichtigung der tatsächlichen Entwicklung des Betriebs ist nicht zulässig.[909]

Erst dann, wenn der konkrete Nachweis eines Schadens geführt ist, kann der Geschädigte seinen Schaden gemäß § 252 nach dem gewöhnlichen Lauf der Dinge, also „abstrakt" berechnen, indem er darlegt, was er ohne den Unfall wahrscheinlich verdient haben würde.[910]

G hat keinen konkreten Gewinnausfall dargetan, sodass er keinen Ersatz für den Ausfall seiner Arbeitskraft verlangen kann.

---

563 Ein **Privatmann**, der ohnehin nicht gearbeitet hätte, kann keinen Erwerbsschaden geltend machen (zu den Besonderheiten des Ausfalls einer haushaltsführenden Ehefrau s. unten zu § 842).

564 Ein Arbeitnehmer, der unverschuldet arbeitsunfähig wird, erhält das Entgelt eine gewisse Zeit weiter: Für eine vorübergehende Dienstverhinderung, die **nicht auf Krankheit** beruht (z.B. notwendige Pflege eines erkrankten Kindes), ergibt sich dies aus **§ 616 S. 1**. Die Fortzahlung des Arbeitsentgelts **im Krankheitsfall** ist in § 3 Abs. 1 EFZG geregelt.[911]

3. Vertaner Urlaub

565 Nach der Rspr. des BGH kommt ein ersatzfähiger Vermögensschaden wegen vertanen Urlaubs nur dann in Betracht, wenn der Urlaubsgenuss unmittelbar oder mittelbar Gegenstand einer **vertraglichen** Leistung ist und der Zweck des Vertrags gerade auch darauf gerichtet ist, dem Reisenden durch die versprochene Gestaltung der Urlaubszeit Urlaubsfreude zu ermöglichen.[912]

Dagegen steht dem Ersatzanspruch im Fall der **deliktischen** Haftung § 253 Abs. 1 entgegen.[913] Bei Körperverletzungen kann „vertane Urlaubszeit" allerdings bei der Bemessung des Schmerzensgeldes nach § 253 Abs. 2 Berücksichtigung finden.[914]

---

908 So Staudinger/Schiemann § 251 Rn. 105 f. m.w.N.

909 BGHZ 54, 45, 53; 86, 212, 214; BGH NJW 2005, 3348.

910 BGHZ 54, 45, 54; zur Ersatzfähigkeit des Erwerbsschadens ausführlich Stürner JZ 1984, 412 ff. u. 461 ff.

911 Einzelheiten AS-Skript Arbeitsrecht (2019), Rn. 354 ff.

912 BGHZ 63, 98 ff.; 86, 212, 215; BGH NJW 1985, 906, 907; für den Reisevertrag (§ 651 a) besteht eine Ersatzpflicht nach § 651 f Abs. 2; dazu BGH RÜ 2005, 237.

913 BGHZ 86, 212, 214.

914 Brand § 6 Rn. 38.

| 2. Teil | Allgemeines Schadensrecht |

4. Unterhaltsaufwand für ein Kind

> **Fall 39: Fehlerhafte Sterilisation**
>
> Auf Wunsch des M und seiner Ehefrau F behandelte Dr. D den M mit dem Ziel, eine Sterilisation des M herbeizuführen. Die Eheleute M und F hatten sich hierzu aufgrund ihrer schlechten wirtschaftlichen Lage entschlossen und auch gegenüber Dr. D den Wunsch zur Sterilisation des M damit begründet, dass sie neben ihren bereits vorhandenen drei Kindern aus finanziellen Gründen keine gemeinsamen Kinder mehr bekommen wollten. Infolge einer fehlerhaften Durchführung des Eingriffs blieb M weiterhin zeugungsfähig, was M nicht wusste. Es kam zu der Geburt eines vierten Kindes. M verlangt von Dr. D Zahlung eines Geldbetrags für die Unterhaltskosten des Kindes sowie den Verdienstausfall, der ihm durch die Betreuung des Kindes entsteht.
>
> F fordert von Dr. D wegen der mit der Schwangerschaft und der Geburt verbundenen körperlichen Beschwerden ein Schmerzensgeld.

A. Unterhaltsaufwand für das Kind

566   I. M könnte gegen Dr. D ein Schadensersatzanspruch aus **§ 280 Abs. 1** zustehen.

1. Zwischen M und Dr. D liegt ein **wirksamer Behandlungsvertrag**, § 630a, vor.

2. Dr. D hat den Eingriff, der auf die Beendigung der Fortpflanzungsfähigkeit des M gerichtet war, fehlerhaft durchgeführt, sodass M weiterhin zeugungsfähig geblieben ist. Folglich liegt die erforderliche **Pflichtverletzung** in Bezug auf den Behandlungsvertrag vor.

3. Das **Verschulden** des Dr. D wird gemäß § 280 Abs. 1 S. 2 vermutet und eine Exkulpation ist nicht erfolgt.

4. Als **Rechtsfolge** kann M daher von Dr. D **Ersatz des durch die schuldhafte Pflichtverletzung entstandenen Schadens** verlangen.

567   a) Dazu muss auf Seiten des M ein **Schaden** entstanden ist.

Geburt und Existenz des Kindes stellen keinen Schaden dar. Das folgt zwingend aus Art. 1 GG, wonach die Würde des Menschen unantastbar ist.[915] Infolge der Geburt des Kindes ist jedoch eine **Unterhaltsverpflichtung** des M aus § 1601 entstanden. Bei ordnungsgemäßer Vertragserfüllung wäre das vierte Kind der F und des M jedoch nicht gezeugt worden und der Unterhaltsanspruch des Kindes aus § 1601 wäre nicht entstanden.

Folglich liegt nach der für die Schadensermittlung maßgeblichen Differenzhypothese mit der Unterhaltsverpflichtung des M ein Schaden vor.

568   b) Umstritten ist, ob wertende Gesichtspunkte es verbieten, die Unterhaltskosten für ein Kind als Schaden anzusehen.[916]

---

915 BVerfGE 88, 203, Leitsatz Nr. 14; BGHZ 76, 249, 253; BGH NJW 1994, 788, 791 m.w.N.

916 Vgl. Deutsch NJW 1993, 2361 ff.; Giesen JZ 1994, 286 ff.; Weber VersR 1999, 389 ff.; Looschelders Jura 2000, 169 ff.; Spickhoff/Petershagen JuS 2001, 670 ff.; Eckebrecht JA Übungsblätter 2000, 937 ff.

Schadensausgleich nach §§ 249–253 **3. Abschnitt**

aa) Im **Schrifttum** wird die Frage **unterschiedlich** beantwortet.　**569**

Ein Teil lehnt einen Anspruch auf Zahlung von Unterhalt ab. Man könne nicht zwischen dem Kind als Wert und seinen Kosten als Schaden differenzieren. Zudem könne es nachteilige seelische Folgen für das Kind mit sich bringen, wenn es später erfahre, dass seine Existenz unerwünscht sei und als Schadensereignis gewertet werde.[917] Andere trennen streng zwischen der Unterhaltsverpflichtung und der Existenz des Kindes und sehen die Unterhaltspflicht als Schaden an.[918]

bb) Nach st.Rspr. der Zivilgerichte umfasst der vertragliche Schadensersatzanspruch gegen den Arzt, der für eine fehlgeschlagene Sterilisation (oder für eine fehlerhafte genetische Beratung vor Zeugung eines genetisch behinderten Kindes) verantwortlich ist, **im Grundsatz auch den Unterhaltsaufwand für ein Kind**, welches infolge dieses Fehlers gezeugt und geboren wird.[919]　**570**

cc) Die beiden Senate des **BVerfG** sind **unterschiedlicher Auffassung**.　**571**

(1) Nach Ansicht des Zweiten Senats verbiete es der Schutz der Menschenwürde nach Art. 1 GG, die Unterhaltspflicht für ein Kind als Schaden zu begreifen.[920]

(2) Nach Ansicht des Ersten Senats verstößt die Rspr. der Zivilgerichte nicht gegen Art. 1 GG, sondern beruht auf dem herkömmlichen Verständnis des Vermögensschadens, wonach auch Unterhaltsverpflichtungen als Schaden i.S.d. § 249 angesehen werden können, sowie auf der Schadensermittlung nach der Differenzhypothese.[921]

dd) Der BGH hat auch nach den Entscheidungen des BVerfG daran festgehalten, dass die Belastungen der Eltern mit dem Unterhaltsaufwand für ein Kind einen Vermögensschaden darstellen können.[922]

b) Der Schaden muss durch die Pflichtverletzung **verursacht** worden sein.

Die fehlgeschlagene Sterilisation war äquivalent und adäquat kausal für die Entstehung der Unterhaltspflicht des M. Der entstandene Schaden muss jedoch auch vom **Schutzzweck der Norm** erfasst sein. D.h., der rechtswirksame **Vertrag muss zumindest auch darauf gerichtet sein, die wirtschaftliche Belastung durch ein Kind zu vermeiden.**[923]　**572**

aa) Verträge über Empfängnisverhütung[924] oder über genetische Beratung vor Zeugung eines Kindes[925] sind rechtswirksam und auf ein von der Rechtsordnung gebilligtes ärztliches Verhalten gerichtet.　**573**

---

917 Vgl. die Nachweise bei BGHZ 76, 249, 251 f.; ferner Stürner VersR 1984, 297, 307 f. u. 1985, 753 ff.; Picker AcP 195, 483 ff.
918 Grunsky JZ 1983, 873; 1986, 170, 171; 1987, 82, 83; Staudinger/Schiemann § 249 Rn. 208 m.w.N.
919 BGHZ 76, 249; BGHZ 124, 128; BGH NJW 1997, 1638; OLG Zweibrücken NJW-RR 1997, 666 m.w.N.
920 BVerfGE 88, 203, 296.
921 BVerfG NJW 1998, 519; vgl. zu dem Konflikt der beiden Senate des BVerfG: Benda NJW 1998, 3330.
922 BGHZ 124, 128, 136 ff.; BGH NJW 1995, 2407; BGH NJW 1997, 1638, 1640.
923 BGH NJW 1984, 658; NJW 1995, 1609.
924 BGH NJW 1997, 2320.
925 BGHZ 124, 128.

2. Teil — Allgemeines Schadensrecht

574

bb) Zudem muss der Behandlungsvertrag zumindest auch darauf gerichtet sein, die wirtschaftliche Belastung durch ein Kind zu vermeiden.

Die Eheleute M und F hatten sich zu der Sterilisation des M aufgrund ihrer schlechten wirtschaftlichen Lage entschlossen und hatten dies auch Dr. D zur Begründung des Sterilisationswunsches mitgeteilt. Folglich ist der Vertrag zwischen M und Dr. D auch darauf gerichtet, die wirtschaftliche Belastung durch ein Kind zu verhindern, sodass der entstandene Unterhaltsschaden vom Schutzzweck der Norm erfasst wird.

c) Dr. D muss dem M den entstandenen Schaden gemäß §§ 249 ff. ersetzen. Da Naturalrestitution gemäß § 249 unmöglich ist (die Unterhaltspflicht des M ist bereits entstanden), muss Dr. D gemäß § 251 Abs. 1 Alt. 1 die Unterhaltskosten für das Kind ersetzen.

II. Ein **Anspruch** des M gegen Dr. D auf Ersatz des Unterhaltsaufwands aus **§ 823 Abs. 1** scheidet aus, da M in keinem der durch § 823 Abs. 1 geschützten Rechtsgüter betroffen ist.

575 B. M könnte gegen Dr. D ein Anspruch auf **Verdienstausfall** aus § 280 Abs. 1 zustehen.

Der fehlerhaft behandelnde Arzt hat von den wirtschaftlichen Belastungen, die aus der von ihm zu verantwortenden Geburt eines Kindes hergeleitet werden, nur den Teil zu übernehmen, der für die Existenzsicherung des Kindes erforderlich ist,[926] sodass ein Anspruch auf Ersatz des Verdienstausfalls aus § 280 Abs. 1 ausscheidet.

576 C. F könnte gegen Dr. D ein Anspruch auf **Schmerzensgeld aus § 823 Abs. 1 i.V.m. § 253 Abs. 2** zustehen.

Die Herbeiführung einer Schwangerschaft gegen den Willen der Frau stellt eine Körperverletzung der Frau dar, und zwar selbst dann, wenn der fehlgeschlagene Sterilisationseingriff beim Mann vorgenommen wurde.[927] Insbesondere wird der Zurechnungszusammenhang zwischen Verhalten des Arztes und Eintritt der Körperverletzung nicht deshalb unterbrochen, weil der Verletzungserfolg bei der Verletzten erst durch den Geschlechtsverkehr mit dem fehlerhaft behandelten Patienten, eintritt.[928]

F kann somit von Dr. D Schmerzensgeld verlangen.

Anmerkung: Frau F könnte nicht aus § 823 Abs. 1 Ersatz für den Unterhaltsaufwand verlangen. Zwar ist bei ihr eine Körperverletzung gegeben, jedoch beruht darauf nicht die Unterhaltspflicht für das Kind.[929]

„Die Beeinträchtigung des körperlichen Wohlbefindens liegt ausschließlich in den Beschwernissen, die die Schwangerschaft normalerweise mit sich bringt. Hierauf beruht die Existenz des Kindes, die die Unterhaltspflicht auslöst, nicht. Insoweit fehlt es jedenfalls am erforderlichen Zurechnungszusammenhang." In Betracht kommen könnte allenfalls das allgemeine Persönlichkeitsrecht in der besonderen Ausprägung eines Rechts auf selbstbestimmte Familienplanung. „Ein solch weites Verständnis des allgemeinen Persönlichkeitsrechts ist aber abzulehnen, da es zu uferlosen, vom Gesetzgeber nicht gewollten Ausweitungen des deliktischen Schutzes führen würde."[930]

---

926 BGHZ 124, 128, 145 f.; BGH NJW 1997, 1638, 1640 m.w.N.
927 BGH NJW 1995, 2407, 2408 m.w.N.
928 BGH NJW 1995, 2407, 2408 m.w.N.
929 OLG Köln MDR 1997, 940, 941 m.w.N.
930 OLG Köln a.a.O.

Schadensausgleich nach §§ 249–253 | **3. Abschnitt**

Fall 40: Unterbliebener Schwangerschaftsabbruch

Frau F ist die Mutter des mit schweren körperlichen Fehlbildungen geborenen Kindes K. Sie nimmt ihre Frauenärztin B auf Ersatz des Unterhaltsaufwands für das Kind in Anspruch, weil diese während der von ihr durchgeführten Schwangerschaftsbetreuung die erkennbaren Missbildungen des Kindes bei den pränatalen Ultraschalluntersuchungen pflichtwidrig nicht erkannt hat.

Frau F hatte bei den Untersuchungen mehrfach nachgefragt, ob mit dem Kind alles in Ordnung sei. Bei rechtzeitiger Aufklärung hätte F einen Schwangerschaftsabbruch vornehmen lassen. Die Geburt des schwerbehinderten Kindes hat bei F zu erheblichen gesundheitlichen Beeinträchtigungen geführt (depressive Störungen, latente Suizidgefahr). Ist B zum Ersatz des Unterhaltsaufwands für das Kind verpflichtet? (nach BGH NJW 2002, 2636 = RÜ 2002, 438 – Sachverhalt vereinfacht)

A. F könnte gegen B ein Schadensersatzanspruch aus **§ 280 Abs. 1** zustehen.　　**577**

    I. Zwischen F und B liegt ein wirksamer **Behandlungsvertrag** gemäß § 630a vor, der auf die Betreuung der F während der Schwangerschaft gerichtet ist.

    II. Der Vertrag beinhaltet u.a. die Pflicht der B zur Beratung der F über die erkennbare Gefahr einer Schädigung der Leibesfrucht. Diese **Pflicht** hat B **verletzt**, indem sie die erkennbaren Fehlbildungen des Kindes nicht diagnostiziert hat.

    III. Das **Verschulden** der B wird gemäß § 280 Abs. 1 S. 2 vermutet und eine Exkulpation ist nicht erfolgt.

    IV. F hat daher gegen B aus § 280 Abs. 1 einen **Anspruch auf Ersatz des durch die schuldhafte Pflichtverletzung entstandenen Schadens**.

        1. Bei ordnungsgemäßer Vertragserfüllung hätte B die Missbildungen des Kindes diagnostiziert und Frau F hätte einen Schwangerschaftsabbruch vornehmen lassen. Es wäre also nicht zur Geburt des K gekommen und es wäre für F keine Unterhaltspflicht entstanden. Fraglich ist, ob in der Unterhaltspflicht der F gegenüber ihrem Kind ein **ersatzfähiger Vermögensschaden** zu sehen ist.

        Nach st.Rspr. kann die Belastung der Eltern mit dem Unterhaltsaufwand für ein Kind einen ersatzfähigen Vermögensschaden darstellen (s.o. Fall 37).

        2. **Voraussetzung** für die Anerkennung eines Ersatzanspruchs der Eltern ist allerdings nach dem **Schutzzweck der Norm,** dass der **rechtswirksame Vertrag** des Arztes mit den Eltern jedenfalls auch **darauf gerichtet** ist, die **wirtschaftliche Belastung durch ein Kind zu vermeiden**.

        a) Nach der Rspr.[931] kann eine auf der Verletzung des Behandlungsvertrags beruhende Vereitelung eines möglichen Schwangerschaftsabbruchs nur dann Ansatz dafür sein, die Eltern im Rahmen eines vertraglichen Schadensersatzanspruchs gegen den Arzt auf der vermögensmäßigen Ebene　　**578**

---

931 Vgl. BGH NJW 2002, 886 m.w.N.; BGH NJW 2003, 3411; OLG Nürnberg NJW 2009, 1757.

215

| | von der Unterhaltsbelastung durch das Kind freizustellen, wenn der **Abbruch rechtmäßig** gewesen wäre, also der Rechtsordnung entsprochen hätte und von ihr nicht missbilligt worden wäre.

Im vorliegenden Fall geht der BGH[932] davon aus, dass der Schwangerschaftsabbruch aufgrund **medizinischer Indikation gemäß § 218 a Abs. 2 StGB** rechtmäßig gewesen wäre.

579   b) Der entstandene Unterhaltsschaden ist nur dann ersatzfähig, wenn er **vom Schutzzweck des Behandlungsvertrags erfasst** ist.

Bei Schwangerschaftsabbrüchen aus medizinischer Indikation zur Abwehr schwerer Gesundheitsgefahren für die Schwangere erstreckt sich nach st.Rspr. der Schutzzweck des Vertrags im Allgemeinen nicht auf die Bewahrung vor belastenden Unterhaltspflichten gegenüber dem Kind.[933] Dies wird damit begründet, dass im Regelfall der medizinischen Indikation Gefahren abgewendet werden sollen, die der Schwangeren durch das Fortbestehen der Schwangerschaft oder die bevorstehende Geburt drohen; die Abwehr solcher **Gefahren, die durch die Lebensumstände nach der Geburt des Kindes drohen, stünden dabei nicht im Mittelpunkt**.

Nach Ansicht des BGH ist der Unterhaltsbedarf des Kindes vom Schutzzweck dieses Behandlungsvertrags erfasst, da die schwerwiegenden Gesundheitsgefahren für die Mutter, die zur Erfüllung der Voraussetzungen der Indikation nach § 218 a Abs. 2 StGB führen, hier **gerade auch für die Zeit nach der Geburt drohen**. War demgemäß der vertragliche Schutzzweck auch auf die Vermeidung dieser Gefahren durch das „Haben" des Kindes gerichtet, so erstreckt sich die aus der Vertragsverletzung resultierende Ersatzpflicht auch auf den Ausgleich der durch die Unterhaltsbelastung verursachten vermögensrechtlichen Schadenspositionen.[934]

F kann daher von B gemäß § 280 Abs. 1 Ersatz des Unterhaltsaufwands für das Kind verlangen.

B. Ein **Anspruch aus § 823 Abs. 1** auf Ersatz des Unterhalts besteht nicht, da die Unterhaltspflicht für das Kind nicht auf einer Körperverletzung der F beruht.[935]

5. Pflegeleistungen von Eltern

580   Der Betreuungsaufwand naher Angehöriger eines durch eine unerlaubte Handlung Verletzten kann im Rahmen des § 843 Abs. 1 grundsätzlich ersatzpflichtig sein.

So sind bei verletzungsbedingter Pflegebedürftigkeit als Teil des Anspruchs des Verletzten auf Ersatz eines Mehrbedarfs vom Schädiger die Pflegedienste auch dann angemessen abzugelten, wenn sie statt von fremden Pflegekräften von Angehörigen (dem Verletzten gegenüber unentgeltlich) erbracht werden, wobei nicht entscheidend ist, ob der Angehörige, der die Pflegeleistungen erbringt, seinerseits ei-

---

932   BGH NJW 2002, 2636, 2637.

933   BGH NJW 1985, 2749; NJW 2002, 1489.

934   BGH NJW 2002, 2636, 2639.

935   Vgl. zu der Problematik – Unterhalt für ein Kind als Schaden – Müller NJW 2003, 697.

nen Verdienstausfall erleidet. Denn eine solche Hilfeleistung naher Angehöriger darf dem Schädiger entsprechend dem Rechtsgedanken des § 843 Abs. 4 nicht zugute kommen.

Eine derartige Ersatzpflicht hat jedoch zur Voraussetzung, dass sich der geltend gemachte Aufwand in der Vermögenssphäre als geldwerter Verlustposten konkret niedergeschlagen hat.

Dies ist einerseits bei einem Verdienstausfall der unentgeltlich einspringenden Angehörigen gegeben, andererseits aber auch dort, wo der Vermögenswert der geleisteten Dienste im Sinne eines „Marktwerts" objektivierbar ist, da sie ihrer Art nach in vergleichbarer Weise ohne Weiteres auch von einer fremden Hilfskraft übernommen werden könnten. Hingegen sind Aufwendungen an Zeit, die sich nicht in diesem Sinne konkret in der Vermögenssphäre niederschlagen, im Rahmen deliktischer Haftungsbeziehungen nicht ersatzfähig.

Auf der Grundlage dieser Überlegungen kann eine zusätzliche Betreuung, die Eltern – z.B. in ihrer Freizeit – ihrem gesundheitlich geschädigten Kind zuteil werden lassen, nur dann als vermögenswerte Leistung im Rahmen der vermehrten Bedürfnisse des Kindes schadensersatzrechtlich ersatzpflichtig sein, wenn sie den Bereich der allein den Eltern als engsten Bezugspersonen zugänglichen „unvertretbaren" Zuwendung verlässt und sich so weit aus dem selbstverständlichen, originären Aufgabengebiet der Eltern heraushebt, dass nicht nur theoretisch, sondern als praktische Alternative ein vergleichbarer Einsatz fremder Hilfskräfte in Betracht kommt.

Diese Voraussetzungen sind z.B. erfüllt, wenn Eltern die Pflege eines schadensbedingt in seinen täglichen Verrichtungen erheblich eingeschränkten, pflegebedürftig gewordenen Kindes übernehmen.[936]

6. Warenhausdiebstahl

Fall 41: Vorbeugekosten; allgemeine Verwaltungskosten; Fangprämie

Die 16-jährige S wurde ertappt, nachdem sie in einem Geschäft einen Pulli im Wert von 20 € heimlich in die Tasche gesteckt hatte. S gab die Diebstahlsabsicht zu und den Pulli zurück. Der Inhaber K erstattet Strafanzeige und verklagt S, vertreten durch ihre Eltern, auf Zahlung von 70 €. Dieser Betrag setzt sich wie folgt zusammen:

1. Einmal seien dem Kaufhaus sogenannte „Vorbeugekosten" zur Verhinderung von Kaufhausdiebstählen entstanden, die anteilig von den ermittelten Kaufhausdieben zu tragen seien. Die S müsse daher 20 € als anteilige Kosten des Gehalts für den Kaufhausdetektiv und 20 € als anteilige Kosten für die Installation von Fernsehkameras zur Beobachtung von Kaufhausdieben, insgesamt also 40 € zahlen.

2. An Bearbeitungskosten seien für Porto, Telefon und Papier insgesamt 5 € angefallen. Diese müsse die S ebenfalls ersetzen.

3. Schließlich müsse die S eine „Fangprämie" i.H.v. 25 € erstatten, die das Kaufhaus seinen Angestellten vor der Tat für jeden von ihnen ertappten Ladendieb versprochen und die es im Falle der S auch an die Verkäuferin gezahlt habe, die den Diebstahl der S bemerkt und dem Kaufhausdetektiv den Hinweis gegeben habe.

---

936 BGH MDR 1999, 1137.

2. Teil Allgemeines Schadensrecht

581 A. Ein **Anspruch aus § 280 Abs. 1 i.V.m. §§ 311 Abs. 2, 241 Abs. 2** scheidet wegen der Minderjährigkeit der S aus; der Minderjährige haftet aus einem rechtsgeschäftlichen und rechtsgeschäftsähnlichen Schuldverhältnis (§ 311) nur, wenn er nach den §§ 827, 828 schuldfähig ist und die Zustimmung des gesetzlichen Vertreters zur Aufnahme der Vertragsverhandlungen oder des geschäftlichen Kontakts besaß.

582 B. In Betracht kommt ein Schadensersatzanspruch aus **§ 823 Abs. 1**.

I. S hat durch den Sachentzug (heimliches Einstecken in ihre Tasche) Eigentum und Besitz des K verletzt. Sie handelte rechtswidrig und auch schuldhaft, da sie die zur Erkenntnis der Verantwortlichkeit erforderliche Einsicht (§ 828 Abs. 3) besaß.

II. Art und Umfang der Ersatzpflicht richten sich nach §§ 249 ff.

Da hinsichtlich der geltend gemachten Schadensposten Naturalherstellung unmöglich ist, kommt Schadenskompensation nach § 251 Abs. 1 Alt. 1 in Betracht.

Fraglich ist jedoch, ob der **Schutzzweck des § 823 Abs. 1** die entstandenen Schadenspositionen erfasst.

583 1. Die anteiligen Kosten für Detektiv und Überwachungskamera sind sogenannte Vorbeugekosten. **Vorbeugekosten**, die nicht die Verhinderung oder Abwehr eines bevorstehenden **konkreten** Eingriffs im Auge haben, sondern das Eigentum **allgemein** gegen Diebe sicher machen sollen, werden von dem Schutzzweck des § 823 Abs. 1 nicht erfasst.[937]

584 2. Bei **allgemeinen Verwaltungskosten** (Porto, Telefon, Papier etc.) gilt:

Die Auslagen für die Einleitung eines Strafverfahrens sind nicht erstattungsfähig, denn Eigentums- u. Besitzschutz erstrecken sich nicht auf die Verwirklichung des Strafanspruchs. Auslagen zur Verfolgung zivilrechtlicher Ansprüche sind nicht selbstständig einklagbar, sondern es muss bei der Klage (z.B. wegen der Fangprämie) im Kostenfestsetzungsverfahren Erstattung verlangt werden.[938]

585 3. Die **Fangprämie** weist – im Gegensatz zu den allgemeinen Vorbeugungsmaßnahmen – trotz ihres Präventivcharakters insoweit einen konkreten Bezug zum einzelnen Diebstahl auf, als sie erst durch diesen und nur deshalb erwächst, weil die konkrete Bedrohung des Eigentums durch den Ladendieb Anlass zu dem Eingreifen gegeben hat, das durch die Prämie honoriert werden soll. Die Prämie dient zumindest **auch der Verhütung eines ganz konkreten Schadensfalles**. Sie ist daher nach h.M. grundsätzlich erstattungsfähig.[939]

Allerdings hält der BGH (im Jahre 1979!) grundsätzlich nur eine Pauschale bis 50 DM oder bei höherwertigen Waren einen zu einem Prozentsatz der Diebesbeute darüber hinausgehenden Betrag für vertretbar.[940]

Ein Teil der Rspr. und des Schrifttums lehnt die Erstattungsfähigkeit der Fangprämie ab, da sie nicht allein der Wiederbeschaffung der gestohlenen Sache diene, sondern auch präven-

---

937 BGHZ 59, 286, 288; 75, 230, 237; zust. z.B. MünchKomm/Oetker § 249 Rn. 200.

938 BGHZ 75, 232, 235.

939 BGHZ 75, 232, 238; Palandt/Grüneberg Vorbem. v. § 249 Rn. 44; Deutsch JZ 1980, 102; Mertins JR 1980, 357.

940 So BGHZ 75, 232, 240; a.A. insoweit Mertins JR 1980, 357 ff.; Zimmermann JZ 1981, 86 ff.

tive Zwecke verfolge: Wer sie verspreche, erhoffe sich von ihr erhöhte Wachsamkeit und Einsatzbereitschaft seines Personals. Das Versprechen einer Fangprämie diene also auch der Diebstahlssicherung und ergänze daher lediglich die Vorbeugemaßnahmen, wie die Einstellung eines Kaufhausdetektivs oder den Einbau von Überwachungskameras. [941]

K kann daher (h.M.) von S Zahlung i.H.v. 25 € verlangen.

IV. Ersatz immaterieller Schäden[942]

Bei einem immateriellen Schaden (= Nichtvermögensschaden) handelt es sich um eine Einbuße, die sich nicht in Geld messen lässt, z.B. Beeinträchtigung der Ehre.[943]

586

1. Grundsatz des § 253 Abs. 1

Gemäß § 253 Abs. 1 kann eine Entschädigung in Geld für einen immateriellen Schaden nur in den durch das Gesetz bestimmten Fällen geltend gemacht werden. Derartige gesetzliche Anordnungen finden sich z.B. in § 253 Abs. 2, § 651 f Abs. 2 und § 15 Abs. 2 AGG.

587

2. Schmerzensgeld

a) Voraussetzungen (nach § 253 Abs. 2)

Voraussetzung für § 253 Abs. 2 ist eine Schadensersatzpflicht wegen einer Verletzung des Körpers, der Gesundheit, der Freiheit oder der sexuellen Selbstbestimmung.

588

Die Ersatzpflicht kann sich aus Vertrag, Delikt oder Gefährdungshaftung ergeben. Auch Schadensersatzansprüche aus öffentlich-rechtlichen Sonderverbindungen oder GoA umfassen bei Eingriffen in die in § 253 Abs. 2 genannten Rechtsgüter ein Schmerzensgeld.[944]

Beachte: *§ 253 Abs. 2 ist keine eigene Anspruchsgrundlage. D.h., wenn man den Anspruch auf Schmerzensgeld eigenständig prüft, muss § 253 Abs. 2 immer i.V.m. mit der Schadensersatznorm zitiert werden, aus der sich die Schadensersatzpflicht ergibt.*

b) Die Bemessungsfaktoren

Maßgebend für die Höhe des Schmerzensgeldanspruchs sind

589

- **auf der Seite des Verletzten** im Wesentlichen die Schwere der Verletzungen, das durch diese bedingte Leiden, dessen Dauer, das Ausmaß der Wahrnehmung der Beeinträchtigung durch den Verletzten;

- **aufseiten des Schädigers** sind insbesondere der Grad seines Verschuldens und seine wirtschaftliche Leistungsfähigkeit zu berücksichtigen.[945]

---

941 Esser/Schmidt SchuldR I/2 § 32 III 2 b, S. 220.
942 Neuner JuS 2013, 577.
943 Brand § 2 Rn. 14.
944 Palandt/Grüneberg § 253 Rn. 10; Jaeger/Luckey MDR 2002, 1168, 1169.
945 BGHZ 138, 388, 391; BGH NJW 1997, 455.

| 2. Teil | Allgemeines Schadensrecht |

Der Anspruch auf Schmerzensgeld ist kein gewöhnlicher Schadensersatzanspruch, sondern ein Anspruch eigener Art mit einer **doppelten Funktion**.[946]

590 ■ § 253 Abs. 2 hat – wie jeder Schadensersatzanspruch – eine **Ausgleichsfunktion:** Das Schmerzensgeld soll dem Geschädigten einen angemessenen Ausgleich bieten für diejenigen Schäden nichtvermögensrechtlicher Art, die die Verletzung zur Folge hat. Derartige Schäden sind vor allem die erlittenen und noch zu erleidenden Schmerzen, ausgestandene Ängste und Sorgen und die Beeinträchtigungen der Lebensfreude. Art und Maß derartiger Beeinträchtigungen bestimmen in erster Linie die Höhe des Schmerzensgeldes.

591 ■ Ein wirklicher Ausgleich immaterieller Schäden ist schwierig, vielfach unmöglich. Man denke nur an schwere Verletzungen, wie Querschnittslähmung oder Erblindung. Es gibt keinen Geldbetrag, der derartige Nachteile ausgleichen könnte. Das Schmerzensgeld hat daher nach gefestigter Rspr. neben der Ausgleichs- auch eine **Genugtuungsfunktion**, d.h., das Schmerzensgeld soll dem Geschädigten eine Genugtuung für das verschaffen, was ihm der Schädiger angetan hat. Unter dem Gesichtspunkt der Genugtuungsfunktion sind insbesondere Art und Maß des Verschuldens beim Schädiger zu berücksichtigen.[947]

Das Genugtuungsbedürfnis des Geschädigten gerät nicht in Wegfall, wenn der Schädiger wegen der von ihm begangenen Tat zu einer Freiheitsstrafe verurteilt wird.[948]

592 Bei der Bemessung des Schmerzensgeldes müssen alle Umstände berücksichtigt werden, die dem einzelnen Schadensfall sein besonderes **Gepräge** geben.

■ Für den Schadensfall bedeutsam sind auch die **wirtschaftlichen Verhältnisse des Schädigers**. Eine Haftpflichtversicherung des Schädigers kann daher bei der Bemessung berücksichtigt werden.[949]

Das Schmerzensgeld kann bei ungebührlicher Verzögerung der Schmerzensgeldzahlung durch die Haftpflichtversicherung des Schädigers angemessen erhöht werden.[950]

593 ■ Ob auch die **wirtschaftlichen Verhältnisse des Geschädigten** eine Rolle spielen dürfen, ist umstritten.

■ Nach einer Ansicht sind besonders (un)günstige Vermögensverhältnisse kein Grund, das Schmerzensgeld zu erhöhen oder herabzusetzen, da die Persönlichkeitseinbuße des Betroffenen ohne Ansehung seiner Habe zu würdigen sei.[951]

■ Die Gegenauffassung berücksichtigt die wirtschaftlichen Verhältnisse des Geschädigten bei der Bemessung des Schmerzensgeldes unter dem Gesichtspunkt der Billigkeit, da einerseits die Bedeutung der Ausgleichsfunktion bei besonders günstigen Vermögensverhältnissen zurücktreten kann und andererseits im Einzelfall

---

946 BGH GSZ BGHZ 18, 149; OLG Düsseldorf VersR 1996, 1508.
947 BGH GSZ BGHZ 18, 149, 156 f.; OLG Köln OLG Report 2000, 192.
948 BGHZ 128, 117, 121 ff.; BGH NJW 1996, 1591.
949 BGH GSZ BGHZ 18, 149, 165 f.
950 OLG Saarbrücken NJW 2011, 933.
951 OLG Schleswig NJW-RR 2000, 470; Palandt/Grüneberg § 253 Rn. 19.

der gewohnte höhere Lebensstandard des Verletzten zu einer Erhöhung des Schmerzensgeldes führen kann.[952]

■ Mittlerweile ist höchstrichterlich entschieden, dass bei der Bemessung des Schmerzensgeldes alle Umstände des Einzelfalls berücksichtigt werden können. Dabei könnten auch die wirtschaftlichen Verhältnisse des Schädigers und des Geschädigten nicht von vornherein ausgeschlossen werden.[953] Eine „billige" Entschädigung in Geld zu gewähren, gebiete bereits vom Wortlaut her die Herstellung von Einzelfallgerechtigkeit und verbiete daher jede Generalisierung. Bestimmte Umstände des Einzelfalls von vornherein nicht zu berücksichtigen, stehe folglich in einem unauflösbaren Widerspruch zur Funktion des Billigkeitsgedankens.[954] Bei der Bemessung des Schmerzensgeldes stünden die Höhe und das Maß der Lebensbeeinträchtigung im Vordergrund. Daher habe bei den unter dem Aspekt der Billigkeit zu berücksichtigenden Umständen die Rücksicht auf Größe, Heftigkeit und Dauer der Schmerzen, Leiden und Entstellungen stets den ausschlaggebenden Moment zu bilden. Daneben könnten aber auch alle anderen Umstände berücksichtigt werden, die dem Einzelfall das Gepräge geben.[955]

594

c) Schmerzensgeld bei Schwerstschädigungen

Führen schwerste Verletzungen, insbesondere erhebliche Hirnschäden, zum weitgehenden Verlust der Wahrnehmungs- und Empfindungsfähigkeit des überlebenden Opfers, so hat die Rspr. dem Verletzten in diesen Fällen früher nur eine symbolische Entschädigung gewährt oder das Schmerzensgeld komplett ausgeschlossen.[956] Begründet wurde dies mit dem weitgehenden Wegfall der Funktionen des Schmerzensgeldes in derartigen Fällen: Das Opfer könne wegen seiner schweren Verletzungen weder Ausgleich noch Genugtuung als Folge der Zahlung einer Geldentschädigung empfinden.

595

Diese Rspr. hat der BGH aufgegeben und klargestellt, dass das Schmerzensgeld nicht nur eine Sühne- und Genugtuungsfunktion habe, sondern **auch die Funktion, die Würde und das Persönlichkeitsrecht des Verletzten zu schützen, Art. 1, 2 GG** („Würdefunktion"). Die Einbuße der Persönlichkeit, der Verlust an personaler Qualität infolge schwerer Hirnschädigungen stelle daher schon für sich einen auszugleichenden immateriellen Schaden dar, unabhängig davon, ob der Betroffene die Beeinträchtigung empfinde. Es handele sich bei Fällen dieser Art um eine **eigenständige Fallgruppe**, bei der die Zerstörung der Persönlichkeit durch den Fortfall oder das Vorenthalten der Empfindungsfähigkeit geradezu im Mittelpunkt stehe und deshalb bei der Bemessung der Entschädigung einer eigenständigen Bewertung zugeführt werden muss, die der zentralen Bedeutung dieser Einbuße für die Person gerecht werde.[957]

596

---

952 BGHZ 18, 149, 159; Brox/Walker SchuldR BT § 52 Rn. 11, Hk-BGB/Schulze § 253 Rn. 20; Fuchs/Pauker/Baumgärtner Kap. 7 B. II.

953 BGH RÜ 2017, 151 ff. auf Vorlage des 2. Strafsenats, der – in Abweichung von der bisherigen Rspr. – weder die wirtschaftlichen Verhältnisse des Geschädigten noch die des Schädigers bei der Bemessung des Schmerzensgeldes berücksichtigen wollte.

954 BGH RÜ 2017, 151, 153.

955 BGH RÜ 2017, 151 ff.

956 BGH NJW 1982, 2123 m.w.N.

957 BGH NJW 1993, 781.

221

2. Teil · Allgemeines Schadensrecht

d) Schmerzensgeldanspruch nach dem Tod des Verletzten

597 Entgegen der früheren Rechtslage (Vererblichkeit des Schmerzensgeldanspruchs erst ab Rechtshängigkeit) ist der Anspruch auf Schmerzensgeld seit dem 01.07.1990 **übertragbar und vererblich**. Trotz der „höchstpersönlichen" Natur des Schmerzensgeldes ist folglich nach der Gesetzesänderung keine Willensbekundung des Verletzten selbst, Schmerzensgeld zu fordern, mehr notwendig.

Problematisch ist die **Schmerzensgeldbemessung bei alsbaldigem Tod**.[958]

598 ■ Ein Schmerzensgeldanspruch **entsteht nicht**, wenn die schädigende Handlung **unmittelbar den Tod** herbeigeführt hat.[959]

599 ■ **Verstirbt der Verletzte alsbald an den Folgen seiner Verletzung** muss nach der Rspr. eine **umfassende Gesamtbetrachtung** der immateriellen Nachteile unter besonderer Berücksichtigung von Art und Schwere der Verletzung, des dadurch verursachten Leidens sowie dessen Wahrnehmung durch den Verletzten und des Zeitraums zwischen Verletzung und Tod vorgenommen werden.[960] **Bedeutung hat demnach vor allem, wie lange der Geschädigte das Schadensereignis überlebt und ob er in dieser Zeit Schmerzen empfindet.** [961] Selbst wenn der Verletzte vor seinem Tod nicht mehr das Bewusstsein wiedererlangt, kann demnach ein Anspruch bei einem immateriellen Schaden in Betracht kommen, denn das fehlende Bewusstsein stellt keinen Minderungsgrund dar. Insofern kann nach der eigenständigen Bewertung aller schadensprägenden Umstände auch hier ein Schmerzensgeld billig erscheinen.[962] Tritt der Tod indes in unmittelbar zeitlichem Zusammenhang mit dem Verletzungsereignis ein, z.B. innerhalb einer Stunde, ohne dass der Verletzte wieder zu sich kommt, fehlt es nach Ansicht der Rspr. an einem abgrenzbaren immateriellen Schaden.[963]

e) Prozessuale Fragen

600 ■ **Unbezifferter Klageantrag:** Bei Zahlungsklagen ist der verlangte Geldbetrag grundsätzlich zu beziffern, vgl. § 253 Abs. 2 Nr. 2 ZPO. Eine Ausnahme gilt u.a. beim Schmerzensgeldanspruch, da die Höhe des geschuldeten Betrags vom Gericht nach billigem Ermessen festzusetzen ist. Der Klageantrag kann daher lauten: „ ... den Beklagten zu verurteilen, an den Kläger ein angemessenes, der Höhe nach in das Ermessen des Gerichts gestelltes Schmerzensgeld zu zahlen."[964]

Allerdings muss der Kläger auch bei unbezifferten Leistungsanträgen die Größenordnung des geltend gemachten Betrags so genau wie möglich in seiner Klageschrift angeben, damit das Gericht die sachliche Zuständigkeit ermitteln und die Prozesskosten später gerecht verteilen kann.[965]Bei

---

958 Vgl. dazu Jaeger MDR 1998, 450 ff.; ders. auch schon VersR 1996, 1177 ff.

959 BGH NJW 1976, 1147, 1148.

960 BGHZ 120, 1, 8; BGH NJW 1993, 1531, 1532; BeckOK/Spindler § 253 Rn. 35 m.w.N.

961 OLG München VersR 1998, 645; OLG Schleswig NJW-RR 1998, 404; OLG Köln NJW-RR 1992, 221.

962 OLG Schleswig NJW-RR 1998, 1404: 10.000 DM bei Tod nach acht Tagen ununterbrochenem Koma; OLG Köln VersR 2000, 974, 975 f.: 10.000 DM bei Tod nach fünftägigem Koma; BeckOK/Spindler § 253 Rn. 35 m.w.N.

963 BGH NJW 1998, 2741, 2743.

964 St.Rspr. seit RGZ 21, 386; vgl. auch BGHZ 45, 91; 132, 341, 350.

965 BGHZ 132, 341, 350 m.w.N.

der Festsetzung des für angemessen gehaltenen Schmerzensgeldes sind dem Richter jedoch nach oben keine Grenzen gesetzt. Das Gericht kann auch über eine vom Kläger angegebene Mindestgröße des Schmerzensgeldbetrags erheblich hinausgehen, ohne gegen § 308 ZPO zu verstoßen, da die Größenordnungsangabe lediglich Teil der Klageschrift, aber nicht Bestandteil des Antrags ist.[966]

■ **Umfang der Rechtskraft eines Schmerzensgeldurteils:** Wird für eine Körperverletzung uneingeschränkt ein Schmerzensgeld verlangt, so werden durch den zuerkannten Betrag alle diejenigen Schadensfolgen abgegolten, die entweder bereits eingetreten oder objektiv erkennbar waren oder deren Eintritt jedenfalls vorhergesehen und bei der Entscheidung berücksichtigt werden konnte (Grundsatz der Einheitlichkeit des Schmerzensgeldes).[967] War eine später aufgetretene Verletzungsfolge nicht derart nahe liegend, so steht die Rechtskraft der früheren Entscheidung der Zubilligung eines weiteren Schmerzensgeldes nicht entgegen.[968]

601

4. Abschnitt: Sondervorschriften für den deliktischen Ersatzanspruch

A. § 842 Umfang der Ersatzpflicht bei Verletzung einer Person

Nach § 842 gehören zu dem zu ersetzenden Schaden die Nachteile, welche die unerlaubte Handlung für den Erwerb oder das Fortkommen des Verletzten herbeigeführt haben. Die Vorschrift dient lediglich der Klarstellung, dass die genannten Nachteile Vermögensschäden i.S.v. §§ 249 ff. sind.[969]

602

B. § 843 Geldrente oder Kapitalabfindung

Wird infolge einer Verletzung des Körpers oder der Gesundheit die Erwerbsfähigkeit des Verletzten aufgehoben oder gemindert oder tritt eine Vermehrung seiner Bedürfnisse ein, regelt § 843 gewisse Besonderheiten:

603

■ Grundsätzlich ist in diesen Fällen Schadensersatz durch Entrichtung einer Geldrente zu leisten (§ 843 Abs. 1).

604

Unter Vermehrung der Bedürfnisse sind alle unfallbedingten Mehraufwendungen für die persönliche Lebensführung zu verstehen, soweit sie dauernd und regelmäßig erforderlich sind (z.B. Medikamente, Kuren, Erneuerung künstlicher Gliedmaßen).[970] Die Ersatzpflicht erstreckt sich auch auf verletzungsbedingt erforderliche Mehraufwendungen für Kraftfahrzeuge, z.B. die Kosten für den Einbau von Sonderausrüstungen oder die Ausstattung mit einem automatischen Getriebe.

Derjenige Ehepartner, der den Haushalt führt und der durch eine unerlaubte Handlung verletzt und dadurch in der Haushaltsführung beeinträchtigt wird, hat einen eigenen Ersatzanspruch gegen den Schädiger.[971] Die Höhe bestimmt sich auf der Grundlage der Kosten, die für eine den Ausfall ausgleichende Hilfskraft aufzuwenden sind.[972] Nach Ansicht des OLG Frankfurt muss der Geschädigte

---

966 BGHZ 132, 341, 350; OLG Brandenburg VersR 2000, 489.

967 BGH RÜ 2019, 13.

968 BGH MDR 1995, 357; OLG Schleswig MDR 2001, 1116.

969 BeckOK/Spindler § 842 Rn. 1.

970 Hk-BGB/Staudinger § 843 Rn. 5; Zoll NJW 2014, 967 ff.

971 BGHZ 54, 45, 52; vgl. dazu Heß/Burmann NJW-Spezial 2006, 159.

972 Soergel/Beater § 843 Rn. 23; nach BGH NJW 2009, 2060 darf sich der Tatrichter zur Schätzung des Haushaltsführungsschadens in Ermangelung abweichender konkreter Gesichtspunkte am Tabellenwerk von Schulz-Borck/Hofmann (Schadensersatz bei Ausfall von Hausfrauen und Müttern im Haushalt) orientieren.

2. Teil — Allgemeines Schadensrecht

für die Ermittlung des Haushaltsführungsschadens demgegenüber im Einzelnen vortragen, in welchem Umfang er durch die Verletzung in der Erbringung der dafür erforderlichen Leistungen eingeschränkt war. Für die fiktive Abrechnung des Schadens erscheint nach Ansicht des OLG bei einfachen Arbeiten im Haushalt ein Stundensatz von 8,50 € angemessen, der aber hinsichtlich des Zuschnitts des Haushalts auf 10 € angehoben werden könne.[973]

605 ■ Bei Vorliegen eines wichtigen Grundes erfolgt ausnahmsweise statt der Rente Abfindung in Kapital (§ 843 Abs. 3).

Der wichtige Grund kann sowohl in der Person des Geschädigten (z.B. Finanzierung des Erwerbs eines Geschäfts oder einer Ausbildung) als auch beim Schädiger liegen (z.B. Erschwerung der Durchsetzung des Anspruchs durch häufigen Wohnungswechsel).[974]

606 ■ Der Ersatzanspruch wird nicht dadurch ausgeschlossen, dass ein anderer dem Verletzten Unterhalt zu gewähren hat, § 843 Abs. 4. Die Vorschrift ist Ausdruck eines allgemeinen Rechtsgedankens im Rahmen der Vorteilsausgleichung: Auf den Schaden sind keine Leistungen anderer anzurechnen, die nach ihrer Natur dem Schädiger nicht zugute kommen sollen.[975] Daher gilt die Regelung auch dann, wenn der Unterhaltspflichtige bereits geleistet hat.[976]

C. § 844 Ersatzansprüche Dritter bei Tötung

607 § 844 (und auch § 845) regelt eine Ausnahme von dem Prinzip des BGB, dass nur der in seinen eigenen Rechten bzw. Rechtsgütern Verletzte Ansprüche geltend machen kann. Wegen des Ausnahmecharakters kann die Norm nicht auf andere Personen oder Schadensfälle analog angewandt werden.[977]

608 ■ Im Falle der Tötung hat derjenige, der die Kosten der Beerdigung zu tragen hat (i.d.R. der Erbe, § 1968), einen Anspruch auf **Ersatz der Beerdigungskosten** gegen den Täter, **§ 844 Abs. 1**.[978]

Ausreichend für eine Ersatzberechtigung ist aber auch die nur vertraglich begründete Pflicht zur Kostentragung oder die ohne gesetzliche Verpflichtung bzw. Auftrag übernommene Kostentragung nach §§ 677, 683.[979]

609 ■ Stand der Getötete zur Zeit der Verletzung zu einem Dritten in einem Verhältnis, aufgrund dessen er dem Dritten gegenüber **kraft Gesetzes** unterhaltspflichtig war, und ist dem Dritten infolge der Tötung das Recht auf den Unterhalt entzogen, so hat der Ersatzpflichtige dem Dritten durch Entrichtung einer Geldrente insoweit Schadensersatz zu leisten, als der Getötete während der mutmaßlichen Dauer seines Lebens zur Gewährung des Unterhalts verpflichtet gewesen sein würde, **§ 844 Abs. 2**.[980]

Ein Verlust vertraglich vereinbarter Unterhaltsleistungen reicht für § 844 Abs. 2 nicht aus.

---

973 OLG Frankfurt NJW 2019, 442 ff.
974 Jauernig/Teichmann § 843 Rn. 4; Palandt/Sprau § 843 Rn. 19.
975 Hk-BGB/Staudinger § 843 Rn. 10.
976 BGHZ 54, 269, 274; vgl. dazu Heß/Burmann NJW-Spezial 2006, 447.
977 Palandt/Sprau § 844 Rn. 1.
978 Dazu im Einzelnen Freyberger MDR 2000, 117 ff.
979 BeckOK/Spindler § 844 Rn. 7.
980 Vgl. zur Berechnung der Geldrente BGH, NJW 2006, 2327.

Sondervorschriften für den deliktischen Ersatzanspruch | **4. Abschnitt**

■ Ferner muss der Ersatzpflichtige nach dem am 22.07.2017 in Kraft getretenen **§ 844 Abs. 3** ein **Hinterbliebenengeld** – d.h. eine angemessene Entschädigung in Geld wegen des zugefügten seelischen Leids – zahlen.[981]

610

Gemäß Art. 229 § 43 EGBGB gilt die Neuregelung für alle zum Tode führenden Verletzungen, die nach ihrem Inkrafttreten am 22.07.2017 eingetreten sind.

Anspruchsberechtigt ist der Hinterbliebene, der zur Zeit der Verletzung zu dem Getöteten in einem besonderen persönlichen Näheverhältnis stand, für das dem Hinterbliebenen zugefügte seelische Leid eine angemessene Entschädigung in Geld leisten. Ein besonderes persönliches Näheverhältnis wird gemäß § 844 Abs. 3 S. 2 vermutet, wenn der Hinterbliebene der Ehegatte, der Lebenspartner, ein Elternteil oder ein Kind des Getöteten war. Es kommen jedoch auch andere Personen (bspw. Geschwister, ehe- oder lebenspartnerschaftsähnliche Partner, Verlobte, Stief- oder Pflegekinder) in Betracht.[982]

611

Im Gegensatz zu dem Anspruch auf Ersatz von Schockschäden aus § 823 Abs. 1 ist bei dem Hinterbliebenengeld keine eigene gesundheitliche Beeinträchtigung des Anspruchstellers notwendig. Stehen einer Person Ansprüche auf Hinterbliebenengeld und Ersatz eines Schockschadens zu, so soll nach dem Willen des Gesetzgebers, der Schockschaden vorgehen bzw. das Hinterbliebenengeld in dem Schockschaden aufgehen. Dadurch soll die Gefahr, dass ein weitergehender Schockschaden ausgeschlossen wird, beseitigt werden. Beide Ansprüche haben aber auch einen exklusiven Anwendungsbereich: So bleibt ausschließlich der Anspruch aus § 823 Abs. 1 auf Ersatz des Schockschadens einschlägig, wenn der primär Verletzte überlebt hat, während lediglich das Hinterbliebenengeld eingreift, wenn sich die Trauer nicht als medizinisch erfassbare Gesundheitsbeeinträchtigung niedergeschlagen hat.[983]

612

Beachte: Ein mitwirkendes Mitverschulden des Getöteten muss sich der mittelbar Geschädigte gemäß § 846 i.V.m. § 254 anrechnen lassen.

D. § 845 Ersatzansprüche wegen entgangener Dienste

Im Falle der Tötung, der Verletzung des Körpers oder der Gesundheit sowie im Falle der Freiheitsentziehung hat der Ersatzpflichtige, wenn der Verletzte **kraft Gesetzes** einem Dritten zur Leistung von Diensten in dessen Hauswesen oder Gewerbe verpflichtet war, dem Dritten für die entgehenden Dienste durch Entrichtung einer Geldrente Ersatz zu leisten.

613

§ 845 kommt **nicht** zur Anwendung bei der Tötung eines Ehepartners, denn die Haushaltsführung entspringt der Unterhaltspflicht (vgl. § 1360 S. 2), und wird daher bereits von § 844 Abs. 2 erfasst. Die Vorschrift bezieht sich daher heute auf die evtl. bestehende Dienstleistungspflicht der Kinder nach § 1619 und hat somit wenig praktische Bedeutung.[984]

---

981 Vgl. dazu Bredemeyer ZEV 2017, 690 ff.; Huber JuS 2018, 744 ff.; Röthel Jura 2018, 235 ff.; Steenbruck r+s 2017, 449 ff.; Wagner NJW 2017, 2641 ff.

982 Wagner NJW 2017, 2641, 2644.

983 Begr. RegE zum HinterbliebenengeldG, BR-Drs. 127/17, 11; BeckOK/Spindler § 844 Rn. 44.

984 Vgl. z.B. OLG Saarbrücken FamRZ 1989, 180.

2. Teil · Allgemeines Schadensrecht

E. § 848 Zufallshaftung des Deliktsschuldners

614 § 848 erweitert die Haftung desjenigen, der durch unerlaubte Handlung eine Sache entzogen hat und zur Rückgabe verpflichtet ist.

Die erweiterte Haftung besteht darin, dass der Deliktsschuldner „auch für den zufälligen Untergang, eine aus einem anderen Grunde eintretende zufällige Unmöglichkeit der Herausgabe oder eine zufällige Verschlechterung der Sache verantwortlich" ist. Dabei braucht zwischen der unerlaubten Handlung und dem eingetretenen Schaden kein adäquater Kausalzusammenhang zu bestehen. Ausreichend ist, dass der Schaden nach dem Sachentzug eingetreten ist. Es gilt dasselbe wie bei der Parallelvorschrift des § 287 S. 2 (der im Verzug befindliche Schuldner haftet für Zufall).

F. § 851 Schadensersatzleistung an den Sachbesitzer

615 § 851 schützt denjenigen, der ohne Bösgläubigkeit (§ 932) an den Besitzer einer beweglichen Sache Ersatz leistet. Mit der Leistung an den Besitzer erlischt der Schadensersatzanspruch des Eigentümers; dieser kann sich gemäß § 816 Abs. 2 an den Besitzer halten.[985]

Aus dem Wortlaut des § 851 ist nicht zu entnehmen, ob der an den Besitzer zahlende Schädiger auch dann frei wird, wenn die bewegliche Sache dem Eigentümer abhanden gekommen ist. Hier greift der Rechtsgedanke des § 935 ein. § 851 schützt somit den an den Besitzer zahlenden Schädiger nicht bei abhanden gekommenen Sachen.[986]

G. Verjährung deliktischer Ansprüche

616 Die Verjährung deliktischer Ansprüche richtet sich nach den allgemeinen Verjährungsvorschriften der §§ 195 ff.:

617 ■ **Verjährungsfrist**

- Grundsätzlich gilt die regelmäßige Verjährungsfrist von drei Jahren, § 195.

- Gemäß § 197 Abs. 1 Nr. 1 verjähren Schadensersatzansprüche, die auf einer vorsätzlichen Verletzung des Lebens, des Körpers, der Gesundheit, der Freiheit oder der sexuellen Selbstbestimmung beruhen, in 30 Jahren.

  Dadurch sollen die Opfer insbesondere den Abschluss eines Strafverfahrens abwarten können, bevor sie ihre zivilrechtlichen Schadensersatzansprüche geltend machen müssen.[987]

618 ■ **Fristbeginn**

- Grundsätzlich gemäß **§ 199 Abs. 1** mit dem Schluss des Jahres, in dem der Anspruch entstanden ist und der Gläubiger von den den Anspruch begründenden Umständen und der Person des Schuldners Kenntnis erlangt oder ohne grobe Fahrlässigkeit erlangen müsste.

---

985 Einzelheiten bei Berger VersR 2001, 419.

986 Berger VersR 2001, 419, 420; MünchKomm/Wagner § 851 Rn. 7.

987 MünchKomm/Grothe § 197 Rn. 6.

Die Kenntnis bzw. grob fahrlässige Unkenntnis muss alle haftungsbegründenden Merkmale einschließlich der eigenen Anspruchsberechtigung, der Person des Schuldners und bei der Verschuldenshaftung dessen Vertretenmüssen umfassen. Grobe Fahrlässigkeit ist gegeben, wenn Name und Anschrift ohne besondere Mühe und Nachforschungen ermittelt werden können. Im Fall der Gesamtschuldnerschaft ist die Kenntniserlangung bezogen auf jeden der Gesamtschuldner zu ermitteln, § 425.

- Gemäß § 200 beginnt die Verjährung von Schadensersatzansprüche i.S.v. § 197 Abs.1 Nr. 1 mit der Entstehung des Anspruchs.

■ Höchstfristen

619

Da die Abhängigkeit des Verjährungsbeginns von der subjektiven Kenntnis des Gläubigers im Extremfall dazu führen könnte, dass eine Verjährung niemals eintritt, hat der Gesetzgeber zum Schutz der Rechtssicherheit Höchstfristen eingeführt:

- **Nach § 199 Abs. 2** verjähren Schadensersatzansprüche wegen Verletzung der besonders wertvollen Rechtsgüter Leben, Körper, Gesundheit oder Freiheit unabhängig von Anspruchsentstehung und Kenntnis bzw. grob fahrlässige Unkenntnis des Gläubigers **30 Jahre** nach Eintritt des schadensauslösenden Ereignisses.

- Bei Schadensersatzansprüchen wegen Verletzung anderer als der in § 199 Abs. 2 genannten Rechtsgüter – z.B. bei Verletzung des Eigentums – beträgt die Verjährungshöchstfrist entweder ohne Rücksicht auf Kenntnis oder grob fahrlässige Unkenntnis **10 Jahre** ab Entstehung des Anspruchs (**§ 199 Abs. 3 S. 1 Nr. 1**) oder ohne Rücksicht auf Entstehung und Kenntnis oder grob fahrlässige Unkenntnis **30 Jahre** ab Begehung der unerlaubten Handlung (**§ 199 Abs. 3 S. 1 Nr. 2**). Maßgeblich ist die früher endende Frist, § 199 Abs. 3 S. 2.

■ Hemmung der Verjährung bei Verhandlungen, § 203

620

Das für den Beginn der Verjährungshemmung maßgebliche „Verhandeln" ist weit zu verstehen. Es genügt dafür jeder Meinungsaustausch über den Schadensfall zwischen dem Berechtigten und dem Verpflichteten, sofern nicht sofort und eindeutig jeder Ersatz abgelehnt wird.[988]

Verhandlungen über einen streitigen oder zweifelhaften Anspruch schlechthin dienen dem rechtspolitisch wünschenswerten Zweck, Rechtsstreitigkeiten zu vermeiden. Daher sollen diese Verhandlungen von dem zeitlichen Druck einer ablaufenden Verjährung befreit sein.[989]

H. § 852 Deliktischer Bereicherungsanspruch

Hat der Schädiger durch eine unerlaubte Handlung etwas auf Kosten des Geschädigten erlangt, so ist er auch nach Eintritt der Verjährung des Schadensersatzanspruchs zur Herausgabe des Erlangten nach den Vorschriften über die ungerechtfertigte Bereicherung verpflichtet, § 852 S. 1.[990]

621

Durch diese Regelung soll verhindert werden, dass der Schädiger Vorteile, die er aus einer unerlaubten Handlung gezogen hat, nach Eintritt der Verjährung behalten kann.[991]

---

988 BGH MDR 2001, 936 m.w.N.
989 MünchKomm/Grothe § 199 Rn. 3.
990 Vgl. zur Bedeutung des § 852 Ebert NJW 2003, 3035.
991 BeckOK/Spindler § 852 Rn. 3; Brox/Walker SchuldR BT § 52 Rn. 37.

2. Teil — Allgemeines Schadensrecht

Bei dem Verweis auf das Bereicherungsrecht handelt es sich um einen **Rechtsfolgen-verweis**,[992] systematisch handelt es sich daher bei § 852 S. 1 weiterhin um einen deliktischen Schadensersatzanspruch.[993] Er verjährt innerhalb von 10 Jahren ab Entstehung, ohne Rücksicht auf die Entstehung innerhalb von 30 Jahren ab der Begehung der Verletzungshandlung oder dem sonstigen, den Schaden auslösenden Ereignis, § 852 S. 2.

5. Abschnitt: Haftungsbeschränkungen; Mitverursachung und Mitverschulden

A. Gesetzliche Haftungsbeschränkungen

I. Modifizierung des Verschuldensmaßstabs

622 Während im Allgemeinen für eine Verschuldenshaftung jede Fahrlässigkeit ausreicht, sieht das Gesetz für bestimmte Fälle eine Haftungsminderung vor, indem es den **Verschuldensmaßstab** verändert.

- Nach §§ 104, 105 SGB VII (abgedruckt im Schönfelder bei § 618 BGB) ist die Haftung des Unternehmers gegenüber dem in seinem Unternehmen tätigen Versicherten, dessen Angehörigen und Hinterbliebenen für bestimmte Fälle auf **Vorsatz** beschränkt.

- Nur für **Vorsatz und grobe Fahrlässigkeit** haften der Schenker (§ 521), der Verleiher (§ 599), der Finder (§ 968), der Schuldner im Annahmeverzug (§ 300) und der Geschäftsführer ohne Auftrag bei Gefahrenabwehr (§ 680).

- Nur für **Vorsatz, grobe Fahrlässigkeit und für eigenübliche Sorgfalt** (diligentia quam in suis) haften der unentgeltliche Verwahrer (§ 690), die Gesellschafter einer Personengesellschaft (§ 708); der Ehegatte (§ 1359); die Eltern gegenüber dem Kind (§ 1664) und der Vorerbe (§ 2131).

  Anmerkung: §§ 708, 1359, 1664 gelten nach der Rspr. nicht bei Teilnahme am Straßenverkehr.[994]

Soweit eine gesetzliche Begrenzung der Vertragshaftung auf bestimmte Schuldformen vorliegt, kann wegen derselben Handlung nach Deliktsrecht keine strengere Haftung eingreifen.[995]

II. Höchstsummen

623 In einigen Fällen der Gefährdungshaftung ist die Ersatzpflicht auf eine **bestimmte Höchstsumme** begrenzt; vgl. z.B. §§ 12, 12 a StVG für die Haftung des Halters und Führers eines Kfz; § 9 HaftPflG; § 10 ProdHG.

Die Begrenzung gilt aber nur für die bestimmte Gefährdungshaftung, nicht zugleich für andere Anspruchsgrundlagen (z.B. §§ 823 ff. oder Vertrag).

---

992 Palandt/Sprau § 852 Rn. 2.
993 Jauernig/Teichmann § 852 Rn. 1.
994 BGHZ 46, 313; 53, 352; 61, 101; 63, 51, 57; OLG Karlsruhe Justiz 1976, 511.
995 BGHZ 46, 313, 316 f.; 93, 23, 29; OLG Köln JuS 1988, 487.

B. Rechtsgeschäftliche Haftungsbeschränkungen

Aufgrund der im Schuldrecht herrschenden Vertragsfreiheit kann die Haftung grundsätzlich durch Vertrag im Voraus ausgeschlossen oder eingeschränkt werden. Der vertragliche Haftungsausschluss ist aber nicht unbegrenzt möglich.

624

- Nicht möglich ist ein Ausschluss der Haftung für Vorsatz (§ 276 Abs. 3), wohl aber für Vorsatz des Erfüllungsgehilfen (§ 278 S. 2 i.V.m. § 276 Abs. 3).

- Nach § 309 Nr. 7b) ist in Allgemeinen Geschäftsbedingungen ein Ausschluss oder eine Begrenzung der Haftung für einen Schaden unwirksam, der auf einer grob fahrlässigen Vertragsverletzung des Verwenders oder eines gesetzlichen Vertreters oder Erfüllungsgehilfen des Verwenders beruht.[996]

- Bestimmte Gefährdungshaftungen können überhaupt nicht oder nur beschränkt abbedungen werden, vgl. z.B. für die Gastwirthaftung § 702 a; für die Haftung des Kfz-Halters § 8 a S. 1 StVG; ferner § 14 ProdHaftG.

Die rechtsgeschäftliche Haftungsbeschränkung kann grundsätzlich **formfrei** und auch **konkludent** erfolgen. An die Annahme einer stillschweigenden Haftungsbeschränkung sind aber strenge Anforderungen zu stellen. Allein der Umstand, dass jemand aus Gefälligkeit handelt, reicht hierzu nach h.M. nicht aus.

625

Die Rspr. bejaht jedoch einen Haftungsausschluss des Gefälligen für leichte Fahrlässigkeit, wenn für den Schädiger, der keinen Versicherungsschutz besitzt, ein nicht hinzunehmendes Haftungsrisiko gegeben wäre und darüber hinaus besondere Umstände vorliegen, die einen Haftungsverzicht als besonders nahe liegend erscheinen lassen.[997]

626

Auch bei **Gefälligkeitsfahrten** wird nach der Rspr. ein konkludenter (oder durch ergänzende Vertragsauslegung zu konstruierender) **Haftungsausschluss** nur ausnahmsweise **unter folgenden Voraussetzung**en angenommen:

627

- Es muss sich um eine **Gefälligkeitsfahrt** handeln.

- Der **Fahrer** ist für die geltend gemachten Schäden **nicht versichert**.[998]

- Es müssen **„besondere Umstände"** hinzutreten, die die Annahme eines konkludenten Haftungsausschlusses rechtfertigen. Dies wird von der Rspr. insbesondere angenommen, wenn die Fahrt im überwiegenden Interesse des Geschädigten durchgeführt wurde (z.B. angetrunkener Halter bittet andere Person, ihn nach Hause zu fahren) oder wenn bei stark erhöhter Unfallgefahr (z.B. wegen ungewohnten Linksfahrgebots im Ausland) Fahrer und Geschädigter eine Gefahrengemeinschaft bilden, bei der jeder Beteiligte in austauschbarer Weise Schädiger oder Geschädigter hätte sein können (z.B. bei gemeinsamer Anmietung eines Kfz im Urlaub und abwechselndem Fahrer).[999]

Rechtsfolge ist der Haftungsausschluss für Sachschäden und für leichte Fahrlässigkeit.[1000]

---

996 BGH NJW 2011, 139.

997 OLG Stuttgart RÜ 2008, 426.

998 Vgl. Armbrüster NJW 2009, 187 ff. zu den Auswirkungen von Versicherungsschutz auf die Haftung.

999 BGH NJW 2009, 1482 = RÜ 2009, 273.

1000 OLG Saarbrücken OLG Report 1998, 114; OLG Frankfurt NJW 1998, 1232; Hirte JuS 2002, 241, 243.

2. Teil   Allgemeines Schadensrecht

628   Ob eine vertraglich vereinbarte Haftungsmilderung sich auch auf konkurrierende Deliktsansprüche erstreckt, ist durch **Auslegung** zu ermitteln. Regelmäßig wird eine solche Erstreckung zu bejahen sein.[1001]

629   Eine **Einwilligung des Verletzten** kann in Ausnahmefällen die Rechtswidrigkeit entfallen lassen (z.B. Einwilligung des Patienten in ärztlichen Eingriff). Allein der Umstand, dass sich jemand bewusst und freiwillig in eine Gefahrenlage begibt, ist nach heute h.M. aber noch keine rechtfertigende Einwilligung. Eine solche Annahme wäre im Regelfall eine Fiktion.[1002] Die Fälle bewusster Selbstgefährdung, insbesondere die Mitfahrt im Kfz, löst die h.M. über § 254.[1003]

C. Mitwirkendes Verschulden gemäß § 254

I. Voraussetzungen und Rechtsfolgen des § 254 Abs. 1

630   ■ Voraussetzung des § 254 Abs. 1 ist zunächst, dass der Geschädigte die **Entstehung des Schadens mitverursacht** hat.

Erforderlich ist ein Verhalten des Geschädigten, das innerhalb seines Risiko- und Verantwortungsbereichs liegt und zurechenbar zum Entstehen oder zur Vergrößerung des Schadens beigetragen hat.[1004]

■ Ferner muss der Geschädigte in vorwerfbarer Weise gegen seine eigenen Interessen verstoßen haben – „**Verschulden gegen sich selbst**" –.[1005]

631   ■ Ein derartiges mitwirkendes Verschulden kommt nur bei **Zurechnungsfähigkeit** des Geschädigten in Betracht; als Maßstab sind die **§§ 827, 828 analog** heranzuziehen.[1006]

■ Ein „Verschulden gegen sich selbst" ist anzunehmen, wenn der Geschädigte diejenige Sorgfalt außer Acht lässt, die ein ordentlicher und verständiger Mensch zur Vermeidung eigenen Schadens anzuwenden pflegt.[1007] Das Maß der zu beachtenden Verhaltensregeln kann durch gesetzliche Anordnungen mitbestimmt werden.

So fällt nach st.Rspr. einem Kfz-Insassen, der den Sicherheitsgurt nicht anlegt, grundsätzlich ein Mitverschulden an seinen infolge des Nichtanlegens des Gurts erlittenen Unfallverletzungen zur Last.[1008] Andererseits kann der Schädiger dem Unfallopfer ein Nichtanschnallen nicht als Mitverschulden vorhalten, wenn im konkreten Fall eine Gurtanlegepflicht nach § 21 a Abs. 1 S. 1 StVO nicht bestand oder eine Ausnahme i.S.d. § 21 a Abs. 1 S. 2 StVO vorlag.[1009]

632   ■ Letztlich ist eine Abwägung der beiderseitigen Verursachungsbeiträge vorzunehmen. Dabei dürfen nur Umstände berücksichtigt werden, von denen feststeht, dass

---

1001 BGHZ 9, 301, 306; Medicus/Petersen BR Rn. 640.
1002 BGHZ 34, 355, 360.
1003 BGHZ 34, 355, 364.
1004 BGHZ 52, 168.
1005 Deutsch/Ahrens Rn. 205.
1006 BGHZ 24, 327; Hk-BGB/Schulze § 254 Rn. 4.
1007 BGHZ 74, 25, 28; BGH NJW 1998, 1137, 1138; OLG Hamm NJW-RR 2007, 302 = RÜ 2007, 241.
1008 BGH MDR 2001, 386, 387 m.w.N.
1009 BGH MDR 2001, 386, 387.

230

sie eingetreten und für die Schadensentstehung ursächlich geworden sind.[1010] Ein Verschulden, das nur gesetzlich vermutet wird, darf daher grundsätzlich nicht berücksichtigt werden.[1011]

Ausnahmsweise ist das vermutete (Mit-)Verschulden des Geschädigten anspruchsmindernd zu berücksichtigen: Wird der Tierhüter selber durch das Tier verletzt, so greift zwar grundsätzlich die Haftung des Tierhalters nach § 833 ein, allerdings muss der Tierhüter wegen der Übernahme der Aufsichtspflichten beweisen, dass er selber die erforderliche Aufsichtspflicht eingehalten hat; ansonsten wird die Haftung nach § 254 (analog) verteilt.[1012]

■ Die Mitverantwortlichkeit des Geschädigten führt zu einer Kürzung oder einem Wegfall des Schadensersatzanspruchs gegen den Schädiger.

Fall 42: Helmpflicht?

Die K befuhr gegen 15.45 Uhr mit ihrem Fahrrad die C.-Straße in G. in Richtung Zentrum. Sie trug keinen Fahrradhelm. Am rechten Fahrbahnrand parkte die U mit ihrem Pkw BMW, der bei der B haftpflichtversichert ist. U öffnete unmittelbar vor der sich nähernden K die Fahrertür ihres PKW, sodass K nicht mehr ausweichen konnte und gegen die Fahrertür fuhr. Sie stürzte zu Boden, fiel auf den Hinterkopf und zog sich schwere Schädel-Hirnverletzungen zu. Nach dem Ergebnis eines Sachverständigengutachtens steht fest, dass das Tragen eines Fahrradhelms die Kopfverletzungen zwar nicht verhindert, aber zumindest in gewissem Umfang verringert hätte. K begehrt von B Ersatz sämtlicher materieller und immaterieller Schäden, die ihr aus dem Verkehrsunfall vom in G entstanden sind und noch entstehen werden.

Die B ist der Auffassung, dass K an der Entstehung der Kopfverletzung ein Mitverschulden treffe, weil sie keinen Schutzhelm getragen habe. Es entspreche dem Alltagswissen, dass das Risiko von Kopfverletzungen beim Fahrradfahren durch das Tragen eines Helms vermindert werden könne. Ein Mitverschulden setze nicht voraus, dass eine gesetzliche Helmpflicht bestehe.

Besteht ein Anspruch der K gegen die B auf Ersatz sämtlicher materieller und immaterieller Schäden, die ihr aus dem Verkehrsunfall entstanden sind und noch entstehen werden? Dabei ist davon auszgehen, dass zum Unfallzeitpunkt nach allgemeinem Verkehrsbewusstsein für Radfahrer das Tragen von Schutzhelmen zum eigenen Schutz für nicht erforderlich gehalten wurde. (frei nach BGH NJW 2014, 2493 = RÜ 2014, 563)

K könnte ein Ersatzanspruch gegen die B aus **§ 115 Abs. 1 S. 1 Nr. 1 VVG i.V.m. §§ 7 Abs. 1, 18 Abs. 1 StVG sowie § 823 Abs. 1, Abs. 2 i.V.m. § 14 Abs. 1 StVO** zustehen.

633

Die Kfz-Haftpflichtversicherung B haftet gemäß § 115 Abs. 1 S. 1 Nr. 1 VVG im gleichen Maße wie die Kfz-Halterin U.

I. U haftet wegen der von ihr rechtswidrig und schuldhaft verursachten Körper- und Gesundheitsverletzung gegenüber K aus §§ 7 Abs. 1, 18 Abs. 1 StVG sowie aus § 823 Abs. 1, Abs. 2 i.V.m. § 14 Abs. 1 StVO.

[1010] BGH NJW 2013, 2018, 2019 = RÜ 2013, 623, 626.
[1011] BGH NJW 2012, 2425, 2426 = RÜ 2012, 493, 495.
[1012] BGH RÜ 2017, 768, 772; BeckOK/Spindler § 834 Rn. 5.

| 2. Teil | Allgemeines Schadensrecht |

II. Als **Rechtsfolge** muss B der K gemäß §§ 10 ff. StVG i.V.m. §§ 249 ff. Ersatz leisten.

1. Folglich muss B der K sämtliche durch die Körper- und Gesundheitsverletzung entstandenen Schadenspositionen gemäß §§ 10 ff. StVG i.V.m. §§ 249 ff. ersetzen. Gemäß § 11 S. 2 StVG umfasst diese Schadensersatzpflicht auch die Zahlung eines angemessenen Schmerzensgelds.

2. Der Anspruch könnte jedoch **wegen Mitverschuldens der K gemäß § 9 StVG i.V.m. § 254 zu kürzen** sein, da sie keinen Schutzhelm getragen hat.

   a) Das Tragen eines Fahrradhelms hätte nach den Feststellungen des Sachverständigengutachtens die Kopfverletzungen zwar nicht verhindert, aber zumindest in gewissem Umfang verringert. Infolgedessen war das **Nichttragen des Helms kausal für das Ausmaß der Kopfverletzungen**, sodass die K ihre Verletzungen auf jeden Fall mitverursacht hat.

   b) Fraglich ist, ob der K das Nichttragen eines Fahrradhelms **zum Vorwurf gemacht werden kann**, sodass ihrerseits auch ein Mitverschulden gegeben ist, **obwohl es keine gesetzliche Verpflichtung zum Tragen eines Fahrradhelms gibt.**

      aa) Das **Berufungsgericht**[1013] hat angenommen, das Nichttragen eines Fahrradhelms begründe bei einer Kopfverletzung durch einen Fahrradsturz einen Mitverschuldensvorwurf, wenn der Radfahrer am öffentlichen Verkehr teilnehme. Dass es keine gesetzliche Helmpflicht für Radfahrer gebe, sei nicht maßgeblich; entscheidend sei vielmehr das besondere Verletzungsrisiko, dem Fahrradfahrer heutzutage im täglichen Straßenverkehr ausgesetzt seien. Die Anschaffung eines Helms sei ferner wirtschaftlich zumutbar und zudem habe sich das allgemeine Verkehrsbewusstsein in Bezug auf das Tragen von Fahrradhelmen in den letzten Jahren stark gewandelt, sodass man heutzutage davon ausgehen könne, dass ein ordentlicher und verständiger Mensch zur Vermeidung eigenen Schadens beim Radfahren einen Helm tragen werde, soweit er sich in den öffentlichen Straßenverkehr mit dem dargestellten besonderen Verletzungsrisiko begebe.

      bb) Nach **bisheriger Instanzrechtsprechung**[1014] und **h.Lit.**[1015] begründet das Nichttragen eines Fahrradhelms bei einer Kopfverletzung durch einen Fahrradsturz keinen Vorwurf eines Mitverschuldens, wenn der Radfahrer am öffentlichen Verkehr teilnimmt. Dieser Auffassung hat sich der BGH angeschlossen.[1016]

      Da die Rechtsordnung eine Selbstgefährdung und Selbstbeschädigung nicht verbiete, gehe es im Rahmen von § 254 nicht um eine rechtswidrige Verletzung einer gegenüber einem anderen oder gegenüber der Allgemeinheit bestehenden Rechtspflicht, sondern nur um einen Verstoß ge-

---

1013 OLG Schleswig RÜ 2013, 486, 487 f.
1014 OLG Hamm VersR 2001, 1257, 1259; OLG Düsseldorf NJW-RR 2006, 1616; OLG Saarbrücken NJW-RR 2008, 266.
1015 Greger/Zwickel § 22 Rn. 62; Hufnagel DAR 2007, 289, 292; Kettler NZV 2007, 603; Türpe VRR 2013, 404, 405 f.
1016 BGH NJW 2014, 2493 ff. = RÜ 2014, 563 ff.

gen Gebote der eigenen Interessenwahrnehmung, also **um die Verletzung einer sich selbst gegenüber bestehenden Obliegenheit.** Ein Mitverschulden des Verletzten sei bereits dann anzunehmen, wenn dieser diejenige Sorgfalt außer acht lasse, die ein ordentlicher und verständiger Mensch zur Vermeidung eigenen Schadens anzuwenden pflege. **Er müsse sich „verkehrsrichtig" verhalten,** was sich nicht nur durch die geschriebenen Regeln der StVO bestimme, sondern durch die konkreten Umstände und Gefahren im Verkehr sowie nach dem, was den Verkehrsteilnehmern zumutbar sei, um diese Gefahr möglichst gering zu halten. Danach würde es für eine Mithaftung der K ausreichen, wenn für Radfahrer das Tragen von Schutzhelmen zur Unfallzeit nach allgemeinem Verkehrsbewusstsein zum eigenen Schutz erforderlich war.

Da ein solches Verkehrsbewusstsein zum Unfallzeitpunkt nicht vorhanden war, scheidet nach Ansicht des BGH eine Kürzung des Anspruchs wegen Mitverschuldens der K aus.

cc) **Stellungnahme**: Einerseits muss jedem Radfahrer heutzutage bewusst sein, dass er sich bei der Teilnahme am Straßenverkehr einem erheblichen Verletzungsrisiko aussetzt und dass das Tragen eines Schutzhelms, dessen Erwerb auch wirtschaftlich zumutbar ist, die Gefahr von schwerwiegenden Kopfverletzungen zumindest reduziert. Andererseits kommt es im Rahmen des § 254 darauf an, welche Maßnahmen ein verständiger Mensch zur Vermeidung eines eigenen Schadens getroffen hätte und es gab zum Unfallzeitpunkt kein allgemeines Verkehrsbewusstsein hinsichtlich der Erforderlichkeit des Tragens von Fahrradhelmen. Legt man diesen Ansatz zugrunde, hat sich K verkehrsrichtig verhalten, sodass ihr kein Mitverschuldensvorwurf gemacht werden kann.

Somit steht K gegen B ein ungekürzter Anspruch aus § 115 Abs. 1 S. 1 Nr. 1 VVG i.V.m. §§ 7 Abs. 1, 18 Abs. 1 StVG sowie § 823 Abs. 1, Abs. 2 i.V.m. § 14 Abs. 1 StVO auf Ersatz der materiellen und immateriellen Schäden, die ihr aus dem Verkehrsunfall entstanden sind und noch entstehen werden, zu.

II. § 254 Abs. 2 S. 1

§ 254 Abs. 2 S. 1 erwähnt zwei Fälle **des Mitverschuldens** besonders, bei denen das mitwirkende Verschulden des Geschädigten in einer **Unterlassung** besteht:

634

■ Der Geschädigte hat es unterlassen, den Ersatzpflichtigen **vor der Gefahr eines ungewöhnlich hohen Schadens zu warnen.**[1017]

Beispiel: Dem Gläubiger droht als Folge eines Zahlungsverzugs des Schuldners der wirtschaftliche Zusammenbruch. Der Gläubiger muss dies nach § 254 Abs. 2 S. 1 dem Schuldner anzeigen. Das schuldhafte Unterlassen begründet ein Mitverschulden.

1017 Vgl. dazu BGH NJW 2006, 1426.

2. Teil — Allgemeines Schadensrecht

- Der Geschädigte hat es unterlassen, den **Schaden abzuwenden oder zu mindern**.

  - Wer von Schaden bedroht ist, ist verpflichtet, jede ihm mögliche und zumutbare Maßregel zu ergreifen, die den **drohenden Schaden verhüten oder abschwächen** kann.

    Beispiel: Das Haus des B ist baufällig. Sein Nachbar A weiß das, unternimmt aber nichts. Das Haus des B stürzt ein und beschädigt das Haus des A. Hier hat A schuldhaft gegen seine Abwendungspflicht verstoßen. A hätte sich nachdrücklich um die Beseitigung der Gefahr bemühen müssen, notfalls bei der Baubehörde.[1018]

  - Wer vom Schaden betroffen ist, muss alles Zumutbare tun, was den **Schaden mindern** kann.[1019]

    Beispiele: Ein Verletzter muss zur Erfüllung seiner Schadensminderungspflicht sich dann einer ärztlichen Behandlung, notfalls auch einer Operation unterziehen, falls sie „einfach und gefahrlos, nicht mit besonderen Schmerzen verbunden ist und sich weiter die sichere Aussicht auf Heilung oder wesentliche Besserung bietet".[1020]

    Der Geschädigte ist aufgrund seiner Schadensminderungspflicht gehalten, sich ein Fahrzeug anzuschaffen, wenn er einen ihm angebotenen Arbeitsplatz unter zumutbaren Bedingungen wohl mit dem Fahrzeug, nicht aber mit öffentlichen Verkehrsmitteln erreichen kann.[1021]

III. Bedeutung des § 254 Abs. 2 S. 2 mit seiner Verweisung auf § 278

Fall 43: Mitverschulden des Angestellten

An einer Kreuzung übersieht der Autofahrer B schuldhaft, dass er wartepflichtig ist. Auf der vorfahrtsberechtigten Straße fährt der Angestellte A des Unternehmers U auf einem Geschäftsfahrrad. A hätte die Vorfahrtsverletzung des B bemerken und noch ausweichen können. A passt aber nicht auf und prallt daher mit dem Fahrrad gegen das Auto des B. Das Fahrrad wird beschädigt. Wie ist der Schadensersatzanspruch des U gegen B wegen des beschädigten Fahrrads zu beurteilen?

A. U könnte gegen B ein Anspruch auf Schadensersatz **aus § 7 Abs. 1 StVG** zustehen.

    I. Das Fahrrad, das im Eigentum des U steht, wurde bei Betrieb des Kfz des B beschädigt und der Unfall wurde nicht durch höhere Gewalt i.S.d. § 7 Abs. 2 StVG verursacht, sodass die **Voraussetzungen des § 7 Abs. 1 StVG** gegeben sind.

    II. Als **Rechtsfolge** ist B gemäß §§ 10 ff. StVG, 249 ff. grundsätzlich verpflichtet, U den durch die Beschädigung des Fahrrads entstandenen Schaden zu ersetzen.

635   Der Anspruch könnte jedoch wegen Mitverschuldens des A **gemäß § 9 StVG i.V.m. § 254** zu kürzen sein. Nach § 9 StVG ist § 254 mit der Besonderheit anwendbar, dass bei einer Sachbeschädigung das Verschulden desjenigen, der die tatsächliche Gewalt über die Sache ausübt (hier A), dem Verschulden des Verletzten (hier U) gleichsteht.

1018 BGH VersR 1958, 131.
1019 Vgl. dazu BGH NJW 2007, 1676.
1020 BGHZ 12, 18, 19; BGH MDR 1994, 667.
1021 BGH JP 1999, 24; dazu Kurzkommentar Reinking EWiR § 254 BGB 1/99, 5.

Haftungsbeschränkungen; Mitverursachung und Mitverschulden — 5. Abschnitt

A hätte bei gehöriger Aufmerksamkeit den Unfall verhindern können, sodass er die Beschädigung des Fahrrads schuldhaft mitverursacht hat. Somit muss sich Unternehmer U das Mitverschulden des A gemäß § 9 StVG i.V.m. § 254 anspruchsmindernd entgegenhalten lassen.

Aus § 7 Abs. 1 StVG kann U also nur einen Teil des am Fahrrad entstandenen Schadens von B ersetzt verlangen.

B. U könnte gegen B ein Anspruch auf Schadensersatz **aus § 823 Abs. 1** zustehen. **636**

I. B hat durch seine Vorfahrtsverletzung das Eigentum des U rechtswidrig und schuldhaft beschädigt, sodass die Voraussetzungen des § 823 Abs. 1 vorliegen.

II. Als **Rechtsfolge** ist B gemäß §§ 249 ff. grundsätzlich verpflichtet, U den durch die Beschädigung des Fahrrads entstandenen Schaden zu ersetzen.

Der Anspruch könnte jedoch wegen Mitverschuldens **gemäß § 254** zu kürzen sein.

1. Ein **eigenes Mitverschulden** des U ist nicht gegeben.

2. Fraglich ist, ob U sich das **Mitverschulden des A** entgegenhalten lassen muss.

   a) **Gemäß § 254 Abs. 2 S. 2 findet die Vorschrift des § 278 entsprechende** **637** **Anwendung.** Nach ihrer systematischen Stellung bezieht sich diese Regelung nur auf die in § 254 Abs. 2 S. 1 genannten Fälle der Schadensabwendungs- und Minderungspflicht. Es entspricht jedoch allgemeiner Ansicht, dass es sich hierbei um ein Redaktionsversehen des Gesetzgebers handelt und dass der Verweis auf § 278 für § 254 Abs. 1 und 2 gilt. Die Vorschrift des § 254 Abs. 2 S. 2 ist daher so zu lesen, als wäre sie ein **selbstständiger Abs. 3**, der sich sowohl auf Abs. 1 als auch auf Abs. 2 bezieht.[1022]

   b) **Umstritten** ist allerdings, ob es sich bei dieser Vorschrift um einen **Rechts-** **638** **grund- oder einen Rechtsfolgenverweis** handelt.

      aa) Nach der Rspr. und heute h.M. handelt es sich um eine **Rechtsgrund-** **639** **verweisung.**[1023] Voraussetzung für eine Zurechnung fremden Mitverschuldens gemäß § 254 Abs. 2 S. 2 i.V.m. § 278 ist daher, dass im Zeitpunkt der Entstehung des Schadens zwischen den Parteien eine **vertragliche Beziehung oder sonstige rechtliche Sonderverbindung besteht**. Begründet wird dies mit dem sogenannten *Gleichbehandlungsargument*[1024] (andere sprechen vom *Spiegelbildgedanken*[1025]): Der Geschädigte soll nicht strenger für Hilfspersonen haften als der Schädiger. Da der Schädiger sich das Verhalten und Verschulden seiner Hilfspersonen gemäß § 278 nur zurechnen lassen muss, wenn eine vertragliche Beziehung oder sonstige rechtliche Sonderverbindung bestand, müsse das auch für den Geschädigten gelten.

1022 St.Rspr. seit RGZ 62, 107; BGHZ 1, 248, 249; 103, 338, 342; Palandt/Grüneberg § 254 Rn. 49 m.w.N.

1023 St.Rspr. BGHZ 103, 338, 343; BGH NJW 2007, 3120 = RÜ 2007, 508; zust. z.B. Erman/Ebert § 254 Rn. 71 ff.; Fikentscher/Heinemann Rn. 713; MünchKomm/Oetker § 254 Rn. 128; Palandt/Grüneberg § 254 Rn. 49.

1024 Erman/Ebert § 254 Rn. 72.

1025 Klement § 15 Rn. 11.

235

Dieses Gleichbehandlungsargument zwingt die h.M. jedoch dazu, § 254 Abs. 2 S. 2 **auch als Rechtsgrundverweis auf § 831 und § 31 (analog)** zu verstehen. Denn wenn der Schädiger sich nach diesen Vorschriften fremdes Verhalten und Verschulden zurechnen lassen muss, muss das nach der Argumentation der h.M. auch für den Geschädigten gelten.[1026]

Da zwischen Unternehmer U und B im Zeitpunkt des Unfalls kein Schuldverhältnis bestand, scheidet eine Kürzung des Anspruchs gemäß § 254 Abs. 2 S. 2 i.V.m. § 278 nach h.M. daher aus.

In Betracht kommt jedoch eine Kürzung des Anspruchs gemäß § 254 Abs. 2 S. 2 i.V.m. § 831. A ist Verrichtungsgehilfe des U, und er hat den Unfall durch sein Verhalten mitverursacht. U hat auch nicht vorgetragen, dass er A ordnungsgemäß ausgewählt und überwacht hat, sodass keine Exkulpation gemäß § 831 Abs. 1 S. 2 erfolgt ist. Demnach ist der Anspruch nach h.M. wegen Mitverschuldens des A gemäß § 254 Abs. 2 S. 2 i.V.m. § 831 zu kürzen.

640

bb) Nach **a.A.** handelt es sich bei § 254 Abs. 2 S. 2 um einen **Rechtsfolgenverweis:** Danach führt die Vorschrift zu einem unbedingten Einstehen des Verletzten für Vertreter- und Gehilfenverschulden, unabhängig vom Vorliegen einer Sonderverbindung.[1027] Zur Begründung wird angeführt, dass der Schädiger auch außerhalb von Sonderverbindungen nicht das Risiko schuldhafter Obliegenheitsverletzungen in der Sphäre des Geschädigten tragen solle. Das Fehlen einer Sonderverbindung könne daher keine schärfere Haftung des Schädigers begründen.[1028]

641

Zum Teil wird innerhalb dieser Ansicht die Einschränkung vorgenommen, dass sich der Rechtsfolgenverweis des § 254 Abs. 2 S. 2 bei Ansprüchen außerhalb von Schuldverhältnissen **nur auf Erfüllungsgehilfen** und nicht auf gesetzliche Vertreter beziehe.[1029] Da man Erfüllungsgehilfen freiwillig einsetze und selbst aussuche, müsse man sich deren Fehlverhalten unabhängig vom Vorliegen eines Schuldverhältnisses zurechnen lassen. **Gesetzliche Vertreter** suche man sich nicht selbst aus, sodass eine Zurechnung ihres Fehlverhaltens außerhalb von Schuldverhältnissen unbillig sei. Im Rahmen eines deliktischen Anspruchs scheidet demnach eine Zurechnung des Fehlverhaltens gesetzlicher Vertreter nach dieser Ansicht generell aus.

Nach dieser Ansicht muss sich U das Mitverschulden seines Gehilfen A anspruchsmindernd gemäß § 254 Abs. 2 S. 2 i.V.m. § 278 anrechnen lassen.

cc) U muss sich demzufolge nach beiden Ansichten das Mitverschulden des A anrechnen lassen, sodass eine Streitentscheidung entbehrlich ist.

U kann daher auch aus § 823 Abs. 1 nur einen Teil des am Fahrrad entstandenen Schadens von B ersetzt verlangen.

1026 RGZ 142, 359; 164, 269; Medicus/Petersen BR Rn. 867; Hk-BGB/Schulze § 254 Rn. 9; Palandt/Grüneberg § 254 Rn. 49.
1027 Gernhuber AcP 152, 68, 82 f.
1028 Mohr Jura 2010, 808, 818.
1029 Larenz I § 31 I d.

Haftungsbeschränkungen; Mitverursachung und Mitverschulden | **5. Abschnitt**

> **Fall 44: Mitverschulden der Eltern**
>
> Die Mutter M fuhr mit ihrem 4 1/2 Jahre alten Kind K mit der Eisenbahn. Während die Mutter nicht aufpasste, hängte K sich an den Türgriff. Die Tür öffnete sich, K fiel aus dem Zug und verletzte sich. K verlangt von der Deutschen Bahn AG Schadensersatz.

K könnte gegen die Deutsche Bahn AG ein Anspruch aus **§ 1 Abs. 1 HaftPflG** zustehen. **642**

I. Dazu müssen die **Voraussetzungen** des haftungsbegründenden Tatbestands vorliegen.

   1. K hat sich bei dem Sturz eine **Körper- und Gesundheitsverletzung** zugezogen.

   2. Diese muss **bei dem Betrieb einer Schienen- oder Schwebebahn** eingetreten sein. **643** Dazu ist Kausalität i.S.d. Äquivalenztheorie sowie Realisierung der spezifischen Betriebsgefahr der Schienen- oder Schwebebahn erforderlich.

      a) Wäre die Bahn nicht gefahren, wäre K nicht aus dem fahrenden Zug gestürzt und hätte sich nicht verletzt. Daher ist der Betrieb der Bahn **äquivalent kausal** für die Verletzung des K.

      b) Die **Realisierung der Betriebsgefahr** erfordert einen unmittelbaren, zeitlichen und örtlichen Zusammenhang mit den Betriebsvorgängen oder Einrichtungen der Bahn.[1030]

         K hat sich an den Türgriff gehängt und stürzte, nachdem sich die Tür geöffnet hatte, aus dem fahrenden Zug. Folglich besteht zwischen seiner Verletzung und dem Bahnbetrieb ein unmittelbarer, zeitlicher und örtlicher Zusammenhang, sodass sich die Betriebsgefahr realisiert hat.

   3. Die Deutsche Bahn AG betreibt die Bahn für eigene Rechnung und ihr steht die **644** Verfügung über den Bahnbetrieb zu, sodass sie als **Anspruchsgegner Betriebsunternehmer i.S.d. § 1 Abs. 1 HaftPflG**[1031] ist.

   4. Der **Ausschlussgrund der höheren Gewalt** nach § 1 Abs. 2 HaftPflG ist nicht einschlägig, sodass die Voraussetzungen des § 1 Abs. 1 HaftPflG erfüllt sind.

II. Als **Rechtsfolge** muss die Deutsche Bahn AG dem K **gemäß §§ 5 ff. HaftPflG, 249 ff.** den Schaden ersetzen, der ihm durch den Unfall entstanden ist.

   1. Gemäß § 6 HaftPflG umfasst der Schadensersatz bei einer Körperverletzung insbesondere die Heilbehandlungskosten des Geschädigten. Der Anspruch ist jedoch gemäß § 9 HaftPflG der Höhe nach begrenzt.

   2. Der Anspruch könnte aber **wegen Mitverschuldens zu kürzen** sein. **Nach § 4** **645** **Hs. 1 HaftPflG gilt § 254 entsprechend**, wenn bei der Entstehung des Schadens ein Verschulden des Geschädigten mitgewirkt hat.

      a) Der Anspruch könnte wegen **eigenen Mitverschuldens des K** zu kürzen sein. **646**

1030 BGH VersR 1982, 781, 782; OLG Köln DAR 2003, 174.
1031 RGZ 75, 7.

237

| **2. Teil** | Allgemeines Schadensrecht |

Auch beim Mitverschulden ist jedoch Verschuldensfähigkeit erforderlich und analog § 828 Abs. 1 ist der erst 4 1/2 Jahre alte K nicht deliktsfähig, sodass eine Kürzung des Anspruchs wegen eigenen Mitverschuldens des K ausscheidet.

b) K könnte ein **Mitverschulden der M** gemäß § 254 Abs. 2 S. 2 zuzurechnen sein.

647

aa) **Nach h.M.** ist § 254 Abs. 2 S. 2 ein **Rechtsgrundverweis auf §§ 278, 831 und § 31 (analog)**. In Betracht kommt nur eine Zurechnung über § 254 Abs. 2 S. 2 i.V.m. § 278, da nur § 278 den gesetzlichen Vertreter erwähnt und dieser weder Verrichtungsgehilfe i.S.d. § 831 noch Organ i.S.d. § 31 ist.

Die h.M. behandelt das **Einstehenmüssen für Hilfspersonen im Hinblick auf Erfüllungsgehilfen und gesetzliche Vertreter** gleichmäßig: Für beide ist (nur) einzustehen, wenn ein Schuldverhältnis besteht. Besteht ein solches, so gilt eine Kürzung nach §§ 254, 278 nicht nur gegenüber dem Anspruch aus dem Schuldverhältnis, sondern auch gegenüber dem Anspruch aus Delikt.[1032]

(1) Wenn M die Fahrkarte im Namen des Kindes gekauft hat, besteht ein Vertrag unmittelbar zwischen K und der Bahn; sollte M die Fahrkarte im eigenen Namen gekauft haben, so ergibt sich das Schuldverhältnis zwischen der Bahn und K aus § 328,[1033] sodass das erforderliche Schuldverhältnis zwischen K und der Deutschen Bahn AG in jedem Fall besteht. Gemäß §§ 1626, 1629 ist M gesetzliche Vertreterin des K.

(2) Im Falle des § 278 muss die Hilfsperson in Erfüllung der Verbindlichkeit handeln. Im Rahmen des § 254 ist es ausreichend, dass die Hilfsperson zur Wahrung der Belange des Geschädigten tätig geworden ist.[1034] Nach § 1631 Abs. 1 hat die Mutter die Pflicht, das Kind zu beaufsichtigen, und diese Pflicht hat die M schuldhaft verletzt.

Nach h.M. muss sich K daher das Mitverschulden der M anspruchsmindernd entgegenhalten lassen.[1035]

648

bb) Zu dem gleichen Ergebnis kommen diejenigen, die § 254 Abs. 2 S. 2 uneingeschränkt als Rechtsfolgenverweis auf § 278 verstehen.

cc) Nach der einschränkenden Ansicht[1036] ergibt sich aus §§ 278, 831, 832, dass im Deliktsrecht der gesetzlich Vertretene niemals für rechtswidriges Handeln, auch nicht für ein Mitverschulden seines gesetzlichen Vertreters einzustehen hat, sodass sich K nach dieser Auffassung das Mitverschulden seiner Mutter nicht anspruchsmindernd anrechnen lassen muss.

dd) Stellungnahme: Die von der einschränkenden Auffassung vorgenommene Differenzierung findet im Gesetz keine Grundlage, da der Gesetzgeber in

---

1032 BGHZ 9, 316; 24, 325, 327; BGH NJW 1964, 1670; NJW-RR 1993, 480; MünchKomm/Oetker § 254 Rn. 130 m.w.N.
1033 Vgl. BGHZ 9, 318.
1034 BGHZ 3, 50; 36, 339.
1035 BGHZ 9, 319, 320.
1036 Vgl. z.B. Larenz I § 31 I d.

§ 254 Abs. 2 S. 2 auf § 278 verweist, ohne zwischen Vertreter- und Gehilfenverschulden zu unterscheiden. Daher ist der Anspruch des K um das Mitverschulden der M gemäß § 254 Abs. 2 S. 2 i.V.m. § 278 zu kürzen.

D. Besondere Vorschriften des StVG, §§ 9, 17 StVG

I. Sonderregel des § 9 StVG

§ 9 StVG enthält eine Verweisung auf § 254 und ist nicht anwendbar in den Spezialfällen des § 17 Abs. 2 StVG. Daher ist die Norm nur einschlägig, **wenn der Anspruchsteller nicht Kfz-Halter oder Fahrer ist**, also z.B. Fußgänger, Radfahrer oder Beifahrer.[1037]

649

§ 9 StVG enthält zwei Aussagen:

- Zum einen ordnet § 9 StVG an, dass auch bei Ansprüchen aus §§ 7, 18 StVG ein Mitverschulden des Verletzten nach § 254 zu berücksichtigen ist.[1038] Da beim Mitverschulden Verschuldensfähigkeit erforderlich ist und die §§ 827, 828 analog anzuwenden sind, ist bei Kindern insbesondere der § 828 Abs. 2 analog zu beachten.[1039]

650

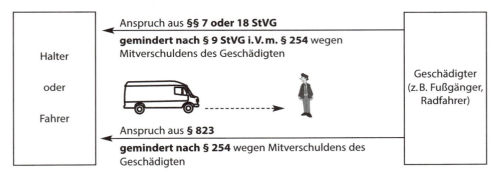

- Zum anderen erweitert § 9 StVG die Möglichkeit des Mitverschuldens des Geschädigten, der selbst nicht als Halter oder Fahrer beteiligt war, für den Fall, dass der Schädiger aus § 7 StVG (als Halter) oder § 18 StVG (als Fahrer) in Anspruch genommen wird. Gemäß § 9 StVG findet § 254 mit der Maßgabe Anwendung, dass im Falle der Beschädigung einer Sache das Verschulden desjenigen, welcher die tatsächliche Gewalt über die Sache ausübt, dem Verschulden des Verletzten gleichsteht.

651

Beispiel: Fußgänger F wird beim Überqueren der Fahrbahn von dem vom Fahrzeughalter H gefahrenen Pkw erfasst. Der Unfall beruht auf Verschulden des H, jedoch trifft den F 1/3 Mitverschulden. Durch den Unfall wird ein wertvolles Bild, das F sich bei dem Eigentümer E geliehen hatte und diesem zurückbringen wollte, erheblich beschädigt. E verlangt von H Schadensersatz.

1. E hat gegen H einen Schadensersatzanspruch nach § 7 Abs. 1 StVG, da bei dem Betrieb des Kfz des H eine Sache des E beschädigt wurde und der Unfall nicht durch höhere Gewalt verursacht wurde. Da F die tatsächliche Gewalt über das Bild ausübte, ist sein Mitverschulden (1/3) dem E anzulasten, § 9 StVG i.V.m. § 254. Der Anspruch des E gegen H aus § 7 StVG ist somit um ein Drittel zu kürzen.

[1037] Garbe/Hagedorn JuS 2004, 287, 290; Wandt § 21 Rn. 30.
[1038] Vgl. dazu BGH NJW 2007, 506.
[1039] Wandt § 21 Rn. 30.

2. Wegen der rechtswidrigen und schuldhaften Eigentumsverletzung haftet H dem E auch nach § 823 Abs. 1. Für eine Berücksichtigung des Mitverschuldens des F kommt hier nur § 254 Abs. 2 S. 2 in Betracht. Mangels Bestehens eines Schuldverhältnisses greift § 278 nicht ein. F ist auch kein Verrichtungsgehilfe des E, sodass auch die entsprechende Anwendung des § 831 ausscheidet. Der Anspruch des E gegen H aus § 823 Abs. 1 unterliegt somit keiner Kürzung.

II. § 17 StVG regelt die Ausgleichspflicht mehrerer Haftpflichtiger

652 § 17 Abs. 1 StVG regelt den Umfang des **Innenausgleichs** zwischen mehreren beteiligten Kfz-Haltern (oder Fahrern, vgl. § 18 Abs. 3 StVG) bei Verursachung eines Drittschadens. § 17 Abs. 1 StVG modifiziert daher § 426 Abs. 1 S. 1.[1040]

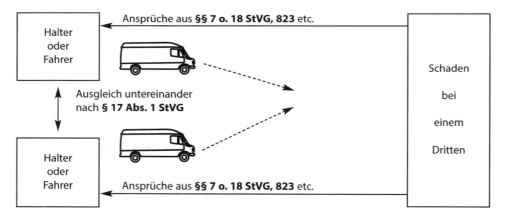

653 Die dogmatische Bedeutung der Regelung des § 17 Abs. 1 StVG wird nicht einheitlich beurteilt:

- Nach überwiegender Auffassung handelt es sich um eine Sondervorschrift (lex specialis) zu § 426 Abs. 1 S. 1.[1041]

- Nach a.A. ist § 17 Abs. 1 S. 1 StVG eine „andere Bestimmung" i.S.v. § 426 Abs. 1 S. 1.[1042]

[1040] Ady VersR 2003, 1101; Röthel Jura 2012, 444, 449; Wandt § 21 Rn. 6.
[1041] Burmann/Heß § 17 StVG Rn. 2; Meier/Schulz-Merkel JuS 2015, 201, 205; Neumann JA 2016, 167, 170; Wandt § 22 Rn. 21.
[1042] Wille JA 2008, 210, 217.

Haftungsbeschränkungen; Mitverursachung und Mitverschulden — 5. Abschnitt

§ 17 Abs. 2 StVG enthält die Ausgleichspflicht zwischen mehreren unfallbeteiligten Kraftfahrzeughaltern (oder Fahrern, vgl. § 18 Abs. 3 StVG) für selbst erlittene Schäden.

§ 17 Abs. 2 StVG ist eine Spezialvorschrift sowohl gegenüber § 9 StVG als auch gegenüber § 254. Soweit § 17 Abs. 2 StVG anwendbar ist, gilt die Vorschrift abschließend für alle Anspruchsgrundlagen, um unterschiedliche Kürzungsquoten zu vermeiden (h.M.).[1043]

§ 17 Abs. 3 StVG regelt, dass Ausgleichspflichten nach den Absätzen 1 und 2 ausgeschlossen sind, wenn der Unfall durch ein „unabwendbares Ereignis" verursacht wurde. Der Haftungsausschlussgrund des „unabwendbaren Ereignisses", der in § 7 StVG entfallen ist, wird hier beibehalten, um zu vermeiden, dass auch dem „Idealfahrer" bei Unfällen zwischen Kraftfahrzeugen eine Betriebsgefahr zugerechnet wird und es deswegen vermehrt zu „Quotenfällen" kommt.[1044]

654

Unabwendbar ist ein Ereignis, das durch **äußerst mögliche Sorgfalt** nicht abgewendet werden kann.[1045] Dazu gehört sachgemäßes, geistesgegenwärtiges Handeln über den gewöhnlichen und persönlichen Maßstab hinaus. Die Rspr. stellt dabei auf das Verhalten eines sogenannten **„Idealfahrers"** ab.[1046] Die Beweislast für die Unabwendbarkeit trägt derjenige, der sich nach § 17 Abs. 3 StVG entlasten will.

Nach überwiegender Ansicht ist dem Kfz-Führer, der die Autobahnrichtgeschwindigkeit (130 km/h) überschritten hat, die Berufung auf ein unabwendbares Ereignis von vornherein versagt, wenn er nicht nachweist, dass vergleichbare Unfallfolgen auch bei 130 km/h eingetreten wären; nur wer die Richtgeschwindigkeit einhalte, verhalte sich wie ein Idealfahrer.[1047]

§ 17 Abs. 4 StVG enthält den Ausgleich zwischen haftpflichtigen Kraftfahrzeughaltern bzw. Anhängerhaltern und anderen Haftpflichtigen.[1048]

655

1043 Vgl. hierzu Kirchhoff MDR 1998, 12 ff.; Martis JA 1997, S. 141 ff.
1044 S. dazu Bericht des Rechtsausschusses, Drucks. 14/8780 zu Art. 4 Nr. 8, S. 22.
1045 Vgl. dazu OLG Celle RÜ 2005, 364.
1046 BGHZ 113, 164; Hentschel/König § 17 StVG Rn. 22 m.w.N.
1047 BGHZ 117, 337; Hentschel/König § 3 StVO Rn. 55c m.w.N.
1048 Vgl. dazu Heß/Burmann NJW-Spezial 2005, 543.

Stichwortverzeichnis

Die Zahlen verweisen auf die Randnummern.

Abgestuftes Schutzkonzept 130
Abgrenzung Naturalrestitution von
   Schadenskompensation ....533 ff.
Abrechnung auf Neuwagenbasis 491
   bei Nutzfahrzeugen 494
Abrechnung auf Reparatur-
   kostenbasis ....83 ff.
Abschleppkosten 65
Abträgliche wahre Tatsachen 138
Abtrennung von Körperteilen 5
Abwägung der beiderseitigen
   Verursachungsbeiträge 632
Abwehrfunktion des Eigentums 15, 49
Aggressiver Notstand 205
AIDS 4
Allgemeine Verjährungsregeln 616
Allgemeine Verkehrssicherungspflicht 152
Allgemeine Verwaltungskosten 584
Allgemeines Lebensrisiko 187
Allgemeines Persönlichkeitsrecht 70
   als Rahmenrecht 71, 84
Allgemeines Schadensrecht ....435 ff.
Anerkannte Rechtfertigungsgründe ....204 ff.
Anlageschaden 467
Anschein einer ordnungsgemäßen
   Leistung 444
Anspruchskonkurrenz von Produkt- und
   Produzentenhaftung 434
Anspruchskonkurrenz zu Ansprüchen aus
   Vertragsrecht 28
Anstifter ....377 ff.
Anwartschaftsrechte, dingliche 51
Äquivalenzinteresse 30, 438
Äquivalenztheorie 167
Arbeitskraft, Verlust 562
Arglistige Täuschung 277
Arzthaftungsprozess 8
Ärztlicher Heileingriff
   Einwilligung 212
   Unterlassen 7
Aufklärungspflicht, Verletzung 444
Aufsichtsbefohlener ....315 f.
Aufsichtsperson 306
Aufsichtspflichtiger, Haftung 315
Aufwendungen, unverhältnismäßige ....539 ff.
Ausgleich mehrerer Kraftfahrzeughalter 652
Ausgleichsfunktion des Schmerzens-
   geldes 590

Ausreißer 405,
Ausübung von Rechten,
   missbräuchliche ....278 ff.
Äußerung von Werturteilen 142, 265

Bagatellschaden 468
Bedingungstheorie 180
Beeinträchtigung wirtschaftlicher
   Interessen 265
Beerdigungskosten 608
Befunderhebungspflicht 8
Befundsicherungspflicht 8, 417
Behandlungsfehler 8
Behandlungsvertrag 566, 577
Behandlungsvertrag, Schutzzweck 579
Behaupten oder Verbreiten unwahrer
   Tatsachen ....142, 265 f.
Behinderung, physische 140
Bereicherungsanspruch, deliktischer 621
Beschränkt dingliche Rechte 50
Beschränkt verschuldensfähige
   Personen ....223 ff.
Beschützergarant 150
Besitz als sonstiges Recht .... 58 ff.
   berechtigter 59
   Mitbesitz 62
   mittelbarer 61
Bestimmung zu sexuellen Handlungen 271
Bestimmungsgemäßer Gebrauch
   (Beeinträchtigung) 26
Beteiligter ....377 ff.
Betriebsbezogener Eingriff 144
Betriebsbezogenheit 136
Bewegungsfreiheit, körperliche 14
Beweisführung 8
Beweislast bei Produzentenhaftung 414
Beweislast im Arzthaftungsprozess 8
Billigkeitshaftung 220, 244
Blockade 140
Blockade von Baumaschinen 26
Blutmäßige Abstammung 82
Bodenschlacke-Fall 45
Boykottaufrufe 139

conditio sine qua non 167

Deliktische Ansprüche, Verjährung 616
Deliktischer Bereicherungsanspruch 621

Stichworte

Deliktsfähigkeit 221
Dezentralisierter Entlastungsbeweis .... 306 ff.
Differenzmethode 437, 480
Dingliche Anwartschaftsrechte 51
Drohung, rechtswidrige 277

Ehrenschutz 79
Eigentümer-Besitzer-Verhältnis 18
Eigentumsverletzung 15
   Sachentziehung 18
   Substanzverletzung 19
Eingerichteter und ausgeübter Gewerbe-
   betrieb .... 131 ff.
   Eingriff 25, 136
   Fallgruppen .... 137 ff.
   Rechtswidrigkeit .... 141 ff.
   Schutzbereich 135
Eingriff in die Forderungszuständigkeit 69
Eingriffsermächtigungen
   gesetzliche 209
   gewohnheitsrechtliche 209
Einsichtsfähigkeit 212
Einstehenmüssen für Hilfspersonen 647
Einteilung der Haftungsgründe, Übersicht 2
Einwilligung bei ärztlichen Heileingriffen 212
Einwilligung des Verletzten 629
Endhersteller 424
Endprodukthersteller 430
Entgangene Nutzungen einer Sache .... 552 ff.
Entlastungsbeweis 301
   des Gebäudebesitzers 345
   des Tierhalters 321
   dezentralisierter .... 306 ff.
Entzug der Sachherrschaft 18
Erfüllungsgehilfe
   Abgrenzung zum Verrichtungsgehilfen 304
   Mitverschulden 641
Erfüllungsinteresse .... 438 ff.
Erfüllungsschaden 63
Ersatz immaterieller Schäden .... 102 ff., 586 ff.
Ersatzansprüche Dritter bei Tötung .... 607 ff.
Ersatzansprüche wegen entgangener
   Dienste 613
Ersatzbeschaffung 505
Ersatzfähiger Vermögensschaden 550
   Fahrrad 556
   Kraftfahrzeug 553
   Motorsportboot 559
   nach Schutzzweck der Norm 550
   Privatflugzeug 558
   Unterhaltsaufwand 577
   Vereitelung eines Nutzungsrechts 554
   Wohnraum 555

Ersparte Eigenaufwendungen 454
Erstattung von Sachverständigenkosten 529

Fabrikationsfehler 404
Fabrikationsphase 404
Fahrlässigkeit .... 239 ff.
   Begriff .... 240 ff.
   grobe 242
Falschparker 65
Familienbetriebe im Rahmen der
   Produzentenhaftung 399
Fangprämie 585
Fehlerhafte Produkte .... 393 ff.
Fiktive Heilungskosten 531
Fiktive Reparaturkosten .... 519 ff.
Fleet-Fall 27
Folgeschäden, psychische .... 465 ff.
Forderungsrechte .... 67 ff.
Forderungsrechte als sonstige Rechte 68
Forderungszuständigkeit (Eingriff) 69
Formale Rechtsstellung, Missbrauch .... 278 ff.
Freie Berufe 135
Freiheit 14
Führerscheinentzugs-Fall 27

Garantenstellung 150
Gebäudehaftung 339
Gebrauchsausfallschäden 20
Gebrauchsbeeinträchtigung 26
Gefahrbergende Anlagen 158
Gefährdungshaftung 1, 321
Gefälligkeitsfahrt 627
Gehilfe .... 377 ff.
Geld für Herstellung nach Fristsetzung 532
Geldrente .... 603 ff.
Genugtuungsfunktion des Schmerzens-
   geldes 591
Genugtuungsgedanke 435
Gerichtlicher Sachverständiger .... 346 ff.
Gesamtschuldner 390
   Haftung im Außenverhältnis 391
   Verhältnis untereinander 391
Geschäftsherr, Begriff 297
Geschützte Interessen .... 438 ff.
Gesetzliche Haftungsbeschränkungen .... 622 ff.
Gesundheitsverletzung 4
Gewerbebetrieb, eingerichteter und
   ausgeübter .... 131 ff.
Gewerbliche Schutzrechte 52
Gleichbehandlungsargument 639
Grad des Verschuldens .... 239 ff.
Grobe Fahrlässigkeit 242

Stichworte

Grundrechtlich geschützte Positionen 210
Grundsatz neu für alt 456
Grundtatbestand Aufbauschema 3
Güterabwägung 71

Haftung
   des Aufsichtspflichtigen 314
   des gerichtlichen Sachverständigen ....346 ff.
   des Tieraufsehers 338
   des Tierhalters ....321 ff.
   für fehlerhafte Produkte ....393 ff.
   für Verrichtungsgehilfen ....285 ff.
   mehrerer Personen ....377 ff.
   mehrerer Personen nach dem
    Produkthaftungsgesetz 433
   nach dem Produkthaftungsgesetz ....419 ff.
   von Vereinen ....311 ff.
Haftungsadressaten im Produkthaftungs-
   gesetz 430
Haftungsausfüllende Kausalität ....166, 462 f.
Haftungsbegründende Kausalität ....166 ff.
Haftungsbeschränkungen ....622 ff.
   Auslegung 628
   formfreie 625
   gesetzliche ....622 f.
   konkludente 625
   rechtsgeschäftliche ....624 ff.
Haftungsnorm
   echte 378
Haftungsschaden 63
Handeln auf eigene Gefahr ....213 f.
Handlung 147
Heilbehandlung eines Tieres 545
Hemmung der Verjährung 620
Herausfordern ....181 ff.
Herausforderungsformel 181,
Herrschaftsrechte 55
Hersteller 430
Herstellung des früheren Zustands ....484 f.
HIV 4
Höhere Gewalt ....366 f., 370
Holzbalken-Fall 430
Hypothetische Kausalität ....469 ff.
Hypothetische Vermögenslage 549

Idealfahrer 654
Immaterialgüterrechte
   absolute 52
Immaterieller Schaden
   Ersatz ....586 ff.
Immissionen .... 47 f.
   ideelle 48
Importeur 430

Individualschutz 257, 264
Individualsphäre 78
Informationelle Selbstbestimmung 81
Informationstechnische Systeme 82
Innenausgleich mehrerer Kraftfahrzeug-
   halter ....652 ff.
Instruktionsfehler 406
Integritätsinteresse 30, 476
Interesse
   negatives ....442 ff.
Interessenabwägung 71
Interessenlehre 437
Intimsphäre 76
Inzahlunggabe ....527 ff.

Kanallagerhaus-Fall 27
Kapitalabfindung ....603 ff.
Kausalität
   alternative 169
   bei Handlung mehrerer
    Tatbeteiligter ....380 ff.
   haftungsausfüllende 166
   haftungsbegründende ....166 ff.
   i.S.d. Äquivalenztheorie ....167 ff.
   kumulative 168
   Unterlassen 170
Kausalitätsvermutung 295
Kind
   krank geboren 9
   Unterhaltsaufwand ....566 ff.
Klageantrag
   unbezifferter 600
Kleinbetriebe im Rahmen der
   Produzentenhaftung 399
Kondensator-Fall 43
Konstruktionsfehler 403
Körperliche Bewegungsfreiheit 14
Körperverletzung 4
   durch fehlerhaftes Produkt 421
Kosten der Krankenhausbesuche 530
Kraftfahrzeughalter
   Ausgleichspflicht ....652 ff.
Krankenhausbesuche
   Kosten 530
Kreditgefährdung 265
   durch Systemvergleich 265

Lehre
   vom Erfolgsunrecht 199
   vom Handlungsunrecht ....200 ff.
   vom normativen Schaden 447
   vom Schutzzweck der Norm 176
Lehrerbewertung 81

245

Stichworte

Leibesfrucht 10
Leiharbeitsverhältnis 302
Lieferant 430
Luxustiere 321

Mehrere Ersatzpflichtige nach dem
ProdHaftG 433
Mehrere Geschäftsherrn 302
Meinungsäußerungen 142, 265
Merkantiler Minderwert 538
Mietwagenkosten ....541 ff.
Minderjährige 212
    Einsichtsfähigkeit 212
    Urteilsfähigkeit 212
Missbrauch formaler Rechtsstellung ....278 ff.
Mitbesitz als sonstiges Recht 62
Mitgliedschaftsrechte 53
Mittäter ....377 ff.
Mittelbar schädigende Handlungen ....177 ff.
Mittelbare Verletzungshandlung 202
Mittelbarer Besitz als sonstiges Recht 61
Mitverschulden ....622 ff.
    des Angestellten 634
    gesetzlicher Vertreter 641
Mitverursachung ....622 ff.
Mitwirkendes Verschulden
    Unterlassen 634

Naturalrestitution ....476 ff.
    Geld für Herstellung ....485 ff.
    Vorrang 483
Natürlicher Schadensbegriff 436
Nebeneinander von Produkt- und
    Produzentenhaftung 434
Negatives Interesse ....442 ff.
Neufahrzeug 493
Neuwertbasis ....491 ff.
Normativer Schaden 447
Nothilfe durch Organspende 185
Nothilfe im Straßenverkehr 185
Nothilfefälle ....181 ff.
Notstand
    agressiver 205
Notwehr 204
Nutzfahrzeug 494
Nutztiere ....336 f.
Nutzungsfunktion des Eigentums 15, 49
Nutzungsinteresse 30
Nutzungsschaden ....63 f.

Offener Tatbestand 71
Organhaftung des Vereins ....311 ff.

Organisationshaftung ....313 ff.
Organisationsverschulden 305, 308
Organspende 185

Personen- und Kapitalgesellschaften
    als Träger des allgemeinen Persönlich-
    keitsrechts 83
Personenschäden .... 519, 530 f.
Persönliche Sonderbeziehung 187
Persönlichkeitsrecht
    allgemeines ....70 ff.
    postmortaler Schutz .... 121 ff.
Pflegeleistungen von Eltern 580
Pflichtwidriges Unterlassen bei Körper-
    verletzung 7
Physische Behinderung 140
Positionen
    grundrechtlich geschützte 210
Positives Interesse .... 438 ff.
    Umfang 441
Postmortaler Persönlichkeitsschutz .... 121 ff.
Präventionsgedanke 435
Präventionsgesichtspunkte 104
Pressegemäße Sorgfalt 86
Prinzip der Totalreparation 435
Privatsphäre 77
Produkt
    Begriff 426
Produktbeobachtungsfehler ....410 f.
    Beispiele 413
Produktbeobachtungspflicht des
    Herstellers 429
Produktfehler
    Begriff 427
Produkthaftungsgesetz
    Anwendbarkeit in zeitlicher Hinsicht 420
    Beweislastverteilung 432
    Entstehungsgeschichte 419
    Haftungsausschluss 431
    Rechtsfolgen der Haftung 433
    Schmerzensgeld 433
    Voraussetzungen der Haftung .... 418 ff.
Produzentenhaftung ....161, 394 ff.
    Ansprüche gegen mehrere
        Verantwortliche 418
    Anwendungsbereich .... 394 ff.
    Beweislast ....414 ff.
    Fehler im Herstellerbereich 402
    Voraussetzungen 396
Psychische Beeinträchtigungen aufgrund
    Schockerlebnisses ....186 ff.
Psychische Schäden 13

Stichworte

Quasi-Hersteller 430
Quasinegatorischer Unterlassungs-
    anspruch ....110 ff.

Rahmenrechte 197
Räumlich gegenständlicher
    Bereich der Ehe 56
Reaktionspflicht des Herstellers 429
Realisierung der Betriebsgefahr 370
Recht
    am Arbeitsplatz 57
    am eigenen Bild ....128 ff.
    am eingerichteten und ausgeübten
        Gewerbebetrieb ....131 ff.
    auf Irrtum 202
Rechtfertigungsgründe ....204 ff.
Rechtliche Beeinträchtigung des
    Eigentumsrechts .... 16 f.
Rechtmäßiges Alternativverhalten ....474 f.
Rechtsgeschäftliche Haftungs-
    beschränkungen ....624 ff.
Rechtsgutverletzung ....3 ff.
    durch fehlerhaftes Produkt ....421 ff.
    durch mehrere Beteiligte 384, 389
Rechtskraft eines Schmerzensgeldurteils 601
Rechtspflicht zum Handeln ....150 ff.
Rechtsverletzung ....3 ff.
    mittelbare 202
Rechtswidrige Drohung 277
Rechtswidrigkeit ....194 ff.
Rechtswidrigkeitszusammenhang 463
Renten- und Begehrensneurose 468
Reparaturaufwand 486
Reparaturkosten 486
Repräsentantenhaftung ....313 ff.
Reserveursache 470

Sachbeschädigung durch fehlerhaftes
    Produkt ....421 ff.
Sachentziehung 18
Sachfolgeschäden 519
Sachverständigenkosten
    Erstattung 529
Schadensausgleich ....476 ff.
    bei der Billigkeitshaftung 248
Schadensbegriff ....436 f.
Schadensersatz
    durch Herstellung 476
    durch Zahlung 476
    statt der Leistung 439
Schadensersatzleistung an
    Sachbesitzer 615

Schadensersatzpflicht
    Umfang ....436 ff.
Schadenskompensation .... 482, 549 ff.
Schadensregulierung auf Neuwertbasis .....491 ff.
Schadenszurechnung ....465 ff.
Schädigende Werturteile 138
Schädigung
    im Mutterleib ....9 ff.
    vorsätzliche sittenwidrige ....272 ff.
Schmerzensgeld ....588 ff.
    Ausgleichsfunktion 590
    bei Schwerstschädigungen .... 595 f.
    doppelte Funktion ....589 ff.
    Genugtuungsfunktion 591
    Übertragbarkeit 597
    Umfang der Rechtskraft 601
    unbezifferter Klageantrag 600
    Vererblichkeit 597
    Würdefunktion 596
Schmerzensgeldanspruch nach Tod des
    Verletzten .... 597 f.
Schmerzensgeldbemessung 597
Schockerlebnis .... 186 ff.
Schuldformen .... 220 ff.
Schutz
    der Ehre 79
    des Firmenzeichens 80
    schriftlicher Äußerungen 81
Schutzgesetz
    Befehlsqualität 255, 264
    geschützter Personenkreis 264
    geschütztes Interesse .... 259, 264 ff.
    Gesetzesqualität 254, 264
    persönlicher und sachlicher
        Schutzbereich 256, 264
    Verletzung 260, 265
    Verschulden 262, 265
Schutzrechtsverwarnung
    ungerechtfertigte 137
Schutzzweck der Norm .... 176 ff., 463
Schutzzweck des Behandlungs-
    vertrags 579
Schwangerschaftsabbruch ....577 ff.
Schwerpunkt der Vorwerfbarkeit 147
Schwerstschädigungen
    Schmerzensgeld .... 595 f.
Selbsthilfe 207
Sexuelle Handlungen
    Bestimmung zu 271
Sittenwidrige Verleitung zum Vertrags-
    bruch 283
Sondervorschriften für deliktischen
    Ersatzanspruch ....602 ff.

247

Stichworte

Sonstiges Recht .... 50 ff.
  absolute Immaterialgüter 52
  allgemeines Persönlichkeitsrecht .... 70 ff.
  beschränkt dingliche Rechte 50
  Besitz 58
  dingliche Anwartschaftsrechte 51
  Familienrechte 55
  gewerbliche Schutzrechte 52
  Recht am Arbeitsplatz 57
Sorgfalt, äußerst mögliche 654
Sorgfaltspflichten
  bei Leistungen 160
  bei Veranstaltungen 159
Spiegelbildgedanke 639
Sportverletzung ....215 ff.
Staubemissionen .... 217 f.
Sterilisation
  fehlerhafte ....566 ff.
Stoffgleichheit 30
Straßenverkehr 185
Streupflicht 158
Stromkabelfälle .... 19 ff.
Substanzschaden 63
Substanzverletzung .... 19 ff.

Tatsachen
  abträgliche wahre 138
Tatsachenbehauptungen 99
Tatsächliche Vermögenslage 549
Täuschung
  arglistige 277
  im Prozess 279
Technischer Minderwert 538
Tieraufseher
  Haftung 338
Tierhalter
  Begriff 325
Tierhalterhaftung ....321 ff.
  für Luxustier ....321 ff.
  für Nutztier .... 336 f.
Tod des Verletzten
  Schmerzensgeldanspruch .... 597 f.
Toleranzgrenze 496
Totenfürsorgerecht................................. 54
Tötung
  Ersatzansprüche Dritter ....607 ff.
Tötung eines Menschen durch fehler-
  haftes Produkt 433
Transistor-Fall 44

Überholende Kausalität ....469 ff.
Überwachungsgarant 151

Umfang der Schadensersatzpflicht .... 435 ff.
Umkehr der Beweislast im Arzthaftungs-
  prozess 8
Unabwendbares Ereignis 654
Unbezifferter Klageantrag 600
Unechter Totalschaden 491
Ungerechtfertigte Schutzrechts-
  verwarnung 137
Unmittelbarer Besitz als sonstiges Recht 59
Unmöglichkeit der Herstellung ....534 ff.
Unterhaltsaufwand für Kind ....566 ff.
Unterlassen ....149 ff.
  Kausalität 170
Unterlassungsanspruch
  quasinegatorischer ....110 ff.
    Erstbegehungsgefahr 111
    Wiederholungsgefahr 111
Unternehmensschutz
  deliktischer ....131 ff.
Unverhältnismäßige Aufwendungen ....539 ff.
Unwägbare Stoffe 48
Urlaub
  vertaner 565
Urteilsfähigkeit von Minderjährigen 212

Verbindlichkeit
  gültige 440
Verbindung fehlerfreier mit fehlerhaften
  Bestandteilen 43
Verdachtsberichterstattung ....86 ff.
Verderbsschäden 20
Verdienstausfall 575
Verfolgerfälle .... 181 ff.
Verfrühungseffekt 471
Verjährung
  Hemmung 620
Verjährung deliktischer Ansprüche .... 616 ff.
Verjährungsregeln
  allgemeine ....617 ff.
Verkehrseröffnung 158
Verkehrsrichtiges Verhalten 211
  des Gehilfen 303
Verkehrssicherungspflicht
  als Organisationspflicht 309
  Fallgruppen ....158 ff.
Verleitung zum Vertragsbruch
  sittenwidrige 283
Verletzung
  des Eigentums ....15 ff.
  einer Aufklärungspflicht 444
  eines Schutzgesetzes .... 253 ff.
  eines sonstigen Rechts ....49 ff.

Stichworte

Verletzung der Rechtspflicht
zum Handeln 158
Verletzung des allg. Persönlichkeitsrechts
Rechtsfolgen ....95 ff.
Verlust der Arbeitskraft 562
Vermögen als sonstiges Recht 67
Vermögensschaden
ersatzfähiger 550
Verrichtungsgehilfe
Abgrenzung zum Erfüllungsgehilfen 304
Begriff 285, 297
Haftung für ....285 ff.
Handeln bei Gelegenheit ....292 f.
verkehrsrichtiges Verhalten 303
Verschulden ....220 ff.
bei Verstoß gegen das Schutzgesetz ....262 f.
Grad ....239 ff.
Verschuldensfähigkeit ....221 ff.
beschränkte ....223 ff.
Verschuldensmaßstab 622
Verschuldensprinzip 1
Verschuldensunfähige Personen 222
Verschuldensvermutung 295
Vertaner Urlaub 565
Verteidigungsnotstand 205
Vertrauensinteresse ....442 ff.
Verursachung des Schadens ....462 ff.
Verursachungsbeiträge
Abwägung 632
Verwaltungskosten
allgemeine ....581 ff.
Verwirklichung der spezifischen
Tiergefahr ....322 ff.
Vorbeugekosten ....581 ff.
Vorgeburtliche Schäden ....9 ff.
Vorrang der Naturalrestitution 533
Vorsatz
Begriff 239
Vorsätzliche sittenwidrige Schädigung ....272 ff.

Fallgruppen ....277 ff.
Vorsatztheorie 239
Vorteilsausgleich .... 447 ff., 541

Wahrnehmung berechtigter Interessen 208
Warenhausdiebstahl ....581 ff.
Warnpflicht 406
Weisungszuständigkeit 302
Weiterfressender Mangel ....28 ff., 423
Wertinteresse 476, 535
Widerlegung
der Kausalitätsvermutung 317, 336
der Verschuldensvermutung 317, 336
Widerruf
nachweislich unwahrer Tatsachen-
behauptungen 99
von Äußerungen .... 99 ff.
Wiederbeschaffungsaufwand .... 486 ff., 509
Willen zur Teilnahme 379
Wirtschaftliche Interessen
Beeinträchtigung 265
Wirtschaftlicher Totalschaden ....509 ff.
Wirtschaftlichkeitspostulat 489, 506

Zeitpunkt des Inverkehrbringens eines
Produkts 427
Zerstörung von Sachen 19
Zufallshaftung des Deliktsschuldners ....614 ff.
Zulieferer im Rahmen der Produzenten-
haftung 400
Zulieferung eines Teilprodukts 425
Zurechenbares Handeln ....146 ff.
beim positiven Tun 148
Zurechnung
des Schadens ....462 ff.
psychischer Folgeschäden 475
Zurechnung psychischer Folgeschäden
bei Bagatellschäden 468
Zurechnungszusammenhang 463

249

Ihre 6 Richtigen im Schuldrecht

S-Skript Schuldrecht AT 1

Unmöglichkeit, Verzug, Vertretenmüssen u.a.

23. Auflage 2018

S-Skript Schuldrecht AT 2

Aufrechnung, Abtretung, Rücktritt, Verbraucherschutzrecht u.a.

22. Auflage 2018

S-Skript Schuldrecht BT 1

Kaufrecht, Werkvertragsrecht

21. Auflage 2019

S-Skript Schuldrecht BT 2

Miete und Leasing, (Verbraucher-)Darlehen und Bürgschaft u.a.

18. Auflage 2018

S-Skript Schuldrecht BT 3

Bereicherungsrecht, GoA und Auftrag

20. Auflage 2019

S-Skript Schuldrecht BT 4

Unerlaubte Handlungen, Allgemeines Schadensrecht

21. Auflage 2019

ALPMANN SCHMIDT